中国特色城镇化研究中心
教育部人文社科基地重大招标项目(10JJDZONGHE021)

中国城镇化研究报告

——城镇化转型与健康城镇化道路

段进军　姚士谋　陈明星　龙花楼　叶　超　等著

苏州大学出版社

图书在版编目(CIP)数据

中国城镇化研究报告:城镇化转型与健康城镇化道路 / 段进军等著. —苏州: 苏州大学出版社,2013.8
ISBN 978-7-5672-0602-1

Ⅰ.①中… Ⅱ.①段… Ⅲ.①城市化—研究报告—中国 Ⅳ.①F299.21

中国版本图书馆 CIP 数据核字(2013)第 189837 号

中国城镇化研究报告
——城镇化转型与健康城镇化道路
段进军 姚士谋 陈明星 龙花楼 叶 超 等著
责任编辑 张 希

苏州大学出版社出版发行
(地址:苏州市十梓街 1 号 邮编:215006)
苏州市大元印务有限公司印装
(地址:苏州市三香路 998 号 邮编:215000)

开本 787 mm×1 092 mm 1/16 印张 18.5 字数 451 千
2013 年 8 月第 1 版 2013 年 8 月第 1 次印刷
ISBN 978-7-5672-0602-1 定价:48.00 元

苏州大学版图书若有印装错误,本社负责调换
苏州大学出版社营销部 电话:0512-65225020
苏州大学出版社网址 http://www.sudapress.com

序

改革开放以来，我国取得了国民经济长期高速增长和综合国力大幅提升的辉煌成就。与此同时，大规模的城镇化推动了我国经济和社会的发展，在一定程度上改善了居民的生活条件。然而，在一段时期内我国城镇化脱离了循序渐进的发展轨道，在进程上属于“急速城镇化”。其表现为人口城镇化率虚高，空间上建设布局出现无序乃至失控，耕地、水资源等重要资源消耗过度，环境污染严重，为我国未来社会经济的可持续发展埋下了深深的隐患。这种在城镇化方面付出的巨大代价是不能再持续了。我们必须以科学发展观为指导，深刻反思传统“冒进”式的城镇化道路存在的问题，走出一条符合国情、循序渐进、“以人为本”的新型城镇化道路，这对于我国现代化建设具有重大的现实意义。

一、城镇化是一个重大的国家和区域发展问题

城镇化是经济结构、社会结构和生产方式、生活方式的根本性转变，涉及产业的转变和新产业的支撑，城乡社会结构的全面调整和转型，庞大的基础设施建设和资源环境对它的支撑以及大量的立法、管理、国民素质提高等众多方面，必然是长期积累和长期发展的渐进式过程。

欧美发达国家的城镇化是在工业化和大规模商品生产和国际贸易基础上得到逐步发展的，经历了很长的历史过程，目前城镇化率达到70%～80%。我国自改革开放以来，特别是近十年来城镇化获得了迅速发展，一方面是与整个20世纪80年代及90年代前半期工业化及经济发展积累有关，另一方面也是近十年来我国经济快速发展的反映。应该说，我国城镇化的驱动因素及发展基本体现了工业化和社会经济发展的客观要求和普遍规律。因此，中外城镇化的发展都说明了城镇化发展一定是社会经济发展的必然结果。工业化推动城镇化是绝对的，而城镇化推进工业化则是相对的。

无论是处于工业化发展进程中或者处于工业化后期或“后工业化”时期的各个国家，还是处于幅员大国中的某个区域，在考察它们城镇化及其城镇发展的驱动因素、城镇化进程的快慢、城乡之间的关系以及城镇化引起的资源环境问题等方面的经验、教训时，无一例外地都需要从国家和区域的角度进行分析和评价。舍此，无法取得科学的理解和认识。不了解国情，不去研究区域特点和区域发展的差异，只从城市发展的角度去规划城镇发展、规划区域的城镇体系，就可能引起无法想象的后果。总之，我们需要从区域的视角去认识城镇化发展的客观规律。

城镇化是一个关于国家和区域发展的重大问题，可从以下几方面阐述：第一，区域经济发展是城镇化发展的内在动力。国家和区域的经济增长、产业支撑和保障是城镇化最重要的驱动要素。第二，城乡关系是区域内极为重要的关系。城市发展与其腹地的密切联系，农村人口向城镇的流入，城市产业与所在区域的自然条件和自然资源、生态环境的耦合和适应关系,城乡之间在产业关联及交通、通讯、教育、医疗设施的规划建设等方面的密切合作等。城乡之间的关系是对立还是和谐,是彼此孤立还是逐步“一体化”,关系到城镇化和区域的合理发展。第三,自然基础和生态环境对于城镇化发展的基础作用。我国国土自然基础存在巨大差异,具有三大自然区和地势呈现三大阶梯,同时,还有大面积的、多种类型的生态脆弱区,这些地区的城镇化发展,包括在规模、速度及空间格局方面与自然基础和发展条件优越的地区不能相比。因为,有些因素是人的力量无法改变的,有些因素的改善和条件的创造需要时间和投入。

二、“冒进式”城镇化不具有可持续性

当前,很多地方政府把城镇化推动社会经济发展绝对化了,把城镇化当成了追求 GDP 的手段,忽视了区域经济发展是城镇化的内在动力这一重要规律。同时,主观能动性的发挥往往不是建立在客观规律的基础上的。把城镇化作为追求 GDP 和政绩的工具,这是本末倒置的重要体现。特别是“九五”和“十五”期间,城镇化的速度达到 1.44 个百分点。这种“冒进式”的城镇化在很多地方还在继续上演!冒进式的城镇化主要表现在“土地的城镇化”大大快于“人口城镇化”。“冒进式”的城镇化带来严重的资源环境问题和社会问题,为社会经济的可持续发展带来了严重的隐患。

“冒进式”城镇化是与政府主导下粗放式发展模式关联在一起的。许多地方政府通过大项目投资和“土地财政”维持着脆弱的经济增长。不注重产业的发展和结构的升级,把城镇化仅仅理解为交通等基础设施的建设。特别是近些年我国交通的发展,由于超大规模的交通规划和建设,导致交通投资占 GDP 的比重超高。近两年来交通投资更是大幅升高(接近 3 000 亿元),交通投资占 GDP 的比重上升到 7% ~9%,这是很不正常的高比重。投资驱动型的发展模式,使得地方政府出现了严重债务问题。国家审计署曾于 2011 年 3 月至 5 月对 31 个省(自治区、直辖市)和 5 个计划单列市本级及所属市(地、州、盟、区)、县(市、区、旗)三级地方政府的债务情况进行了全面审计。结果显示,截至 2010 年底,除 54 个县级政府没有政府性债务外,全国省、市、县三级地方政府性债务余额共计 10.7 万亿元。

“冒进式”城镇化建立在“出口导向型”发展模式的基础之上。我国利用低端产品“世界工厂”模式启动了高速增长的经济,但如果这种模式再持续下去,将可能威胁中华民族生存的基础。要下决心调整我国的产业结构和产业发展方向,按照建设资源节约型和环境友好型社会的要求,统筹考虑产业的发展。我国环境问题的严峻性,很大程度上是超高速经济增长所致。中央政府对各地区普遍追求高速经济增长和经济赶超战略要采取有力措施,刹住盲目的“赶超”之风,使各级政府腾出更多精力、物力和财力来解决环境问题和调整结构问题。

“冒进式”城镇化未来面临的最大问题是缺乏新型产业的支撑。城镇化进程需要与产业结构及其转型相适应,否则无法实现城市的可持续发展。第一,当前我国第一产业的就业比重仍然接近 50%,这说明我国工业化还不是很发达。第二,我国目前具有庞大的基础原材料产业,这些产业的规模近年来经历了持续的大扩张,依靠这些产业的持续扩张来增加、吸引农村劳动力和农村人口,空间已经不大。第三,全国 110 多个资源型城市多数是有生命周期的,这也是我国产业结构的长期特点之一。这些城市大多数在今后某个时期将出现资源枯竭,城市规模会逐步缩小,少数还会衰亡。第四,经济全球化作为推动城镇化过程的作用力也将会逐步减弱。20世纪90年代以来经济国际化发展过程迅猛,特别是外商投资的大量进入成为许多地区快速城镇化的一个主要因素。今后,外部市场对于城镇化的作用会下降,因此我国城镇化面临的最大问题可能就是需要在新的国内外形势下找寻产业转型和升级新路径。

三、"三维目标空间"中的新型城镇化道路是我们的必然选择

长期高速和超高速经济增长,给我国带来了自然结构和社会经济结构的剧烈变化。城市和区域发展的目标,迫切需要从单纯追求经济增长或者说最大程度地生产GDP向考虑社会进步和保护生态与环境的要求转变。为此,需要改变城镇化的理念、目标、进程和政府管制政策和措施,使城市和区域在"三维目标空间"中获得较为均衡的发展。

总结多年来我国城市和区域发展战略方针的经验,不难看出重视社会发展和保护环境与生态是多么重要。党和政府需要将较多资金、精力置于社会发展和环境安全等方面,关注人的需求和发展需要。我国已经步入中等收入国家行列,具有较强的经济基础。为实现全面建设小康社会的奋斗目标,我们应该而且也有能力在效率与公平并重的前提下向公平的方向有所偏转,走"共同富裕之路",使人们逐步生活在良好、安全的生态环境中。

我们需要在"三维目标空间"中去思考城镇化战略。传统的后发优势战略必须转型为先发优势战略,要高度重视创新作用。尽管"世界工厂"带来了发展机遇、外汇盈余和就业,但也导致了"全世界污染中国"的局面,加剧了我国环境问题的严峻程度。要高度重视消费对城镇化的驱动作用,转变传统的由出口和投资驱动下的城镇化发展,这也是产业结构调整和转型的必然要求。要高度重视城镇化对塑造合理社会结构的作用,特别是农民工市民化问题,要在今后城镇化进程中合理地、有步骤地、逐渐地实现这个目标,这既是社会建设的需要,也是经济可持续发展的需要。要将健康的城镇化与新农村建设有机地结合起来,在统筹城乡发展的目标下实现城镇化的合理进程,等等。

在当前转型升级的大背景下,我们学者需要怀有一种社会良知,独立、冷静、客观地去研究在复杂的国内外背景下我国城镇化发展的独特规律,为政府制定科学的决策献言献策。这是学者们应该尽的一份社会责任!以苏州大学中国特色城镇化研究中心为主编著的《中国城镇化研究报告》正合时宜。全书以"人的城镇化"为核心,从综合的视角全面分析我国城镇化的战略转型,提出城镇化转型的必要性和可能性,以及转型的方向、路径和相应政策措施,对政府制定政策具有一定的参考价值。而且报告从跨学科的角度去研究城镇化,这是一个很好的尝试。希望本报告的编写组将该报告作为一个起点,跟踪研究我国城镇化进程中出现的种种复杂问题,探索城镇化战略转型及新型城镇化的道路内涵、理论基础、政策体系,为城镇化的健康发展提供科学、系统的决策与咨询。

中国科学院院士、中国地理学会名誉理事长

2013.8.12

前　言

改革开放30多年以来，我国社会经济持续高速增长、综合国力大幅提升，取得了令世界瞩目的辉煌成就。城镇化发展也取得了很大的成绩，2012年我国城镇化率达到52.57%，与世界平均水平大体相当。城乡居民生活条件和城乡公共服务与基础设施也得到了一定程度的改善。但与此同时，城镇化质量不高的问题也越来越突出。大量农业转移人口难以融入城市社会，市民化进程滞后；土地城镇化快于人口城镇化，城镇用地粗放低效；城镇空间分布与资源环境承载能力不匹配，城镇规模结构不合理；“城市病”问题日益突出，城市服务管理水平不高；体制机制不健全，阻碍了城镇化健康发展。李克强总理在多种场合对城镇化的内涵进行了深刻的阐述，他说：“城镇化是我国发展的一个大战略，城镇化不是简单的城市人口比例增加和面积扩张，而是要在产业支撑、人居环境、社会保障、生活方式等方面实现由‘乡’到‘城’的转变。”这深刻地说明了城镇化不是简单的城市空间扩张，最终要落实在产业和人的城镇化。从大的战略层面反思这些年我国城镇化存在的问题，主要表现在以下几个方面：

首先，我国城镇化是政府主导下的空间扩张和蔓延的城镇化。城镇化的建设成就与政府密切相关，但城镇化的许多问题与政府主导也是关联在一起的。在政府主导的城镇化进程中，我们可以看到资本和权力的增长联盟，大量的民众被排斥在城镇化的进程之外，没有享受到城镇化的好处。各地政府为了追求GDP，将城镇化作为最重要的战略选择，通过城镇化的快速进程实现GDP的大幅提高，但这是一种“见物不见人”的城镇化，是一种“土地财政”驱动下的城镇化，是一种被动的城镇化。这种空间扩张和空间蔓延式的城镇化在极短时间内改变了我国社会结构和自然结构，引发了严重的社会问题和生态环境问题，给我国社会经济的可持续发展埋下了巨大的隐患。

其次，我国城镇化是与出口导向型发展模式联系在一起的，这是支撑我国传统城镇化的重要经济基础。从总体上来讲，主要依靠低附加值的产品出口为主的发展模式，使得我国承受了巨大的资源环境和社会成本。不可否认，这种模式是与我国特定发展阶段要素禀赋结构联系在一起的，是与欧美国家的市场需求联系在一起的，在特定阶段选择这种模式是必然的，它也在一定程度上推动了我国社会经济的快速发展。但随着国内外宏观形势的变化，出口导向型发展模式的弊端越来越显现出来，我们迫切需要改变这种发展模式。

再次，城镇化主要是一种经济意义上的城镇化。随着我国城镇化的进一步地推进，单一经济意义上的城镇化目标已经无法实现城镇化的健康发展，城镇化的社会问题和资源环境问题越来越凸现，城镇化的经济结构越来越受制于社会结构和生态环境结构的限制。城镇化迫切需要从一个综合的视角实现城镇化社会、经济和资源环境之间的平衡发展。

2008 年金融危机爆发后，欧美国家的市场容量和结构发生了很大的变化，加之国内经过这些年的快速发展，生产要素价格的提高、资源环境和社会问题的约束，传统城镇化的道路越来越难走下去了。转型升级已经成为我国各地政府提出的最重要战略。但转型面临的挑战是巨大的，是需要制度和体制发生变革的，特别是需要政府职能的转变。在转型的过程中，传统城镇化模式的"路径依赖"是强大的，在很多地方仍将城镇化作为一种"救命的稻草"，往往是以新型城镇化的瓶，装着"传统城镇化"的酒，走的仍然是政府主导下的土地城镇化的老路。因此，我们迫切需要科学界定新型城镇化的内涵并提出城镇化转型的具体路径，这无疑对我国城镇化的实践具有重要的指导意义。

苏州大学中国特色城镇化研究中心，长期以来将中国特色城镇化道路作为研究主题，特别是近期将"城镇化战略转型"作为新的研究方向。我们将转型作为一条主线，以多维综合的视角对我国城镇化的转型路径和战略做了深入分析和研究。我们认为：新型城镇化首先应该体现一种健康的理念，即以"人化"为核心内涵的城镇化，这是针对传统"物化"的城镇化，是新型城镇化的目标价值取向。其次，新型城镇化必须以转型作为手段，这体现在社会经济的全方位的转型，转型是实现新型城镇化的重要手段和动力的源泉。再次，新型城镇化必须体现"发展"的理念。根据城镇化的发展规律，我国城镇化在今后仍然处于相对快速发展阶段，正如李克强总理所说，启动内需的最大潜力在"城镇化"。总之，我们认为新型城镇化应该是健康城镇化、转型城镇化和可持续发展的城镇化"三位一体"，而不是政府主导下土地城镇化的"大跃进"。

本书由段进军拟定总体框架并统稿，由苏州大学中国特色城镇化研究中心研究人员和其他院校及研究机构的研究人员共同参与完成。在学科的分布上主要包括经济学、社会学和地理学等，我们力争从跨学科的视角来研究中国的城镇化，并取得很好的成绩。本报告各章编写分工为：第一章，姚士谋、段进军；第二章，叶超；第三章，姚士谋、肖琛；第四章，陈明星；第五章，段进军；第六章，段进军、许继芳；第七章，宋言奇；第八章，朱妍；第九章，倪方钰、段进军；第十章，姚士谋、潘佩佩、戴德胜；第十一章，龙花楼；第十二章，陈明星、叶超。

报告中所使用的中国地图底图均来源于国家测绘局对外公布的官方地图。报告中关于我国大区域的划分基本上是按照国务院确定的西部大开发、东北振兴及中部崛起政策实施的地域范围。在阐述具体问题时，都作了相应的交代和说明。香港、澳门两个特别行政区的城镇化发展与祖国内地差别很大，故本报告中没有包括香港和澳门两个特别行政区的统计数据和相关分析。台湾省是中国领土不可分割的一部分，考虑其社会经济发展的特殊性以及相应资料收集的困难，本报告暂未包括台湾省。

作为一名组织者，我在此由衷感谢报告的各位撰写者，感谢苏州大学中国特色城镇化研究中心的研究人员宋言奇教授和朱妍博士，他们超越于功利，为了一种社会责任积极参与报告撰写，并非常好地完成了任务。感谢我国著名的城市地理学家姚士谋教授，他已年过七旬，但仍辛勤地耕耘在自己喜欢的城市地理的这块沃土上，老先生这种敬业的精神永远值得晚辈学习。还要感谢中国科学院地理与资源研究所的博士生导师龙花楼教授和陈明星博士，以及南京师范大学地理科学院的叶超副教授。他们参与报告的撰写和讨论，提升了报告的层次，并使内容润色不少。

由于时间仓促，水平有限，再加上城镇化转型问题的复杂性，对该问题的研究较少，很多现实难题、制度创新所涉及的跨学科问题，都需要深入地探讨下去，这不是一本报告所能解决的，这也是我们后续所需要探讨和完善的重大问题，恳请各位读者提出宝贵意见。

编　者

2013.8.10

目　　录

Contents

第一章

绪 论

城镇化问题是当代中国社会经济发展重大的综合性课题,涉及国民经济如何协调发展,达到一个新的现代化和谐社会发展的根本问题;也涉及我国资源环境合理利用与长远保护的可持续发展问题。改革开放30多年来,我国社会经济一直保持了快速发展的新局面,我国的综合国力与工业化、城镇化及其城乡一体化的建设取得了辉煌的成就。我国的城镇化在祖国大地上史无前例地高速发展,城镇化全面推动了我国经济和社会的巨大发展,并在很大程度上改善了城乡人民的生活水平和住房条件。然而,近十多年来(1996—2008年),我国城镇化脱离了循序渐进的原则,超出了正常的城镇化发展轨道,在进程上属于"急速城镇化"。有时候,其表现为人口城镇化率虚高、水土资源过度消耗,我国许多大中小城市与农林交通建设大规模占地、毁地等现象还在继续,生态环境受到比较严重的污染、破坏。为此,经过多年的调查研究、综合分析,我们应当依据党的十八大精神并按照科学发展观的要求,走切合中国国情、有中国特色的城镇化道路。

一、城镇化的概念与本质特征

城市是社会经济生产力与科学技术高度发展的集聚区,也是人类聚居文明发源地和商贸辐射的集中地。而城镇化现象是一个同质但稍有差异的区域化现象。

城镇化(Urbanization)最早起源于英国与北美的一些国家,是由工业化推进而形成的,我国自20世纪80年代以来,国内许多学者引进了西方城市地理与城市规划学家的这一城市区域化的概念。城镇化在我国较普遍使用,由于我国人口众多,国土辽阔,自然条件复杂,更重要的是我国除了有656个设市建制的大中小城市之外,还有数量较多、分布亦广的1.9万个建制镇,星罗棋布地分布在我国960万平方公里的国土上,这与各地的地理环境和广大的乡村有着密切的关系。因此,我国政府的许多重要文件(党的十六大、十七大、十八大报告和政府工作报告等)都是使用"城镇化"这一概念,过去30多年改革开放的发展过程中,城市地理学与社会经济学的很多著作中也是普遍使用了这一概念。

城镇化现象是与地区经济发展水平相联系的,是一个内涵极为丰富的社会、经济和空间变化的过程,也是一个国家或地区不断获得"城市特质"的过程。"城镇化是社会经济发展的必然产物,也是社会经济发展的有机组成部分和有力的推动器。"由于城镇化内涵丰富,不同学科对城镇化的理解也有所不同。经济学家强调城市集聚经济与规模经济的效应与作用;社会学家注意城市地区人们生活方式的转变及人与人之间的相互关系对城市的影响;城市规划与城市地理学家则重视城市形成与发展尤其是城市职能、用地扩展引起的城镇化空间变化过程。因此,从多方面、多层次进行综合分析,对城镇化过程比较系统、比较

全面的认识,主要包括以下四个方面:

(1) 城市工业的集聚以及服务于城市的第三产业高度发展,提供大量的就业机会,引起城市人口的集聚,这就是城市化的重要内容,也是城市化过程的基本动力。即“城镇化的实质过程就是经济结构不断变化的过程,也就是农业人口不断转变为非农业人口,专门从事非农业生产活动的过程”。

(2) 城市人口的增长及农村人口城市化,特别是农村人口不断向城市集中,形成了城市人口集聚而引起的城镇数量增加、城市规模的扩大,这就是城镇化形成的主体内容。

(3) 城市在一个国家或地区的社会经济活动中的地位、作用及其辐射影响,等等,提高了不少城市在地区经济发展中的影响力,突出了城市个性,增强了城市特殊功能,这也是城镇化过程中重要的源泉与能源。

(4) 城镇化最直观的表现是地域景观的变化。城镇化在一个地区出现后,促进着这一个地区的自然景观转变为现代化的建筑景观(包括基础设施工程),城市由原来的许多平面现象到产生许多几何的立体现象,也就是从二维空间向三维空间转化。“城市景观的扩展,以人口、产业高度集聚为特征的城市地区范围不断扩大,居民点、建筑物等面貌向城市型转变。”

二、我国城镇化过程中值得关注的几个问题

我国的城镇化水平1980年时仅有19.5%,全国的城市数量仅有223个,城市人口9 035万人(当时极少有农民工现象);到2006年,城市数量达到665个,非农人口高达4.16亿人(未计进城的农民工1.15亿);到2011年,据中国社科院最新公布资料,全国有657个城市、1.9万个建制镇,全国城镇人口有6.91亿人(其中包括1.5亿农民工),并在全国经济发达地区形成了六大城市群与八大城镇密集区,为全国经济最发达的地区(图1-1)。

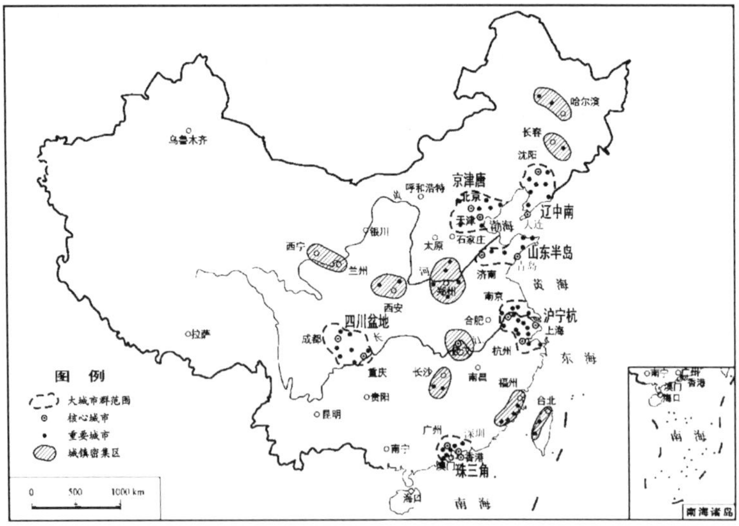

图1-1 中国六大城市群与八大城镇密集区

全国城镇化水平达到52.1%,说明了我国城镇人口占其过半,清华大学吴良镛院士认为我国已经进入了城市化的新阶段即城市时代。可以看出,与国外城市化一样,中国的城镇化也将对我国的现代化进程产生极其深远的影响。但城镇化进程并不是越快越好,像

美、英、德、法等国的城市化进程是比较健康稳定发展的。国外的经验表明，城镇化进程必须是健康稳定发展的，依照一定的城镇建设质量并符合区域经济发展规律，循序渐进，逐步提升城乡地区的现代化水平。

依据一些专家预测分析，到2020年我国城镇化水平可能达到65%，按全国未来14.2亿人口计算，将有8.4亿人口居住在城镇里，仍有5.8亿人口生活工作在比较落后的农村地区。这也是一个庞大的数目。城镇化速度过快，许多省市大量的市政基础设施、房屋建筑和公共设施的质量出现不少问题，桥梁、房屋倒塌的也不少，这样造成的基本建设投资浪费很多。周干峙院士（建设部原副部长）认为政府的浪费是最大的社会浪费。城镇化的过快发展带来的最大的问题就是每年需要安排2 500万人的就业岗位，这是我国领导人遇到的最大难题（凤凰周刊，香港，2010年8月）。

当然，城镇化快速发展不仅要解决大量农转非后的就业人员，而且每年还得安排超过750多万人的大专院校毕业生、研究生的工作岗位，就业问题很突出。目前，我们的城市承载力有限，有限的资源消耗太快，城乡关系仍然很不协调。吴良镛院士认为，在无序发展的城镇化过程中，我们也付出了高昂的代价：人口猛增，用地失控，环境祸患正威胁着人类的生存空间。特别是每年来自农村的打工农民，他们辛辛苦苦为城市建设贡献了很大力量，但他们因没有城市的户籍，很多福利待遇享受不到。可以说全国有1.5亿的农民工暂住人口还没有城镇化，进城的农民工占全国城镇化人口6.9亿人的21.5%，城镇化的质量较差。由此可见，我国城镇化过度发展带来四大问题：

第一，就业问题难以解决，城乡差别与贫富差距在扩大，大专院校的毕业生很难找到工作，失业人员在增加，下岗人员较多，带来很多社会安全问题。

第二，城市人口增加过快，私家车快速增长，带来很多城市病，特别是交通阻塞。据北京、广州等交通部门统计分析，20世纪50、60年代，市区汽车每小时可行驶40～60公里，60、70年代可行驶35～50公里，80、90年代仅能行驶30~40公里，而今大多数汽车却只能行驶20～30公里了。

第三，全球气候变暖，温室效应加大，城市环境质量下降。我国北方城市沙尘暴天数不断增加，南方城市水灾造成损失越来越大，市政设施质量与住房问题一时难以解决，工程投资损失与浪费的资金很多，加大了社会成本与环境成本。

第四，城乡关系不协调，贫富差距越来越大，公共服务设施的空间配置对于社会弱者群体缺乏一定的公平性，不少地区城市里的奢侈豪华与农村中的贫困落后形成鲜明对照。

2008年金融危机爆发后，欧美发达国家市场的萎缩给我国出口导向型发展模式提出了严峻的挑战，如何依靠内需市场特别是消费的启动构建一种新型的城镇化模式，对于推动城镇化的健康可持续发展具有重大现实和理论意义。

为此，国家发改委副主任徐宪平认为，我们必须清醒地看到：一方面，我国经济持续30多年保持高速增长，国内生产总值已经超过日本，位居世界第二；另一方面，作为13亿人口的大国，我们的人均GDP还排在世界100位以后。更为严峻的是，经济社会发展中长期积累的不平衡、不协调、不可持续的问题已经十分突出。

改革开放以来，我国的高速经济增长与城镇化速度，在世界经济史上是一个历史奇迹，美国著名的经济学家哈佛大学教授铂金斯（Dwight Perkins，1998）称之为世界历史上最伟大的经济奇迹。我国的城镇化也正是在这种经济高速增长下起步和快速发展起来的。但是我国人口众多(约占世界总人口的20%),人均耕地资源、水资源、森林和有用的矿产资源与很多西方发达国家比较,差距很大(表1)。与美国、俄罗斯、澳大利亚相比,我国的生存空间十分有限、抵御自然灾害的能力比较脆弱、城镇化的道路不够健康。

表1-1 中国水土资源、耕地与世界其他国家比较

指标	俄罗斯	加拿大	中国	美国	巴西
人口总量(亿人)	1.52	0.35	13.4	3.24	1.96
人口密度(人/km^2)	8.6	3.2	131.0	27.5	19.1
人均耕地(hm^2)	1.390	1.800	0.095	1.140	0.807
人均水资源(m^3)	30 599	98 462	2 292	9 413	42 975
森林面积(km^2)	754 900	247 200	133 800	209 600	566 000

资料来源:姚士谋,等.《地理研究》。

表1-1深层次反映了我国主要资源(耕地与水资源)的短缺,粮食安全带来的社会问题不容忽视,同时也反映了我国的生存空间十分有限。近几年来的重大事件(河水污染)可以证实,不少地区只追求工业化、城镇化的速度,造成用地失控、环境破坏,每年所消耗的各类资源越来越多,生态环境越来越差。陆大道院士认为,我国虽然地大物产也丰富,但还有260万平方公里的不毛之地(高原、沙漠半干旱地区),生存条件较差的高寒缺水地区。缺乏像美国、加拿大、俄罗斯、巴西等拥有尚未开发的可用自然资源,特别是广大的土地资源和丰富的耕地资源。因此,健康城镇化是中国的长远战略,也是大力保护我国各种资源环境的重要因素。

三、城镇化以质量为根本,应防止“土地城镇化”的冒进

西方国家城市化高水平发展的目标:一方面要全面提高市民的生活质量,另一方面要提高物质环境质量,从而有利于人类的健康。按照科学发展观的思想,构建和谐社会,建设幸福社会,建设美丽中国,从人类社会的演化规律看,我国的城镇化目标也离不开人类远大的理想。

依据国家统计局第六次全国人口普查资料的统计分析,2010年全国的城镇化率为49.68%,城镇人口从1949年的5 000万人发展到现在的6.66亿人(包括了全国流动性农民工1.4亿人)。我国目前城镇人口的现代化生活水平、工作条件与发达国家相比仍有较大的差距,更不用说城镇人口中包含了大量的农民工(作为暂住户口,他们的生存条件较差,缺乏社会保障)。改革开放初期的1978年,我国城镇化率为18.6%,至2011年提升到52.1%,30多年间,城镇化速度提高了33个百分点,特别是1996年后,每年提升1.2个百分点。但从全国大部分城镇的蔓延、扩张速度分析,“土地城镇化”的速度更快,出现了冒进式的土地失控。不少地方未经省、市批准,擅自建设占地很大的度假村、高尔夫球场与旅游休闲区等。自1996—2008年,全国每年流失的土地约一千万亩。我国著名的经济学家吴敬琏认为,中国城镇化最大的问题就是用地效益太低,城市到处蔓延发展,到处在搞圈地运动。特别是各省市的工业开发区、经济技术开发区占用、浪费土地太多,与日本、法国等国相比,粗放程度惊人!至2008年,全国开发区总面积已达到2.6万平方公里,开发区内很多用地

不集约化使用，土地丢荒很多。而全国656个城市经过几百年的建设，目前的占地总面积也只有3.81万平方公里。不少沿海省市城镇化出现了"大跃进"，给国家与地方人民带来了很多问题与损失。城镇化进程中的冒进现象，有两个明显特征：一是土地的城镇化快于人口的城镇化，许多城市郊区化泛滥，许多单位大量占用土地，尤其是开发区、大学城；二是经营城市、管理城市的冲动超越了客观经济发展规律，政出多门，相互攀比。国土资源部的资料显示，"十一五"期间，全国土地出让每年平均达660万亩，还有农、林、水各部门每年占用近千万亩良田，这对于土地资源有限的我国是一个严重的挑战。人民日报记者高云才就认为我国目前的城镇化是大跃进。

各地区纷纷提出高指标的城镇化率作为政府的政绩目标，追求国民生产总值GDP的快速增长，并在工业开发区、新城建设上相互攀比，形成了盲目竞争与发展之势，缺乏科学发展观的指导与监督管理。2001—2010年，我国地级建制以上的大中城市，建成区面积平均增长85%～90%，但城市人口增长仅有36%。城镇化率提升有突出的人为拉动的因素，不少地方的城市市长都奢望将自己管辖的城市规模做得越大越好。这在相当程度上脱离了我国人多地少、自然资源脆弱的国情，脱离了城市与区域经济发展的客观规律。

四、城镇化转型与新型城镇化道路

2008年欧美发达国家金融危机爆发对世界发展产生了深刻的影响，它预示着全球经济进入新一轮结构调整中，本轮调整过程不是短期能够结束的。因此，我国建立在出口和投资驱动基础上的城镇化发展模式面临严峻的挑战。支撑城镇化发展的土地、劳动力和环境容量等传统要素的稀缺性表现得越来越突出。内外双重倒逼机制迫使我国城镇化必须转型，转型的实质就是寻找城镇化的新动力和新模式，也就是要走出一条新型城镇化道路。新型城镇化的内涵与传统城镇化的不同体现在几个方面，即城镇化的新阶段、新模式、新动力、新战略、新目标。

1. 政府主导型城镇化向市场主导型城镇化的转型

"世界经济论坛"在《全球竞争力报告(2006—2007)》中，将世界各国划分为三个特定的阶段：要素驱动、效率驱动和创新驱动。这是非常有洞见性的战略判断。经济自由化阶段属于第一阶段，也就是要素驱动阶段。在这个发展阶段政府起到重要的作用，政府通过压低要素价格力争竞争优势。刘守英认为，中国上一轮的发展基本上是靠工业化和城镇化来拉动，但上一轮的城镇化又基本上是靠土地推动的。"通过土地的宽供应和高耗费来保障高投资，通过压低的地价来保证高出口，以土地的招商引资保证工业化，靠土地的抵押和融资来保证城市化推进的过程。"土地在这里其实是起着一个非常关键的作用，也就是一个发动机的角色。要素驱动虽说是经济发展的必经阶段，但从长远来看，要素驱动的发展模式是不可持续的，因为要素驱动本身是在要素市场发育不充分的前提下，通过非市场行为压低要素价格而产生的不合理的阶段有效的竞争优势，易于导致高投入、高耗能、高排放、高污染、低经济效益、低劳动力回报、低创新附加值的粗放式的经济发展方式。吴敬琏指出，中国城镇化最大的问题就是效率太低，对土地的严重浪费。要应对中国城镇化的低效率，地产制度一定要改革，不改革的话很难制止这种恶化。同时还要改变相应的财政体制，重新界定市场和政府的职责，政府在做规划的时候只能因势利导，而不能取代市场。随着人口红利、资源红利、环境红利等内部要素红利的衰减，我国经济发展进入效率化和创新化的阶段，传统政府主导的低效率的城镇化模式必须转向市场主导的城镇化模式，这是经济发展和城镇化进入新阶段的必然要求。

2. 从发展阶段上来讲，新型城镇化应实现由“化地”到“化人”的重大转变

传统城镇化主要表现为“土地城镇化”，即空间的扩张和蔓延。许多地方政府过分追求城镇化指标，利用行政力量，片面做大城市规模，使土地城镇化远远快于人口城镇化，一些地方“要地不要人”的问题非常严重。1996—2008 年，全国城市用地和建制镇用地分别增长了 53.5% 和 52.5%，但农业户籍人口仅减少了 2.5%。2000—2008 年，有 21 个省（自治区、直辖市）城镇用地增长率快于城镇非农人口增长率。部分地方为了扩大新增建设用地指标，背离城乡建设用地“增减挂钩”政策，擅自扩大挂钩规模，导致强拆强建、逼农民上楼等恶性事件时有发生。另外，传统城镇化重视交通等硬件基础建设，是一种典型的“物的城镇化”。陆大道院士曾对我国交通超越国情的超前建设撰文进行批评。他说，从 2008 年起，我国高速公路建设进入快速发展阶段。按照各地区的规划，全国高速公路的总里程要达到 18 万公里左右，许多省提出了“县县通高速”。我国许多省份的高速公路的长度和密度均超过了发达国家，高速公路网的规划规模与空间覆盖水平背离了其技术经济属性。远程城际高铁、大城市的城郊铁路系统的盘子过大，大项目上得过快。由于超大规模的交通规划和建设，导致交通投资占 GDP 的比重上升到 7% ～9%，这个比例超过很多发达国家，是不正常的比例。硬件基础设施还包括许多地方不切实际地超前建设政府办公大楼、宽马路、立交桥、开发区、大学城等，浪费了大量资源，严重扭曲了资源的合理配置。

由“化地”到“化人”的转变，是回归城镇化的本质要求。经过长期城镇化的快速发展，我们需要从价值层面回答城镇化的本质到底是什么，是“人的城镇化”还是“物的城镇化”。目前，我国城镇化在许多硬件方面都已超越发达国家很多，但社会经济发展仍然滞后，差距在哪里？毫无疑问是“人的城镇化”的严重滞后。“人的城镇化”严重滞后不仅扭曲了社会结构，同时也扭曲了经济结构，并破坏了生态结构。所以，新型城镇化应尽快实现由“化地”到“化人”的转变，这是支撑我国社会经济可持续发展的重要基础。

3. 从发展模式上来讲，新型城镇化应实现由外生城镇化模式到内生城镇化模式的转变

著名城市规划专家约翰·弗里德曼将城市发展划分为“城市营销”与“准城市国家”两种模式。第一种模式是一种无情的零和游戏。地方政府利用低廉的工资、温顺的劳动力、“灵活和敏感”的地方政府，以及各种优惠政策——减免税收、免费土地、津贴等来吸引外部投资。第二种模式是“准城市国家”，它关乎区域未来的发展，主张一种相当程度的自治。他还提出可持续发展与地区财富创造的问题。城市——区域不可能期望从自身外部获得一种可持续发展动力。要获得可持续发展，就必须给予它们自身内部的天赋资源。

城市营销理念对我国绝大多数的城市发展影响深刻，许多地方政府就像“交际花”一样，眼睛总是朝着外部，招商引资成为第一政务，为了招商引资扭曲了土地等生产要素的价格，不顾生态环境的承载力，严重忽视了区域和城市内部的财富创造问题。如果区域财富创造的内循环建立不起来，从长远来看，外部贸易的循环也是不可持续的。我们必须建立一种双循环驱动的城镇化新模式，要高度重视城市内部的财富创造的内循环，尽快建立城市和区域创新生态系统，只有这样才能支撑城市外部贸易的大循环。

4. 从发展动力上来讲，新型城镇化应实现由投资驱动到消费驱动的转变

根据美国耶鲁大学陈志武教授的研究，自 1995 年到 2007 年的 12 年里，我国政府财政

税收年均增长16%（去掉通货膨胀率后），城镇居民可支配收入年均增长8%，农民纯收入年均增长6.2%。这期间国内生产总值的年均增幅为10.2%。我国政府财政收入高速增长所导致的一个结果是，从1995到2007年，去掉通货膨胀成分后，财政收入增加了5.7倍，呈现一种高速增长的态势，而城镇居民人均可支配收入只增长了1.6倍，农民的人均纯收入才增加了1.2倍。近年来，在经济高速增长的同时，劳动者报酬所占比例下降更快。正是由于居民的收入偏低，我国消费率太低，内需市场无法启动。

从国际比较来看，我国消费率也太低，而固定资产投资率太高，积累与消费比例已经严重失衡。按照当年的价格计算，2011年我国最终消费率为49.1%，资本形成率为48.3%，其中固定资本形成率为45.7%。近年来，在中国经济高速增长的时期，最终消费率却不断下降。2000年，我国最终消费率为63.2%，此后十年间最终消费率一路下降了14.1个百分点，2010年为48.2%。2011年最终消费率在金融危机后内需刺激政策下有所回升，为49.1%。按照世界银行统计，目前全球平均消费率约为77%（美国消费占国内生产总值的份额为86%，德国为78%，日本为75%），固定资产形成率为23%。2011年，我国的消费率比世界平均水平低近30个百分点，固定资本形成率比世界平均水平高30多个百分点。更令人感到触目惊心的是，我国消费率不仅远远落后于欧美一些发达国家，甚至和印度等发展中国家比较也有相当大的差距。

基于上述比较，我们认为，外部市场的萎缩和结构变化必然倒逼我们去改变现行的收入分配制度。以前的消费与投资分配比例主要支撑着出口和投资驱动发展城镇化模式，如果转为内需就必须相应推动投资消费的比例改变，否则启动内需只能是一句空话。同时也需要围绕着消费社会的建立，加快建立和完善社会保障制度。

5. 从空间上来讲，新型城镇化要由“非均衡型”城镇化转为“均衡型”城镇化，加快中小城市、小城镇发展，优化城镇体系空间格局

城市空间扩张蔓延导致了扭曲的“非均衡”的城镇化空间格局。以2008年市政公用设施建设固定资产投资为例，城市人均投资分别是县城的2.26倍、建制镇的4.48倍、乡的7.27倍和行政村的20.16倍。城镇等级体系和规模结构出现严重失衡。2000—2009年，我国特大城市和大城市数量分别由40个和54个骤增到60个和91个，其城市人口占全国城市人口的比例由38.1%和15.1%增加到47.7%和18.8%，而同期中等城市和小城市的数量分别由217个和352个变化为238个和256个，城市人口比例由28.4%和18.4%下降到了22.8%和10.7%。另外，快速的城镇化，在很大程度上是建立在对农村生产要素剥夺的基础上的，这导致了我国农村快速空心化和农村人口主体的老弱化。近10年来，我国城镇年占用耕地为300～400万亩。因此，城镇化的空间均衡是中国城镇化进行过程中的发展方向，对于促进城镇化健康、可持续发展具有重要作用。

在未来城镇化的过程中，要改变城镇化的空间模式，遵循宏观位置级差地租的客观规律，不能将所有的资源都投入到特大城市和大城市，忽视中小城市和小城镇的发展。要不断地优化大城市的发展，加快中小城市和重点小城镇的基础设施建设，积极构建“特大和大城市—中等城市—小城市（包括县城）—小城镇—农村新型社会为框架的城镇等级体系。要科学推进农村新型社区及中心村的建设特别是中小城市、小城镇在城乡统筹发展中发挥重要的作用，以县域城镇化作为未来10～15年中国城镇化发展的重要环节。

6. 从发展目标上来讲，新型城镇化应实现由“一维”目标到“三维”目标的转变

无论是“一维”还是“二维”，对城镇化的理解都有失偏颇。长期以来，我国的城镇化是简单的一维城镇化，追求城镇化的“大跃进”，是一种典型的 GDP 主义主导下的城镇化，也是政府主导下的土地城镇化。这种大规模的城镇化以牺牲社会和生态环境为代价，强烈地改变了我国的自然和社会结构。但当其发展到一定阶段，必然受到资源环境和社会结构的限制，其发展速度必然要降下来。这是因为在满足经济增长和经济利益因素的同时，还受到社会公正和控制生态环境恶化因素的制约，使得发展会产生“外部不经济”，经济增长速度低于“二维空间”，更低于“一维空间”的发展状态。我们倡导“三维”（经济、社会、生态）目标下的城镇化新趋势不仅是一种美好的理想，同时也是城镇化可持续发展所必须遵循的客观规律，是我国城镇化发展进入新阶段的必然要求。

城镇化进程中经济结构、社会结构和自然生态结构具有相互制约性和相互促进性。合理的经济结构必须有合理的社会结构来支撑，同时合理的经济结构和社会结构也受到合理的自然生态结构的支撑。畸形的经济结构必然伴随着畸形的社会结构和生态环境结构。新型城镇化必须实现社会、经济和生态之间的协调发展，这是一种在“三维”目标下的高级协调。

五、本书总体思路与基本框架

本报告围绕城镇化转型这一主题，试图阐明三个方面内容：

首先，为什么我国城镇化要转型？第一章、第二章、第三章从不同侧面进行了分析。第一章是从文化地理的视角说明了中国城镇化转型的历史文化地理基础，中国和西方城镇化历史的最大差异在于，地中海孕育了希腊化时代外向型的城市文明，而一面临海、以内河流域为主的地理特征奠定了中国内向型的农耕文明的基础。这在客观上平衡了中国城乡关系。但受到西方文明的影响，特别是工业化的发展，我国的城乡二元结构不断地扩大，成为城镇化进程中的突出问题。这需要我们挖掘自身的文化和历史资源，平衡不断扩大的城乡二元结构。第二章主要是从城镇化的资源环境基础说明我国城镇化必须转型，我国国情无法支撑大规模城镇化的空间蔓延和城镇化的“大跃进”。冒进式的城镇化深刻地改变了我国资源环境结构，我国国情使得我们必须走资源节约型和环境友好型的城镇化道路。第三章从城镇化和工业化协调方面说明我国城镇化必须转型。长期以来，工业化和城镇化不协调引发了大量的问题，包括就业和城镇空间扩张的问题。总之，支撑我国城镇化的一些传统因素越来越表现出一种稀缺性，土地红利和人口红利以及环境红利的空间越来越小，我国城镇化必须通过转型寻找一些新的动力因素来支撑其可持续发展。

其次，我国未来城镇化转型的动力因素在哪里？本书的第四章、第五章、第六章、第七章主要分析城镇化进入新阶段的动力基础。第一，随着出口导向型发展模式面临着越来越大的挑战，投资驱动对城镇化的推动效应也呈递减趋势，必须高度重视消费对城镇化的驱动作用。但消费驱动必须通过深层的制度变革，特别是收入分配制度的变革和建立完善的社会保障制度，构建合理的社会结构。第二，从供给层面上来讲，创新将成为我国城镇化发展的新动力。“后发优势”战略是我国东部经济发达地区选择的重要战略，但这种“后发优势”战略的能量也基本释放殆尽，反而越来越表现出一种“后发劣势”，在一定程度上阻碍了制度创新。所以，“先发优势”战略即创新驱动战略对于城镇化可持续发展显得越来越重要。创新基础在于创新环境和创新生态的建设，加快我国城市和区域创新生态建设具有越

来越重要的现实意义。第三，我国城镇化发展到新阶段，经济结构、社会结构具有越来越密切的关联性。如果没有社会结构转型就无法实现经济结构转型，也不能实现城镇化的可持续发展。当前最为重要的是解决农民工市民化的问题，利用好“人口的二次红利”。故我们认为农民工市民化是城镇化发展的重要动力。

再次，转型是实现城镇化健康发展的重要基础，我国未来城镇化如何转型？转型包含哪些重要方面？本书第八章、第九章、第十章、第十一章主要回答这个问题。第八章主要分析了城镇化进程中的产业转型，产业转型和升级不仅是城镇化发展的根本动力，也在不断地推动城市结构变化和城市空间的调整，我国要高度重视城市现代服务业的发展，不同等级的城市要根据城市的特点选择适度的服务业规模，在各城市中形成有特色的服务业产品，并利用服务业全球化的契机推动服务业发展。在当今全球化时代，“全套型”产业结构向全球供应链型转变，从价值链升级的角度看，产业升级的过程正呈现由低技术水平、低附加值状态向高新技术、高附加值状态的演变趋势。同时，在产业转型过程中要高度重视我国东、中、西三大地带及不同区域之间产业的梯度转移，并在产业梯度转移过程中实现产业的升级。

第九章、第十章、第十一章主要从空间层面分析城镇化的转型，我国地域辽阔，城镇化转型必须和具体的地域结合起来。第九章主要对地带性进行分析，东、中、西三大地带的地域划分的依据是“七五”规划。主要从大地域范围内的城镇化的空间组织和空间结构的转型与发展，特别是对重要的人口产业集聚带发展进行了深入的分析。第十章和第十一章主要从城乡关系协调层面进行分析，城乡关系是区域中极为重要的关系，必须把城镇化与城乡关系有机结合起来。这两章的分析主要立足于新型城镇化必须改变传统城镇化“非均衡”的空间结构，即过于重视大城市和特大城市建设，而忽视中小城市和小城镇发展。在此可以以一个“城市性”的概念来界定城乡之间的协调性。“城市性”不仅是指城市的特性，其实也是农村发展的重要标志。农村发展主要表现为“城市性”越来越强，即农村虽然呈现的是乡村景观，但人的生活方式发生改变，可以像城市人一样享受现代文明。目前，城乡二元结构主要表现就是农村的城市性缺乏，我们必须高度重视城乡一体化发展，增强农村的城市性，而不是城市“消灭”农村。到 2020 年，我国城镇化水平可能达到 65%，按全国未来 14.2 亿人口计算，将有 8.4 亿人口居住在城镇里，仍有 5.8 亿人口生活、工作在比较落后的农村地区。所以，需要将城镇化建设与新农村建设有机地结合起来。

最后，第十二章内容从总体上分析我国健康城镇化的新发展理念及政策含义，这一章是对全书的总结。我们认为，新型城镇化道路一定是健康的城镇化道路，在一些重要的理念上二者应该是统一的。比如资源环境是城镇化健康发展的重要基础；城乡互动与协调发展是健康城市化的关键环节；将“人的发展”作为城市化的出发点与最终目标等。同时，必须通过转型才能走出一条新型和健康的城镇化道路。所以，新型城镇化应体现出一种“健康”的理念、“转型”的手段和可持续的目标。

主要参考文献

[1] 温家宝. 在十一届全国人大五次会议上的政府工作报告[R]. 2012-03-05.

[2] 虞孝感,吴楚材. 长江三角洲地区国土与区域规划研究[M]. 北京:科学出版社,1997.

[3] 姚士谋,张泉源,等. 江苏城市化问题及其对策研究[M]. 北京:中国统计出版社,1997.

[4] 吴良镛. 在全国城市规划年会上的讲话[R]. 大连:城市规划学刊(上海),2009.

[5] 王成新,方青青,等. 高速公路与城镇发展论[M]. 济南:山东大学出版社. 2008.

[6] 姚士谋,陆大道,王聪,等. 中国城镇化需要综合性的科学思维[J]. 地理研究,2011,30(11).

[7] 陆大道,姚士谋,等. 2006 年中国区域发展报告(城镇化专题)[M]. 北京:商务印书馆,2007.

[8] 国家统计局公报. 全国第六次人口普查资料简介[R]. 2009.

[9] 姚士谋,陆大道,等. 顺应我国国情的城镇化问题的严峻思考[J]. 经济地理,2012(5).

[10] 吴敬琏. 中国城市化的最大问题[N]. 人民日报,2012-10-24(12).

[11] 高云才. 我国目前的城市化是大跃进?[N]. 人民日报,2011-02-14(17).

[12] 田国强. 中国经济发展中的深层次问题[J]. 学术月刊,2011(3).

[13] 刘卫东. 2011 中国区域发展报告——金融危机背景下的区域发展态势[M]. 北京:商务印书馆,2011.

[14] 约翰·弗里德曼. 城市营销与准城市国家:城市发展的两种模式[J]. 国外城市规划,2005,(4).

[15] 陈志武. 陈志武说中国经济[M]. 太原:山西出版集团,2010.

[16] 倪建伟,等. 基于扩大内需背景的城市化战略创新[J]. 人大复印资料,2011,(3).

第二章

城镇化转型的文化地理特质

提　要

城镇化不是单纯的社会经济现象，需要对它进行历史和文化地理的研究。

影响中国城镇化长期历史演变的主要是临海—贸易和政策—文化两组变量。

中国和西方城镇化历史的最大差异在于，地中海孕育了希腊化时代外向型的城市文明，而一面临海、以内河流域为主的地理特征奠定了中国内向型的农耕文明。

由于中国一面临海，内陆腹地广阔的地理特征，偏向内陆的农业文明对城市文明的牵制使得“重农抑商”成为基本国策，并形成一种重农重乡的文化，客观上平衡了城乡关系，从而形成长期的城乡融合，这与西方单线式的经由城乡对立达到城乡一体化的路径大相径庭。

城市偏向政策改革的实质在于，本质上需要改变的不是户籍制度，而是依附在户籍制度上的（等级制、世袭制、人身控制等）文化；户籍制度只不过是原有文化群体和利益集团选定的依附对象而已。

中国城镇化制度的变革滞后于物质生活和技术的发展，而文化的变革与整合又大大滞后于制度。这意味着实现实质上的“城乡一体化”仍是一个相对漫长的过程。

中国城镇化变革的最终价值取向是实现城乡社会的平等与融合。

第一节　城镇化与文化地理

虽然城镇化的概念和要旨已经被不同领域的学者从各种不同视角予以理解和解释，但是从本意来讲，城镇化的核心还是在于从乡村到城镇（市）的转换。在语辞上，城镇化（相比城市化可能更倾向乡村一些，但二者大同小异）使人往往想到城镇（市），而忽略了转变的过程以及转变发生的源地——乡村。这种弊病主要是受西方城市化研究范式影响之故。因为现今绝大多数西方国家早已实现城乡融合和城乡一体化，而中国不但存在庞大的乡村人口底数，还面临严峻的城乡差距问题，所以在借鉴西方理论考察中国城镇化时，一方面需要注意中国以乡村和农业为主的漫长历史；另一方面，需要从地理角度出发，将之与文化、制度等联系起来，然后与西方比较后才能把握中国城镇化的特质。这是认识和理解中国城镇化道路转型和制度创新的基点。

一、从历史和文化视角理解城镇化与城乡关系

1. 中西城镇化历史的最大差异

从长期历史视角来看，中国与西方（主要是欧美）城镇化历史的最大差异在于，它经历

了一个非常漫长的城乡融合过程，而不是像欧美那样经由城乡对立到达城乡一体化。当然，近代中国社会的发展也产生了城乡对立，但中国并未由这种城乡对立达至城乡一体化，相反，急剧扩大的城乡差距甚至已经成为当代中国最严重的社会问题之一。要完全和彻底的理解城乡差距扩大的根本原因，必须将城镇化视为一个具有“历史延续性”的问题。因为历史不但是我们研究的基础，而且也决定着我们的出发点乃至结论。正如 Friedmann (2006)指出，“全球化虽然影响了城镇化，但是中国城镇化应该是包含在现代化进程中的内生过程”。从这个意义上讲，向自己(的历史)学习重要于向别的国家学习。在此基础上，才能思考并比较中西城镇化的历史差异。

中国曾有长期的城乡融合历史，不同领域的学者已经认识到这一点。比如，马克思曾指出，“亚细亚的历史是城市和乡村无差别的统一”；赵冈(2006)认为中国自战国时期开始“城乡居民已可自由择业，政治上趋于平等，城乡由严格对立打成一片”；牟复礼(2000)则更鲜明地提到了中国城乡文化与西方的差别，“中国的文化活动既包括城市，也包括乡村，城乡是浑然难分的……中国文明的独特之处，可能在于其‘农’字是不含鄙视之意的；城乡之分的消失——在社会心理方面，当然不是在日常生活方式的所有方面——无疑是与伴随周代古典文明的崩溃而来的社会结构变化有关……这与前现代的欧洲少数大城市垄断一种较为‘封闭’的文化生活截然不同”。著名历史学家 William Skinner(2000)和 Gilbert Rozman (1998)肯定了牟复礼的这种观点，Rozman 更是认为，“从前现代城乡协调交换的观点看，中国就是一种稳定的样板”。

表 2-1　战国以来的中国城镇化率估计

时代(年)	城镇化率(%)
战国(BC300)	15.9
西汉(AD2)	17.5
唐(745)	20.8
南宋(1200)	22
清(1820)	6.9
清(1893)	7.7
近代(1949)	10.6
现代(1957)	15.4

资料来源：赵冈，《中国城市发展史论集》。

根据经济史学家赵冈(2006)的估算，中国自战国到 20 世纪 50 年代前 2 000 多年的时间里，城镇化率最高的也就是南宋时期的 22%，这也从一个侧面说明了中国长期以来是一个侧重乡村发展的农本社会。鸦片战争之后，西方列强在打开中国大门的同时，也打破了长期城乡均衡或融合的局面。由此逐渐发生了近现代史最富有戏剧性的一幕：中国由城乡交流最自由的国家成为城乡对立乃至隔离最严重的国家之一。为什么会产生这种反差很大的变化过程？很少有人能解释清楚。尤其不能解释的是，城市偏向政策竟然生成于城乡一体的文化土壤。多数学者把城乡差距看作新中国成立以来城乡分割体制和城市偏向政策的结果(蔡昉、杨涛,2000;蔡昉,2003,2007;陆铭、陈钊,2004),而不再继续追问这些政策形成背后的驱动因素。而我们将进一步探寻这种矛盾产生的深刻原因,较少有人关注的文化地理因素纳入了我们的视野。

2. 城镇化与文化

就文化与城市、乡村的关系看,一个值得注意的有趣现象是,文化(culture)与文明(civilization)在英文中的词源分别对应于农耕(cultivation)和城市(city),这说明,乡村和城市的起源本身就和文化与文明联系在一起,它们分别是文化和文明开始的标志性事件。这种词源上的联系和区别不是偶然的。法国历史学家古朗士(Fustel de Coulanges)强调并详细论证了古代城市作为文明和精神象征的一面,他认为城市创建是一种宗教行为,city(法语词源为 civitas)最初意为家庭或部落的宗教联盟,而 urban(法语词源为 urbs)则强调场所和人口数量。因此,讨论城镇化历史的独特性,某种意义上就是在探讨文化或文明的独特性。

就文化和政策的关系来看,文化是政策(或制度)的沉淀。文化地理学家迈克克朗视文化为导致不同生活方式的思想和价值观(迈克克朗,2005);王恩涌认为文化包括物质、社会(制度)与思维(价值观等)三个层面(王恩涌,2010);塞缪尔·亨廷顿则认为"文化如果无所不包,就什么也说明不了",所以他从影响社会发展的角度出发,定义文化为"一个社会中的价值观、态度、信念、取向以及人们普遍持有的见解"(塞缪尔·亨廷顿,2002),这个定义试图抓住文化的核心,与克朗的定义类似。如此,这种作为群体特征和标识的文化,就成为一个相对的"虚体",显示出极大的弹性。如何使其"落到实处"?这不能不探究政策与文化之间的关系。著名人类学家马凌诺斯基曾指出,文化的具体单位是制度,制度是一套有组织的风俗与活动体系,是传播与推进文化演进的主要力量(马凌诺斯基,2002)。所以,如果把文化的内涵主要限定在价值观、意识和精神层面,那么制度就是文化最主要的载体和媒介。

文化既是城市起源的动力因素,也是贯穿从古至今的城镇化过程的一条主线。礼仪中心、祭祀地、殿堂建筑等文化符号和象征是中外城市起源的一个共同而重要的特征。作为文化载体的从乡村到城市聚落形式的演化,实质上反映了人类通过构筑居所从而构筑(或"建设")自己的生活,最终寻找生活意义的精神和价值追索。这种寻找和追索并没有因为物质生活的极大丰富而停步,反而仍在深化和继续。就城市规划领域而言,自近代以来,这种文化的延续既体现为从霍华德到芒福德对从乡村到城市精神和文化上的传承与失落的担忧与批判,也体现为凯文·林奇(2001)对城市意象的解读和雅各布斯女士(2005)对街区文化的重新发现。最近的一个例子,如第 8 届亚洲城市规划院校联合会国际大会将其主题定为"为人的城市"(黄怡,2006),这种城市的目的和价值层面的指向彰显文化的重要意义。宗教、礼仪、艺术等凝合的文化线索贯穿从乡村到城市起源和发展的过程。虽然存在国家和区域的差异,但文化是城市起源的共同动因之一,也是决定城市发展的深层原因。

中国城镇化特征与文化息息相关。中国文化最重要的特征是连续性。"世界诸文明古国中,只有中国历史连绵不断"(苏秉琦,1991)。这种连续性的根源可上溯到约 8 000 ~ 7 000年前农业的诞生和普及时期。此后绵延数千年,虽历经变乱,文化根基却不断承接而稳固,显示其持久的生命力。反观其他文化,其历史和文明有比中国悠久和发达的,但在历史"绵延性"及其投射的文化精神的传承性上都不如中国。但绵延持久的另一面——长期停滞,更是引致了著名的"李约瑟问题",也就是历史上科技领先的中国为何在明清时期以后落后于西方这一问题。金观涛、刘青峰(2010)认为主要原因在于中国封建社会是一个“超稳定系统”,可算是一种代表性的假说。

二、地理与文化的持续交互作用影响中国城镇化

地理与文化的持续交互作用是影响中国城镇化长期历史演变的主要动因。地理因素的重要作用在环境决定论盛行的时期曾被(过分)强调,此后因其与种族主义、政治的关系而被批判和抛弃,但现在越来越多的其他领域学者开始重视地理要素的作用,比如经济史学家兰德斯就强调了气候条件对国家发展及其贫富的影响(戴维·兰德斯,2007)。然而我们也不应再掉入早期环境决定论者只强调地理要素的“决定论”陷阱中。在地理与文化以及其他因素交互作用方面,“必须看到社会的其他方面(地理、政治、经济体制)的作用,若不看到这些变数,那么文化发挥重要独立作用的余地就会大大缩小。”(杰弗里·萨克斯,2002)

中国文化在起源时就具有鲜明的特征。虽直到秦汉才形成了统一的国家和民族文化,但是它的基础在先秦乃至史前时期就已奠定。在史前时期,地理环境对人类社会产生重大影响。不同的地理环境决定了不同的文化特征,并形成和积淀了不同的文化底蕴;而群体文化又会反作用于地理环境(如治水、建筑长城、修建运河等)。中国文化就在这种与地理环境持续交互作用的过程中绵延发展。虽然环境和时代背景的巨大变化使二者的结合方式和侧重点发生了变化和转移,但是它们的交互作用一直持续,并一直是人地关系研究的重点。中国城镇化的独特性就蕴含在这种地理和文化持续交互作用的过程中。

在城镇化的发源时期,地理环境起了决定作用。中国文化是顺应这种自然环境的产物。进入历史时期,随着国家的形成,技术和文明的进步,中国文化又体现出对自然和社会环境强烈的能动作用。在城镇化上,这种能动作用主要体现为一系列制度的创立与变革。这些制度及其影响下形成的文化极大地改变了城镇化状态。

第二节　中外城镇化的文化地理差异

一、中外城镇化的文化地理背景

地理条件包括多个方面,如气候、水文、地质、地势、地形地貌、土壤等。若要提出对中国历史文化最有影响力的地理要素,那应当是水域特征。这种水域特征主要指河流和海洋。在空间上,它体现为以长江和黄河流域为主体的南北划分,以靠海与否和距离远近为依据的东西划分。这两种区域的地理特征不但决定了中国文化的起源,而且深刻影响了从历史时期到现代经济、社会、文化、政治等活动的变迁。

就城镇化而言,这种水域特征的重要性在于,它对中国农业的影响是决定性的,进而决定了中国城镇化的特征。正如历史学家冀朝鼎(1981)所说,“中国的各种地理条件造成了这样的事实:如果没有作为农业的完整组成部分的水利系统的发展,农业生产就绝然达不到它曾经有过的高水平,也不可能出现由具有高度生产性的农业经济所带来的半封建中国的繁荣文化”。许多历史学家指出了中国独有的两条大的水系对农业以及文化形成的重要影响,其中具有代表性的是钱穆。他认为虽然古巴比伦、埃及、印度和中国文化都是从水系起源,但与中国水系相比,古埃及只有一条水系(尼罗河),而巴比伦和印度虽然各有两条水系(底格里斯河和幼发拉底河,印度河和恒河),但是河流都不大,水系简单,没有许多支流;

而中国却有许多极大极复杂、多等级的水系，中国的农业文化，从小水系逐渐蔓延扩大至整个大水系，并交融和汇合，最后形成伟大的国家组织，这是中国与他国文化“相异源于地理背景之最大的一点”（钱穆，1994）。许倬云（2006）也持类似观点，认为长江和黄河界定了南北两个大的地理环境，呈现各自的文化特色，虽然不断接触与抗衡，却最终融汇为一体。

如果说古代农本社会是依河流而产生和兴盛，那么现代城市社会发展的地理依据则是靠海。考察中国经济社会发展程度与地理之间的对应程度，就会发现最重要的特征是沿海与内陆。陆大道、薛凤旋等（1997）认为，“国家对宏观区域经济格局的划分的四次变动，即沿海，内地‘一、二、三线地区’—沿海和内地—东、中、西三大地带，前两次主要受军事和国防安全目标支配”。那么不言而喻，在四次变动中，沿海和内地的划分无论从政治、军事还是经济角度都是划分的主要模式。在经济社会发展比较时，沿海地区与内陆地区也经常用表示方位的东部地区和中西部地区来替代，而且往往与宏观上的发达地区与欠发达地区相对应。这种区域格局主要受中国是一个一面临海的大国的地理特征决定。从历史发展角度来看，中国一面临海的地理格局在秦朝时基本奠定，之后随着对外贸易的发展，沿海地区也逐渐发展起来，经济地理中心也出现了南移的趋势；宋朝以后中国经济地理中心已经转向南方，并且在近代直接转移到沿海地区，现代这一格局和态势并无太大变化。从世界范围看，国家力量角逐和竞争的中心从陆上转移到海上，是资本主义政治经济发展的一个重要特征。中国一面临海，面临广阔内陆腹地的地理格局易产生强大的内向性偏好，所以，明清时期海外贸易政策摇摆不定，并进而使此时期的城镇化进入历史低潮。

欧洲文明的代表——古希腊和罗马，它们的最大地理特性也体现在水域上。具体来讲，就是集中体现为地中海对文化的深刻影响。黑格尔在他的《历史哲学》中就已阐明，地中海特性、群岛和缺乏大水系的地理特征使希腊具有“错综分裂、善变、参差不同”的文化“精神”，而有着大水系的东方社会则容易导致停滞和缺乏活力。有很强理论洞察力的地理学家阿努钦也敏锐地捕捉到地中海对希腊及其周边文明的重要影响。他指出，“希腊位于东地中海的中部，它的地理位置有利于其向外推进。海岸切割度大也具有重要意义。从海洋成为人民之间联系的主要手段起，拥有天然海湾的海岸线就能大大促进经济的发展”（阿努钦，1994）；最初的城邦系由注重海外贸易的腓尼基人所建，古希腊人受其影响，并将城邦与政治和文明结合起来（杰弗里·帕克，2007），这成为后世资本主义城镇化的根源。著名历史学家皮雷纳（2006）也着重强调了地中海对中世纪城市的重要影响。他认为地中海的特性是罗马帝国的基本特性，是政治统一和经济统一的保证，甚至日耳曼人入侵也没有阻断地中海的贸易；而穆斯林入侵后对地中海的封闭断绝了以前的商业与交流，造成了欧洲的分裂。与中国的长江和黄河相比，地中海由于处于亚、非、欧三大陆交汇处，地理条件复杂多样，不易形成统一的文化，但是这种基于内海的经济、政治、文化等诸方面的频繁对抗与交流却使其孕育了自身独特的城市文明。

二、中外城镇化的文化地理差异

1. *历史的证据*

文化的核心是态度或价值观。不同的历史地理基础和特征导致了中外对待城市与乡村的不同态度。应该说，最初的东西方文明都是非常注重农业的，在思想文化上，也都把农村作为一种“自然”的象征，并且有许多保护和重视农业的政策。但在由农业社会向城市社会演进的过程中，中国与西方产生了分野。比如，在古希腊以及其后西方思想多是围绕城市(邦)进行构想,中国则多强调回归乡野秩序(叶超,2009)。著名地理学家格拉肯(Clarence Glacken)曾指出西方早期的自然观念对城市发展的影响:“对自然的兴趣,随着早期城镇化的发展,引发了西方文化对城市与乡村的区分和极端的比较……不管人们怎样反对城市,却很难否定这种强大的城市传统,它是地中海地区人们的伟大创造并被希腊化时代的人们享有。可以说此时期的城镇化是一种特殊的自然。”(Glacken,1967)

总体来看,地中海的地理特征决定了西方以外向型的、海外贸易扩张为主要特征的城市文明,而中国历史时期城市的繁荣发达程度虽然超过同期的西方城市,但是受地理环境影响,所以中国在根本上是一种内向型的、农本基础的社会,也就没有发展出资本主义的城镇化。

地理与文化的持续交互作用主要反映在水域上。不同的水域条件塑造了不同的文明。从史前到历史时期,与古印度、古巴比伦、古埃及以及古希腊和古罗马文明不同的是,中国独有的两大水系产生的黄河和长江流域文明最终交汇成统一的、延续至今的中国文化。在漫长的历史时期,这种文化主导下形成了偏重于内河流域发展的、稳定的农业社会经济,其主要特征是内向性;而欧洲资本主义发源地——地中海的经济文化特征却是偏重于海外贸易的、外向性的城市文明。这种不同的地理与文化持续交互作用与影响,导致了中西城镇化道路和城镇化的巨大差异。正如马克斯·韦伯(Max Weber)指出,“原因在于此地彼地城市的起源不同,古希腊罗马的城邦——无论其基础是何等强大的地主所有制——最初都是海上贸易城市;中国则基本上是一个内陆国家……城市的繁荣并不取决于市民的经济与政治魄力,而是取决于朝廷的管理职能。”(马克斯·韦伯,1995)

不同的水域条件和临海程度导致了不同的国家文化和性格,它对城镇化的影响主要体现在意识形态和商贸政策上。临海地区有发展贸易的天然优势和倾向,在经济和文化上体现为强烈的外向性特征,这是现代城镇化的基础。面向地中海和多岛屿的特性使得西欧产生了重视商业和海外贸易的传统,并经由城乡对立走向城镇化;中国虽然有城市发达的历史,但是,一面临海、以内陆为主体使得意识形态产生了稳定的内向性偏好,这种内向性偏好起初是抵消,后来是抵制,最后阻碍了中国走向现代城市文明;而日本在地理和文化及其城镇化的表现上,可以说是一种中西特征兼有的中间类型(详见表2-2)。所以,中外城镇化不同与地理条件影响下形成的政策、文化和意识形态有很强的相关性。

表 2-2 历史时期中国、西欧和日本的文化地理特征及其对城镇化影响

类别	中国	欧洲(古希腊、罗马)	日本(明治维新前)
主要地理特征	一面临海; 内河流域为主	地中海为主体; 岛国林立	岛国; 毗邻中国
地理特征影响下的文化特征	双线一元文化	多元竞合文化	汉文化影响下的岛国文化
文化性格	稳固内向型 (强自我中心)	外向型	变通内向型 (弱自我中心)
主流意识形态	儒家学说	基督教	国学、佛教、神道教、兰学

续表

类别	中国	欧洲(古希腊、罗马)	日本(明治维新前)
对商贸的态度	重农抑商	重视商业和海外贸易,对外扩张	有过自由的商业政策,有与西欧相仿的商人自治历史
对城乡的态度	重乡轻城	重城轻乡	各有侧重,后期重城
影响城镇化的体制	编户齐民体制确保城乡融合	形成了稳定的强化城市独立和自由的议会制、法律和经济制度	有与编户齐民相似的幕藩体制,但也有促进城市和商业自由的制度
城乡关系表现	长期城乡融合	长期城乡对立	商农分离确立城乡对立

2. 现代的状况

与古代不同的是,现代城镇化的一个动力或主要凭借是海外贸易,因此临海的地区或区位获得发展外向型、国际城镇化的先天优势。从经济发展角度看,临海性往往与贸易结合起来影响经济社会和城镇化的发展。从政治、经济、军事等角度看,近代以来的世界历史可以说是海上的历史。“在将近 100 年来世界的发展中,证明临近海洋是有利的地理位置”,而且,“由于现代经济受海洋的吸引是长期趋势,濒临海洋或靠近海洋,可以较易参与大范围的社会经济活动,更易进入大范围(乃至全球范围)的经济核心区;这类地区与国家经济有较大的可能比内陆国家和地区发达。”(陆大道,1995)这种经济社会活动更多的指贸易,沿海地区主要由于运输成本的节约,易吸引生产要素聚集,更易于进行国内外贸易,因而相比内陆地区具有天然优势。在全球化和信息化快速推动之下,临海地区的这种贸易优势被强化。哈佛大学的 Gallup, Sachs 和 Mellinger(1999a,1999b)对人均 GDP、GDP 密度和人口密度与全球气候带、临海性相关性的实证分析也表明,“近海生态带 GDP 密度是离海地区的 10 倍”;临海与经济发展和城镇化之间有着密切的关系。

从中国近 50 多年区域城镇化发展格局看,改革开放前,尽管区域发展政策重点在东北地区和“三线”,但是沿海地区仍然具有较好的城市发展基础;所以,虽然受宏观区域政策和封闭式经济的影响,1953 年的沿海地区城镇化水平总体上仍然领先于中西部地区(图 2-1 上)。改革开放则极大地促进了沿海地区优势的发挥。这主要表现在发展速度上。从 1982 年到 2011 年的地区城镇化增长速度(图 2-1 下)可以看到,沿海地区和与其毗邻的中部地区城镇化发展速度最快;1995 到 2011 年间,沿海地区更是形成城镇化高速发展的地带,发展速度远快于其他地区,而先前城镇化水平较高的东北地区近 10 年城镇化水平则进步不大,这与 90 年代之后沿海地区能够更多地参与国际分工并进而带动贸易的高速发展有非常密切的关系。受一面临海的地理格局影响,开放及优惠政策在促进沿海地区贸易和城镇化发展的同时,也导致了区域城镇化发展的不均衡。赵群毅、周一星等(2005)也认为,20 世纪 80 年代城镇化发展速度较快的省区主要集中于东部沿海和东北三省,总体上表现为“东高西低”的格局;而 90 年代城镇化发展速度较快的省区则明显集中于东南沿海地区。

综合来看,无论是城镇化的发展速度,还是城镇化的水平,沿海地区都占有优势。改革开放后,这种趋势在不断强化。沿海地区不但城镇化水平、发展速度都处于领先,而且也是城乡协调发展的地区。曾磊(2004)通过构建城乡关联度指标体系分析了区域城乡关系发展状况,结果显示,沿海地区的城乡关系密切度、关联度上比中西部地区高;尤其是90年代以来,形成了沿海地带城镇化高速发展的状况。这些都充分说明了临海性对城镇化的重大影响。

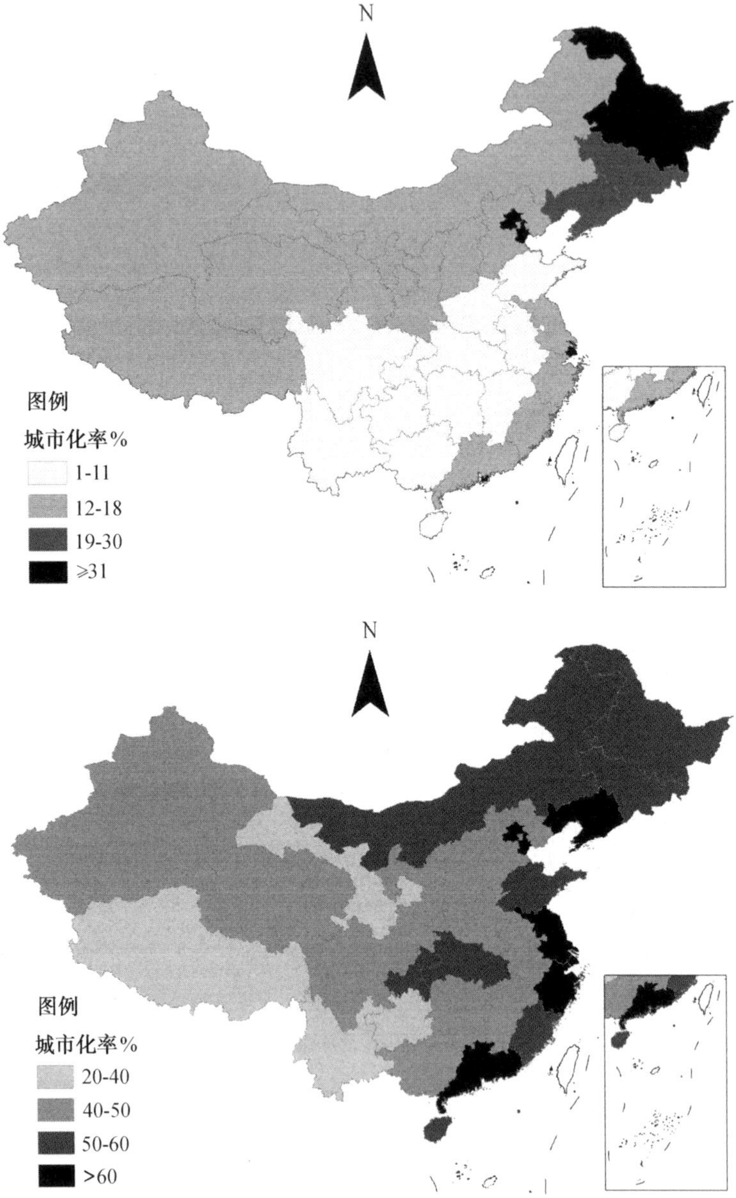

图2-1　1953年(上图)和2011年(下图)中国的区域城镇化水平

第三节 中国城镇化政策的文化地理透视

一、影响城镇化的政策与文化

1. 文化对政策的选择性依附

从农业革命到城市革命乃至近代以来，各个国家对各种产业和城镇化的政策是不同的。中国的有些政策对城镇化具有重大和深远的影响，比如重农抑商政策、“海禁”政策、户籍制度等。重大的政策往往在特定的历史和地理环境中形成，经历史长期的选择与淘汰，逐渐形成与之相应的稳定的文化（共同的意识形态是文化成熟的一个突出表现），为绝大多数人所信守。即使环境和时代背景改变，这种文化也根深蒂固而不易随之改变。这是因为，在面临新的环境与变革的形势下，出于捍卫自身的价值观和文化身份（精神）或利益（物质）等目的，原来的文化群体或利益集团会利用自己的权力或影响力，直接干预或通过推举代表间接参与政府的政策制定。如果发生激烈的、不可避免的变革，他们至少会选择某种容易“寄托”的政策为其依附对象。对这个对象的选择和依附不是毫无道理的，一些政策由于其性质较“软”，而容易成为被选定的对象。中国历史上的重大变革中，“顽固派”与“改革派”之间的斗争往往会形成其所代表的文化选择和依附某种政策主张的局面。不管斗争的结果如何，都会对原有的文化形态造成冲击。即使产生“革命性”的后果，也中和并滞留了对立方面的某些政策建议。

就城镇化文化与制度之间的关系来看，那些谴责城乡分割政策的学者，固然看到了它的危害，但是却忽视了另外两个值得深入思考的问题：一方面，更大的危害在于这种政策形成了一种城乡分割或城乡对立的文化，否则，我们很难理解它为什么难以改变；另一方面，在城乡对立的制度和文化形成前长达2 000多年的时间里，中国的城乡人口可自由流动，城乡差别不大，城乡文化是融合的。在城乡差距日益扩大的今天，古代的城乡状态和管理体制，尤其是那种自由交流的无差别的城乡文化，对于现代城乡发展的目标和途径，有更多值得我们思考和借鉴之处。比如，造成城乡隔离，制约和阻碍当前城乡互动和城镇化的主要政策——户籍制度形成和难以改变的深层原因就是如此。户籍制度存续超过2 000多年的历史，在古代就容易和土地及赋役制度结合在一起，具有天然依附性强的特点。所以，城乡分割和城市偏向政策改革的实质在于，本质上需要改变的不是户籍制度，而是依附在户籍制度上的（等级制、世袭制、人身控制等）文化；户籍制度只不过是原有文化群体和利益集团选定的依附对象而已。

2. 海外贸易政策及其文化的影响

中国明清时期面向市镇的发展带来的只是内向型的区域城镇化，而要大幅地提高城镇化水平，进而走上外向型的国际城镇化道路，必须发展海外贸易，唯此才能获得更广泛的市场空间，但一面临海使得中国形成了消极乃至反对海外贸易的政策和文化。

古典经济学的奠基人亚当·斯密曾对中国不重视海外贸易充满了疑惑和惋惜。他指出：“中国东部有若干大江大河，分成许多支流和水道，相互交通，扩大了内地航行的范围，这种航行范围的广阔，不但非尼罗河或恒河所可比拟，即此两大河合在一起也望尘莫及；但令人奇怪的是，古代埃及人、印度人和中国人，都不奖励国外贸易，他们的财富似乎全然得自内陆的航行。”

轻视海外贸易的思想渊源在于“崇本抑末”的文化。斯密敏锐地指出，“中国的政策，就特别爱护农业。在欧洲，大部分地方的工匠的境遇优于农业劳动者，而在中国，据说农业劳动者的境遇却优于技工……中国人不重视国外贸易。当俄国公使兰杰来北京请求通商时，北京的官吏以惯常的口吻对他说，‘你们乞食般的贸易！’除了对日本，中国人很少或完全没有由自己或用自己船只经营国外贸易。允许外国船只出入的海港，亦不过一两个。所以，在中国，国外贸易就被局限在狭窄的范围，要是本国船只或外国船只能比较自由地经营国外贸易，这种范围当然就会大得多。”明清时期的海禁政策的反复导致对外贸易发展的迟缓和停滞，即使在西方列强打开国门后，中国的对外贸易仍然是落后的。斯密一针见血地指出了问题的关键症结。

斯密对贸易政策和文化的洞见并没有获得中国先进知识分子的认同和关注。严复在1902年翻译出版了《原富》，但是对斯密指出的对外贸易问题并不以为然。王亚南（2002）则认为：“（严复）这个以《原富》为名的译本，在1902年出版以后却不曾引起任何值得重视的反响，这当然不仅是由于译文过于艰深典雅，又多所删节，主要是由于清末当时的现实社会经济文化等条件和它的要求相距太远。”尽管王亚南的看法有其道理，但我们认为，即便在今天看来，斯密对当时中国的地理特征、交通条件与贸易以及经济发展的关系的认识和判断确实是非常准确的。因为地理条件是不易变的，自大航海时代和工业革命后到现在，经济活动开始偏向临海地区，这种趋势一直在增强。中国两次开放的直接结果都促成了沿海地区的快速发展。这种地理与贸易之间的紧密联系及其对经济发展的重要作用，是王亚南所忽略的。和斯密相比，克鲁格曼（1992，2003）等人将贸易与地理结合看待的提议并不是什么新鲜的观点。费维恺认为，由于交通运输效率低，所以近代中国被分割成成千上万互不往来的地方市场，因此分工只能在狭小的地方市场内发展，而不可能形成全国性市场及相应的全国性很高分工水平（费正清、刘广京，1993）。所以沿海大城市只是协调邻近区域的分工，而不能成为全国性分工网络的交易中心。这使沿海与内地收入差距加大，也使沿海大商业城市的发展受到局限。这与斯密的判断基本一致。

二、中国城镇化的价值取向

作为文化的核心部分，城市和乡村发展的价值取向也是一个重要问题。尽管时代背景和环境差异很大，但是当前的城乡二元结构有其历史和地理根源，并形成了文化上的差异。5 000～4 000年前良渚古城城乡聚落形态的不同分布是社会阶层分化在空间上的映射；同样，现在的城乡聚落形态、身份地位上的巨大差异仍然反映了社会阶层的分化与差别。与资本主义城乡对立的历史不同的是，近代以前将近2 000年的中国历史基本上是城乡融合的。所以，在价值取向上，中国既有着城乡对立的历史，又有城乡平等和融合的漫长历史。中国城镇化发展历史显示，城市和乡村在价值取向上经历了一个离散—凝聚—离散的过程，这与西方单线式的经由城乡对立达到城乡一体化的路径大相径庭。但是从中国历史特性与发达国家城镇化发展历程结合来看，中国城镇化变革的最终价值取向应该也是实现城乡社会的平等与融合。

城乡协调或城乡一体化不仅取决于城镇化制度变革的进程，更取决于对历史时期城乡分割和融合的文化经验的吸取与教训的总结。总体看来，这种经验教训集中表现为，中国城镇化制度的变革滞后于物质生活和技术的发展，而文化的变革与整合又大大滞后于制度。这意味着实现实质上的“城乡一体化”仍是一个相对漫长的过程。但无论如何，未来的城乡社会将会重新聚合。经过这种传统和时代特征兼具的城乡聚合，中国文化将会重新凝聚和整合成一种新的文化形式。

第四节 结　论

考察中国城镇化独特性的目的不仅仅在于了解影响其发展演变的文化地理要素，更在于通过这个过程看到对现代的启发与影响。现代城镇化也不是一个单纯的经济社会现象，非常需要运用历史和文化地理的分析视角与方法对它进行研究。

中国城镇化及其独特性在发源时就已显现并奠定。地理和文化是中国城镇化演化的深层动因。中国文化的连续性使其区别于其他文化。这种不断分离与聚合，并易于聚合为整体的连续性，深受中国独有的两大流域和一面临海的地理特征的影响。基于此，中国城镇化演化受两条主线的制约与牵动，即地理与文化的持续交互作用和文化对政策的选择依附。后者是历史时期乃至现今城镇化演变的主要制动力，并最终体现为文化在群体价值取向上的离散与凝聚。这种分离与聚合交织的文化演变特征与趋势，既是城镇化变化的主要驱动因素，又反映了城乡平等和融合的价值导向。这决定了中国历史时期至今城镇化发展的独特性。

主要参考文献

[1] Friedmann John. Four Theses in the Study of China's Urbanization[J]. International Journal of Urban and Regional Research,2006,30 (2).

[2] Gallup John,Sachs Jeffrey and Mellinger Andrew. 1999b. Climate,Water Navigability and Economic Development. http://www.cid.harvard.edu/cidwp/024.htm.

[3] Gallup John,Sachs Jeffrey and Mellinger Andrew. 1999a. Geography and Economic Development. http://www.cid.harvard.edu/cidwp/001.htm.

[4] Glacken C. Traces on the Rhodian Shore: Nature and Culture in Western Thought from Ancient Times to the End of the Eighteenth Century [M]. Berkeley: University of California Press,1967.

[5] 阿努钦. 地理学的理论问题[M]. 李德美,包森铭,译. 北京:商务印书馆,1994.

[6] 保罗·克鲁格曼. 地理和贸易[M]. 张兆杰,译. 北京:北京大学出版社,中国人民大学出版社,2000.

[7] 保罗·克鲁格曼. 发展、地理学与经济理论[M]. 蔡荣,译. 北京:北京大学出版社,2002.

[8] 蔡昉,杨涛. 城乡收入差距的政治经济学[J]. 中国社会科学,2000,(4).

[9] 蔡昉. 城乡收入差距与制度变革的临界点[J]. 中国社会科学,2003,(5).

[10] 蔡昉. 工业反哺农业、城市支持农村的经济学分析[J]. 中国农村经济,2006,(1).

[11] 蔡昉. 中国经济面临的转折及其对发展和改革的挑战[J]. 中国社会科学,2007,(3).

[12] 曾磊. 中国城乡关系关联发展的系统分析及综合评价[D]. 北京:中国科学院研究生院,2004.

[13] 戴维·兰德斯. 国富国穷[M]. 门洪华,安增才,董素华,等译. 北京:新华出版社,2007.

[14] 菲斯泰尔·德·古朗士. 古代城市:希腊罗马宗教、法律和制度研究[M]. 吴晓群,译. 上海:上海人民出版社,2006.

[15] 费正清,刘广京编. 剑桥中国晚清史:1800－1911(下卷)[M]. 中国社会科学院历史研究所编译室,译. 北京:中国社会科学出版社,1993.

[16] 黑格尔. 历史哲学[M]. 王造时,译. 上海:上海书店出版社. 2006.

[17] 黄怡. 为人的城市——第 8 届亚洲城市规划院校联合会国际大会议题综述[J]. 城市规划学刊,2006(2).

[18] 吉尔伯特·罗兹曼,等. 中国的现代化[M]. 国家社会科学基金“比较现代化”课题组,译. 南京:江苏人民出版社,1998.

[19] 冀朝鼎. 中国历史上的基本经济区与水利事业的发展[M]. 朱诗鳌,译. 北京:中国社会科学出版社,1981.

[20] 简雅各布斯. 美国大城市的死与生[M]. 金衡山,译. 南京:译林出版社,2005.

[21] 杰弗里·帕克. 城邦——从古希腊到当代[M]. 石衡潭,译. 济南:山东画报出版社,2007.

[22] 杰弗里·萨克斯. 对新的经济发展社会学的看法//塞缪尔·亨廷顿,劳伦斯·哈

里森. 文化的重要作用[M]. 程克雄,译. 北京:新华出版社,2002.

[23] 金观涛,刘青峰. 兴盛与危机:论中国社会超稳定结构[M]. 北京:法律出版社,2010.

[24] 凯文林奇. 城市意象[M]. 方益萍,译. 北京:华夏出版社,2001.

[25] 陆大道,薛凤旋,等. 1997 中国区域发展报告[M]. 北京:商务印书馆,1997.

[26] 陆大道. 区域发展及其空间结构[M]. 北京:科学出版社,1995.

[27] 陆铭,陈钊. 城市化、城市倾向的经济政策与城乡收入差距[J]. 经济研究,2004,(6).

[28] 马克思,恩格斯. 马克思恩格斯全集(第 46 卷,上册)[M]. 北京:人民出版社,1972.

[29] 马克斯·韦伯. 儒教与道教[M]. 王容芬,译. 北京:商务印书馆,1995.

[30] 马凌诺斯基. 文化论[M]. 费孝通,译. 北京:华夏出版社,2002.

[31] 迈克·克朗. 文化地理学[M]. 杨淑华,宋慧敏,译. 南京:南京大学出版社,2005.

[32] 牟复礼. 元末明初时期南京的变迁//施坚雅. 中华帝国晚期的城市[M]. 叶光庭,等译. 北京:中华书局,2000.

[33] 皮雷纳. 中世纪的城市[M]. 北京:商务印书馆,2006.

[34] 钱穆. 中国文化史导论[M]. 北京:商务印书馆,1994.

[35] 塞缪尔·亨廷顿. 前言:文化的作用//塞缪尔·亨廷顿,劳伦斯·哈里森. 文化的重要作用[M]. 程克雄,译. 北京:新华出版社,2002.

[36] 施坚雅. 中华帝国晚期的城市[M]. 叶光庭,等译. 北京:中华书局,2000.

[37] 苏秉琦. 关于重建中国史前史的思考[J]. 考古,1991(12).

[38] 王恩涌. 王恩涌文化地理随笔[M]. 北京:商务印书馆,2010.

[39] 许倬云. 万古江河:中国历史文化的转折与开展[M]. 上海:上海文艺出版社,2006.

[40] 亚当·斯密. 国民财富的性质及其原因的研究(上卷)[M]. 郭大力、王亚南,译. 北京:商务印书馆. 2002.

[41] 叶超. 城市规划中的乌托邦思想探源[J]. 城市发展研究,2009,16(8).

[42] 赵冈. 中国城市发展史论集[M]. 北京:新星出版社,2006.

第三章

城镇化冒进与资源环境问题

提 要

冒进式城镇化主要表现在:追求短期“圈地运动”,城镇化速度“虚高”现象,一些大中城市的更新、改造以及无序扩展。特别是城镇化的冒进带来严重的资源环境问题。

严重的资源环境问题首先表现在土地的低效利用,这是与我国有限的土地资源国情极为不相符的。同时,环境污染引发严重的水资源问题,空气污染引发居住环境问题等等。这与十八大报告中提出的“天蓝”、“地绿”和“水清”的环境要求相差甚远。我们必须要走健康城镇化道路,有效地协调好资源环境的承载力和人类活动之间的关系。

城镇化合理进程必须要遵循循序渐进的原则,速度不宜太快,每年保持0.6~0.7个百分点是比较稳妥的。必须探索我国不同区域的城镇化人均用地标准。建立和完善符合科学发展观、与利益驱动机制相协调的制度体系。改革城乡二元化土地管理制度,充分发挥市场在土地资源配置中的作用。

城镇化发展必须要和资源环境相协调。为此必须建立资源节约型国民经济体系;建立高效安全的城市交通体系;因地制宜,适度发展,建设生态宜居的城市环境;严禁过度开采地下水,适当限制超高层大楼的盲目建设。

第一节 我国城镇化历史进程

一、我国城镇化的历史进程

城镇化既是经济社会发展要经历的一个重要阶段,也是促进经济增长的一个关键动力,城镇化水平还是衡量一个国家或一个地区经济社会发展水平的重要标志。城镇化进程与国家的社会经济发展和重大政治事件密切相关。与其他国家的城镇化进程相比较,中国城镇化发展过程具有明显的曲折性与波动性,大致可以划分为:新中国成立初期的稳定发展时期、三年自然灾害与“文革”期间的曲折波动时期、改革开放后城镇化快速发展的新时期,以及20世纪90年代中期开始出现的冒进急速发展时期。国内也有些学者将中国的城镇化划分为7个时期或4个时期。从我国的基本国情出发,深入考察分析我国经济政治体制发展的特点、工业化发展水平、城镇化速度和空间布局特征,我们认为:我国的城镇化历程可以分为1949—1958年、1959—1978年、1979—1995年、1996—2010年这样4个重要的历史时期比较合理(图3-1),也符合我国城镇化发展的一般规律,但其中从1996年起国内城镇化速度过快,有冒进的现象(陆大道,姚士谋2007)。

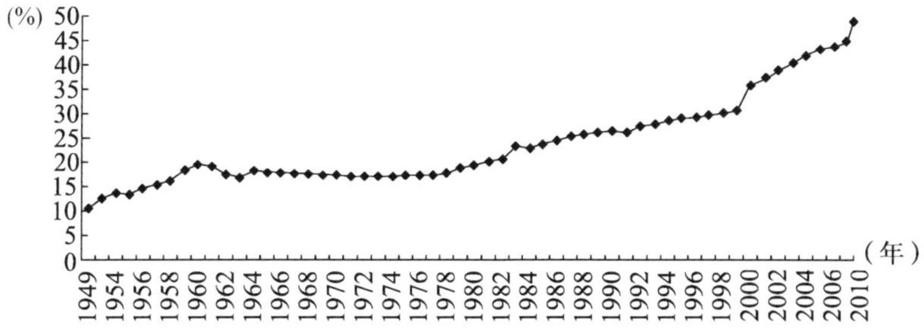

图 3-1　新中国成立以来我国城镇化水平变化曲线(1949—2010 年)

1. 城市工商业恢复建设与城镇化稳步发展时期(1949—1958 年)

新中国成立前,我国属于半殖民地半封建的社会经济状态,经济基础很差,城镇基础设施十分薄弱。新中国成立后,经过三年的经济恢复,于 1953 年进入第一个“五年计划”建设时期,这是中国进行工业化的开始。当时我国学习苏联的经验,苏联对中国援建了 156 个大中型项目,中国城镇规划与建设也进入了新生的发展时期。

1953 年 9 月,中央做出指示:“重要的工业城市规划工作必须加紧进行,对于工业建设比较重大的城市,更应迅速组织力量,加强城市规划建设工作。”在“一五”期间,大批新建的工业企业完成厂址选择、工程设计与城镇工业区的建设。到 1957 年,国家先后批准了包头、太原、西安、兰州、洛阳、成都、大同、哈尔滨、沈阳、吉林、抚顺、石家庄、郑州、邯郸、湛江等 15 个城市的总体规划和部分工业城市的详细规划。

1956 年 4 月,毛泽东主席发表《论十大关系》,提出了充分利用沿海、合理发展内地的方针,对我国的城镇建设起到了重大的指导作用,当时全国的城镇建设走上了一条符合国情,比较稳健的道路。第一个五年计划中,除了苏联援建的 156 项重点工程外,还有我国政府自己确定的 694 个大中型建设项目,都集中布局在全国 130 多个大中小城市中,大大推进了我国城镇化进程,比新中国成立前有了较大的改观。到 1957 年,我国城镇人口达到 9 949 万人,城市数量达 176 个,年增长率为 7.06%,城镇化水平提高到 15.4%。

随着工业布局的调整,我国内地的城市开始建设与改造,工业和城镇集中于沿海地区的畸形状态有所改变。这一时期城镇化发展与城镇布局表现主要特点如下:

(1) 城镇化发展速度平稳。三年经济恢复后,国家实行了第一个五年计划,我国的经济社会不断向前发展,取得了重大的成就,促进了我国城镇化的明显发展。城镇人口比重从 1949 年的 10.6% 增加到 1958 年的 16.3%,年均增长 0.63 个百分点,符合我国当时经济恢复时期的社会经济发展情况。

(2) 以工业类型的中小城市为主。在实行了第一个五年计划后,沿海城市经济恢复较快,东北与内地的工业城镇建设项目多,城市发展也较快;同时,接受苏联援建的 156 个重点项目,对于促进我国工业城市的发展起到积极作用,至 1957 年,50 万人以下的小城市有 140 个,比之 1949 年的 98 个增加了 32 个。

(3) 城镇集中布局在沿海的局面得到初步改善。新中国成立前,我国属于半殖民地和半封建社会,以农立国,生产力水平低下,工业基础差,城镇发育水平低,仅有少部分民族工业集中分布在沿海,因此,城镇也集中布局在沿海省区,尤其是消费性的海港城市居多。经过第一个五年计划后,工业项目逐步在内地新建、扩建,而且内地的项目占有较大比重。因此，内地新建的城市如包头、太原、兰州、西安、洛阳、石家庄、邯郸、郑州、武汉、重庆、成都等发展很快，而且逐步改变了消费性质，城市转向工业生产为主要职能的城市。

2. 经济困难与城镇化停滞发展时期(1959—1978 年)

从 20 世纪 50 年代后期，特别是进入 60 年代，我国与苏联的关系以及我国与西方发达国家的关系一度很紧张，出于对国际形势过于严重的估计，毛泽东的城市思想发生了变化，从开始的“集中”发展转向“分散”、“建设小城市”、“上山下乡”、“备战、备荒”的发展。控制大城市规模，分散建设小城市、工业小城镇等思想就是在这种特殊的历史背景下产生的。

1958 年 8 月党中央做出了“人民公社”、“大跃进”等发展经济的决议，全国上下都在搞大炼钢铁、赶超英美的工业生产运动。很多城镇工业企业、工业区盲目发展、盲目建设。但后来我国又出现三年困难时期和国际形势的变化(1959—1961 年)，苏联专家撤退，援建项目停止，国民经济出现暂时困难，城镇建设处于低潮时期。本时期如果从不同的政治运动与经济发展重大事件划分，又可以细分为两个阶段：一是 1958—1965 年的城镇发展大起大落时期；二是 1966—1978 年的城镇发展停滞不前时期。随着经济发展方面出现的“大跃进”的现象，在城市建设和城镇化发展方面也出现了“大跃进”的指导思想。1960 年全国计划会议在桂林召开。中央在会议上提出“用 10 ~ 15 年左右的时间，把我国城市基本建设成为社会主义现代化城市”。会后有些地方提出“苦战三年，基本改变城市面貌”和“三年改观、五年大变、十年全变” 的过左口号，显然是脱离实际的。在这期间，我国的城市建设用大跃进的方法来适应工业建设的冒进和快速规划建设，这导致了许多地方盲目追求大城市，违背了科学规划的方法。全国很多城市特别是沿海一些大城市，在国家经济困难的情况下，大搞“楼堂馆所”，城镇建设规模过大，盲目求新、标准过高。因此，在这次全国计划工作会议上，当时国家计划委员会主任李富春副总理宣布：“三年不搞城市规划了！”在三年不搞规划后，全国许多城镇建设出现停止发展现象，当时全国精简职工 2 887 万人，压缩城镇人口返乡 2 600 多万。由于“大跃进”，1961 年全国经济出现倒退现象，城镇发展也处在萧条时期，城镇人口不但没有增加，反而由于城市人口返乡出现负增长。城市数量由 1961 年的 208 座下降到 1965 年 171 座；城镇化水平由 1960 年的 19.8% 下降到 1964 年的 14.6%，出现“反城镇化”(中国城市规划学会，2006)。

1966 年“文化大革命”以后，我国的城镇建设进入一个非常曲折的低潮时期，从中央到地方都在调整大中城市的发展规模，缩小城市郊区、压缩城镇人口，甚至下放城市职工支援农村，特别是 1968—1970 年，全国有 3 500 万知识青年上山下乡到农村劳动锻炼，城镇人口也出现下降的趋势。总之，在“文革”前后的 12 年间(1966—1978 年)，城镇人口增加很少，大约仅增加 180 多万人，城镇人口总数长期徘徊在 1.0 ~ 1.1 亿人之间，其中有几年甚至出现负增长。

由于盲目的“大跃进”，又出现了三年自然灾害，我国的经济发展出现了大的滑坡。“文革”期间，全国的城市规划与城市管理处于停滞时期，可以说我国的城镇化发展失去了整整 10 年时间，到 1976 年的城镇化水平仅有 17.44%，与“文革”前 1965 年的 18% 水平相近。

总体上看，这一时期，国家经过短暂的“大跃进”就陷入巨大的经济困难、结构失衡，继而又发生持续 10 年之久的“文化大革命”，加上指导思想上的摇摆不定，包括一度曾企图走一条“非城市化的工业化道路”。这些原因导致我国城镇化进程长时期处于停滞状态，城镇化水平从1958年的16.3%到1978年的17.9%，年均增长0.1个百分点，其中包括几年的负增长。这段时期属于我国城镇化发展的不正常时期，有的学者称为“反城镇化时期”，有的学者称为“低速徘徊期”，有的学者称为“逆城镇化期”。因这一时期我国出现盲目的“大跃进”、经济走上大滑坡的曲折时期，国家的投资重点放到了中西部地区，大搞“三线”建设，工业布点集中在四川、陕西、湖北和贵州等地的山沟里。大量的城市人口，特别是大城市人口“下放”农村，大城市和特大城市在国家城镇体系中的地位、作用受到削弱、挤压。同时在这一时期，许多城市工业项目是高度计划下的一点一线的土地开发，常常在各个城镇地区出现“一厂一区”（小而全，大而全）的重复建设现象，表明土地开发在整个城市范围内缺乏综合规划，总体协调，不注意水土资源保护与生态环境问题，教训是极为深刻的。

3. 经济逐步恢复与城镇化稳步快速发展时期（1979—1995年）

自1978年党的十一届三中全会以来，我国实施了经济体制改革、体制创新，对外开放、科教兴国、城镇化发展战略等一系列方针政策，给我国的经济社会发展注入了强大活力，我国的城镇化与区域经济发展进入了一个崭新阶段，城镇化进程由农村人口城镇化开始，逐步步入了快速发展的轨道，是我国城镇化与城镇发展的重要历史时期，也是城市生长发育的新春天。

20世纪80年代初，中国农村实行了以土地联产承包为起点的农村改革，打破了计划经济时代以生产队和人民公社为组织形式的农业经济体制，极大地调动了农民的积极性，解放了生产力。1978—1985年间，农村经济发展很快，乡镇企业异军突起，城乡二元结构开始松动，城镇化建设特别是小城镇建设取得了较大发展。

在这一时期，虽然我国城镇化采取了比较谨慎的步伐，实行“以城市改革为导向和重点安排农村富余劳动力”的发展方针和政策，但国家实行的改革开放和“撤县改市”，掀起了我国城镇化发展的新高潮。1986年我国开始调整设市标准，实行“撤县改市”，推广“市领导县”，在设市标准中除了人口指标外第一次提出GDP等经济指标，这又是一次大的变化，全国设市的数目不断增加，推进了我国城镇化的新高潮。

从1984年开始，中央政府即着手在4个经济特区试点的基础上，对我国沿海14个港口城市（大连、秦皇岛、天津、烟台、青岛、连云港、南通、上海、宁波、温州、福州、广州、湛江、北海）实行对外开放和试点改革，以促进东部沿海地区的城市快速发展，并与国际接轨，带动我国城市现代化的建设。同时，我国政府决定进一步扩大对外开放，于1985年首先将珠江三角洲、长江三角洲、闽南三角洲划为经济开放区，接着又将对外开放区扩大到山东半岛和辽东半岛；1988年，海南岛划出建立海南省，成为全国最大的经济特区（傅崇兰等，2003）。1990年，中央又赋予上海浦东新区为期10年更加优惠的政策。1992年邓小平视察南方谈话，进一步解放思想，坚定了我国实行改革开放政策的决心，加快了我国由传统计划经济体制向社会主义市场经济体制转轨的步伐，全国开始了全面改革的新时期，这也是我国城镇进入快速发展的又一个新阶段。1998年给天津新港开发区优惠政策，促进天津新区的开放、与国际接轨。特别是沿海城市发展很快，引进外资和台港澳地区资本，各地开发区、外资企业风起云涌，尤其是珠三角和长江三角洲地区，城镇工业与乡镇加工业发展很快。经过了20多年的发展，城市扩展、规模增大，又加速了农村人口城镇化，使我国的经济发展逐步与国际接轨，促进了我国城市发展走向信息化、区域化的大趋势。这一时期我国城镇化出现了三个明显的特征：

（1）全国城镇数量与质量有很大提高。由于经济、社会快速恢复发展及设市标准调整等多方面原因，这一时期我国城镇人口稳步增长，城镇化水平从1978年的17.9%提高到1995年的29%，17年增长了11个百分点，年均增长0.65个百分点，与第一个五年计划时期相当。新增设的城市与建制镇大幅度提升。1978年我国城市总数有193个，建制镇只有2 173个，市镇人口有17 245万人，占全国人口的17.92%；到了1985年，城市总数达到324个，8年期间增加了131个，年均新增城市16个，建制镇增加到7 511个，8年期间增加了5 338个，每年平均增加668个镇。改革开放短短8年多，全国的城镇人口增加到2.5亿人，城镇化程度提高到23.7%，农村非农就业人口达到5 560多万人。1992年比1991年增加41个城市，1993年比1992年增加53个城市，1994年比1993年增加52个城市，这几年是全国设市建制最多的年份。

（2）农村人口城镇化起步迅速。1978年开始的农村改革大大解放了农村的生产力，一方面促使我国农业生产发展达到了一个新的高潮，市场逐步活跃，全社会农副产品供给状况迅速得到了改善；另一方面，促使一部分农村剩余劳动力流入（从“离土不离乡”发展到跨地域、跨省域的流动）全国各大中小城镇与众多的小城镇（包括集镇）务工，开始了我国农村人口城镇化的新时期。为此，我国城镇化发展开创了新局面，特别是农村人口城镇化，小城镇与乡集镇发展很快，农村经济与乡镇企业得到了较快的成长。

（3）“民工潮”出现。到了1985年后，随着城镇工业和第三产业的发展，大批农民进城，形成“民工潮”，后来又转变为各大中城市的流动人口、暂住人口，使相应城市的城镇人口增加很快，也成为各个城市的二、三产业的生力军。1992—1995年间，全国形成第二次“民工潮”现象，农村非农就业增加到3 800万人，年均转移农业劳动力950多万人，主要流向长三角、京津地区、珠三角地区与沿海开放的工业港口城市。大量的农村剩余劳动力转变为二、三产业大军，推动了城市扩展。

4. 经济持续高速增长与城镇化的冒进（1996—2010年）

从1996年至今的16年来，我国经济继续持续高速增长，综合国力和国际地位大幅度提升。到2007年底，我国GDP总量达到24.7万亿人民币，仅次于美国、日本占世界第三位，国家外汇储备15 282亿美元。与此同时，全国各地实现了大规模的城镇化、工业化；到了2010年我国总体经济实力GDP达到36万亿人民币（2011年高达46万亿），全国城镇化水平已超过51.6%，城镇总人口达到6.6亿人（包括1.4亿暂住人口，即农民工）。城镇化也带动了我国经济与社会的全面发展，在一定程度上改善了居民的工作与生活条件，也相应地支援了农村的社会主义建设（周干峙，2006）。工业化特别是工业开发区与第三产业的迅速发展，推动了我国城镇化的高速发展，城镇数量增加迅速，城镇化水平提高迅速。2007年底我国城镇人口达到5.8亿人，城镇化水平为44.9%。2006年全国有656个城市和1.9万个建制镇，城镇用地面积达3.46万平方公里，约占国土总面积的3.6%，但城镇却创造了全国GDP总量的76%和约80%的财政收入。在656个城市中，100万人口以上的特大城市已有55个；50～100万人口的大城市有85个；中等城市（20～50万）有230个；小城市（20万人以下）有286个。2010年全国百万人口城市已有64个，其中人口超过400万的超大城市有上海、北京、广州、重庆、天津、沈阳、成都、南京、西安、哈尔滨等16个，在世界上任何国家都没有这样多的大城市和特大城市，按各类规模等级城市划分，我国也是世界上城市数量最多的国家之一。

1995—2009 年是我国城镇化加速发展的重要时期,同时也出现了城镇化“冒进式”发展的现象,脱离了循序渐进的原则,超出了正常的城镇化发展轨道,在城镇化进程中表现出人口城镇化率虚高,耕地、水资源、能源等重要资源过度消耗,环境受到严重污染,城镇空间规划建设出现无序乃至土地失控,这种状况属于我国冒进式的“急速城镇化”现象,基础设施建设出现了巨大的浪费。该时期我国城镇化发展明显地表现出如下几个主要特征:

(1)城镇化发展受到新动力因素的强烈推动。20 世纪 90 年代中期,中国由计划经济体制过渡到市场经济体制,国内许多城市发展与大中型企业转轨,不断完善并向国际市场接轨,工业化快速发展推动了城镇化,各大中城市第三产业比重上升也有力地推动了城镇化呈快速发展势头。接近新世纪的前 1 ~ 2 年,中国城市发展要素开始转型(顾朝林等,2003),首先是第三产业和城市建设投资加大;其次是各城市开发区进入投资回报期,不少沿海城市的各类开发区由于有良好的投资环境,高起点的产业结构和先进技术,吸引了外资与台港澳地区投资,也成为城市空间扩展的重要因素,尤其是最近几年,外商投资大大推动了城镇化发展,农村大批廉价劳动力拥入城市,有力地推动了城市二、三产业和房地产业的繁荣和发展。

1990 年国务院公布了《外商投资开发经营成片土地暂行管理办法》等条例后,外商和台商、港商可以进入房地产开发市场和交通系统的开发市场,各地政府采取给外商、台商、港商优惠让利的政策,甚至“饥不择食”地争夺外商投资,用城市郊区成片土地出让的办法吸引外商,由此造成了沿海许多大都市(特大城市)的不断向外蔓延,甚至造成“土地失控”。

1992 年邓小平视察南方谈话后,城市发展表现出空前活力,不仅继续吸收来自中、西部地区大量的迁入人口和当地的剩余劳动力,而且基础设施投入加大,开发区规模越来越大,出现了明显的城市区域化和高速城镇化过程。这一时期城镇发展的动力因素已经不仅仅是工业化,现代服务业的发展以及市场经济体系下外商资本投入与土地批租、开发区的建设等都成为城镇发展的新动力因素。

(2)大都市空间迅速扩展,出现大都市区和城市群等新城市空间组织。在高速城镇化过程中,我国一些重要的特大城市规模不断扩大,特别像广州、杭州、天津、上海、北京、南京、苏州等城市,新中国成立以来 60 年间,建成区规模扩大 15 ~ 40 倍,甚至扩大 60 倍以上(表 3-1),大都市空间迅速扩展,出现过度城市化的现象,两种新的城市空间组织即大都市区与城市群迅速出现,尤其是在东部沿海地区,大都市区与城市群的发展变得越来越重要。

表 3-1　我国若干特大城市用地(建成区)扩展情况(1952—2009 年)　单位:km^2

城市＼年份	1952 年	1978 年	1997 年	2003 年	2005 年	2009 年	扩大倍数
上海	78.5	125.6	412.0	610.0	819.0	1 160.0	14.8
北京	65.4	190.4	488.0	580.0	950.0	1 349.0	20.6
广州	16.9	68.5	266.7	410.0	735.0	927.1	54.9

续表

年份 城市	1952 年	1978 年	1997 年	2003 年	2005 年	2009 年	扩大倍数
天津	37.7	90.8	380.0	420.0	530.0	622.5	16.5
南京	32.6	78.4	198.0	260.0	512.0	598.1	18.3
杭州	8.5	28.3	105.0	196.0	310.0	392.7	46.3
重庆	12.5	58.3	190.0	280.0	582.0	783.8	62.7
西安	16.4	83.9	162.0	245.0	280.0	410.5	25.1

资料来源:姚士谋,陆大道,等.各地城市总体规划有关资料(2005—2010 年)。

这一时期,大都市空间的拓展加剧了城市之间的联系,促进了城市群的形成。城市群是指在特定地域范围内具有相当数量不同性质、类型和等级规模的城市,依托一定的自然环境条件,以一个或两个特大或大城市作为地区经济的核心,借助于综合交通网的通达性,以及高度发达的信息网络,所形成的城市与城市之间、城市与地区之间的相对完整的城市地域组织。城市群的形成和发展是复杂的经济、社会、文化、自然及各种内在规律相互作用的结果,也是不同规模等级的城市在空间集聚和分化组合的过程(姚士谋,2007)。从城市群的形成和发展的过程来看,首先是分散发展的单核型,然后是组团式的,其后多个组团不断扩张,或主要组团扩张,连接上小的组团,城市群最终形成。在扩张和连接的过程中,城市之间的要素流动、产业联动、市场联动的增强是城市群得以形成的最根本的原因,而这种联动必须通过交通来实现(周一星,2006)。

就目前中国比较成形的城市群来看,除四川盆地城市群以外,大部分分布于沿海地带,它们共同的特征是地处沿海、沿江地带,经济发达,交通便捷,城市密集,城市密度大,城市之间联系紧密,处于国内经济、技术革新的前沿(图 3-2)。但是由于这些城市群各自拥有不同的发展历史、资源禀赋、地理区位和经济基础,因此又有各自不同的特色。此外,山东半岛城市群、闽东南城市群、北部湾城市群、江汉平原城镇群、中原地区城市群、长株潭城镇群、乌鲁木齐城镇群、兰西城镇群、哈大齐城市群、长吉城市群等近似城市群也处于蓬勃发展中,在全国城镇空间结构中起着重要的节点作用。

(3) 城市集聚程度越来越高,首位城市人口规模越来越大。根据经济规模效应的一般规律,地区首位城市即大城市和超大城市在城市群区的规模越来越大,各种工业、商贸、信息、金融和科技文化的集聚程度会更加集中。改革开放以来,我国沿海五大城市群区(城镇密集地带)的集聚程度越来越高,其中首位城市如上海、北京、香港、广州等人口规模越来越大,成为我国经济、贸易、金融、交通、信息与科技文化的最主要的中心与创新源。根据 1985—1998 年城市人口统计资料,我国 37 个特大城市人口平均年增长率为 11.5%,47 个大城市人口年平均增长率为 12.8%,而且今后 20 ~ 30 年中还将有更大的集中程度。

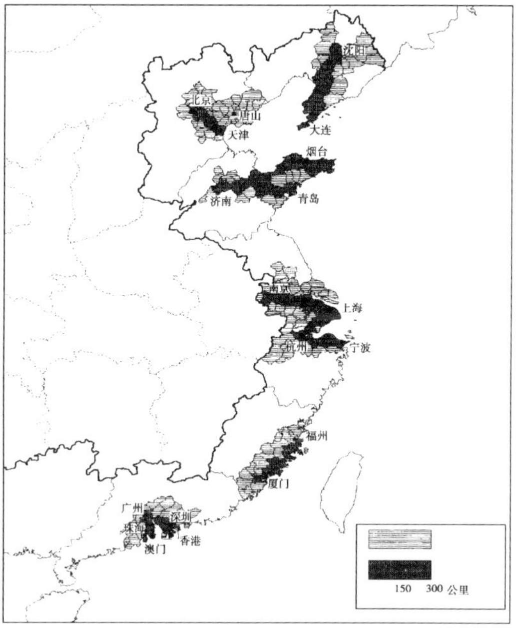

图 3-2 我国沿海六大城市密集区的分布图

（4）城镇化发展区域差异加剧。由于历史、地理和社会经济发展等多种因素的影响，中国城市分布近代以来一直呈现自东向西由密至疏的空间分布特征（表 3-2），这种差异同时也反映在不同省（直辖市、自治区）之间（表 3-3）。新中国成立后，国家加强了中、西部地带城市的建设，但到 21 世纪前后，这种东密西疏的城市分布格局并没有根本的改变（表 3-4）。同时，在东中西三大地带内部，城镇发展也存在明显的区域差异。比如中部地带，城镇化水平较高的地区都是地势较平坦、资源比较丰富的地区，经济发展水平也较高，铁路沿线、交通走廊沿线城镇化水平也较高。而一些交通不便的山区和少数民族地区城镇化水平较低（王开泳等，2008）。

表 3-2 中国东、中、西三大地带市区城市人口所占比重演变（1949—2006 年）

年份	1949 年		1978 年		1989 年		1996 年		2000 年		2006 年	
	市区非农人口（%）	城市人口密度（人/km²）	市区非农人口（%）	城市人口密度人/（km²）	市区非农人口（%）	城市人口密度人/（km²）	市区非农人口（%）	城市人口密度人/（km²）	市区非农人口（%）	城市人口密度人/km²）	城镇人口（%）	城镇人口密度人/（km²）
东部	69.0	14.62	49.5	30.58	49.4	55.87	51.4	82.73	47.7	108.33	51.2	217.22
中部	20.7	1.99	34.2	9.55	35.3	18.04	33.8	73.24	35.1	38.71	31.3	64.46
西部	10.3	0.52	16.3	2.39	15.4	4.12	14.8	5.66	17.2	9.74	17.5	18.59
全国	100	2.85	100	8.32	100	15.24	100	21.69	100	32.16	100	60.1

资料来源：根据建设部城乡规划司多年的全国设市城市及人口统计资料、2007 年中国统计年鉴数据计算而得。2006 年人口按城镇人口计算。

说明：东部地带包括辽宁、北京、天津、上海、河北、山东、江苏、浙江、福建、广东、广西和海南 12 个省市区；中部地带包括黑龙江、吉林、山西、内蒙古、安徽、江西、河南、湖北和湖南 9 处省区；其余均为西部地带。另因数据采集等原因，台湾省、香港特别行政区、澳门特别行政区不参与表统计。

表 3-3 1978—2006 年中国各省区城市密度比

年份		1978 年		1994 年		2004 年		2006 年		1978—2006 年 CD* 值
		城市数	密度个/百万 km²	城市数	密度个/百万 km²	城市数	密度个/百万 km²	城市数	密度个/百万 km²	
东部地带	河北	9	47.47	33	174.06	33	174.06	33	174.06	2.61
	北京	1	59.50	1	59.50	1	59.5	1	59.5	0
	天津	1	83.89	1	83.89	1	83.89	1	83.89	0
	上海	1	157.70	1	157.70	1	157.70	1	157.7	0
	江苏	11	109.24	39	387.31	40	397.24	40	397.24	5.95
	辽宁	10	66.67	29	193.3	31	206.63	31	206.63	2.89
	山东	9	56.96	45	284.8	48	303.79	48	303.79	5.10
	浙江	3	28.57	33	314.3	33	314.30	33	314.3	5.90
	福建	6	49.18	22	180.3	23	188.50	23	188.50	2.88
	广东	10	56.18	51	286.5	44	247.18	44	247.18	3.94
	广西	6	23.6	16	67.8	21	88.99	21	88.99	1.35
	海南			6	171.4	8	228.53	8	228.53	
中部地带	黑龙江	11	23.91	29	63.0	31	67.34	30	65.17	0.85
	吉林	9	47.62	26	137.6	28	148.18	28	148.18	2.08
	山西	7	44.59	20	127.4	22	140.14	22	140.14	1.97
	内蒙古	9	7.88	19	16.6	20	17.47	20	17.47	0.20
	安徽	11	78.57	20	142.9	22	157.19	22	157.19	1.62
	江西	8	47.90	19	113.8	21	125.78	21	125.78	1.61
	河南	14	84.34	36	216.9	38	228.95	38	228.95	2.99
	湖北	6	32.26	33	177.4	36	193.53	36	193.53	3.33
	湖南	10	47.17	29	136.8	29	136.8	29	136.8	1.85
西部地带	四川	11	19.43	35	61.8	32	56.50	32	56.50	0.77
	贵州	4	22.73	11	62.5	13	73.86	13	73.86	1.06
	云南	4	10.42	15	39.1	17	44.31	17	44.31	0.70
	西藏	1	0.83	2	1.66	2	1.66	2	1.66	0.02
	重庆					5	60.68	1	12.14	
	陕西	5	24.39	12	58.5	13	63.38	13	63.38	0.80
	甘肃	4	9.85	13	32.0	16	39.38	16	39.38	0.61
	青海	1	1.39	3	4.2	3	4.2	3	4.2	0.06
	宁夏	2	30.30	4	60.6	7	106.05	7	106.05	1.56
	新疆	7	4.21	17	10.2	22	13.2	22	13.2	0.19
全国		191	19.9	619	64.5	661	68.85	656		1

* CD 值 =（某省 2006 年的城市密度 - 1978 年的城市密度）/1978 年到 2006 年全国城市平均密度的增加值，用以度量某省密度相对于全国平均密度变化的增幅，也便于比较全国范围内省际城市分布差异。CD 值大于 1，说明其增幅高于全国增幅，CD 值小于 1，说明其增幅小于全国平均水平。CD 值越大，相对增幅越大，反之亦然。

说明：因数据采集等原因，台湾省、香港特别行政区、澳门特别行政区不参与本表统计。

CD值分析表明，东部地带所有省（自治区、直辖市）的城市增加密度都高于全国的平均水平，其中江苏、山东、广东等省份尤其突出。而中部地带除了黑龙江和内蒙古之外，其他省份城市的增加密度也高于全国的平均水平，其中河南和湖北增加较快。而西部地带除了贵州和宁夏略高于全国平均水平外，其他均低于全国平均水平。

表 3-4　2006 年中国城镇空间分布概况

指标		全国	东部		中部		西部	
			数量	%	数量	%	数量	%
面积	（万 km^2）	960.0	136	14.2	280	29.2	544	56.6
城镇化水平	城镇人口（万人）及所占比重（%）	43.90	29 541	52.85	18 048	40.84	10 116	34.83
设市城市	数量（座）	656	284	43.29	246	37.5	126	19.21
	密度（座/10 万 km^2）	6.83	20.88		8.78		2.32	
建制镇	数量（座）	19 369	7 454	43.0	6 259	28.0	5 656	29.0
	（座/10 万 km^2）	201.76	548.09		223.54		103.97	

资料来源：《2007 年中国统计年鉴》和《2006 年全国设市城市及其人口统计资料》。

东部地带占全国 14.2% 的国土面积，是中国城市分布最密集的地带，城市数量占全国的 43.29%，城镇人口占全国城镇人口的比重为 51.19%；中部地带占全国 29.2% 的国土面积，占全国 37.5% 的城市数，城镇人口占 31.28%；而西部地带占全国 56.6% 的国土面积，仅分布了 19.21% 的城市数和 17.53% 的城市人口（表 3-4），广大西部地区城镇人口分布密度不到东部沿海的 1/10，是中国城镇分布的稀疏地带。

从城市规模分类看，也同样存在着地带性差异。东部地带集中分布着 56.3% 的特大城市、47.7% 的大城市和 49.5% 的中等城市；在中部地带，大、中、小城市分布比较均衡；而西部地带则表现为以小城市占优势的地域城市分布特征（表 3-5）。

表 3-5　中国城市规模结构的地带性差异的纵向比较

		特大城市		大城市		中等城市		小城市		合计
		数量	占比	数量	占比	数量	占比	数量	占比	总量
1982 年	东	8	0.47	10	0.40	21	0.32	35	0.29	106
	中	4	0.24	13	0.52	32	0.48	59	0.50	92
	西	5	0.29	2	0.08	13	0.20	25	0.21	48
1991 年	东	12	0.43	15	0.52	48	0.39	109	0.37	191
	中	9	0.32	13	0.45	56	0.46	118	0.40	194
	西	7	0.25	1	0.03	19	0.15	67	0.23	94

续表

		特大城市		大城市		中等城市		小城市		合计
		数量	占比	数量	占比	数量	占比	数量	占比	总量
1998年	东	18	0.49	23	0.48	92	0.45	167	0.44	300
	中	12	0.32	23	0.48	78	0.38	134	0.35	247
	西	7	0.19	2	0.04	35	0.17	77	0.20	121
2000年	东	21	0.53	26	0.48	103	0.47	144	0.40	294
	中	12	0.30	26	0.48	78	0.36	141	0.39	257
	西	7	0.18	2	0.04	36	0.17	76	0.21	121
2004年	东	23	0.55	30	0.47	55	0.35	177	0.45	285
	中	12	0.29	27	0.42	68	0.44	140	0.35	247
	西	7	0.17	7	0.11	33	0.21	80	0.20	127
2006年	东	35	0.64	41	0.48	113	0.49	95	0.33	284
	中	13	0.24	33	0.39	93	0.40	114	0.40	253
	西	7	0.13	10	0.12	36	0.16	77	0.27	130

注:根据建设部城乡规划司多年全国设市城市及人口统计资料计算而得。

不同类型地区城镇化与城市发展存在着空间差异,其根本原因是地区城市发展条件的差异性及其经济社会发展的不同。20世纪90年代以来,我国的东、中、西三大地区经济发展水平差异逐步扩大,由此导致了东、中、西三大地带城镇化的区域差异。

(5) 城镇化"冒进式"的高速发展现象日益加剧。从1995年开始,我国各地的开发区建设与房地产业都出现了过热的现象,加之地方政府没有严格调控的政策措施,我国的城镇化出现了"冒进式"的急速城镇化现象。全国很多没有充分条件的省区也纷纷推出快速城镇化的计划,城镇固定资产投资比重也居高不下。全国(1998—2002年)的投资比重约占GDP总量的65%~75%(美国仅有21%,日本有24%)。庞大的资本,大部分投向城市地区,而且比重逐年升高。2000年,城市地区占全国资本形成总额的80%,2004年又上升到83.8%,广大农村地区仅占16.2%(胡兆量,2006)。"九五"和"十五"的10年城镇化过程中,也发生了城镇建设规模和开发区建立的"圈地问题"。在1990年代中期,全国各地建立了6 800多个开发区,占地达到3.2万平方公里,相当于全国几百年形成的城镇占用的总面积。

中国50多年来城镇化的曲折性和波动性发展表明,工业化与城镇化相伴而生,工业化带来城镇化,城镇化有利于工业化,这一普遍规律同样适用于中国。经济和社会的推动,包括城市和农村两个方面,都是影响城镇化的重要因素,反过来,城镇化的适应或者滞后也会从正面或者负面影响经济和社会的发展。同时国家的战略、方针、政策对城镇化影响也很大(邹德慈等,2005)。

第二节　城镇化的冒进资源环境问题

我国的国民经济发展正处在稳步上升的发展时期,城镇化也处在快速发展阶段,城镇化的快速发展对资源环境产生了深刻的影响,资源环境问题又引发了严重的社会问题,特别是农村剩余劳动力的转移和失地农民带来的社会压力,为此,城镇化的发展必须要有效地考虑到人类活动和城市资源环境的承载力是相互制约的。

一、城镇化的冒进与资源环境问题

首先,我国近几年城镇化率每年增加一个百分点,甚至是每年 1.44 个百分点(2000—2004 年),这种城镇化发展速度的虚假现象违反了我国的客观实际,缺乏科学发展观的基础。城镇化发展速度包含明显的虚假现象。1980 年初,中国城市数量仅有 223 个,城镇人口不到一亿(9 035 万人),加上乡镇非农人口达到 2.1 亿人,城镇化水平只有 18.6%;而到了 2007 年,我国的城市数量达到 656 个,全国城镇人口为 5.8 亿人,城镇化水平为 44.9%。仅仅用了 25 年,城镇化率从 18% 增长到 43%,这个过程比发达国家快了 3 ~4 倍。例如:英国在 1720 年城镇化水平为 20%,1840 年达 40%,其工业化、城镇化过程长达 120 年;美国在 1860 年城镇化水平为 20%,1900 年达到 40%,经历了 40 年;日本也用了 30 年时间,城镇化水平从 1925 年的 20% 提高到 1955 年的 40%。城镇化水平的提高应是逐步加快,但中国在 1996 年后的城镇化率发展虚高,是不切实际的,实际上仅仅是城镇土地城镇化了,人口城镇化的质量水平仍然很低(姚士谋,陈振光,2006)。城镇化水平是有水分的,被夸大了的,与经济发展速度不相适应。

其次,一些大中城市的更新、改造以及无序扩展。许多地方政府提出高指标的城镇化水平应作为自己的"政绩目标",到处在做"大都市规划"(如大北京、大武汉、大昆明、大济南、大合肥,等等)。我国目前城镇化的水平与发达国家比较有很大差距,只有数量没有质量或者城镇化质量较差(周干峙,2006);有些学者认为目前我国城镇化是不健康发展的,"能耗"、"水耗"、"地耗"太高,缺乏科学发展观的指导(崔功豪,姚士谋等,2006)。城市建设中违法建筑屡禁不止,在 1999 年,仅广州就拆除违章建筑 200 多万平方米,上海有 100 多万平方米。在北京,近 5 年来就拆除违章建筑 1 000 万平方米。据不完全统计,全国违法建设量达 2.5 亿平方米之多,一拆一建、成本越来越高,经济损失达 650 亿元左右。各地政府盲目追求大广场,互相竞赛,山东荣成市的市民广场,这个仅有 40 多万人的中等城市的广场比之天安门广场小一半,面积超过 30 公顷,没有多少市民来休闲,却浪费了不少土地。世界上著名的大都市巴黎的协和广场仅有 4.28 公顷;莫斯科广场也仅有 4.95 公顷。这些城市建设中奢侈豪华的作风令人发指,严重脱离了我国的基本国情。

二、城镇建设和土地的低效利用

在我国城市土地利用中,建设用地粗放利用十分普遍,许多城市注重外延扩张,不考虑实际的需求,浪费严重。在 1990 年代中期,各地的"开发区热"和"房地产热"现象普遍发生,全国各地建立了 6 800 多个开发区,占地达到 3.2 万平方公里,略少于全国几百年形成的城镇用地总面积,到 2009 年,全国 656 个城市其建成区用地总面积为 3.86 万平方公里。而后国家采取了宏观调控措施,实行了清理整顿,取得了一定成效。

进入 21 世纪,随着我国社会经济发展迅速、城市人口快速增长以及城镇现代化建设事业的超前发展，各项建设用地（交通、城镇用地）剧增，新的圈地之风又起，开发区、大学城建设失控，占去了大量的农田或优质耕地，打出的旗号不一定是建设某开发区，而是建设新城、新区，建设大学城，科技园区；发展旅游、建设旅游度假村，还有的以建设农业生态园区、观光农业、新农村等名义，乱占耕地多占耕地。还有像高尔夫球场建设之风愈刮愈烈，目前已遍及包括新疆、西藏在内22个省、直辖市、自治区，其中仅北京、上海、深圳、广州4个城市就有高尔夫球场41个（董黎明，2003），实际利用率很低，投资成本却高，国家实际收益很少。这使一些城市形成了"摊大饼"式的发展模式，盲目追求城市规模的扩大，忽略城市的土地利用效率和单位面积土地的产出率，造成土地资源的大量浪费。

有资料表明，我国城市土地约4%至5%处于闲置状态，40%左右被低效利用。在人均建设用地上，我国与发达国家、其他发展中国家相比，均大大超出。2002年，经济发达国家城市建设用地人均82.4平方米，发展中国家人均接近83.3平方米，而我国城镇人均城市建设用地高达130多平方米，已超出国家定额的50%以上，说明目前我国建设用地的浪费现象非常严重（倪杰，2006）。土地短缺和耕地危机问题以前所未有的尖锐程度摆在我们的面前。据不完全统计，1978—1996年间长三角地区耕地减少35.85万公顷，约占全国同期耕地流失总量的8%，平均每年每平方公里土地流失耕地0.2公顷，是全国同期该平均指标的6.7倍。根据1998年和2003年遥感TM影像解译，本地区建设用地增加了50万公顷，而耕地减少了56万公顷（杨桂山，陈雯等，2006）。最近几年来，苏南各大中小城市与小城镇的建设用地也严重超标，有盲目扩大的趋势，特别是一些大中城市的城乡结合部耕地破坏严重，土地分割也比较混乱。

同时，城市用地结构和布局不合理，土地利用效率低。合理的城市用地结构和空间布局有利于发挥城市土地资源的生产潜力和区位效益及聚集经济效果，从而达到城市土地利用的综合效益最优化。由于历史原因，我国城市土地利用结构长期处于不合理的状态，表现为工业用地比重偏大，城市住宅、交通、环境绿化和第三产业用地比重过低。根据国家标准《城市用地分类与规划建设用地标准》规定，合理的城市用地结构是生活居住用地占40%至50%，工业用地占10%至15%，道路广场用地占8%至15%，绿地占8%至15%。而据对我国55个城市的调查，生活用地占37%，工业用地占27.5%。可见，我国城市工业用地比例偏高10个百分点以上，而住宅商业服务等生活用地偏低3至10个百分点。另外，城市用地空间布局不合理，优地没有得到优用。行政办公用地占据城市的黄金地段以致城市商务中心（CBD）不明显，土地产出率低，造成土地价值得不到充分发挥。据相关资料显示，我国的几个大城市的地均GDP与发达国家和地区的城市地均GDP的差距有几十倍不等。在我国不同规模的城市中，中小城市的地均产出又普遍低于大城市，两者最大的差距达到20倍。

土地利用的低效还表现在小城市和农村地区土地浪费更加严重。1990年代以来，江阴、锡山、吴江、武进、宜兴、扬中、吴县等县市，小城镇发展很快，一些工业企业或小城镇的建设，土地浪费严重，存在以下几个突出的问题：

（1）城镇没有集中发展，人均占地普遍偏大。农村居民自建住房标准日益提高，建设容积率极低且布局较为混乱，盛行的别墅式住宅居住密度为80～100人/万平方米，大大低于集合式住宅400～500人/万平方米的密度水平。据苏州市国土管理局统计，苏州市农村居民点用地已由1982年的4.84万公顷增加到1997年的6.36万公顷，净增1.53万公顷，人均占地面积达200平方米以上，大大超过了人均占地100平方米的国家标准。南通、泰州、扬州户均宅基地达 223.8 平方米。尽管近年来实行了乡镇合并，土地整理，但效果并不理想。

(2) 城镇建设中土地闲置和粗放利用，土地“圈而不用”，闲置现象普遍。据统计，苏南部分城镇土地闲置高达 35%，某些开发区虽项目得到落实，但由于地价低廉，缺少经济约束，造成浪费土地资源、环境污染。

(3) 城镇用地结构不合理，乡镇企业布局分散，用地浪费。小城镇面广量大，而乡镇企业又集中在这些城镇，工业小区占地严重超标，占用了不少耕地、菜地，工业用地占 20% ~ 30%，比国外还超出 10%，造成土地资源的浪费（年福华，2007）。

三、城镇化进程中的资源环境问题

在城市化的第三次浪潮兴起之际，在巴西里约热内卢召开的联合国会议，提出了 21 世纪议程要关注城市化对全球环境的影响。中国的城镇化模式不仅要关注自身生态环境的有效保护，也要对缓解全球气候变化和可持续发展做出贡献（仇保兴，2007）。我国城镇化迅速发展带来的土地失控、资源破坏、生态环境恶化的形势也日趋严峻。吴良镛院士指出：中国城镇化进入了加速阶段，取得了极大的成果，同时在城市发展中也出现了种种错综复杂的问题，导致了生存危机。给今后的工业化、城镇化、社会化可持续发展带来的巨大挑战，以及区域经济发展面临的日益不平衡的问题，都将成为未来区域发展与城镇化的新瓶颈。

1. 人类活动与环境承载力之间出现冲突

当今存在的种种环境问题，大多是人类活动与环境承载力之间出现冲突的表现。根据中国社科院发布的数据，截至 2011 年，我国城镇人口按统计口径算，已经达到 6.61 亿人，城镇化率提高到 51.6%。预计到 2020 年，我国城镇化比重可达到 60%，但关键问题是要不断提高城镇化的质量，提高城市人口的素质，这是关键性的战略问题，如此才能实现现代化。伴随着城市经济的快速发展、人口与规模的扩展，某些地区的城市发展已经达到了“城市饱和度”，城市发展与资源环境之间的矛盾越发突出。城镇建设用地不断扩张，威胁粮食安全；汽车保有量不断增加，挤占城市道路；城市水资源缺口虽略有缩小，供水安全仍受到挑战；环境负荷有所降低，但仍然超载；粮食需求不断增加，对进口的依赖程度较高。现实情况就是，城市空间有限，城市承载力超负荷。

按照北京市的资源、环境承受力，能够承担的极限人口是 1 800 ~ 2 000 万，但 2012 年北京市的常住人口已经超过 2 350 万。在这样的人口与环境承受力的扭曲关系下，不出现“城市病”是不可能的。北京市政协调研显示，目前北京市 98% 的能源靠外地调入，全市年均可利用水资源仅为 26 亿立方米，实际年均用水约 36 亿立方米，超出部分依靠消耗水库库容、超采地下水及应急水源常态化维持。如果人口持续膨胀，南水北调的水量将被快速增长的人口吞噬。除北京市人口快速增长外，上海市 2009 年的常住人口为 1 921.32万人，广州市常住人口也已经超过 1 400 万。人口快速增长所带来的种种社会问题，影响着居民的日常生活。可以预见的是，未来我国将有更多的城市步北京、上海、广州的后尘。资源供给与环境容量的有限性，在一定程度上限定了城市承载力。只有当城市人类的活动强度低于城市环境的承载力时，才会推动城市生态系统的正向演替，城市也才能够实现可持续发展。

中国城市水资源的污染问题也相当突出，城市中的生活用水，尤其是各种洗涤剂、洗衣粉等化学产品的大量使用，使城市废水中的化学成分和有毒物质比例上升，生活污水和工业废水的排放量逐年增加，大量的污水挟带着有机污染物、氮磷等营养性污染物以及很多难降解的有机物倾倒入江河湖海，造成了严重的水环境污染。据有关部门统计，有70%以上的城市生活污水和工业废水未经任何处理，或虽经处理，也未能达标就直接排放了，有些污水未经处理，渗入地下，不仅影响地下水资源，还对土壤、植被造成了二次污染。近年来水污染事件也不断发生，2007年震惊全国的无锡太湖蓝藻水污染事件，造成无锡市整个城市市民的饮水危机。此外，城市的高密度开发加剧了土地资源的匮乏。

2. 人类的居住环境面临巨大挑战

城镇化过程中区域空间以及生态环境不断受到威胁和破坏，人类的居住环境受到巨大挑战。根据国家环境监测公报的资料，我国有1/3的地区降过酸雨，酸雨产生的主要原因是城市二氧化硫排放量增加很快，2004年全国共排放二氧化硫（工业和生活来源）2 254.9万吨，比上年度增加4.5%，其中以工业排放为主，占84%。全国以工业城市排放量为最大（表3-6）。七大河流中有一半污染比较严重，尤其是海河、辽河、淮河、珠江和长江中下游地段等。全国5.6亿城镇居民中，约有1/3的人每天呼吸比较污浊的空气，联合国公布的世界上环境污染最严重的十大城市中，有一半是中国的。全国还有1/4的居民没有清洁的饮用水源。661个城市中每天产生成千上万吨垃圾，仅有36%得到了有效的处理，还有1/3仅作简单处理，其余的还在产生严重的环境问题。而且我国许多城市的工业区、开发区所取得的巨大成就，有相当部分是以牺牲环境为代价的，城市的可持续发展问题突出，要进行综合治理难度极大（汪光焘，2006）。另外，我国大多数大中城市，特别是工业城市，空气质量水平与国外先进的生态城市相比有很大的差距（表3-7）。由此可见，我国城市环境质量的提升有一个很长的转型过程。

表3-6 中国部分省、市、区二氧化硫排放强度分析

城市	工业二氧化硫排放强度（吨/km^2）	城市及附近主要酸雨源
贵阳	311.32	贵阳、遵义工业区
西宁	258.5	西宁、格尔木
重庆	203.79	市区西、南重化工区
石家庄	103.56	唐山、石家庄重工业区
郑州	76.63	郑州、洛阳、新乡
广州	69.35	广州、惠阳、东莞、江门
西安	65.98	太原、榆次、大同
银川	48.58	银行、石碇山
南京	42.31	苏锡常、南京、镇江
上海	36.11	上海宝钢、金山石化区
杭州	35.21	宁波、杭州化工区
沈阳	27.78	沈阳、鞍山、本溪

注：根据《2007年中国环境统计年鉴》《2007年中国统计年鉴》相关数据计算整理。

表 3-7　中国与世界主要城市空气质量比较(每立方米含空气颗粒)

国别	主要城市	PM_{10} ($\mu g/m^3$)
中国	北京、沈阳、天津、长春、石家庄、唐山、太原、兰州	85 ~ 150
	重庆、成都、武汉、南京、上海	81 ~ 111
印度	德里、孟买、海德拉巴、加尔各答	100 ~ 254
印尼	雅加达、巴东、泗水、玛琅、巨港	100 ~ 254
日本	东京、大阪、神户、名古屋	23 ~ 59
美国	旧金山、丹佛、华盛顿、西雅图、费城	15 ~ 29
	纽约、洛杉矶、芝加哥、底特律等	30 ~ 45
英国	伦敦、利物浦、加迪夫、格拉斯哥	20 ~ 35
法国	巴黎、马赛、皮尔多、里昂	25 ~ 38
德国	科隆、柏林、汉堡等	27 ~ 45

资料来源:联合国世界卫生组织(2011 年)。

近十多年来,城市房地产开发过热,不少城市高层、高密度开发的结果带来人口密集、绿地缺乏、环境恶化的负效应,呈现人与生态环境很不适宜、空气质量明显下降的趋势。特别是我国一些巨型城市地带,大的城市群地区,生态环境与能源、水资源、土地问题等更加严重,值得引起我们的重视。我国不少沿海城市在开发利用土地空间价值时,对高层楼房所引起的外部负效应估计不足,或容积率控制不当,造成市区中心人口密度过大,城市基础设施负担过重,地下水严重超采,发生地面沉降现象,整体环境逐步恶化;或因城市空间布局不合理造成周围住宅的日照、通风和交通问题,带来了日益严重的"城市病"。

3. 积极稳妥推进城镇化,增强城镇综合承载能力

2006 年国务院发布的《国民经济与社会发展"十一五"规划纲要》第 20 章明确提出:"推进形成国家主体功能区:根据资源环境承载能力、现有开发密度和发展潜力,统筹考虑未来我国人口分布、经济布局、国土利用和城镇化格局,将国土空间划分为优化开发、重点开发、限制开发和禁止开发四类主体功能区……"

"十二五"规划中,在推进城镇化发展方面又强调要"积极稳妥推进城镇化,增强城镇综合承载能力"。以环境承载力指导生态城市建设,有助于准确把握城市发展的"瓶颈",全方位地改善城市生态环境,最终实现城市中人与自然的和谐发展。在"十二五"期间,我国的城市化发展将进入新一轮增长周期,城市的资源和环境形势也将更加严峻。我们必须在正视这些问题的基础上,以环境承载力理论为指导,反思环境承载力超负荷所暴露出来的城市发展与生态环境之间一系列深层次的矛盾,加快生态城市建设进程,促进城市社会经济与资源环境和谐发展。

总之,城镇化是一个复杂的系统工程,在城镇化进程中,面临社会、经济、资源环境等诸多矛盾和问题,需要统筹考虑中国经济结构、劳动力再生产以及资源环境承载能力三者之间的关系。按照中央的要求,我们需要时间和耐心,应当采取稳健的、更加安全的城镇化战

略。对城镇化进程中出现的各种问题,要"预防"和"治理"相结合。中国的城镇化不可能一蹴而就,太快了容易翻车,切勿搞城镇化的"大跃进"。

第三节　我国城镇化合理进程的策略

上文分析了我国城镇化的发展历程,可以看到,在1996—2005年这段时间,是我国城镇化的快速发展阶段,城镇化出现了冒进的现象,冒进式的城镇化带来了严重的资源环境问题,所以,要有效地解决城镇化进程中的资源环境问题,首先必须实现城镇化的健康发展,特别是城镇化发展必须遵循循序渐进的原则,速度不能太快,同时,要走质量型和内涵型的城镇化道路。

1. 必须遵循循序渐进的原则,城镇化速度不能过快

鉴于我国人均资源占有量尤其是耕地资源稀缺,产业结构发展阶段及大量资源型城市的存在难以支撑城镇化的过快发展,农村人口向城市的转移不彻底等,更要求我们关注城镇化的质量而非速度。城镇化发展水平应当与水土资源和环境承载力保持一致,与城镇产业结构转型和吸纳新增就业人口的能力保持一致,与城镇实际吸纳农村人口的能力保持一致。巨大的人口基数使城镇化进程伴随着较大风险。这些都要求我国本着循序渐进的原则,避免城镇化进程的大跃进。我国是世界上人均资源比较贫乏的一个大国,人均耕地为世界的1/5,人均森林资源为1/6,人均水资源为1/4,人均矿产资源位居世界的第80位,而且贫矿多、富矿少、开采条件较差。为此,我们建议:要在客观地认识国情的基础上,对城镇化发展水平进行科学的分析和预测,设定各个发展阶段的适宜的城镇化率。根据我国各个发展时期特别是我国20世纪80年代初至90年代中期的经验,城镇化率每年增长0.6~0.7个百分点是比较稳妥的。与此同时,不同区域的城镇化发展速度应该有所差异。各地区在编制国民经济和社会发展规划以及土地利用规划、城镇体系规划和城市总体规划时,应因地制宜,制定符合各个地区实际的发展目标,不能盲目地在城镇化率及有关城镇发展指标方面进行攀比。

2. 从可持续发展的高度探索我国城镇用地的合理指标

工业革命后,人类利用自然,改造自然,取得了骄人的成就,我国改革开放30多年来,城镇建设也取得了突出的成绩,全国大中小城市的建设面貌焕然一新。但是,吴良镛院士认为我们的工业建设与城镇扩展也付出了高昂的代价:人口爆炸,农田被吞噬,空气、水和土地资源日渐退化,环境祸患正在威胁人类。为此,我们必须重视城市可持续发展问题,特别是要保护与节约我国有限的土地资源。

住房和城乡建设部、农业部和国土资源部依据全国许多知名专家、学者多年的分析研究,按照我国人多地少,水土资源有限,生存空间有限以及生态环境脆弱的国情,从国家的长远利益出发,综合研究了我国大中小城市以及小城镇的人均合理用地指标,这是符合我国实际情况的,具有长远战略性眼光的政策建议,对于保护我国有限的土地资源,保护生态环境,促进健康城市化的可持续发展的实现,具有重大的现实意义(表3-8)。

表 3-8 中国各大中小城市人均建设用地标准的建议

20 世纪 90 年代住房和城乡建设部规定的现行用地标准	2006 年国土资源部全国土地利用总规采用的标准	2010 ～ 2030 年本文建议
标准及分类指导原则 Ⅰ级 60.1 ～ 75 m^2 Ⅱ级 75.1 ～ 90 m^2 Ⅲ90.1 ～ 105 m^2 Ⅳ105.1 ～ 120 m^2 ① 根据现状分析来确定那一级指标，节约用地 ② 新建城市采用Ⅲ级 ③ 首都和经济特区采用Ⅳ级 ④ 边远少数民族地区城市可采用 150 m^2	人均城镇工矿用地面积（上限）未通过 东北区：146 m^2 京津唐区：142 m^2 华东区：117 m^2 中部区：111 m^2 东南区：119 m^2 西南区：101 m^2 西北区：183 m^2 青藏区：173 m^2 （严格限制高指标）	① 人口 100 万以上的特大城市用地标准 70 ～ 96 m^2 ② 人口 50 ～ 100 万的大城市用地标准 80 ～ 100 m^2 ③ 人口 20 ～ 50 万的中等城市用地标准 95 ～ 105 m^2 ④ 人口 20 万以下的小城市用地标准 100 ～ 110 m^2 ⑤ 重点中心镇人口 10 万以下的小城镇，用地标准（指标 105 ～ 115 m^2
政府政策诱导目标：人均 100 m^2（按照我国国情）		

3. 建立和完善符合科学发展观、与利益驱动机制相协调的制度体系

调整各级干部的政绩考核标准和指标体系。改革开放之初，为了实现以经济建设为中心的战略目标，我国采用了以 GDP 增长为核心的政绩考核体系，激发了各级地方政府的积极性，促进了经济发展。然而这种几乎是单一指标的政绩观的负面效应越来越突出，必须以一组指标来取代。在城市规划建设方面，以单位 GDP 的资源占用、资源消耗（如单位用地 GDP）和人均 GDP 等来代替一个 GDP 的单项指标极为重要。这样可以将 GDP 与人口和土地指标结合起来，使地方政府失去把人口和土地规模做大的动力，有利于城市的高密度和高效率的规划和建设。促进各地按照不同地区的自然资源条件与环境承载能力合理配置，实现"一方水土"与"一方经济"、"一方人口"的协调。另外，政绩考核还应该纳入反映公众利益的指标，反映公众由于城市建设而获得的实际利益的指标，如社区尺度的居住环境指标（社区人均绿地、人均道路及其他公共服务设施指标）等。

从经济机制上促进土地的集约化利用。目前，政府解决土地失控问题的主要思路是严格控制土地，堵住浪费土地的各种制度漏洞等。但是，从经济观点看，只要粗放式土地利用仍会给地方政府带来经济利益，那么用规划控制的手段就很难彻底解决土地失控的问题。例如，征用农村集体所有土地受到限制时，便出现以租代征；新增建设用地受到限制时，便会出现教育、卫生、工业、科技项目的用地转变为经营性土地用途。即使通过行政手段强行解决这些问题，也会产生较高的制度成本。因此，解决这些问题不能完全依靠规划控制，而是要创造集约化利用土地的经济机制，并从制度上加以引导。2006 年以来，国务院和中央有关部门已经陆续制定了一系列关于土地控制、土地出让金的管理办法，要求将土地出让金纳入地方财政预算，实行收支两条线的管理。现在需要的是严格贯彻这些法规，阻断地方政府对土地出让金的过分依赖，克服土地出让金在预算体系外的独立循环的弊病。

为了促进城镇土地的集约化利用，建议采取以下具体措施：第一，政府利用公共投资

实现对城市土地和空间开发进行合理引导。如中心城区公共用地的优先供给，对于公共交通指向的城市开发、地下空间的综合利用，人口密集地区的公共设施的建设和改造提供优惠的财政补贴。与此同时，提高城市外围的新区、工业园区内的低密度开发建设的审批门槛，有效地发挥规划审批制度的作用。第二，通过税制设计对不同区位的土地开发强度进行引导。对城市中心区的高密度、集约式开发建设有所倾斜，根据人口密度设置由低到高的分段税率等，从而使集约化的土地利用成为地方政府、开发商和公众的最佳选择。第三，对城市土地集约化利用的创意进行表彰，对决策者进行关于城市发展科学理念的教育等。

4. 改革城乡二元化的土地管理制度，充分发挥市场在土地资源配置中的作用

依照我国现有法律，农村集体所有的土地必须经过政府征用，才有可能转为建设用地。在此过程中，土地一级市场的政府垄断行为和土地征用价格与实际出让价格的严重背离造成了对社会公平的损害，助长了地方政府大规模征用农村土地的风气。解决这种管理制度带来的弊病，应进行农村集体土地的产权改革，通过法律手段保护农民的土地权益，逐步解除对农村集体土地所有权的限制，实行农村集体土地和城市建设用地的“同地、同价、同权”。同时要遏止地方政府利用行政区划调整、村民改居民、新一轮的城市规划修编等手段，变农村集体所有土地为国有土地，导致农民的失地、失业、失权。

提高农村土地征用价格，缩小由于土地征用的双轨制而造成的征地价格与出让价格的差异。同时，政府要尝试放弃对工业用地的垄断供应，使农民集体土地直接进入工业用地市场。这既可以让农民分享土地级差收益，又可以通过提高征地的成本，抑制地方政府大规模征用农村土地的冲动。

目前，我国规划市场日益走向开放与多元，但是另一方面，政府仍然同时充当着规划委托人、外部环境的营造者和规划监督者的角色。同时，盲目的急功近利的规划调整成为城镇土地利用扩张的借口。要改变这种状况，必须加强城市规划的管理，严格规划审批，加强对规划资质单位工作的评估。建立类似于工程建设监理制度的规划监督制度，设立一个中立、公正的第三方，对规划中的长官意志进行制约，同时，对规划的质量和效果进行客观地评估。这样，民众的利益才有可能在规划中真正得以体现。

5. 将解决“三农”问题与城乡一体化提到突出位置

新世纪开始党中央和国务院已经将解决“三农”问题提到突出位置，实现城乡统筹，走共同富裕的道路，一系列重大措施，政府正在制定和实施过程中。我们认为，这也是解决我国冒进式城镇化带来的严重问题的战略和措施的一部分。我国城镇化进程不仅关系到城镇可持续稳健发展，也关系到“三农”问题和城乡二元体制协调发展以及缩小城乡差别和建设社会主义新农村的根本问题。实现城乡协调发展和共同富裕的目标，我国城镇每年要吸纳1 000万个新的劳动力就业，每年还有1.4亿农民工在城里打工，这种城镇化质量的提高是长期的、十分艰巨的历史任务！一方面是通过提高城镇化水平，扩大城镇就业岗位来吸收农村剩余劳动力，使更多的农村人口享受城市的物质文明和精神文明；另一方面是要通过发展农村经济，改善农村生产和生活条件，提高农民的教育水平来缩小城乡差异。走健康城镇化与新农村建设相结合的道路是我国最现实的选择。鉴于我国农村人口基数巨大、城镇化与耕地保护矛盾突出，城镇人口就业压力巨大，资源环境承载力已接近饱和的基本国情，城镇化率的目标不一定非要像发达国家一样达到70%、80%或更高，而可能在达到60%

后城乡差异就得到有效的缓解。那时,城镇化率的增长曲线就会逐渐进入平稳的符合国情的理想阶段。

第四节 我国城镇化与资源环境的协调

对于城镇化健康发展与可持续发展之间关系的讨论并不仅限于学术研究的象牙之塔,实际上,世界各国政府、政治团体和地方政府都对这个问题非常关注(迈克尔·布雷赫尼,1996),可持续发展的理念越来越深入人心。中国城镇化健康发展涉及国家经济社会可持续发展的方方面面,从综合的角度出发,按照科学发展观的指导思想,城镇化与资源环境的协调应采取以下几个关键性策略。

一、建立资源节约型国民经济体系

由于我国人口众多,资源短缺,从我国有限的水土资源与其他大国比较,我国的自然环境有很大的脆弱性,环境压力很大。因此,我国的国情及其历史基础确定了我国必须走城镇化道路,必须走可持续发展的健康之路,不能盲目追求西方那样的高指标,才能建设资源节约型国民经济体系,城市发展有适度、合理的规模才是理想的模式。

表 3-9 中国城镇化的水土资源与其他国家的比较

指标	俄罗斯	加拿大	中国	美国	巴西
人口密度(人/km^2)	8.6	3.2	131.0	27.5	19.1
人均耕地(km^2/人)	1.390	1.800	0.095	1.140	0.807
人均水资源(m^3/人)	30 599	98 462	2 292	9 413	42 975
森林面积(km^2)	754 900	247 200	133 800	209 600	42 975
自然灾害频率(%)	8.2	4.6	13.8	5.7	7.6

资料来源:中华人民共和国住房和城乡建设部(2007 年)。

作为一种开放的人文与社会活动空间组织系统,城市的成长发育总是伴随着系统活动空间的扩张而变化。以上海为例,1982—2003 年间,人口从 1982 年的 622 万人增加到 2003 年的 1 024 万人,人口规模仅扩大了 0.4 倍,2010 年又增加到 1 988.4 万人(常住人口)。但物质供应总量和运输距离却增加了 1.6 倍和 0.8 倍。显然,目前中国城镇化发展,特别是城镇化快速发展地区(如长江三角洲、珠江三角洲、环渤海地区)所呈现出的普遍性淡水、土地和能源供应短缺及生态环境恶化的现象,引起整个地区资源供应失调(张雷,姚士谋,2004)。长三角地区城镇化发展过程中土地资源已成为重要的制约因素和瓶颈。2004 年长三角地区中心城市建成区面积(3 086 平方公里)比 1997 年(1 384 平方公里)增加了 1 倍多,大大高于全国建成区面积的扩张速度。2010 年长三角中心城市建成区面积为 5 108 平方公里。长三角地区建设用地外延扩张迅速,1996—2004 年城市发展已占用近 30 万公顷的耕地。江苏省上一轮土地利用总体规划确定的建设占耕地指标 90% 以上已使用完,剩余规划建设用地指标满足今后建设用地需求的难度较大,据测算,江苏沿江八市每年的农用地转用计划缺口都在 0.67 万公顷左右。从土地利用效率来看,长三角地区土地综合产出率最高的上海(以单位土地面积实现的国内生产总值表示)则高于全国平均值近 120 倍,但仅为深圳特区的1/4,低于香港的1%。

此外,我国不少省市对一些稀缺而又具有迫切需要的矿种保护不力,有些地区出现乱采、过度开采的局面。2004年全国仅有40种矿产能够满足经济发展的最低需求;到2010年仅有20种;按照地矿部预测到了2020年将下降到6种。主要矿种石油、铁矿将56%~58%依赖进口。

对于人口众多,区域差异大、生产率低、资源环境承载能力有限的大国来说,正确认识自身环境特征和经济的脆弱性,是我国城镇化健康发展的基本前提与策略。北京大学周一星教授,通过多年的比较分析,认为我国今后城镇化水平一年提高0.6~0.8个百分点是比较合适的,如果城镇化每年增加一个百分点,甚至高于此数,那么人均GDP需要增长11%才能够支撑。而目前我国的人均GDP超过10%是不可能的。所以,有人认为我国城镇化水平可以超过1.44个百分点,是有风险的,也是虚假的。总之,资源节约型的国民经济体系包括节能、节水、节地为中心的工业生产体系和城市化健康发展体系、努力实现城市可持续发展的方针。

二、建立高效安全的城市交通体系

与传统农业社会相比,现代社会生产方式的最大特征在于高度集聚并产生交通的高速与密集布置。城市功能的完善及其产生的问题与城市生态安全和资源环境利用密切相关。现代城市特别是大中城市以这种高度集聚的方式集中体现,也正是具有群居天性的人类长期的追求。现代城市不仅具有集聚生活和集聚生产的功能,而且具有集聚消费和集聚污染的功能,进而造成各种"城市病",造成交通阻塞、大气污染、交通事故等。

从当前的情况分析,中国各地的交通事故在世界上居高不下,发生事故的总量及其伤亡人数为世界之最。按每万辆交通事故死亡人数统计,中国17.3人,美国2.2人,加拿大2.0人,意大利1.9人,日本1.3人(1998年资料)。2002年资料表明,全国因交通引发的事故有77.32万起,共死亡人数10.94万人,伤者56.21万人,造成直接经济损失33.24亿元人民币。我国城镇化的快速发展与我国私家车进入家庭,以及郊区化在时间上出现一种重叠,是导致城市交通问题的重要原因。美国一位规划学家认为,一个可持续性的城市"必须具有便于步行、非机动车通行及建立公共交通设施的形态和规模,并具有一定程度的紧缩性,以便于人们之间的社会主动性"。(Elkin,1991)为此,我们必须要建立以公共交通为主的交通体系,这具有非常重要的现实意义。

三、因地制宜,适度发展,建设生态宜居的城市环境

健康的城市环境,才能创建最佳的人居环境和工作场所,才能建立良好的生态城市和"宜居"城市。哲学家亚里士多德说过,人们云集在城市是为了生活。为了过上幸福的生活,他们集聚在一起,需要有一个美好的城市环境。

在城镇化的进程下,这种数量、规模和面积的改变,使城市产生了质的变化,而且扩大了城市的影响范围。城市规模不是越大越好,应有一个适度合理的发展,才能体现城市综合效益。北京、上海在20世纪50年代时,城区人口密度约1.5~2.0万人/平方公里,21世纪初城区人口密度超过2.6万人/平方公里,甚至一些老城区超过4万人的密度。如今的纽约市区每平方公里仅8 000人;伦敦市区仅4 500人;东京接近1万人,因此,北京、上海的人口密度相当惊人。社会学家和经济学家的未来经济和城市扩展计划是以现在起作用的力量为基础,他们只能制订加速这类力量的计划,得出这样的结论:特

大城市将会普遍化、机械化、标准化,完全丧失了人性,这难道是城市进化的最终目标?(刘易斯·芒福德,1990)

我国过去一些时期不少大中城市,由于地方政府决策失误、追求政绩,满足开发商不合理的要求,往往在河流上游以及上风向布局污染工业;乱建开发区;盲目建设许多不适合国情的别墅豪宅,浪费资源现象严重。房地产的盲目发展造成许多小区高密度、间距小、绿地少的状况,不适合人类居住;不少开发区经济效益很低,乱占耕地,破坏郊区资源环境。还有一些大中城市建设了很多质量不好的生活区,甚至大建"豪宅",一个四口之家,往往住房面积达200～250平方米之多,既浪费了土地资源与物力财力,又浪费了城市有限的用地空间和居住空间。国内还有不少郊区农村,不断占地建房,而且大部分宅居地没有改造成为农田,使得农村肥沃的有限耕地不断减少,造成了农村城镇化不健康发展。根据浙江省的调查资料,杭嘉湖地区和宁绍平原的农村大约有1/5的老宅居地未能改造,大约造成每年26.4万亩耕地的闲置,有些老宅居地仅仅作为农户饲养家禽或堆放杂物的地方。此种情况在江苏、安徽、湖南、江西等省也普遍存在。公路工程师和城市规划师在城外建了快速公路,在城内建设停车场,鼓励大家尽可能地使用私家车,间接导致公共交通系统恶化衰退,破坏了城市活的组织,限制了在区域范围内创建一个更大的城市有机体的可能性。

香港地区有许多居民小区(如沙田、浅水湾、屯门、荃湾等),合理分布在香港市中心高耸的大厦间,半空中的街道,远处的风景,新鲜的空气,还有楼宇之间的停车场和公园,正确处理了城市密集化、可持续性及生活质量这三者之间的关系。反观内地许多地方尤其是北方很多城镇,规划布局喜欢大马路、大广场,城镇规模偏大。根据河北省国土厅的调查,石家庄、沧州、唐山等市域农村,城镇人均用地超过建设部有关规定,高达160～170平方米/人,全省共有937个建制镇,如果乡村集镇每人节约用地50平方米,那么全省建制镇人口840万,可以节约用地4 270万平方米。内地城市的居民区规划应当很好学习与借鉴香港的经验,为我们旧城改造与集中紧凑发展城市居住地,合理使用有限的土地资源提供帮助。

四、严禁过度开采地下水,适当限制超高层大楼的盲目建设

我国许多超大城市,目前大兴土木,到处是一片繁忙的"工地",全国每年生产占全世界60%的水泥(2004年中国水泥生产量高达10亿吨),全国660个城市和2.1万个建制镇消耗量几乎占到全国水泥生产量的85%。因此,许多大中城市大量引进外资,建造高楼大厦,使得房地产业畸形发展,连美国的报纸都登载了这个消息。自1990年初以来,上海至少已建成十八层以上的高层建筑达2 880栋(纽约时报,2003-10-14)。根据上海市规划局有关资料,到2004年底,全市超过18层以上的高楼已有4 000多栋,而且还有850栋在建。

由于各大中城市房地产业畸形发展,各地都在互相攀比,竞建高层,城市工业发展与居民区大量兴建,供水供电不足,大量超采地下水源,造成一些城市出现严重的地面沉降现象(见表3-10)。

表 3-10　中国发生地面沉降的城市

	沉降时间(年)	沉降深度(m)	地面沉降影响范围(km^2)
上海	1921—2004	2.63	400(城区为主)
天津	1959—2001	2.15	900(包括郊区)
北京	1970—2003	2-3.5	440(城区为主)
西安	1959—2004	1.34	200(城区)
太原	1979—2004	1.38	254(城区)

资料来源:中国地质环境监测院资料(2001、2004年)。

地面沉降现象不能忽视。以西安为例,由于几十年来无节制地超量开采地下水,大量建筑高层楼房,造成城区地面沉降严重。作为古城重要标志之一,有1 300余年历史的大雁塔已下沉了1 198毫米,并向西倾斜达886毫米。由于市区内各个区域沉降发展不均衡,已经出现了11条明显的地裂缝,总长度达76.68千米,严重影响到市区建设与社会的安全发展。

据不完全统计,全国有50多个城市和地区出现地面沉降现象,总面积达5万多平方千米,比如上海、宁波、嘉兴、苏州、无锡、常州、保定、德州、阜阳等城市,其中上海的地面沉降现象较为严重(见表3-11)。上海地面沉降的主要原因是地下水过度开采与房屋建筑过多。

表 3-11　上海市地面沉降灾害经济损失估算

项目	估算值/亿元	项目	估算值/亿元
直接经济损失	189.38	涝灾损失	847.77
安全高程损失	169.46	运力下降损失	6.63
市政设施损失	16.01	挡潮工程费用	51.09
深井损失	3.92	排水工程费用	76.86
间接经济损失	2 753.69	减灾防灾投入	16.75
潮灾损失	1 754.59	总计(损失)	2 943.07

资料来源:张维然,等.1921—2000年上海地面沉降灾害经济损失评估。

五、树立生态城市的长远目标,建立严格的城市管理制度,实现区域政策法律化

我国的城市必须建立严格的城市管理制度,尤其是建立城市治理、管制与社会安全体系,这是我国现代化城市可持续发展的必由之路。

尽管城市生活日趋繁华,现代化城市魅力无穷,但对于经济正在发展中的城市劳力者与劳心者之间的矛盾不容忽视,对于那些贫富差距大、失业率过高的大都市来说,社会治安还是一个大问题(如巴黎骚乱,纽约9.11事件)。众所周知,发展中国家人口快速增长以及城市盲目扩大(如印度、墨西哥、印尼、菲律宾等的城市郊区形成大片贫民窟现象),给环境与社会安全问题带来沉重压力,正是在这些城市里,对资源的透支性消耗及利用,产生了最主要的全球环境问题,我们就应该把关注的焦点瞄准这些地区,以解决日趋严重的环境问

题(Mike Jenks,1996)。我国改革开放后,许多大城市也出现了一些社会治安问题,如广州、成都、郑州、武汉、哈尔滨、吉林、长沙,等等;一些城市不同程度存在着环境问题与城市形象的建设问题。

今后,不仅要提高城市领导的管理水平与领导艺术,实行数字城管,提高城管效率,提升城管现代化水平,而且还要提高全体市民的文化科技水平,提高城乡人口的素质,重视城市现代化的建设水准,逐步缩小城乡差别,走有中国特色的中国城镇化道路。

我国目前的经济增长模式,大部分依赖高投入、高消耗、低效益的粗放型路子,沿海一些大中城市如北京、天津、沈阳、上海、南京、济南、唐山、淄博、宁波、广州等,都成为我国重化工、重型机械、钢铁、建材等工业的集中地,不仅浪费了大量的人力、物力,而且对城市的生态环境产生了极大的负面影响。例如,江苏省虽然是全国经济发达的工业大省,2011 年全省的 GDP 可到 4.5 万亿元,人均国民生产总值达 1.2 万美元,与上海、广东、山东、浙江构成了我国沿海最发达的省市圈,成为全国现代化的先进基地;但是这几年来,走的还是一条"高投入、高消耗、高污染"的道路,按照科学计算,江苏省的 GDP 每增长一个百分点,要占去 4.5 万亩土地、消耗 4.5 万度电,能源消耗高出美国 6.9 倍,日本 8.8 倍。从这点分析可知,加强各级领导与城市经济管理水平是多么重要,党中央、国务院多次强调的,用科学发展观构建和谐社会的时代要求是多么重要,这应当成为各级领导与专业技术人员的座右铭。

总之,根据能量守恒定律和生态学的基本理念,应将国家城镇化发展与资源环境基础开发纳入到"人地关系"协调机理的大系统框架中来(张雷,姚士谋,2004)。具体而言,就是将国家和地区城市体系作为一个相对独立的人类生态系统,以此探讨这一系统的生存与发育过程的物质能量守恒和交换状态,以及实现这种守衡和交换的资源环境保障基础和有效空间组织。必须引起注意的是要强调城镇化速度、城市总人口规模、功能和空间结构变化与自然生态系统发育二者之间的协调性,以此确定城市,特别是城市集聚地区资源供应保障、社会利益再分配(城市与乡村的供水、供电与土地资源等)、资源开发重大设施(跨流域输水和优质能源长距离输送)的空间组织与环境风险以及社会安全等根本问题。中国城镇化健康发展需要解决从决策层到民众的认识高度统一,用科学发展观指导我们的行动,构建和谐社会,正确理解中国城镇化应当坚持的正确道路与发展模式,这就是 21 世纪新时代中国城镇化健康发展的新策略。

主要参考文献

[1] 崔功豪，姚士谋，等. 中国城市化过程中水土资源问题[N]. 中国建设报，2006-9-2.

[2] 董鹏鹏，刘锐. 城市化背景下失地农民问题：现状、成因、对策[J]. 唯实，2007(11).

[3] 傅崇兰，陈光庭，董黎明. 中国城市发展问题报告[M]. 北京：中国社会科学出版社，2003.

[4] 顾朝林，崔功豪，姚鑫，等. 概念规划（理论、方法、实例）[M]. 北京：中国建筑工业出版社，2003.

[5] 顾朝林. 中国城市化进程中面临的若干紧迫问题[J]. 城市问题，2008(1).

[6] 国家统计局. 中国经济统计年鉴[M]. 北京：国家统计局出版社，1959.

[7] 国务院. 全国人民代表大会政府工作报告[R]. 人民日报，1990-3-5.

[8] 胡兆量. 中国区域规划的发展回顾[J]. 城市规划（增刊），2006(12).

[9] 李伯重. 论学术与学术标准[J]. 社会科学论坛，2005(3).

[10] 李佐军. 中国的根本问题：九亿农民何处去[M]. 北京：中国发展出版社，2000.

[11] 联合国人居中心. 城镇化的世界[M]. 沈建国，等译. 北京：中国建筑工业出版社，1999.

[12] 林毅夫. 中国的奇迹，发展战略与经济改革[M]. 上海：三联书店，1995.

[13] 陆大道. 中国区域发展的理论与实践[M]. 北京：科学出版社，2003.

[14] 倪杰. 我国城市化进程中土地集约利用问题及对策[J]. 经济纵横，2006(11).

[15] 年福华. 2007"苏锡常"城市化过程中土地资源持续利用问题研究[J]. 国土与自然资源研究，2007(4).

[16] 孙胤社. 京津冀地区城乡空间发展规划研究[M]. 清华大学出版社，2004.

[17] 汤茂林，等. 立足国情、以问题为导向研究城市化——对推进我国城市化研究的若干思考[J]. 经济地理，2007，27(5).

[18] 特里. S. 索尔德，阿曼多. 卡伯内尔. 理性增长——形式与后果[M]. 丁成日，译. 北京：商务印书馆，2007.

[19] 汪光焘，在广州庆祝中国城市规划学会成立50周年会议上的讲话[R]. 2006.

[20] 王开泳，陈田，董玛力. 我国中西部人口城镇化的空间格局[J]. 经济地理，2008，28(3).

[21] 杨桂山，陈雯，等. 长江三角洲区域发展规划研究纲要[R]. 2006.

[22] 姚士谋. 城市群发育机制及其创新空间[J]. 科学，2007，3(59).

[23] 姚士谋，陈振光. 我国城镇化健康发展的综合分析[J]. 城市规划（增刊），2006(12).

[24] 姚士谋，陈振光，等. 中国城市群（第三版）[M]. 合肥：中国科技大学出版社，2006，12.

[25] 叶嘉安，易红. 中国城市化的第三波[J]. 城市规划，2007(12).

[26] 张换兆，郝寿义. 城市空间扩张与土地集约利用[J]. 经济地理，2008，28(3).

[27] 张维庆. 中国计划生育概论[M]. 北京：中国人口出版社，2001.

［28］章光日，顾朝林．快速城市化进程中的被动城市化问题研究［J］．城市规划，2006，30（5）．

［29］中国城市规划学会．城市规划学会50年回顾论文集（上册）［M］．北京：中国建筑工业出版社，2006．

［30］周干峙．用科学规划开创城镇建设的新局面［J］．城市规划，2006（11）．

［31］周干峙．在广州城市规划50周年上的讲话［R］．2006．

［32］周一星．关于我国城镇化速度问题分析［J］．城市规划（增刊），2006（12）．

［33］朱铁臻．城市现代化研究［M］．北京：红旗出版社，2002．

［34］张甘霖，朱永官，傅伯杰．城市土壤质量演变及其生态环境效应［J］．生态学报，2003，（3）．

［35］洪银兴．可持续发展经济学［M］．北京：商务印书馆，2000．

［36］许学强，朱剑如．现代城市地理学［M］．北京：中国建筑工业出版社，1988．

［37］陆大道．区域发展及其空间结构［M］．北京：科学出版社，1995．

［38］周春山．城市空间结构与形态［M］．北京：科学出版社，2007．

［39］姚士谋，陆大道，等．中国城镇化需要综合性的科学思维［J］．地理研究，2011，30（11）．

［40］杨汝万．全球化背景下的亚太城市［M］．北京：科学出版社，2004．

［41］姚为群．全球城市的经济成因［M］．上海：上海人民出版社，2003．

［42］邓小平．在全国科技大会上的讲话［R］．1978．

［43］C. P Prebsch. Economic Development and Main Problem in Latin America. Economic Review of Latin America. 1950.

［44］姚为群．全球城市的经济成因［M］．上海：上海人民出版社，2003．

［45］Saskiasassen. Cities in a world Economy in Handbook on urban studies. 2001.

［46］顾朝林，等．经济全球化与中国城市发展［M］．北京：商务印书馆，1999．

［47］姚士谋，王兴中，陈振光，等．中国大都市的空间扩展［M］．合肥：中国科技大学出版社，1998．

［48］崔功豪，武进．中国城市边缘区空间结构特征及其发展［J］．地理学报，1990（4）．

［49］刘易斯·芒福德．城市发展史——起源、演变和前景［M］．倪文彦，宋峻岭，等译．北京：中国建筑工业出版社，1989．

［50］姚士谋，冯长春，等．中国城镇化及其资源环境基础［M］．北京：科学出版社，2010．

［51］吴良镛．人居环境科学导论［M］．北京：中国建筑工业出版社，2001．

［52］周岚，于春．江苏城市化转型期的空间议题与提升策略［J］．江苏建设，2011（11）．

［53］广东省住房和城乡建设厅．珠三角城乡一体化规划［R］．2010．

［54］胡锦涛．中央工作会议上的报告［R］．2009－12－7．

［55］陆大道，姚士谋，等．中国区域发展报告（城镇化专题）［M］．北京：商务印书馆，2007．

［56］陆大道．人文经济地理学的方法论及其特点［J］．地理研究，2011，30（3）．

［57］方创琳．中国城市群可持续发展理论与实践［M］．北京：科学出版社，2010．

［58］甘藏春．在统筹城乡关系中走新型城市化发展之路［N］．人民日报，2011－04－12（16）．

［59］周干峙．城市及其区域——一个开放的特殊复杂的巨系统［J］．城市规划，1997．（2）．

[60] 钱学森,等.地理科学(一个表层的巨系统)[M].杭州:浙江教育出版社,1994.

[61] 萨森.世界城市[M].周振华,等译.上海:上海社会科学院出版社,2005.

[62] 杨汝万.全球化背景下的亚太城市[M].北京:科学出版社,2004.

[63] 年福华,姚士谋,等.试论城市群区域内的网络化组织[J].地理科学,2002,10(5).

[64] 潘懋,金江军,承继成.城市信息化(方法与实践)[M].北京.电子工业出版社,2006.

[65] Mike Jenks, Elizabeth Burton, Katie Williams. The Compact City: A Sustainable Urban Form? [M]. England E and FN Spoon Press, 1996.

[66] 吴良镛.建筑学的未来[M].北京:清华大学出版社,1999.

[67] 吴良镛,吴维佳.从世界城市化大趋势看中国城市化的发展 [J].科学新闻,2003,9(19).

[68] 迈克詹克斯,伊丽莎白伯顿.紧缩城市——一种可持续发展的城市形态[M].周玉鹏,龙洋,译.北京:中国建筑工业出版社,2004.

[69] 虞孝感,张雷,姚士谋.长江流域可持续发展研究[M].北京:科学出版社,2003.

[70] 桑连海,陈进.长江流域的节水形势及发展方向[J].长江流域资源与环境,2006(1).

[71] 许凯.大上海因何沉降?[J].科学生活,2003,12(249).

[72] 宋启林,中国现代城市土地利用学[M].北京:建筑工业出版社,1992.

[73] 万荣荣,杨桂山.太湖流域土地利用变化及其空间分异特征研究[J].长江流域资源与环境,2005,5(14).

[74] 王世玲,"十一五"警惕城镇化超速[N].21世纪经济导报,2005-10-20.

[75] 胡序威.中国区域规划的演变与背景[J].城市规划,2006(227).

[76] 周一星.关于中国城镇化速度的思考[J].城市规划,2006(12).

第四章

国际经验与我国“两化”的协调发展

提　要

改革开放以来，尤其是1995年以后，中国城镇化持续高速发展，城镇化进程也取得了举世瞩目的重大成就。快速演进的城镇化迫切需要进行重新审视与认真思考，改革开放之初的城镇化滞后现象有没有扭转？长期以来致力于城镇化与工业化协调发展是否达到预期？未来城镇化与工业化协调发展的方向是什么？针对这些问题，本章从城市化的国际经验、城镇化与工业化关系的演变过程、新时期城镇化与工业化协调发展三个方面分析了我国近年来实施的城镇化及其与工业化协调战略。

第一节　城镇化发展的国际经验

城市化是一个整体的、长期的、难以逆转的自然历史过程，通过回顾世界城市化发展历程，尝试总结世界城市化发展的特点和一般规律，从而为我国城镇化的健康发展提供借鉴。

一、世界城市化进程的主要特点

1. 世界城市化水平不断提高，年增长率呈现总体下降趋势

二战后，世界经济快速发展，工业化水平大大提高，有力推进了世界城市化进程。考虑到我国人口规模较大，对世界影响举足轻重，以下的世界城市化水平和增长率数据均不包含中国大陆地区。1950年世界城市化水平仅34.34%，1960年上升为38.36%，1970年增长为42.01%，1980年底为45.04%，1990年底为47.55%，至20世纪末世界城市化水平上升为49.52%，2010年达到52.18%，世界城市化平均水平已经超过50%。这表明历经几千年历史传统的农村为重点的社会形态已经发生了深刻的变化，城市社会成为当今世界经济的重点。

统计数据也表明，自20世纪50年代中期以来，世界城市化水平增长率总体为下降趋势，但2000年以来城市化增长率呈现小幅增长：1950—1960年全世界城市化水平每年平均增长0.40%，1960—1970年为0.37%，1970—1980年为0.30%，1980—1990年下降为0.25%，1990—2000年仅为0.20%，2001—2010年小幅增加到0.27%。

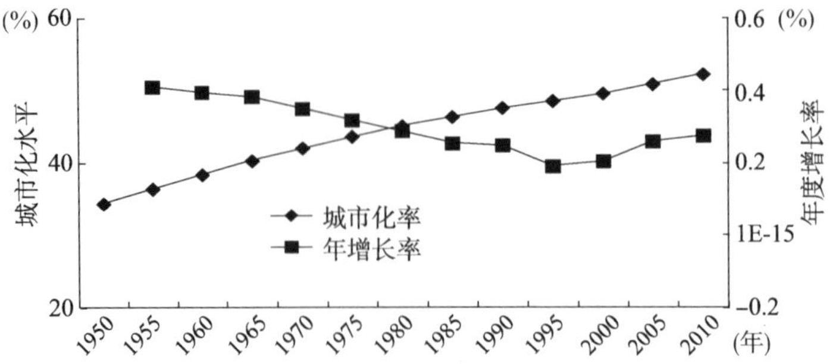

图 4-1 1950 年以来的世界城市化进程与增长率变化

注:由于中国人口基数大,对世界城镇化影响显著,这里的城市化率及其增长不包括中国大陆数据;除特别说明的外,国际数据来源于 UNPD 出版的《世界城市化展望》(2011 年修订版)。

长期以来,一个常见的观点是"世界城市化进程不断加速"。基于世界银行的数据,发现与这个观点并不相同,主要原因在于流行观点关于世界城市化经验总结的选取样本中包含了中国样本的数据,用自身的数据归纳经验,再指导自身,而未能跳出中国看世界,从哲学上来讲犯了主客体混淆的谬误,因为总结世界城市化进程的一般规律和经验用于指导中国实际时,样本选择应排除中国自身的有关数据作为参照系,从而客观分析世界上其他国家的城市化经验,才可能在拟定中国城镇化的相关战略与政策时给予参照和借鉴。对发达国家城市化进入成熟阶段,城市化增长趋于缓慢已形成基本共识,但是对于发展中国家往往认为其发展速度仍然在不断加快,自 19 世纪 80 年代以来,包括与不包括中国的发展中国家城市化进程的年均增长率变化趋势完全不同:包括中国经验的呈增速态势,不包括中国经验的则呈减速态势。当然,考察城市化态势时间尺度的选择也会影响结果,如果选择 1840 年前后英国率先完成了工业革命,成为世界上第一个工业国家以来,甚至更早的历史时间点至今,那么得出城市化过程必然是不断加速也是合理的。但是,更细微的考察城市化态势,尤其是 1980 年代以来,除中国以外其他国家的城市化从总体上看已经处于减速状态。

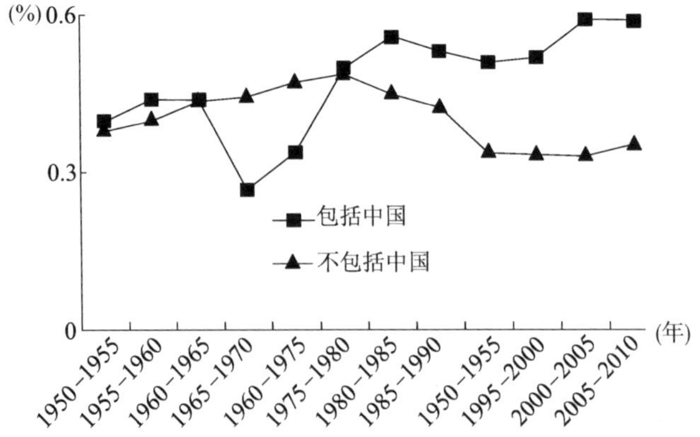

图 4-2 包含中国经验与否的发展中国家城市化对比

2. 世界城市人口规模持续快速增长,农村人口自 2000 年以来规模基本平稳

随着世界城市化水平的不断提高,城市人口飞速增长,城市人口由 1950 年的 7.45 亿增长到 2010 年的 35.59 亿,增长达 4.78 倍;60 年间,世界城市净增 28.14 亿人口,年均净增加

4 690 万人。与此同时，从 1950 年到 2010 年，世界农村人口从 17.87 亿增长至 33.37 亿，增长仅 1.87 倍，且人口总规模从 2000 年以后基本上保持了平稳。世界城市人口规模已经超过了农村人口。在未来几十年内，城市人口将继续增长。城市人口的快速增长是把双刃剑，一方面促进了经济增长；另一方面也带来了诸多资源环境和社会问题。城市的可持续发展、城市化能否健康有序发展均面临严峻挑战。

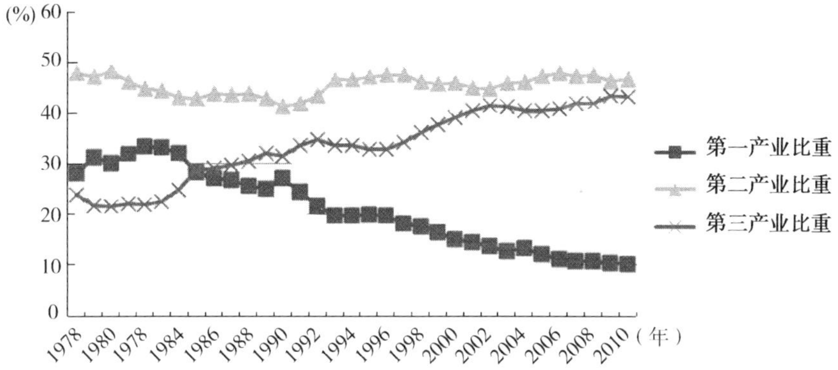

图 4-3　1950 年以来世界城市和农村的人口规模变化

3. 从新增人口来看，城市区域持续增长，而农村区域在 1975 左右经历“由增向减”的转变

从世界新增人口的城乡结构看，1950—2010 年间城市新增人口的规模不断扩大，1950—1955 年的 5 年间增长规模在 1.3 亿左右，而到 2005—2010 年的 5 年间增长规模达到了 3.6 亿；与此同时，农村新增人口的规模在 1950—1975 年间基本呈现上升趋势，1950—1955 年增长规模为 1.1 亿人，至 1965—1970 年增长规模达到 2 亿人，自此后则由增长转变为下降，尤其是 1990 年以后下降趋势更加明显，2005—2010 年增长规模仅为 0.3 亿人。从未来发展趋势看，新增城市人口的绝对数量和相对份额将继续增加，而新增农村人口的绝对数量和相对份额将继续下降。

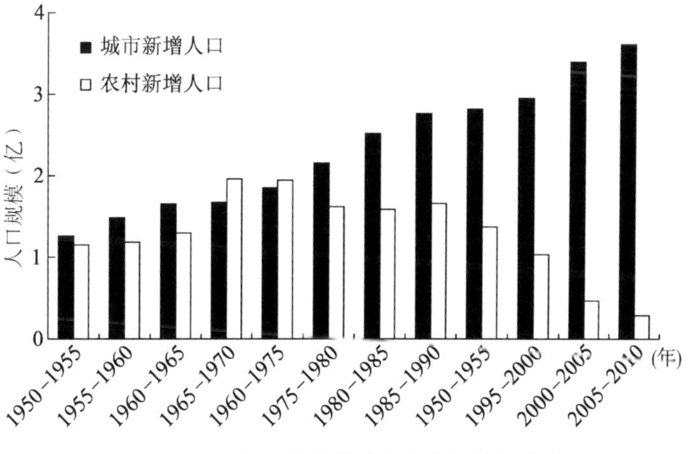

图 4-4　1950 年以来世界城市和农村的新增人口

4. 发达国家与发展中国家城市化进程差异

世界范围内，按照经济发展水平的不同，划分为发达国家和发展中国家。无论是发达

国家还是发展中国家的城市化水平都呈现上升趋势，但是道路差异很大，发展阶段、过程和效果差异也很大。发达国家的城市化道路基本上是在20世纪上半叶完成的，20世纪下半期，城市化水平提高的速度已经减缓，逐步进入城市化成熟阶段；发展中国家工业化和城市化大都起步于二战后，发展中国家正处于城市化快速发展阶段，呈现出城市数量增长和规模的扩张。从城市化水平看，1950年，发达国家城市化水平就达到了54.5%，已经进入了城市社会；到1975年，城市化水平已达到68.7%，基本进入了城市化成熟阶段；2010年城市化水平为77.5%。发达国家总的趋势是城市化水平缓慢增长，城市人口小幅增长。而发展中国家在1950年城市化水平只有17.6%，低于同期发达国家36.9%；2010年城市化水平快速增加到46%，与同期发达国家差距趋于缩小。

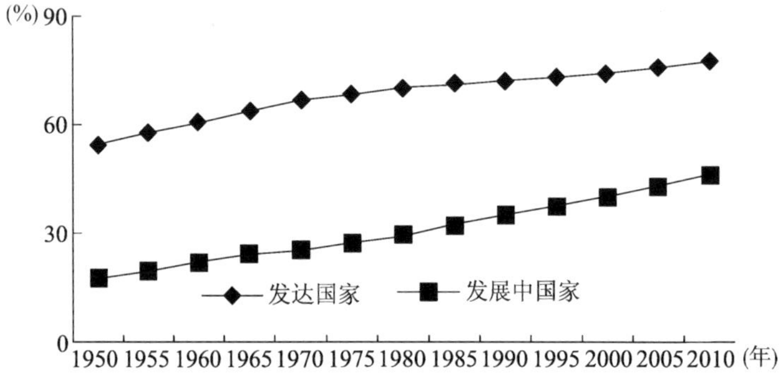

图4-5　1950年以来发达国家和发展中国家的城市化率增长趋势

二、世界城市化发展的一般规律

1. 城市化进程的诺瑟姆曲线（"S"形曲线）规律

诺瑟姆曲线主要揭示城市化发展水平同发展阶段的对应关系。诺瑟姆指出，以城市人口占总人口比重的城市化率表征着不同的城市化发展阶段，相应的城市化曲线呈变体的"S"形，城市化水平及所处阶段因国家和民族而异。如英格兰和威尔士在1900年后不久就进入城市化第三个阶段，而美国直到1950年也还没有达到相同的水平。

图4-6将城市化划分为三个阶段。其中，曲线扁平，城市化率在25%以下的是城市化的初级阶段，它对应着经济学家罗斯托所划分的传统社会这一阶段，即农业占国民经济绝大比重且人口分散分布，而城市人口只占很小的比重。第二个阶段是城市化的加速阶段，此阶段城市人口从25%增长到50%、60%、70%甚至更多；人口、经济活动、社会资本投资都高度集中，第二产业和第三产业的比重越来越高，相对农业来说，制造业、贸易和服务业的劳动力数量持续快速增长。第三阶段是成熟阶段，这个阶段城市人口比重达到或超过70%，但仍有乡村人口从事农业生产和非农业生产来满足城市居民的需求，当城市化水平达到80%时增长就变得很缓慢。

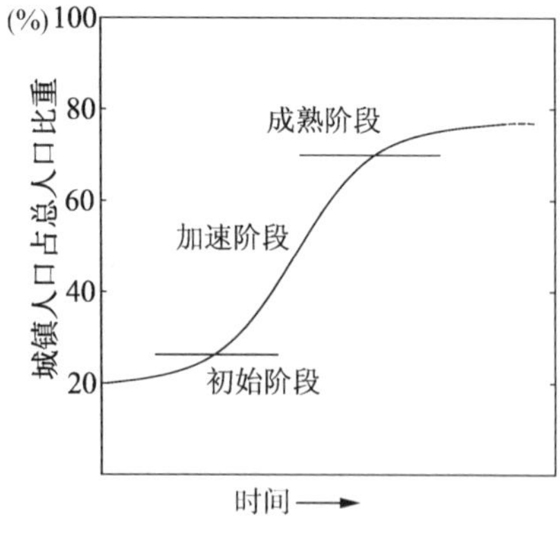

图4-6　城市化曲线及其阶段划分

同时历史上存在与上述一般模式有出入的状况，比如进入成熟阶段，城市人口可能下降；或者由于城市中心人口的外迁，乡村地区的人口增长可能会超过城市地区，从而使城市化曲线颠倒过来。第一种情况下，向城市的人口迁移可能会减缓或者停止，结果会达到一种均衡，例如一旦人口达到40%～50%，就可能达到稳定的状态而进入成熟阶段。第二种情况下，向城市迁移可能被向农村迁移所替代，城市人口向外迁移数量可能超过农村向城市迁移人口数量与城市人口自然增长之和，城市化水平会下降。

当然，诺瑟姆提出的加速阶段实质上应是快速阶段，这种提法更为妥当。

2. 城市化速度的倒“U”形曲线规律

“S”形曲线总结的是城市化水平的趋势图，即过程的描述，而非城市化增长率的变化图。物理学中速度、加速度等，经济学中的边际和弹性等，可以用导数来表示。相应的，城市化速度应是城市化过程的导数。据此，提出城市化速度的倒“U”形曲线。根据城市化 Logistic 增长模型的导数形式方程：

$$\frac{\mathrm{d}x}{\mathrm{d}t}rx\left(1-\frac{x}{x_m}\right)$$

r 为增长率，x_m 为城市化的饱和水平，即最大值。

求导并整理得：

$$x'(t)=\frac{rx_m\left(\frac{x_m}{x_0}-1\right)e^{-rt}}{\left[1+\left(\frac{x_m}{x_0}-1\right)e^{-rt}\right]^2}$$

上式为城市化速度的函数表达式。

根据推导过程和结果，结合城市化速度的倒“U”形曲线，可以发现城市化速度变化有两个特征：

第一，从极值拐点看，城市化速度的最大值并非在“S”形曲线加速阶段的最大值处，理论上应在城市化水平最大值的1/2处，拐点在 $x=\frac{x_m}{2}$。这也验证了在认识城市化“S”形曲线三阶段的时候（初始阶段、加速阶段、成熟阶段），将加速阶段调整为快速阶段更为适宜的结论。假定一个国家或区域的城市化水平饱和值在80%，那么从理论上讲，城市化水平在40%时，城市化速度最快。

第二，从阶段过程看，城市化进程的速度变化轨迹，可以概括为一条倒“U”形曲线，也具有明显的阶段性特征。

阶段Ⅰ，孕育阶段。在这个阶段，即在城市化速度曲线的M点以前，城市化速度尚处于孕育期，速度缓慢，且呈缓慢递增态势。这个时期处于传统的农业社会状态，城市发展缓慢，城市人口占总人口的比重低，经历的时间长。

阶段Ⅱ，加速阶段。在这个阶段，即在城市化速度曲线的M点至P点之间，这是城市化速度的成长期，呈快速增加态势。这个时期打破了传统的农业社会状态，近代工业开始迅速大规模地发展，工业逐渐在经济和社会生活中占主导地位，人均国民收入也随之增长，大量的农村剩余劳动力向城镇迁移，城镇人口快速增加，城镇规模扩大，数量增多。

阶段Ⅲ，减速阶段。在这个阶段，即在城市化速度曲线的P点至N点之间，经历了拐点P后，城市化速度从递增向递减转变。这个时期，产业结构的高级化和服务化逐渐凸显，人口的受教育程度和专业技能提高，城市化进程依然保持着增长态势，城镇生活质量不断提升。

阶段Ⅳ：趋零阶段。在这个阶段，即在城市化速度曲线的 N 点之后，城市化速度已经极为缓慢增加，直至趋于零。这个时期已经处于后工业化发展阶段，产业服务化特征显著，城镇人口规模趋于稳定，城镇生活质量与居住环境得到进一步改善与提升，农村也获得较好发展，城乡之间统筹发展。

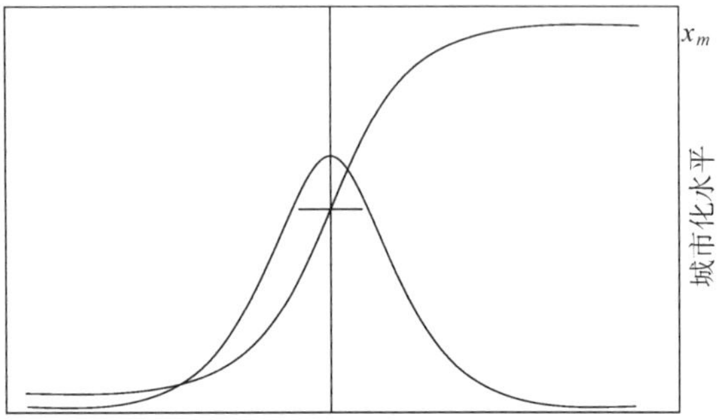

图 4-7　城市化速度的倒“U”形曲线

3. 城市化与工业化的高度相关规律

城市化和工业化水平之间存在着强烈的相关性是一个得到广泛认可的基本规律。二者间的互动关系，一般认为工业化是城市化的经济内涵，城市化是工业化的空间表现；工业化是因，城市化是果，城市化本质上是满足人口对城市工作和城市生活需要的过程，主要表现为人口、土地和产业从农村向城市的集中，但城市化在一定程度上也可以反作用于工业化，二者共同构成当代经济社会发展的主旋律。早期研究更加重视工业化对城市化的带动作用，工业化是城市化的最根本动力，工业化是城市化的“发动机”，随着劳动生产率的不断提高，应用新科学技术和工艺，人均收入水平提高，第一产业在总产值和劳动力就业构成中的份额会显著下降，第二产业和第三产业的产值份额和就业构成份额都会增加。伴随着产值和就业结构的变化，农村人口不断向城市地区集中和集聚，城市化过程就不断进行，产业结构演变与城市化密切关联。后来研究发现，虽然城市化是工业化的“果”，但是城市化仍然能够积极的反作用于工业化。城市化的外部经济效益，可以是一个行业的地区集中化，进而带动其他相关行业发展，也可能通过多个相互关联产业同时发展实现。企业内部聚集经济，企业在原有基础上扩大规模，或者在原有基础上增加产品种类，带来长期平均成本的下降，形成内部规模经济。同时，城市化会促进信息化，而信息化又推动着社会经济各方面的变化和发展。此外，城市化反作用于工业化是基于积极效应的互动机制探讨；实际上，不合理的城市化会通过多种方式阻碍经济社会发展，例如规模不经济、资源环境约束等。

基于联合国数据，分析了 2005 年世界城市化与工业化水平的关系格局，证实城市化率与人均 GDP 之间高度正相关：发达国家主要在第Ⅰ象限，即高级协调类型；发展中国家大多在第Ⅱ或第Ⅲ象限，即过度城市化类型或低级协调类型。

（1）第Ⅰ象限，即高级协调类型，以卢森堡、挪威、日本、美国等欧美发达国家为主。该类型特征是工业化水平和城市化水平都比较高。以人均 GDP 为例，平均达 23 833 美元；最高为卢森堡，达 52 183 美元；最低为阿曼，也达到 9 106 美元。以城市化率为例，平均达 79.79%；最高为新加坡和中国香港地区，达 100%；最低为葡萄牙，也达到 58%。

(2) 第Ⅱ象限,即城市化过度类型,以委内瑞拉、乌拉圭、阿根廷、智利、利比亚、巴西、加蓬、墨西哥等拉美和非洲国家为主,也有亚洲部分国家如菲律宾。该类型的特征是工业化水平较低,但城市化水平较高。以人均 GDP 为例,平均为 3 398 美元;最高为阿根廷,达 8 094美元;最低为利比里亚,仅 135 美元。以城市化率为例,平均达 70.35%;最高为加蓬,达 84%;最低为利比里亚、巴拉圭,达到 58%。

(3) 第Ⅲ象限,即低级协调类型,以塞舌尔、博茨瓦纳、伯利兹、牙买加、泰国、斐济、危地马拉、埃及、中国等亚非国家为主。该类型的特征是工业化水平较低,城市化水平也较低。以人均 GDP 为例,平均仅 958 美元;最高为塞舌尔,为 6 468 美元;最低为刚果(民),仅 91 美元。以城市化率为例,平均为 35.71%;最高为博茨瓦纳,仅 57%;最低为布隆迪,只有 10%。

(4) 第Ⅳ象限,即城市化滞后类型,这种类型国家较少,仅有波利尼西亚,特立尼达和多巴哥两国。该类型的特征是工业化水平较高,城市化水平比较低。波利尼西亚人均 GDP 达 14 635美元,城市化率为 52%;特立尼达和多巴哥人均 GDP 为 9 083 元,但城市化率仅为 10%。

尽管城市化与工业化之间高度相关已经是一个普遍认可的规律,但是他们之间如何互动互促,却需要更加深入探究,不赞成将城市化(甚至是加速城市化)作为解决中国各种复杂问题的灵丹妙药。盲目加速可能会适得其反,影响和阻碍我国经济社会发展中各种问题的妥善解决,甚至还会加剧矛盾冲突。

表 4-1 2005 年城市化与工业化水平关系的世界格局

象限	类型	国家或地区
Ⅰ	高级协调型	卢森堡,挪威,日本,美国,冰岛,瑞士,丹麦,爱尔兰,瑞典,中国香港,英国,新加坡,芬兰,奥地利,加拿大,荷兰,德国,比利时,法国,澳大利亚,欧盟,意大利,普里,以色列,巴哈马群岛,西班牙,新西兰,韩国,希腊,新喀里多尼亚,葡萄牙,沙特阿拉伯,马耳他
Ⅱ	城市化过度型	委内瑞拉,乌拉圭,阿根廷,智利,利比亚,巴西,加蓬,拉美地区,墨西哥,哥伦比亚,秘鲁,巴拿马,拉脱维亚,多米尼加,土耳其,伊朗,马来西亚,匈牙利,突尼斯,玻利维亚,菲律宾,厄瓜多尔,阿尔及利亚,哥斯达黎加,萨尔瓦多,刚果,南非,尼加拉瓜,摩洛哥,利比里亚,巴拉圭,阿曼
Ⅲ	低级协调型	塞舌尔,博茨瓦纳,伯利兹,牙买加,泰国,斐济,危地马拉,埃及,中国,斯威士兰,叙利亚,斯里兰卡,洪都拉斯,圭亚那,乔治亚,印度尼西亚,喀麦隆,所罗门群岛,巴布亚新几内亚,巴基斯坦,印度,科特迪瓦,莱索托,基里巴斯,塞内加尔,苏丹,尼日利亚,肯尼亚,海地,孟加拉国,毛里塔尼亚,津巴布韦,赞比亚,冈比亚,贝宁,加纳,乍得,卢旺达,布基纳法索,多哥,马里,尼泊尔,马达加斯加,中非共和国,塞拉利昂,尼日尔,马拉维,几内亚,布隆迪,刚果民
Ⅳ	城市化滞后型	波利尼西亚,特立尼达和多巴哥

4. 城市化具有综合性的规律

城市化是由传统的农业社会向现代社会发展的转变过程,这个过程具有人口、经济、社会等丰富内涵,主要包括四个方面内容:① 人口城市化,人口不断向城镇集中的过程;② 土地城市化,地域景观由农村向城市的转变;③ 经济城市化,包括经济增长的主体由农业向第二、第三产业的转变,以及劳动力就业从农业向第二、第三产业的转移;④ 城市文明的传播。尽管对城市化定义和认识有一定差异,但是城市化具有综合性得到了较为普遍的认可,人口城市化与经济基础、产业结构、社会转型、资源环境等密切相关，正如 Friedmann 所指出的："城市化是多维的包含社会空间的复杂过程"。

可以从两个方面来认识城镇化的综合性规律。第一，城市化是一个区域发展问题，而不是单纯的城市问题。城镇化是农村地域上劳动力、人口、土地等要素向城镇地域转移或转变的区域空间上的过程，从而导致各种规模城镇的形成与发展，使城市生活方式得到扩展。单纯的说任何一个城市建成区的城镇化水平是没有实际意义的。因此，城乡关系是区域内极为重要的关系，是城镇化的重要内容。城乡之间的关系是彼此孤立还是互动互促，关系到城镇和区域的长远发展。和谐的城乡关系，将使城市促进农村社会经济结构的变化和生存条件的改善，同时使城市发展获得广泛的支撑。其结果是使城镇化速度和模式与区域的社会和经济发展相协调。第二，城镇化快速发展需要多维支撑系统。城镇化是经济结构、社会结构和生产方式、生活方式的根本性转变，涉及产业的转变和新产业的支撑，城乡的社会结构的全面调整和转型以及庞大的基础设施的建设，资源、环境的支撑以及大量的立法、管理、国民素质提高等等方面，城市产业与所在区域的自然条件和自然资源、生态环境的耦合和适应关系，城乡之间在产业关联及交通、通信以及教育、医疗设施的规划建设等方面的密切合作等。城镇化必然是长期的积累和长期发展的渐进式过程。

第二节　我国城镇化与工业化关系的演变过程

一、城镇化与工业化的关系模式及对中国认识的争论

1. 城镇化与工业化的关系模式

城镇化与工业化的关系，从不同的角度有不同的表现形式。从演进次序与因果关系看，工业化是因，城镇化是果；工业化是城镇化发展的原始动力，城镇化水平的提高是工业化发展的结果；而城镇化水平的提高，在一定程度上又会反作用于工业化，促进经济发展。从发展进程与水平比较看，二者可以分为协调、超前、滞后三种类型；城镇化与工业化存在密切关系，理论上应该是互动式发展的，但实际上由于政策或制度等诸多复杂因素，会引起工业化与城镇化的偏差。世界各国城镇化与工业化关系总体上有以下几种模式：一是同步城市化，指城镇化进程和工业化发展之间基本协调，大部分发达国家的城市化基本上属于这种模式；二是过度城镇化，是指城镇化水平超过工业化发展水平，相当数量的发展中国家的城镇化基本上是这种模式；三是滞后城市化，是指城镇化水平落后于工业化发展水平，少部分发展中国家属于这种模式。

2. 对中国城镇化与工业化关系的观点争论

对我国城镇化与工业化关系的判断引起了广泛的讨论，目前主要观点有滞后、基本协调和隐形超城市化三种观点。

（1）滞后论及其主要观点。长期以来，主流观点认为我国城镇化水平严重滞后于工业化。胡爱华认为我国城镇化水平落后于经济发展水平 12 个百分点，城镇化水平与工业化水平不相协调，城镇化水平与产业结构和就业结构也不相协调。程治中认为我国城镇化水平明显滞后经济发展水平，从国内现实情形来看，7 500 万农民工滞留在各级城镇；且中国政府公布的城镇化水平大约要比经济发展水平落后 14 ~ 26 个百分点。滞后的城镇化已成为制约我国社会经济结构转换和生产要素利用效率提高，影响到经济与社会、城镇与农村和

谐发展的重要因素。对于滞后的原因,现有的城镇建设监管、政绩考核、城市财政、土地使用制度下,地方政府发展经济的动力远远大于促进城镇化水平提高的动力,从而在制度层面上造成城镇化滞后于经济发展。

(2) 基本协调论及其主要观点。基本协调派的总体观点是我国城镇化并不存在严重滞后的问题,城镇化水平与工业化水平之间基本协调,这一观点向原来主流观点提出了挑战,城镇化战略的政策与取向也可能因此重构。严格来说,持这一观点的内部也存在认识上的差异,一种认为当前城镇化水平略微滞后经济发展,另一种认为当前城镇化呈现冒进,略快于经济发展。主要依据有三个方面:基于模型的城市化水平的国际比较,国际经验的总结与认识,国内城镇化的突出问题与表现。其一,基于模型的城镇化水平的国际比较。“工业化与城镇化协调发展研究”课题组认为中国城镇化并没有严重滞后工业化;城镇化水平与工业产值比重相关性较低,而与非农产业就业比重的相关性较强;中国的问题在于工业化的偏差,而不在于城镇化的偏差。城镇化水平并不存在明显滞后。其二,国际经验的总结与认识。王德以日本为例,认为日本全国的城市化水平与工业化水平之间符合“S”形曲线规律和钱纳里学说。但是从地方尺度看,大部分地区的城市化过程并不符合“S”形曲线规律,也不符合钱纳里学说。其三,国内城镇化的突出问题与表现。陆大道领导的课题组通过长时间的全国实地调查研究,向国务院提交了《关于遏制冒进式城镇化和空间失控的建议》的报告,认为过去的十年(1995—2005 年)我国城镇化进程脱离了循序渐进的原则,出现了冒进态势。主要体现在:① 不断加速的城镇化进程带有明显的人为拉动因素;② 出现了相当程度的虚假城镇化和贫困城镇化;③ 城镇化的蔓延式发展和空间失控;④ 就业岗位的增加及资源和环境的支撑能力不能适应冒进式城镇化。

(3) 超城市化论及其主要观点。此外,少数学者则持与滞后派截然相反的观点,认为中国不是城镇化滞后,而是存在隐性超城市化。认为 1997 年全国实际的城镇化率应是 60.32%。

这些比较研究对于城镇化与工业化关系的深入理解有着积极的意义,但令人诧异的是国际经验比较所得出的数值多不一致,观点也左右相悖,说明这一问题仍然没有被很好的回答。传统比较分析方法的不足和局限主要在以下几个方面:① 样本选取问题,如样本量的数量能否满足研究的需要,样本的选择是否具有客观的标准价值等问题;② 不同的学者在回归模型时也存在模型选择、参数设置的差异;③ 研究结论对关系的认识往往只能得出“是”或“否”,而不能给出城市化与工业化关系动态过程。这些问题与局限说明迫切需要新的方法来深入研究和剖析。

二、城镇化与工业化关系识别的理论方法

1. 协调的判断标准

工业化与城市化的协调发展,从概念上理解,是指在经济发展过程中,使工业化与城镇化过程二者之间在发展阶段、发展速度和发展政策上有机组合,形成良性互动,从而经济社会发展取得最优的过程。主要包括两个方面内容:一是城镇化进程应以国家或区域的工业化和社会经济发展为基础;二是应达到与工业化发展水平及结构相适应的城镇化水平。

从定量分析看,判断工业化与城镇化关系协调与否的标准主要有以下两种:① 国际经验比较方法,即利用世界上其他国家的城市化水平和工业化水平之间的经验数据,归纳出一般模式作为衡量尺度,依此来考察中国的城镇化和工业化之间关系;② 时间序列演进比

较,即通过中国城镇化水平与工业化水平自身的时间序列数据比较。

2. 指标选取与数据获取

科学判断工业化与城镇化的关系,重要前提是准确选择衡量指标。对城镇化水平的衡量,单一指标是选择一个最具本质意义的、且便于统计分析的指标来测度,方法简单易行,容易抓住问题的主要信息,选用城镇人口占总人口的比重指标。对工业化进程的衡量,用人均 GDP 指标来衡量工业化水平。

研究数据来源于世界银行在线数据库,包含 226 个国家和地区的样本点,时间为 1960—2010 年共 51 年的城市化率和人均 GDP 水平。剔除样本有缺失的国家或地区,经处理后共有 110 个国家样本点。另外,关于我国城镇化率存在较大争议,已存在多种修订标准,本文选取国家统计局 2007 年的《中国统计年鉴》中的数据。不少学者对官方公布的城镇化数据进行了卓有成效的修正工作,由于仍缺乏广泛认可的城镇化修订标准,相对而言,官方数据更具权威性和可比性;更重要的是官方公布数据是国家有关政策出台的基础,依此分析更有利于为相关政策的合理制定提供参考。采用世界银行数据库的世界上 110 个国家或地区数据,基于直观的象限图法,动态分析中国城镇化与工业化关系的演变路径,明晰城镇化进程是否具有相应工业化基础的支撑。

3. 象限图法

笛卡儿平面直角坐标系里面将坐标轴 X 与坐标轴 Y 围成的区域称作象限,以原点为中心,X,Y 轴为分依据,分为四个象限:第一象限($X>0,Y>0$),第二象限($X<0,Y>0$),第三象限($X<0,Y<0$),第四象限($X>0,Y<0$)。而城市化与工业化关系的类型主要有四种:高级协调、低级协调、城市化滞后、城市化过度。以人均 GDP(GDPP)为 X 轴,城市化率(URBAN)为 Y 轴,则城市化与工业化关系的类型和四个象限相匹配可划分为:第一象限,高级协调型,经济发展水平较高,城市化水平同步;第二象限,城市化过度型,经济发展水平较低,但城市化水平较高;第三象限,低级协调型,经济发展水平较低,城市化水平也较低;第四象限,城市化滞后型,经济发展水平较高,城市化水平不高。图 4-8 中阴影区指的是中等收入和中等城市化的基本协调区域,阴影区范围的参数阈值可根据样本值来确定,一般定义在正负 0.5 范围内。我们将这种方法应用于国际比较,称之为象限图法,该方法能够对指标的国际比较直观化分析,同时也能深入分析单个国家或地区在世界发展格局下的演变路径。

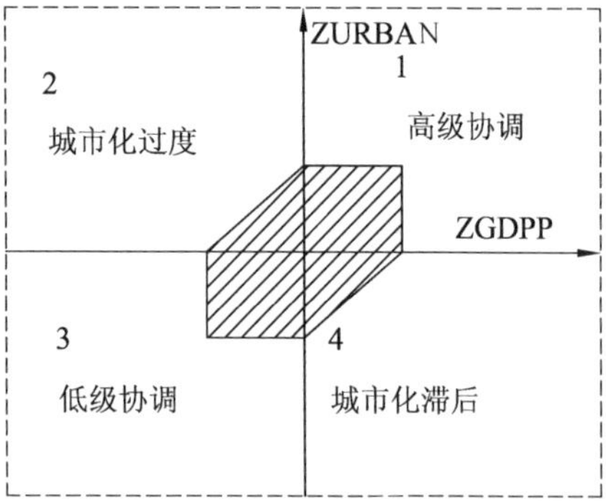

图 4-8　城市化与工业化关系的象限图

其基本绘制方法与原理如下:

第一,根据比较目标的不同。当对某一年份的国家状况进行比较时,选取目标年份世界多国的两个指标,人均收入 GDP 和城市化率指标。

第二,将两个指标 GDPP、URBAN 的数据进行标准化处理,生成两个新的变量 ZGDPP、ZURBAN,标准化处理的目的有两个,一是消除量纲的影响;二是坐标原点平移到样本中心位置,这对于识别类型划分和动态演变尤为关键。归一化方法选用标准差法,即

$$Z = \frac{(x_i - \bar{x})}{s}$$

其中：i，样本观测值（1，2……n）；$\bar{x}$，x_i 的平均值，$\bar{x} = \frac{\sum x}{n}$；

s，抽样标准差，$s = \sqrt{\frac{\sum (x_i - \bar{x})^2}{(n-1)}}$

第三，利用标准化以后的新变量数据列，ZGDPP 为 X 轴，ZURBAN 为 Y 轴，不同国家的人均 GDP 和城市化率形成一个点集（ZGDPP，ZURBAN），在坐标轴绘制出散点样式的象限图。

单个国家城市化与工业化关系判断的理论依据与方法。从上述方法的说明，可以看出散点图绘制的原则是依据单个国家的人均 GDP 水平和人口城市化水平。散点图中不仅能表达出该国这两个指标在国际中的位序，也反映出与国际水平相比较偏离的程度，可能是高于平均水平，也可能是低于平均水平。正是通过这一依据，反映出一个国家或地区的城市化与工业化关系在世界多个国家中的格局。

当深入分析某一个国家城市化与工业化关系的动态演化过程时，先要选取多国在不同年份的人均收入 GDP 和城市化率指标绘制散点图（如 A、B 两个不同年份），得出两组点坐标值（Xa，Ya）、（Xb，Yb）。将 A、B 两个不同年份的坐标值在同一个象限图中表示，即可清晰看出该国相关指标的演化状况（见图 4-9）。

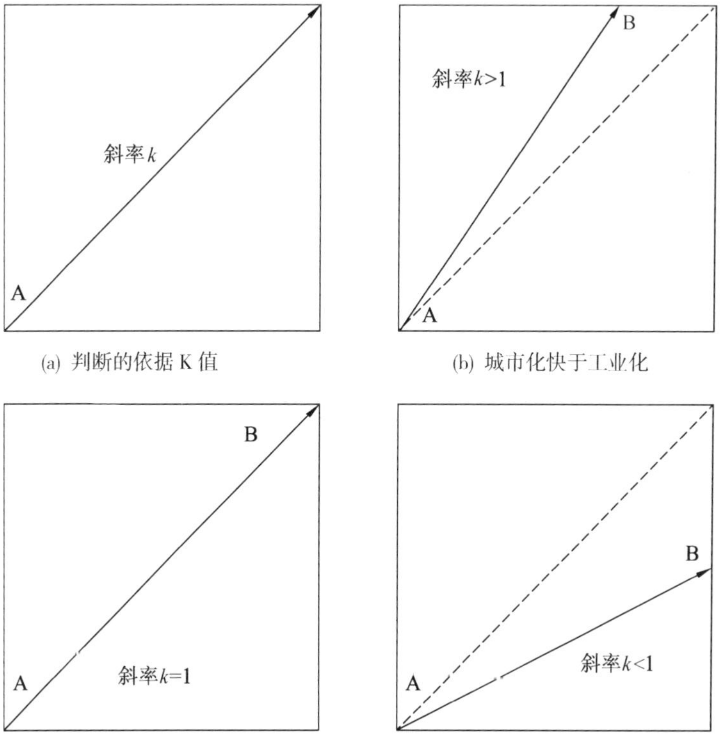

(a) 判断的依据 K 值　(b) 城市化快于工业化

(c) 城市化和工业化匀速发展　(d) 城市化慢于工业化

图 4-9　单个国家城市化与工业化动态关系的判断方法

注：图中横坐标是人均 GDP 值，纵坐标为城市化率值，因 A、B 点位于象限图四个象限都有可能，故没标象限。

引入斜率 *K* 值,可以计算出单个国家城市化与工业化关系动态偏差的方向及程度。*K* 值计算方法:

$$K=\frac{(ZURBAN_t-ZURBAN_0)}{(ZGDPP_t-ZGDPP_0)}$$

式中,ZURBAN、ZGDPP 分别指城市化率和人均 GDP 经过归一化计算后的值,t 表示末期,0 表示基期。判断的标准是:在 ZURBAN、ZGDPP 变化均为正的前提下,当 $K>1$ 时,表征从 A 到 B 年份的这个时间阶段内,该国城市化进程快于工业化进程;当 $K=1$ 时,表征从 A 到 B 年份的这个时间阶段内,该国城市化进程与工业化进程协调;当 $K<1$ 时,表征从 A 到 B 年份的这个时间阶段内,该国城市化进程慢于工业化进程。其中 K 的大小,也即偏离 1 的程度,反映出该国城市化与工业化之间关系的偏离程度。

三、中国城镇化与工业化关系特征的实证分析

1. 中国城镇化与工业化关系的总体格局一直呈双低状态,2010 年进入了中等收入与中等城镇化的基本协调区间

在 1960、1970、1980、1990、2000、2010 年中国的城镇化率、人均 GDP 时间序列数据标准化后,分别是(-0. 632 17, -0. 549 52)、(-96 059, -0. 677 16)、(-1. 090 84, -0.693 85)、(-0. 993 64, -0. 646 76)、(-0. 745 63, -0. 625 31)、(-0. 327 86, -0.492 19),值均小于零。基于象限图法的分类方法,1960—2000 年间都属于第三象限,类型是低级协调性,也即城市化与工业化水平都比较低;至 2010 年时,城市化率、人均 GDP 在世界格局中标准化后的值均在正负 0.5 范围,属于中等收入与中等城镇化的基本协调区间。

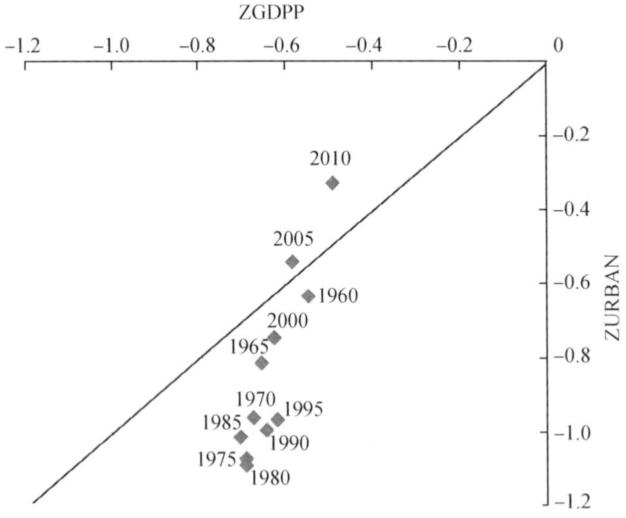

图 4-10 标准化值绘制的演变路径图

城镇化严重滞后于工业化的结论是有偏颇的,其主要原因在于混淆了城镇化水平较低与城镇化水平滞后。不可否认,我国城镇化水平一直较低,离发达国家还有相当长的距离。但是在总体上我国城镇化却并不严重滞后,因为城镇化和工业化之间具有高度相关性,它是由工业化发展水平而决定的,这种较低城镇化是与较低的工业化水平相适应的。

2. 中国城镇化与工业化关系演变的阶段性特征

虽然在总体上我国城镇化与工业化认为是基本协调关系，这是由于国际比较时各国的城市化与工业化都与国际标准有一个合理的偏离范围，在这个范围之内不宜界定为问题，但是通过标准化值绘制的演变路径图以及 K 值，更细微地考察我国城镇化与工业化关系的阶段性特征，此时可以通过斜率这条线来考察城镇化与工业化关系的偏差动态。由此，四个阶段各自具有不同的特征。分述如下：

(1) 1960—1975 年，ZGDP 值从 -0.549 52 下降到 -0.694 39，ZURBAN 值也从 -0.632 17 下降到 -1.072 9。这说明这段时期内，中国的城镇化和工业化在世界格局中均呈下降态势。主要因为该时期我国尚未实行改革开放政策，经济发展和城市化进程都非常缓慢。因为世界城市化与工业化都处于增长态势，从世界发展步伐看，我国相应地位则是不进则退，一方面，工业化水平下降；另一方面，受经济低迷和政策限制的双重约束的影响，城镇化水平下降更快。

(2) 1975—1995 年，ZGDP 值从 -0.694 39 增加到 -0.620 94，ZURBAN 值从 -1.072 9 增加到 -0.965 88，这证明相对于世界发展步伐，中国的城镇化与工业化水平稳步上升，尽管提升的幅度还不大，得益于改革开放和市场经济的转轨，我国工业化进程在总体上进入中期阶段，经济发展速度加快，城市化的增速快于工业化，大量农村剩余劳动力进入城市或乡镇从事着第二或第三产业，同时补缺改革开放以前城镇化滞后于工业化水平状况。

(3) 1995—2010 年，ZGDP 值从 -0.620 94 快速增加到 -0.492 19，ZURBAN 值更以飞快的速度从 -0.965 88 跃升至 -0.327 86，相对于世界发展步伐，我国工业化水平在这一阶段得到较大幅度的提高，基本上迈入中等收入国家行列。但城镇化水平的快速增长更加惊人。这表明城镇化进程很大程度上超出了经济发展的速度，尤其是 2005 年以后，我国在世界格局中的位置已经偏移到了对角线的左上角，这表明城镇化在一定程度上冒进于工业化水平。这主要是由于通过快速城镇化进程带动经济增长成为不少地方政府的战略，城镇化的相关政策存在一定程度的偏差，这种缺乏充分工业化前提的、短期内急剧增长的城镇化水平，由于资源环境、经济基础、制度因素、社会问题、基础设施等诸多方面缺乏相应的承载、变革和适应能力，潜伏着很多危机。

第三节　我国城镇化与工业化的协调发展思路

一、城镇化与工业化协调发展的新内涵

1. 城镇化与工业化协调发展问题更多体现在城镇化的偏差

改革开放 30 多年来，我国城镇化进程高速推进，成效显著，成就令人欢欣鼓舞。但是最近几年，高速推进的城镇化进程中出现了一些始料不及的问题。集中表现在：第一，人们对城镇化的认识存在误区：往往认为城镇化就是城市建设，偏离了城乡融合的发展初衷，加深了城乡二元结构的隔阂；以为城镇化就是征地化，扩展城市规模，土地城镇化的速度过快。第二，工业化发展不足，就业压力较大。城镇化本身是大量农民脱离第一产业的结果。现在的做法是为城镇化而城镇化，第二产业和第三产业尚未准备好就业岗位，就把农民从土地上赶出来。第三，资源环境态势愈加严峻。深入分析我国城镇化进程的认识与实践中的这些问题，其产生原因是多方面的。比如：对我国国情，包括自然基础、产业发展的支撑能

力以及“农民工”现象的长期性缺乏科学的认识；城乡二元化的土地管理制度及过低的征地费用造成的大量圈地；干部考核制度的偏差；分税制带来了大规模出让土地的动力；城市规划操作层面遇到的偏差；城镇化水平成了各级政府的政绩指标之一，国家公布的城镇化水平数据偏高，速度偏快，地方攀比比较严重，舆论宣传上又偏热，火上加油。这些原因的背后，很重要的一个问题是近30年来我们对城镇化的理论创新的还不够，主要体现在以下三个方面：

（1）抽象地肯定发达国家的高人口城市化率，把它简单地移植到中国城镇化理论构建当中来，既忽视欧美国家长期积累的历史基础，也忽视拉美国家过度城市化教训的理论总结。自工业革命到20世纪50年代，发达国家普遍强调工业化进程和经济基础，认为工业化增长在城市化进程中起重要作用，人口城市化率应与工业化发展程度相匹配。20世纪50年代以后，随着工业化进入中后期阶段，以及高新技术产业、现代服务业的不断发展，人口城市化进程加速；到2000年，绝大多数发达国家的人口城市化率达到75%～80%。但是，片面地理解了高人口城市化率，被抽象的肯定为好的，试图在短期内就迅速发展到发达国家的高人口城市化率，却忽视了背后的经济、社会、基础设施以及资源环境基础，发达国家的城市化是长期积累、渐进式发展的工业化和城市化同步发展的过程。事实上，在经济并不发达的多数发展中国家，尤其是拉美国家已经误读照搬过高人口城市化率，导致严重的消极后果，城市化进程充满无序和混乱，陷入高人口城市化率、多贫困人口、低经济水平、低生活质量的“拉美陷阱”。当代中国，我们既不可能也没必要建立起发达国家的高人口城市化率，而应构建与我国经济社会发展水平相适应、解决民众生活生产需求、促进经济社会持续和谐发展、体现公平的城镇化发展理论和模式。

（2）城市化水平衡量标准的单一化和唯数量化。传统的城市化水平评价标准都是采用单一指标法，最常用的单一指标是用城镇人口比重对国家或区域的城市化水平进行衡量，也有用其他的单一指标来测度城市化水平，如使用城镇用地指标等。传统城市化模式过于强调数量结构转变：人口由农村户籍向城镇户籍的转变，或者是土地及聚落形态上实现农村向城市的转变。用单一指标法来测度城市化水平的主要优点是其简单易行。但其缺点也很明显，即不能反映城市化的本质。城市化不单是指城镇数量、城镇规模、城镇人口在总人口中的比例的增加等量化指标。受衡量标准单一化和严重滞后论的长期影响，城市化实践中存在盲目追求数量增长的现象，错误地认为城市化水平越高越好，城市化增速越快越好。

（3）过分强调城市化的实用性。把城市化作为解决“三农”问题、拉动内需、经济滞后等诸多突出问题的万能的灵丹妙药。常常采取以解决城市化过程中所产生的实际问题为导向，“头痛医头，脚痛医脚”式地制定各种具体的城市化制度和政策。因此，我国城镇化进程中的诸多问题还存在许多分歧和争议。而这又反过来直接制约着我国城镇化进程在21世纪上半叶的关键时期能否健康有序的发展。

中国的城镇化理论需要创新与重新阐释，城镇化的传统“范式”期待“转换”。

2. 虽然中国城镇化和工业化的关系在总体上基本协调，但不表示已经形成良性互动式发展

当前，我国快速的城镇化进程中，驱赶型城市化，有的学者称之为被动型城市化，占有相当大的比重。这种城镇化模式对工业化反作用的条件并不具备，或者反作用的程度很

弱,即这种模式的城镇化很难通过比较优势的发挥、规模经济效益、交易运输成本的下降实现促进工业化发展。

首先,考察驱赶型城镇化的特征。所谓被动城镇化,是指农民主观上不愿意被城镇化或还没作好城镇化的准备,但由于受各种客观原因的影响而不得不放弃农业生产方式和乡村生活方式,最终被融入城镇的过程。在被动城镇化过程中,农民并不主动要求城镇化,甚至抵触城镇化,但又无法抵挡或逃避城镇化的强大力量。由于不能主动做出选择和决策,他们只好被动地进行生产、生活方式等方面的巨大转变,并艰难适应。实际上,被动城镇化在西方历史上就发生过,在中国,被动城镇化应该说主要还是改革开放以后特别是近几年才凸现出来并引起人们广泛关注的一种新社会现象。在改革开放以前,由于实行了城乡分隔的户籍管理制度,农民进城被严格限制在城市企事业单位招工、招干等少数几条"农转非"渠道之内。部分因城市发展与建设需要而失去土地的农民,其就业、生活等一般也都能得到国家妥善的安排和解决,因此被动城镇化尽管在一定范围内客观存在,但其规模小,对社会影响有限,产生的社会问题也比较少,同时作为农民能够获得城市非农户口的一种特殊途径,实际上被动城镇化还受到了人们的普遍欢迎。改革开放后,随着一系列社会与城乡管理制度的松动与变革,农民的流动性逐步被激活,农村剩余劳动力开始出现以城镇为主要指向的大规模跨区域流动,表现出农民强烈的主动城镇化的热情和愿望。但随着城镇人口的迅猛增长和城镇地域空间的急剧拓张,城市周边的大量农民也因建设失去土地而被卷入城市,由于失地农民的就业和生活等方面已无法获得政府的全面保障,被动城镇化引起的问题及其对社会的影响也越来越大。尽管国家及有关部门采取了各种有效措施,防止出现非洲、印度、拉美等国家那样的驱赶型的城镇化,但事实上,"驱赶型"城镇化问题在一些经济发达的大城市地区逐步开始显现。近年来,大规模的征地热、开发区热等又使被动城镇化愈演愈烈,并导致其逐步从一个局部或个别城市的问题演变为一个关系到中国城镇化能否健康持续发展的重要问题之一。

其次,为什么这种驱赶型城镇化不能有效地反作用于工业化进程,促进经济发展。城镇化反作用于工业化的主要机理途径有三种,分别是比较优势的发挥、规模经济效益、交易运输成本的下降。第一个条件是比较优势的发挥。它是基于机会成本原则的,如果一个国家或区域生产一种产品的机会成本(用其他产品来衡量)低于在其他国家或区域生产该产品的机会成本的话,则这个国家在生产该种产品上就拥有比较优势。而城市发展效率高于农村的一个重要原因就是比较优势的发挥,使企业从事贸易变得有利可图,促进了贸易的发生和专业化发展。但是发挥比较优势的前提条件是存在分工,即进入城市的劳动力参与到工业化生产或服务业的分工环节中,而这种驱赶型城镇化形成的"新市民"往往缺少足够的就业岗位。第二个条件是规模经济效益。如前所述,规模经济是指随着产量的增加,单位产出所需的投入却越少。规模经济可分为内部规模经济和外部规模经济,内部规模经济是指单位产品成本取决于单个厂商规模而非其所在行业规模,厂商的平均成本随其生产规模的扩大而下降,内部规模经济具有收益递增的特征。影响城市竞争力的关键因素是城市能否产生强大的外部规模经济。外部规模经济指的是单个厂商的平均成本与其生产规模无关,但与整个行业规模有关,行业规模越大,单个厂商的平均成本越小。内部规模经济要求的核心是要有经济活动的规模扩大,而不只是厂房面积的增加;外部规模经济要求的核心是产业集群现象的出现,而不只是城郊结合部的人口集中化。驱赶型城镇化构建的人口集中与企业集中现象，尚缺乏现代发展理论所强调的相互学习、知识溢出的集群特征和效应。第三个条件是交易和运输成本的下降。交易成本的下降程度依赖于两个方面，一是企业的集群水平和贸易规模；二是市场经济体制及其有关制度的完善程度和管理水平。运输成本的下降是城市的重要作用，但是当前很多城市建设缺乏科学的规划和指导，土地利用过分注重功能分区，缺乏灵活多样性的利用方式，尤其对于驱赶型城镇化，居住在城郊地区的新城居民，往往面临着多重问题，既有距离中心城区较远，增加了通勤成本，还有交通拥堵现象严重，增加了出行时间成本。例如，在实际调查中发现，当前部分新建大学城中，教师原住宅区与新校区距离达 10 ~ 30 公里，单程通勤时间甚至达 1 个小时以上，不仅造成交通成本的提高，也造成了高校教学管理困难和师生疲劳等一系列问题。

3. 中国城镇化和工业化不仅要实现协调，而且要努力向高级协调类型升级

发展中国家是重演发达国家模式，还是走上新的道路？一些学者对重演的观点进行了质疑，认为发达国家的城市化现象与发展中国家存在着显著差别，发达国家的城市化理论难以解释发展中国家的城镇化问题。

第一，发展中国家虽然也经历了类似发达国家的城市化快速发展阶段，但是并没有取得相应的经济绩效。1950—2000 年间，发展中国家的城市化远快于发达国家，发展中国家和发达国家的城市人口规模逐渐缩小，但是两个阵营之间的经济增长却没有出现收敛趋势，这个结论似乎与直观认识不一致。过度城市化常用来形容发展中国家的城市化过程，尤其是拉美国家和一些非洲国家，城市人口增长极快，超过了工业化水平。

第二，发展中国家城市化面临着日益严峻的城市贫困现象。联合国经济和社会委员会于 2007 年提交的《应对亚太地区城市化和城市贫困带来的挑战》报告中指出，在以前贫困还只是农村地区才有的问题，近些年来城市贫困却成为亚太地区政策制定者们面临的主要挑战，城市贫困人口数量迅速增加，已有农村地区扶贫办法在城市区域并不奏效，要有效地解决城市贫困，需要了解其产生的原因、动态变化与未来趋势，城市贫困主要表现为从事城市非正规部门，居住在非正规居民点，享受不到公共服务。产生的原因是在农村中的穷人误以为城市里就一定会有更好的生活，因此大规模地向城市迁移，一旦农村中的穷人知道城市贫困和农村贫困一样艰难的时候，可能就不愿意迁移了，因此最有效的解决城市贫困的办法是帮助(或迫使)城市贫困居民回到原来的农村地区，以及改善农村发展状况，减少农村贫困。此外，如果单方面改善城市贫困状况，只会带来更多的农村中的穷人迁移进入城市。

第三，城市化过程中的人口统计学差异。发达国家城市化过程中，城市地区的人口自然增长率一般低于农村地区，因此城乡人口迁移是城市化水平提高的主要因素；不少发展中国家城市增长状况并非如此，城市人口的自然增长是城市化水平上升的主要因素。但是城乡人口再分配过程才是经济增长的基础，依靠城市人口自然增长的城市化为假城市化。

第四，城市化推动经济发展的效果，在发展中国家内部也存在着很大的差异。尽管在 1960—2000 年间，亚洲和非洲的城市化水平都从低于 20% 增加到 36% 左右，但是亚洲的人均收入增加了 340%，而非洲仅增加了 50%。如果城市化是经济增长的关键因素的话，那么亚洲和非洲的人均收入应该大致增加到相应水平。虽然城市发展是非常重要的，世界人口的大多数生活在城市中，完善的城市有助于解决贫困的挑战，但是研究表明，通过加速城市化并不一定能推动经济发展，政策制定者的推动国家经济长期发展的目标，城市化并不会

起关键作用。对此不少发展中国家针对实施的加速城市化政策进行了探讨和质疑。

"重演"与"新路"争论的实质问题是城市化与工业化的相关性及关联程度。前者强调城市化与工业化具有相关性,这是客观的经验规律,对各个国家和区域都具有普适性;后者强调发展中国家与发达国家的差异性特征。从这个角度看,这两种观点不是完全冲突的,反而是相互印证的。由于城市化与工业化具有高度相关性这个规律的约束,发展中国家存在城市化偏离(过度城市化或城市化不足),才产生了种种问题,从而形成了多样化的发展中国家的城市化道路。

长期以来,一直努力追求的是城市化与工业化要协调发展,实际上这也只是初级目标,对于城市化与工业化"两化"之间的协调发展,自身需要不断拓展和提升。第一,发展目标从协调与否向高级协调转型。2010 年以来,我国已经进入了中等收入和中等城镇化水平的门槛范围,二者之间关系是基本协调的,因此从长远来看,城镇化与工业化的协调发展内涵,不仅是相互之间协调,而且要互动互促,共同提升水平和质量,提高我国工业化与城镇化在世界格局中的位次,以发达国家为目标,逐步成长为高级协调类型才是促进城镇化工业化协调发展的高级目标。第二,协调发展的内涵需要从量的匹配到质的提高。针对发展中国家城市化与工业化的差异,认为城市化在不同国家中城市化质量不尽相同,其根源在于发展部门的差异。一些国家城市化带来技能改进、工业化和现代化的是城市正规部门(formal sector)的发展,而另一些国家城市化并没有带来现代化,是由于大量的传统的城市非正规部门(informal sector)的发展,由此形成了因果差异。不同的发展中国家对自身城市化阶段与特征的准确把握,城市化与工业化战略的合理选择是需要深入分析的迫切问题。

二、城镇化与工业化协调发展的对策

1. 宏观尺度上的发展对策

(1) 遵循循序渐进原则,城市化不能过快,应以工业化水平提升为前提。通过前述研究表明,我国城镇化水平在总体上并没有严重滞后,较低的城镇化水平取决于较低的经济发展水平。因此,关键的矛盾是如何加快工业化进程,促进产业结构升级转型和经济发展。当前,我国的快速城镇化进程不仅面临着资源环境态势愈加严峻的挑战,也面临着发展阶段、产业结构及经济发展水平难以支撑的困境。过分追求城镇化速度,在拉美国家已经有着深刻的教训,反过来已经影响到经济发展水平的提升。我国的快速城镇化近十年来具有冒进的态势,农村人口向城市的转移速度很快,但是很不彻底,未能很好地融入城市生活之中,农民工的家属和子女大部分仍停留在农村地区,享受不到城市的福利和生活条件。这就要求要更加关注城市化的质量,而非速度上的推进。城镇化发展水平的提高应当与城镇产业结构转型和新增就业岗位的能力保持一致,与城镇实际吸纳农村人口的能力保持一致,要在客观地认识国情的基础上,对城镇化发展水平进行科学的分析和预测,设定各个发展阶段的适宜的城镇化率。应因地制宜,制定符合各地实际的发展目标,不能在城镇化率指标上进行盲目攀比。

(2) 摈弃以土地非农化换 GDP 的增长方式,建立科学的制度体系。以 GDP 增长为核心的发展道路和政绩评价体系的负面效应越来越突出,主要体现在两个方面:一方面,地方政府过分重视 GDP 硬增长,而忽视社会文化等软实力的提高;另一方面,当前土地出让和房地产建设在 GDP 增长中的比重不断增加,成为地方政府拉动 GDP 的重要方式。GDP 的扩大,可以靠技术革新和提高效率来实现,也可以靠增加建设项目和扩大固定资产投资规模来实现。用前一种办法需要长时期的艰苦努力，不能立竿见影；而后一种办法来得快。为了实现快速，实现“跨越”，地方政府不得不以项目为抓手，在所管辖的地区范围内，安排赢利性项目，下达投资指标，并动员干部负责招商引资，直接分配政府所掌握的资源，而当前地方政府手中最重要的资源就是土地，这就需要阻断地方政府对土地出让金的过分依赖。这两个方面都必须进行调整，实现以发展质量为核心的考核模式转向。

具体来看，可以从以下几个方面着手：① 综合考虑人均 GDP、单位 GDP 的资源占用、资源消耗（如单位 GDP 用地）等来代替单一的 GDP 增长指标，还应该纳入反映生活水平的指标，如医疗水平、居住环境等。将经济发展指标和生活质量指标相结合，将单一 GDP 与人口、土地等指标相结合，会有效抑制地方政府把人口和土地规模做大的动机，有利于城市的高密度和高效率的规划和建设，有利于经济和社会协调发展。② 改变土地流转拍卖制度，提高农业用地的征用价格，缩小征地价格与出让价格的差异，保护农民的土地权益，逐步解除对农村集体土地所有权的限制，要遏止地方政府利用行政区划调整、村民改居民、新一轮城市规划修编等手段，变农村集体所有土地为国有土地，导致农民的失地、失业、失权。③ 人口与劳动力跨区域流动的体制与信息障碍依然存在，尽快建立全国统一、城乡统筹的劳动力与就业市场，我国现行的户籍、就业、社会保险、土地等各种管理体制，理顺人口与劳动力，顺应经济发展的要求，在地区之间、城乡之间进行合理流动与配置，发挥市场机制在城镇化过程中的基础性作用。

（3）适当降低现行城镇人均综合用地标准，控制蔓延式的城市发展。土地城市化大大快于人口城市化，这与建设用地利用标准有密切关系。目前，我国城镇现行用地标准的主要依据是建设部 1991 年颁布的《城市规划建设用地标准》。其中按照城市用地的现状将城市分为四级，参照人均 100 平方米的基本指标对各级城市的用地标准进行设计，并对每个级别分别设定了允许调整的幅度。这一体系的主要问题是允许调整范围的规定过于宽松，幅度最高值往往被各地方政府作为实际值使用，本意限制建设用地使用的指导标准甚至演化为鼓励按照最高标准使用建设用地，不管有没有产业发展或者人口迁入需要，都按照最大值进行城市空间扩展。近年来，不少地方政府还经常突破这个指标。对于人均 100 平方米是否普遍适合于所有城市的问题缺乏论证，在实际中也很难对各级城市起到有效的分类指导作用。

城市人口密度与人均资源消耗量具有明显的负相关。美国和澳大利亚的城市普遍呈现低密度的郊区蔓延形态，人均能源消耗量很高。东京、香港等亚洲城市的人口密度很高，能源消耗量却低得多。就资源环境条件而言，中国的城市与美国、澳大利亚，甚至欧洲城市都无法相提并论，而与东京等亚洲城市同属一类。东京采用的是高密度、集约型发展道路。东京作为日本的首都，承担有国家政治功能和国际性机构服务的功能，其人均用地只有 79 平方米。香港特别行政区的人均建设用地仅 35 平方米，但依然保持了很高的生活质量和居住环境水平，是世界上最有竞争力的城市。中国城市人均建设用地已经达到 110 ~ 130 平方米。因此，一定要警惕制度或利益驱动下的虚假城镇化或过度城镇化，制止城镇化进程中城市无序蔓延式扩张，实现循序渐进的城镇化。可以参考日本、韩国和我国台湾地区和香港地区的经验和指标，以人均 60 ~ 100 平方米作为我国城镇综合用地标准的适宜区间。西方的“新城市主义”、“紧凑城市”、“精明增长”给我们提供了有益的思路，它们的主要原则是一致的，即提高城市空间的利用效率，控制城市蔓延速度。调整城市空间的内容与措施主要有:第一,对城市中心区的高密度、集约式开发建设有所倾斜,鼓励开发城市灰色区域;第二,通过建立城市边缘区绿化带,控制城市蔓延;第三,改变城市功能分区理念,促进土地功能的多样化混合利用;第四,减少机动化出行依赖,尤其是减少私家车数量,鼓励公共交通、步行和自行车出行方式,提高城市活力。

(4) 完善国土规划、主体功能区划和城市规划,加强衔接与监管。从国际经验看,空间管治是政府的重要手段,主要包括编制和实施空间布局规划的制定、落实和监管,是区域有序发展的基本保障。改革开放以来的二十多年,是我国经济持续高速增长和大规模城市化加速的时期,也是我国国土变化最为剧烈的时期,国土开发和建设布局出现无序乃至失控状况,产业和城市布局混乱,社会和经济发展与资源、生态、环境之间的矛盾和冲突表现突出,重大自然灾害引发的损失越来越严重,迫切需要进行空间管制。目前,和空间有关的规划形式主要有国土规划、主体功能区划和城市规划,另外也还有城镇体系规划等方式,但是前述三种承担着主要作用。这三种空间规划分属国土资源部系统、国家发改委系统和建设部系统,不同部门之间存在相互争夺区域规划空间的现象,尽管名目不一,各有侧重,但其内容多大同小异,导致大量工作重复,资源浪费,各搞各的互不协调,甚至各不认账,严重影响规划的科学性、实用性和权威性。建议在下一轮政府机构改革中,在国家和省市两级政府设立综合性的规划委员会,统一负责发展规划和空间规划的综合协调管理和实施。积极开展全国和区域国土规划、主体功能区划和城市规划密切衔接配套,加强对经济社会发展与人口、资源、环境在不同地域层次的空间综合协调。完成规划编制不是最终目的,关键还是在于能否按规划实施,赋予空间规划系列以明确分工的法定地位,将有利于依法执行和监督规划实施。这些空间管治的制度安排在资源合理开发利用、生态建设和环境保护、改善生产生活环境、提高人们的生活水平和生存质量、增强区域可持续发展能力与竞争能力等方面,发挥着积极的作用;有利于实现城镇化与工业化的协调发展和健康发展。

(5) 加强小城镇和农村地区建设,将城镇化与新农村建设相结合。城镇化不管是从概念内涵看,还是从本质意义上讲都是区域范畴的问题,既包括城市,也包括农村,单个城市谈不上城镇化。在城镇化过程中,必然引起城乡关系的剧烈变动。城镇化进程不仅关系到城镇发展,也关系到"三农"问题的解决,因此,必须将城镇化与新农村建设相结合,缩小城乡差距,是推动城镇化和工业化协调健康发展的重要保证。农业与农村对工业与城市的支持与制约作用不仅表现在提供粮食等生活资料,城乡协调发展还可以形成农村流入城市的人口与城市可接纳的人口之间实现相对均衡。差距过大,农民进城的动机就越强烈,极易形成类似过度城镇化现象。

新世纪开始,党中央和国务院已经将解决"三农"问题提到突出位置,一系列重大措施政府正在制定和实施过程中,这是解决我国冒进式城镇化带来的严重问题的战略和措施的一部分。实现城乡协调发展和共同富裕的目标,一方面是通过提高城镇化水平,扩大城镇就业岗位来吸收农村剩余劳动力,使更多的农村人口享受城市文明;另一方面,是要通过发展农村经济,改善农村生产和生活条件,提高农民的教育水平来缩小城乡差异,使农民在农村也能享受城镇居民的现代化生活,为广大农民群众创造一个良好的生产与生活环境,增强农村的吸引力,减少农村人口的过度流动,缓解城市的就业与基础设施压力。走城镇化与新农村建设相结合的道路是我国最现实的选择。

2. 微观尺度上的发展对策

（1）培育企业家精神，鼓励创业，大力增加城市非农就业岗位。企业是一个社会的经济细胞，企业家以及与之相关的企业家精神，是推动社会经济发展的重要力量，是一个国家或区域“软实力”的重要内容。在当今中国，企业家精神的稀缺问题较为严重，且最容易被人忽视，这是阻碍我国经济发展的瓶颈因素之一。国外新发展理论非常强调企业家的作用，萨缪尔森认为企业家具有眼光，有创造力，在经营管理中勇于引入新思想。熊彼特认为，企业家对旧的生产方式“进行创造性的破坏，实现生产要素新组织，是推动国民经济向前发展的主体”。企业家精神突出强调创新精神、冒险精神和创业精神。显然，我国应加强培育企业家精神的氛围，给创业者提供更好的融资和创业保障体系，因为企业是创造就业岗位的微观主体，而企业家则是这个主体的核心和支柱，是创造就业岗位、促进就业的直接生力军，扩大就业要求充分发挥企业家的积极作用。具体来看，一是政策支持，制定和执行有利于创业的优惠政策；二是宣传鼓励，既包括政府表彰，也包括舆论支持；三是法制保障。

（2）加强房地产市场监管，突出土地的保障性和公共性。与一般商品市场相比，房地产市场有其极其特殊的鲜明特点。从市场需求面看，住房需求具有保障性和公共性等特点，不能用一般的价格机制来达到供求平衡，而是要确保各收入阶层都有居住权，建立全方位的住房保障体系；其中，可以根据不同家庭的住房支付能力，实行有区别的住房政策。从市场供给面来看，房地产市场不具备一般商品市场的完全竞争性。在这种情况下，极易形成寡头型的市场结构。在这种条件下，开发商很容易进行合谋，从而形成市场垄断，甚至很多地方政府基于各种利益的考虑，主动或被动地参与到其中。

基于上述两种因素，在中国建立市场经济体制的进程中，一般商品行业容易地形成了比较充分的竞争局面，而且竞争成为价格最重要的决定力量，使产品价格上升较慢甚至有所下降，而房地产业并没有出现这种局面。区域主要的房地产企业之间通过正式或非正式的途径，在定价决策中采取一致性行动，以提高市场实力，使所有参与企业均达到最优，这种行为促使开发商有更大的动力去投资房地产。这又造成多重危害：第一，房地产的高售价，通常损害了消费者利益；第二，房地产企业高利润，激励了其大规模开发建设用地，甚至出现圈地卖地的奇特景象；第三，实体制造业类企业纷纷转投房地产业，看似蓬勃发展，最终伤害到经济结构本身。

于是，住房市场的不完全竞争性导致这只“上帝的手”失灵，市场机制很难有效发挥，难以实现住房资源的优化配置和社会公平。因此，必须通过政府相关政策加以干预和引导，以弥补市场不足、纠正市场失灵，优化社会资源的配置，实现土地资源节约集约化使用，确保社会和谐。

（3）充分尊重农民自身意愿，城镇化进程要以人为本。农民是城镇化进程中微观尺度的重要主体。近年来，由于城市空间扩张、行政区划调整以及重大项目建设等因素，农民被动迁移的现象不断出现，被动型城镇化占城镇化的比重有增加趋势。其中，存在少数地方政府片面实施城镇化战略，盲目提高城镇化水平，采取并实行了一些不顾农民利益和意愿的政策，也导致了部分农民不得不被动进行城镇化，这种现象近期在全国各地时有出现，媒体也多有报道。章光日等人研究表明，2003 年被动城镇化占比保守估计在 10% 左右，约 200 万人。被动城镇化在地域空间上，一般在城镇的附近或边缘，随着城市建设步伐的加快，多数农民被动地完成了整个城镇化的过程，就近实现了生产、生活方式以及社会身份等方面的根本改变。这种模式与农民工进城模式有着显著的差别。一般在城市经济高速发展、就业机会增加时期，大量农村剩余劳动力涌入城市，城镇化水平就会明显提高；反之，当城市经济发展停滞不前或下降时，在城市打工的农民又成批返回乡村或流向其他地区。乡村为流动的农民提供了最后的生活保障和情感的寄托，它在一定程度上已成为快速城镇化过程的社会减震器。但被动城镇化不具备这一特点，基本是不可逆过程。这给我国城镇化进程带来了巨大的风险和挑战。

城镇化对长期生活在乡村的农民而言，既充满着拉力（进入城市可以获得更高的收入和相对更为优越的工作生活条件），但同时又面临着巨大风险：陌生的城市环境、高额的生活成本、充满歧视排斥的城市社会、不稳定的工作和收入等。因此，不能简单地认为把农民变成市民就是给农民恩赐和进步，这种方式就一定符合农民的利益，更不能不顾农民意愿强行通过简单的行政手段迫使其放弃土地，进入城市。城镇化必须坚持以农民自愿为基本原则，以工业化为基础，循序渐进式发展，政府不能代替农民进行选择或决策。

（4）加强社区建设，构建健康文明的和谐社区。1978 年以来，尤其是自 20 世纪 90 年代以来，中国处于大的转型背景下，“转型”概念备受关注，如“经济转型”、“社会转型”。其中，社会整合的单元和基础也发生了重要的变化，改革开放前，社会整合的基础和机制主要是在单位；改革开放后，单位人更多地成了社会人，单位大院演变为居住社区，社区是城镇居民生活的基层单位，是政府社会管理与社区自治组织、民间组织自我管理的结合点。社区作为社会生活的基本单元，其作用和地位在不断强化。同时，快速城镇化进程中还存在中间状态的“转型社区”，指的是经过“转制”的“城中村”，这类社区脱胎于城中村，其人口由农民转为市民、土地由集体所有转为国有、经济由集体经济转为股份公司、管理由村委会转居委会、空间则面临改造，转型社区兼具城市社区与乡村社区特征，是一种典型的过渡型社区。当前，社会建设的重视程度不够，应从以下几个方面着力加强：① 构建学习型社区，提高经济发展能力，首先建立社区图书馆，侧重技能培训类图书，培养居民学习氛围；其次构建一个交流平台，在居民之间分工协作，以及和社区外经济实体交流合作事宜；再次，对部分有手艺的失地农民，可以在政府的帮助下，进行集体性工作，制作乡村特色小吃、手工艺制品等。② 强化居民社区意识，丰富社区活动。虽然社区能够从空间上拉近居民的距离，但习惯了农村传统松散生活方式的村民一般缺乏社区意识，并不认为社区是大家共同的家园，没有组织性和凝聚力，社区归属感与认同感薄弱，甚至出现居住几年的邻居互不相识的状况。社区应通过开展丰富多样的活动，传播先进文化，增强社区活力，满足社区居民的健康、娱乐等方面的需求。③ 完善社区服务和管理体系。优化社区服务体系，如建立失地农民咨询机构，增加就业、创业信息介绍，以及提供征地等相关政策、法规的咨询。同时，加强社会流动人口管理，保障社区安全。④ 以社区组织建设为龙头，推动社区服务、社区文化、社区教育、社区卫生、社区体育、社区治安等一系列的社会管理变革，实现团体和谐的社区人际关系、健康向上的社区文化氛围、舒适优雅的社区环境，从而提高居民生活质量和文明程度，这也是城镇化在社会领域形态上的重要内容。

（5）引导公众参与，转变不合理的价值观念。公众参与，是指社会公众、社会组织、单位或个人作为主体，在其权利义务范围内进行的社会活动。人是城镇化进程中最根本的主体，只有调动起普通群众的广泛参与，才能发挥出最佳的效果，根本的作用。公众参与主要可以从两个方面实施：一是城市规划、政策制定、实施管理等环节中的公众参与。即社会公众有权通过一定的程序或途径参与城市规划、政策制定和管理的决策活动和实施过程的一切或部分工作，表达关切，施加影响，从而维护公众权益，增强城市规划决策及实施的合法性和正当性，协调不同利益主体之间的关系，也是完善政府决策科学化的重要方式。二是转变居民一些不合理的价值观念。影响社会结构和经济结构的决定性因素是社会的消费结构，而消费结构又受人们的价值取向的直接影响，超越实际需要的消费，会造成资源和空间的严重浪费。要有必要的责任感和危机感，全面衡量我国发展的前景和我国资源和环境的基本特点，秉承中华民族勤俭、朴素的优良传统，形成合理的生活习惯，这也是建立资源节约型国民经济体系的重要内容。

主要参考文献

[1] Chen Mingxing, Liu Weidong, Tao Xiaoli. Evolution and assessment on China's urbanization 1960—2010: Under-urbanization or over-urbanization? [J]. Habitat International, 2012(09).

[2] Friedmann, J., Four theses in the study of China's urbanization[J]. International Journal of Urban and Regional Research, 2006, 30(2).

[3] Lin George C. S. China's industrialization with controlled urbanization: Anti-urbanism or urban-biased? [J]. Issues & Studies, 1998, 34(6).

[4] UNPD. World urbanization prospect: 2011 revision[M]. New York: United Nation Population Division, 2012.

[5] 蔡昉. 城乡收入差距与制度变革的临界点[J]. 中国社会科学, 2003(5).

[6] 陈明星, 陆大道, 查良松. 中国城市化与经济发展水平关系的国际比较[J]. 地理研究, 2009, 28(2).

[7] 陈明星, 陆大道, 张华. 中国城市化水平的综合测度及其动力因子分析[J]. 地理学报, 2009, 64 (4).

[8] 陈明星, 叶超, 周义. 城市化速度曲线及其政策启示[J]. 地理研究, 2011, 30(8).

[9] 陈明星, 叶超. 健康城市化: 新的发展理念及其政策含义[J]. 人文地理, 2011, (2).

[10] 陈明星. "加速城市化"不应成为中国"十二五"规划的重大战略抉择——与陈玉和教授等商榷[J]. 中国软科学, 2011, (3).

[11] 段进军. 基于区域视角下对中国城镇化空间转型的思考[J]. 苏州大学学报: 哲学社会科学版, 2011(4).

[12] 郭克莎. 工业化与城市化关系的经济学分析[J]. 中国社会科学, 2002(2).

[13] 李国平. 我国工业化与城镇化的协调关系分析与评估[J]. 地域研究与开发, 2008, 27(5).

[14] 李京文. 城市化健康发展的十个问题[J]. 城市发展研究, 2003(2).

[15] 陆大道, 姚士谋. 中国城镇化进程的科学思辨[J]. 人文地理, 2007(4).

[16] 陆铭, 陈钊. 城市化城市倾向的经济政策与城乡收入差距[J]. 经济研究, 2004(6).

[17] 夏永祥, 余其刚. 世界城市化进程的一般规律和中国的实践[M]. 厦门: 厦门大学出版社, 2002.

[18] 姚士谋, 陈振光. 我国城市化健康发展策略的综合分析[J]. 城市规划, 2006, 30(1).

[19] 叶超, 陈明星. 国外城乡关系理论演变及其启示[J]. 中国人口资源与环境, 2008, 18(1).

[20] 叶裕民. 中国城市化之路[M]. 北京: 商务印书馆, 2005.

[21] 周一星. 关于中国城镇化速度的思考[J]. 城市规划, 2006, 30(1).

第五章

消费驱动与城镇化战略转型

提　要

长期以来,我国经济发展主要依靠出口导向型的发展模式,这种发展模式充分地利用了我国廉价劳动力和土地资源,使我国社会经济发展取得了辉煌的成就,但也应客观地认识和评价这种发展模式的局限性。它对世界经济特别是发达国家市场存在着严重的依赖性。随着国内外经济形势的变化,国际上主要表现为金融危机导致欧美发达国家市场容量的萎缩和结构的变化。国内主要表现为经过长期社会经济的高速增长,劳动力、土地等生产要素价格上涨。这种出口导向型发展模式面临着严峻的挑战。

未来十年仍将是我国城镇化快速发展阶段,城镇化仍将是支撑我国社会经济发展的最重要的动力。李克强总理说:“扩大内需最大潜力在城镇化”,深刻地阐述了我国城镇化发展进入一个新的阶段,这种新阶段主要表现在消费对于推动城镇化可持续发展的重要作用。消费驱动的城镇化,一方面体现在消费本身对于城镇化的推动力;另一方面消费是决定投资的重要因素,不考虑消费的投资是导致城镇化进程中空间扩张和生产能力严重过剩的深层原因。实现投资和出口驱动的城镇化向消费驱动城镇化的转变,必须首先实现政府职能的转变,特别是要界定好市场、政府和社会之间的界限。

城镇化发展必须实现五个导向,即以服务业为导向的城镇化,以破解“双二元结构”为导向的城镇化,以市场为导向的城镇化,以城乡一体化为导向的城镇化和以基本公共服务均等化为导向的城镇化。通过五个导向来实现城镇化消费功能的释放。

围绕着消费动力,我国城镇化战略必须实现三大战略转型:第一,政府主导的城镇化必须转向市场主导下的城镇化;第二,围绕着消费驱动,经济主导的城镇化必须转向社会主导下的城镇化,要充分意识到社会转型与经济转型的统一性;第三,要实现我国非均衡城镇化的空间模式转向相对均衡的城镇化空间模式。

第一节　我国城市与区域发展模式的转型

全球经济一体化与我国社会主义市场经济的改革,使得我国工业化与全球经济融为一体,计划经济条件下的“全套型产业结构”已经转变为“全球供应链”型的产业结构。这种全球供应链型的产业结构有力地推动了我国社会经济的快速增长,也推动了我国城市和区域经济的快速发展,同时使得我国城市与区域发展对国外市场形成了严重的依赖性,城市和区域经济发展模式呈现典型的外向性特点。但随着国内外宏观形势的变化,这种外向型城市和区域发展模式面临着严峻的挑战，面临着进一步的变革，为适应新的宏观形势，我们必须要转变单一的外向型发展模式，形成内外并重的双循环模式，以推动我国社会经济的可持续发展。

一、城市和区域外向型发展模式的危害

随着我国融入全球经济一体化程度的加深，传统计划经济体制下的“全套型”产业结构，已经完全裂变成为一种“全球供应链型”的产业结构。这在我国东南沿海地区表现得最为突出。这种“全球供应链”型的产业结构主要利用我国廉价的劳动力和土地资源、环境资源，以及各地区城市和区域经济的优惠政策，为发达国家市场生产商品和服务。该模式存在不对称性和不持续性。一方面在价值链利益的分割上存在着严重的不对称性，发达国家属于价值链附加值高的环节，我们则属于附加值最低的组装环节；另一方面组装环节的生产又是以限制和挤压工人工资，以及耗费大量自然资源和环境容量为基础的。这种外向型发展模式对我国社会经济已经产生了很强的负面效应。

首先，表现在一种发展观念的误区上。各城市和区域扮演的是一个类似交际花的被动角色，盼望着外部投资者对她施以大量的物质恩惠。本来就资金紧张，但为了取悦外部投资者，政府举债引资，城市陷入更深的债务之中。根据相关统计，我国地方政府的外债非常严重，为社会经济发展埋下了严重隐患。欧美发达国家政府外债引发的金融危机无疑为我们敲响了警钟。同时，受 GDP 主义的影响，地方政府往往是只顾眼前利益，忽视长远利益，放弃对未来的投资。这种狭隘理解城市和区域发展的动力在于“招商引资”，是忽视城市和区域内在价值和财富的体现。

其次，外向型发展模式与城市和区域的大扩张联系在一起，侵占了我国大量优质的土地资源。我国著名的经济地理学家中科院院士陆大道提出了我国城镇化存在严重的空间失控和冒进的倾向，很多城市都把城市框架拉得很大，用人均建设用地的标准来衡量，最早我国城市人均建设用地大概在 60 平方米，现在绝大多数的城市人均建设用地都达到 110 ~ 130 平方米，这个标准超过许多发达国家的水平。但我国的人均耕地面积只有世界平均水平的 47%，是澳大利亚的 1/30，加拿大的 1/19，俄罗斯的 1/9，美国的 1/8。

城市的空间扩张引发诸多问题，其中包括严重的资源环境和社会问题。国家环保部资料分析，从 2004—2008 年不同时期，全国仍有 60% ~ 65% 的城镇缺水，80% 的城镇水域和 60% 的饮用水源受到不同程度的污染，75% ~ 80% 的城市沿河水系与湖泊遭到污染，全国污水处理率仅有 48%，全国城市每年产生的生活垃圾达到 1.6 亿吨，在 50% 垃圾处理中仅有 26% 达到了无害化处理标准。可见，我国的城市环境、资源消耗经受不起城市冒进发展的严重形势，城镇化发展应有一个适度性。另外，城市空间扩张和蔓延引发了严重的社会问题。城市空间蔓延和扩张还形成了大量失地农民与城市边缘人群。据估计，2000 年全国已有 5 000 万农民失去土地。在 2001—2004 年四年间，全国又净减少 2 694 万亩耕地，按人均 4 亩耕地计算，相当于增加了 670 万农业剩余劳动力。

再次，这种供应链型的外向型发展模式使城市和区域发展产生一种路径依赖性，无法形成一种内在的发展动力。出口导向型的发展模式构成一种外部循环，由于忽视了城市和区域发展的内部动力，内部循环无法建立，因而外部循环也就具有不可持续性。金融危机后，由于发达国家的市场容量和结构出现变化，我国产品出口受到很大限制，内需的市场又无法启动，这必然对我国整体的经济发展产生了极大的负面效应。

二、城市与区域外向型发展模式面临的困境

在国内外宏观形势出现大的变化下，城市和区域外向型发展模式面临着进一步的调整，同时，可以看到这种发展模式遭遇了前所未有的困境，这种困境迫使我们必须要变革这种外向型发展模式，形成一种新型的发展模式。

1. 外向型发展模式遭遇的三大困境

（1）城市和区域空间扩张不是无限制的，因为我国没有更多的土地资源来支撑这种外向型发展模式的地理扩张。我国沿海大多数城市发展后备的土地资源已经不多，同时中国粮食安全需要保持18亿亩耕地红线，中国必须保留自然生产力高的土地。东南沿海地区，长三角、珠三角地区的可用土地已开发殆尽，这些城市即使向外延扩张，也没有土地空间。这样，区域和城市发展不能再依靠土地的空间扩张来实现粗放式的发展，必须被迫实现转型。

（2）未来我国廉价劳动力资源也由过剩到缺乏，成为制约这种外向型发展模式的又一重要因素。第六次人口普查数据显示，中国大陆总人口为13.4亿人，其中0～14岁少年儿童人口2.22亿，占总人口比重16.6%；15～59岁年龄人口为9.4亿，占总人口比重70.14%；60岁及以上老年人口总量增到1.78亿，人口老龄化水平13.26%。数据显示，0～14岁人口比2000年人口普查时下降了6.29%，60岁及以上人口比2000年人口普查时上升了2.93%。预期未来的人口变动将以少年儿童人口规模相对稳定，劳动年龄人口数量递减和老年人口规模迅速扩大为主要特征，人口结构性矛盾将日益突出。我国经济发展遭遇到“民工荒”不仅是一个短期的周期波动，而且是一个中长期的结构性问题，更多预示着人口拐点的到来。

（3）欧美发达国家市场容量和结构的变化。全球进入后危机时代，金融危机对世界经济的影响仍具有长期性，表现为：第一，主要发达国家储蓄上升、消费萎缩和进口减少将成为中长期趋势。欧美市场需求即使能够在总量上得到缓慢恢复，其规模和结构也会发生较大变化。这将对我国长期注重的中低端民用产品出口导向型发展战略产生重大负面影响。第二，后危机时代经济全球化的复杂性。国际金融危机后，贸易保护主义显著抬头，中国以传统方式继续分享经济全球化红利的时代将成为历史。第三，人民币升值的压力增大，也对我国以出口为导向的增长模式产生严重的牵制。受上述国际经济形势的综合影响，我国经济社会将出现战略转型，产业也将出现新的特点和新的发展趋势。

2.“出口导向”无法解决中国农民和农民工问题

李昌平认为，在出口导向中存在着“中国拐点”。由于存在着“中国拐点”，一般制造业100元GDP转化为国民收入就只有35～40元了。因此，我国的“出口导向”工业化搞了快30年了，已经进入工业化中后期了，但有户籍的农民数量还有9.4亿，比30年前还多出了2亿多，社保、教育、医疗和生态等现代化水平远远落后于亚洲“四小龙”及更早实现现代化的国家和地区，即城镇化大大落后于工业化。这就是制造业全球梯度转移进程中的“中国拐点”出现后的重大改变。中国现代化陷入了“劳动力比较优势”和“出口导向工业化”的陷阱。亚洲“四小龙”的“出口导向”工业化、城市化、现代化战略解决不了中国的农民问题和农民工问题。理论界认为，中国必须让农民尽快尽多地变为工人或市民，以此来解决“三农”问题。但站在全球的角度来看，中国农民转变为“农民工”越多，中国“农民工”就会越制造越穷。假如中国不减少农民，农民问题就会更加严重——中西部问题；假如中国农民

变为“农民工”越多,中国“工人问题”就会更加严重——东部问题和城市问题。这似乎是一个无解的难题。总之,“出口导向”战略无法实现中国的现代化。

3. 出口导向型的发展模式已近尾声

1997 年东南亚发生金融危机,我国采取的重大战略就是加快城镇化进程,主要是把房地产作为战略型产业,同时,加大基础设施投资,对于当时应对东南亚金融危机起到了重大的作用,同时也对世界经济走出危机起到不可替代的作用。2008 年欧美地区发生金融危机,所面临的形势出现重大变化,即出口导向型发展模式已近尾声,依靠房地产和基础设施投资,以及其他生产型投资,很难起到启动内需的作用,只能带来严重生产性过剩,使本来已经很严重的生产性过剩更加严重,未来我国必须要从出口和投资驱动下的城镇化转型为消费驱动下的城镇化。

三、城市与区域内生型发展模式的形成

上述外向型发展模式所遭遇到的三大瓶颈,充分说明了依靠单纯的要素投入取得经济的快速增长必须转向提高到全要素劳动生产率的提高。特别是人口结构的变化将会导致投资性经济无以为继,FDI 在中国的投资收益可能逐步呈现递减的趋势;同时,资金配置于基础设施、制造业和房地产的效率已经不可避免地有所降低。这在一定程度上也促成了向消费型经济的转型。消费型经济转型意味着区域发展的动力由外部市场推动转向内部市场的推动,也为我国城市和区域经济内生的发展模式提供了重要的基础。同时,要提高全要素劳动生产率必须要高度重视创新的作用。创新具有区域性和内生性的特点,这在一定程度上也促成区域内生型发展模式的形成。因此,在全球经济一体化不断深化的背景下,外向型经济发展模式所构成的全球经济大循环是不会消失的,但其需要不断地变革和重构,强调城市和区域发展模式的内生型不是刻意否定全球经济的大循环作用,而是更多地强调二者之间的良性互动,即没有良好的内部循环,外部循环也是不可持续的。

四、我国城市与区域发展模式的转型

我国城市和区域外向型发展模式经历了相当长时期,我们认为这种模式虽然促进了我国工业化的快速推进,但并没有有效地改变我国城市和区域对外部市场的依赖。要有效地改变这种依赖性,必须要立足于城市和区域发展内生型发展模式,形成内外之间的良性互动。

1. 两位学者城市和区域思想的启示

(1) 约翰·弗里德曼的区域财富的创造和两种循环观。著名的城市规划专家约翰·弗里德曼把城市发展分为“城市营销”与“准城市国家”两种模式。第一种模式是一种无情的零和游戏,奉献在跨国资本祭坛上的祭品通常是低廉的工资、温顺的劳动力,“灵活和敏感”的地方政府,以及各种优惠政策——减免税收、免费土地、津贴,等等。第二种模式是“准城市国家”,它关乎区域未来的方面,主张一种相当程度的自治,它更加强调的是类似于国家的角色。他还提出可持续发展与地区财富创造的问题。即从人力资源、社会资源、文化资源、智力资源、环境资源、自然资源、城市资源等,这七个密切关联的资源领域构成一个城市——区域最主要的生产资本。给我们更大的启发是区域发展的两个循环——区域财富的创造和城市间的贸易——必须保持一种大致的平衡(Thomas 等,2000)。城市——区域不可能期望从自身外部获得一种可持续发展动力。要获得可持续发展,就必须牢固地给予它们自身的天赋资源。约翰·弗里德曼提出了城市和区域发展两种循环观。

(2)简·雅各布斯的城市和区域进口替代的思想。简·雅各布斯被称为美国的新都市之母,她很多重要的思想值得我国城市和区域健康发展借鉴。她在《城市经济》和《国家区域财富》两本书中所提出的城市发展的进口替代是基于对城市发展历史的总结,具有普遍性的规律。进口替代具有巨大的乘数效应,同时,进口替代推动出口结构的变化,反过来又推动进口结构的变化,使得进口替代在更高层次上发展。简·雅各布斯强调了城市进口替代能够产生五种巨大的经济扩张力量:新型的、不同种类的进口产品的城市市场,迅速增加的城市工作计划,迅速提高农业产量和生产力的技术,向外转移的城市企业和工作机会,城市产生的巨额资金。所有这些巨大的力量同时在一个进口替代型城市中汹涌,也只有在这座城市的腹地之内,它们才能同时发挥作用,并且力量大小基本相当,可以维持平衡。这五种力量其实就构成了城市和区域之间的互动,形成了城市和区域发展的内部动力。

2. 加快我国重点区域的发展规划,形成合理的内部空间结构

自2008年9月以来,国务院先后出台了珠三角、海西、关中—天水、广西北部湾、江苏沿海、辽宁沿海、鄱阳湖、图们江、黄河三角洲、海南旅游岛等多个国家级区域发展规划。根据我国区域发展的实际,结合实施区域发展总体战略和推进形成主体功能区,国家将继续加强重点开发地区、重点城市群区域规划的编制,出台一批区域发展规划。随着"十二五"时期《全国主体功能区规划》的具体实施,按照主体功能区的建设要求,东部开发强度已经较高而资源环境承载能力有所减弱的区域,将以优化提升为重点,而在中西部资源环境承载力较强的地方,将培育若干城市群和重点经济区。未来重点区域和城市群将作为带动和协调东中西部发展的重要手段,将主导各地区城市化的发展态势。目前,我国城市和区域的政策主要表现为三个特点:一是区域政策向纵深演进。区域政策针对的地域范围更加具体,可操作性更强。如在东北振兴的基础上,批准《辽宁沿海经济发展规划》和《图们江合作开发规划》,不像过去进行的东中西大块划分。这些多个区域政策的获批,必然赋予地方政府更大的积极性和更多的政策空间,对促投资、保增长意义重大。二是金融危机之后,传统的经济模式难以为继,东部向上游和服务业发展,中西部加快城镇化进程,给区域结构调整带来难得良机,东中西之间的互动增强。三是区域政策也是加快城镇化进展的关键。我国广大中西部地区的城镇化水平依然较低,大量基础设施或建设仍然有较大空间,通过促进东部地区向先进制造业和现代服务业升级,一些产业向中西部地区转移,可以在一定程度上加快城镇化的发展。

3. 促进我国产业发展从GVC走向NVC

刘志彪等提出,从GVC走向NVC,是我国东部三大都市区一体化与产业升级的重要途径,也是为未来三大人口—产业集聚区城镇化提供动力的重要选择。GVC(Global Value Chain)即全球价值链,NVC即国内价值链(Native Value Chain)。这是因为融入全球价值链对我国区域间产业部门的联系产生了弱化效应,对区域实体经济的一体化发展产生了不利的影响。国内价值链的构建,既是长三角、珠三角等制造企业摆脱单一地依赖全球价值链的出口导向,实现可持续发展的重要举措之一,也是促进长三角、珠三角等区域经济一体化的动力所在。在GVC中,产业升级仅限于产品和工艺升级,而最重要的功能升级被牢牢地限制,因而极有可能被限制于"代工—出口—微利化—品牌、销售终端渠道与自主创新能力缺失—价值链攀升能力缺失的非意愿的恶性循环的发展路径。为了突破这种锁定效应,我们必须改变我国产业发展模式,即从供应链型的GVC走向NVC。

4. 实现我国城市和区域向消费社会的转型

我国城市和区域发展主要动力是建立在投资和出口的基础上,这是典型的外向型发展模式,这种模式面临着严峻的挑战。外向型发展模式必须转型到内生型的发展模式。内生型发展模式最重要的标志就是消费是社会经济发展的最重要驱动力。但消费驱动必须要进行制度上的变革,特别是收入分配制度的变革,构建以中产阶级为主的合理社会结构。为此,我国城镇化的发展必须要由经济为主的城镇化转向以社会建设为主的城镇化。

第二节 投资驱动型城镇化的消费不足

城镇化空间扩张必然伴随着政府固定资产投资的大幅上涨,在国内生产总值的支出结构也必然呈现一种扭曲结构,政府投资和消费占比奇高,而居民消费支出占比极低。在近些年来 GDP 大幅增长的情况下,政府财政收入更是以极快的速度增加,但居民收入却呈现下降的趋势,也就是说"国富民穷"。这种扭曲的分配结构必然使城镇化水平与居民消费率之间呈现负相关,城镇化不能有效地起到拉动消费的作用。未来由于国内外形势的变化,传统出口导向型发展模式面临严峻挑战,再加上投资效率进一步递减,城镇化发展必须由出口和投资驱动转向消费驱动,才能确保我国城镇化的可持续发展。

一、投资驱动型城镇化的消费不足

1. 城镇化水平与居民消费率之间的负相关

1996 年,中国城镇化率为 30.48%①,这表明中国已进入诺瑟姆模型的城市化中期阶段。一般而言,城镇化有利于提高收入水平、改善消费环境,进而是驱动消费的重要途径。然而中国的城镇化率却和消费率存在明显的负相关。

如表 5-1 所示,中国城镇化水平自 1996 年之后的 10 余年保持了高速发展,从 1996 年的 30.48% 上升至 2010 年的 49.95%,城市化率年均提高 1.4%。与此相反,中国的总消费率即由居民消费和政府消费构成的总消费占 GDP 的比重、尤其是居民消费率即居民消费占 GDP 的比重,却呈现出不升反降的总体态势。总消费率从 1996 年的 59.2% 下降至 2010 年的 47.4%,下降了 11.8%,其中 1999—2001 年总消费率呈上升态势,这主要是源于在此期间政府消费率的相应提高。居民消费率则由 45.79% 降至 33.80%,下降了 11.99%,基本呈逐年下降趋势。在此期间,政府消费率一直维持在 13% 以上,因此,国内消费需求不足主要是居民消费需求不足。

表 5-1 1996—2011 年中国城镇化率和消费率 单位:%

年份	城镇化率	总消费率	居民消费率	政府消费率
1996	30.48	59.2	45.79	13.41
1997	31.97	59.0	45.21	13.79
1998	33.35	59.6	45.34	14.26

① 根据中国统计年鉴 2011 年数据计算而得。

续表

年份	城镇化率	总消费率	居民消费率	政府消费率
1999	34.78	61.1	46.00	15.10
2000	36.22	62.3	46.44	15.86
2001	37.66	61.4	45.34	16.06
2002	39.09	59.6	44.04	15.56
2003	40.53	56.9	42.19	14.71
2004	41.76	54.4	40.56	13.84
2005	42.99	52.9	38.82	14.08
2006	43.90	50.7	36.94	13.76
2007	44.94	49.5	35.97	13.53
2008	45.68	48.4	35.12	13.28
2009	48.34	48.2	34.98	13.22
2010	49.95	47.4	33.80	13.60

资料来源:《2011 年中国统计年鉴》。

2. 与世界其他国家和地区消费率的比较

从国际比较来看(表 5-2),目前我国消费太低,而固定资产投资率太高,积累与消费比例已经严重失衡。按照当年的价格计算,2003 年我国最终消费为 55.4%,资本形成率为 42.9%,其中固定资本形成率为 42.8%。近年来,在中国经济高速增长的时期,最终消费却不断下降。按照商务部统计局的数字,2007 年,中国最终消费只有 36% 左右,三年下降了 19.4%。按照世界银行统计,目前,全球平均消费率约 77%(美国消费占国内生产总值的份额为 86%,德国 78%,日本 75%),固定资产形成率为 23%。如果以商务部的统计标准,2007 年,我国的消费率比世界平均水平低 41%,固定资本形成率比世界平均水平高出 40%。更令人感到触目惊心的是,目前中国的消费率不仅远远落后于美国等一些发达国家,甚至和印度等发展中国家比较也有相当大的差距。

表 5-2　中国与世界其他国家和地区消费率的比较　单位:%

国家和地区	1990 年	2000 年	2004 年	2005 年	2006 年	2007 年
中国	60.1	62.5	54.2	50.6	47.7	49.0
中国香港	64.3	68.1	69.3	67.0	66.9	68.0
印度	77.3	76.8	70.2	68.3	67.0	64.9
日本	65.9	73.1	75.0	75.2		
韩国	63.6	65.8	65.4	667.6	69.2	69.8
马来西亚	65.5	52.7	60.9	62.1	62.3	62.9

续表

国家和地区	1990年	2000年	2004年	2005年	2006年	2007年
泰国	66.2	68.5	68.3	69.9	68.2	66.6
越南	96.7	72.9	72.1	68.6	67.6	72.6
南非	76.8	81.1	82.8	82.7	82.9	83.6
加拿大	79.0	74.0	75.1	74.7		
墨西哥	78.0	78.1	80.0	79.7	79.3	79.7
美国	83.7	83.4	86.4	86.5		
阿根廷	80.3	84.4	73.7	72.7	71.0	
巴西	78.6	83.5	79.0	80.4	80.3	75.7
法国	78.8	78.6	80.3	80.7	80.4	
德国	76.9	77.9	77.8	77.7	76.8	
意大利	77.5	78.4	78.5	79.4	79.6	
俄罗斯联邦	69.7	61.3	66.9	66.3	66.0	67.0
英国	82.4	84.5	86.0	86.5	86.4	
澳大利亚	73.8	76.9	76.5	76.3	74.8	
新西兰	79.7	76.8	76.4	77.9		

数据来源:《2009年国际统计年鉴》。

3. 投资驱动城镇化的“国富民穷”

为什么在中国经济和城镇化高速增长的时期,最终消费率,尤其是居民家庭的消费率不断降低? 按照美国耶鲁大学陈志武(2008,2009)教授的研究,自1995年到2007年的12年里,政府财政税收年均增长16%(去掉通货膨胀率后),城镇居民的可支配收入年均增长8%,农民纯收入年均增长6.2%。这期间国内生产总值的年均增长速度为10.2%。近年来中国政府财政收入高速增长(见表5-3)所导致的一个结果是,从1995到2007年,去掉通货膨胀成分后,财政收入增加了5.7倍,呈现一种高速增长的态势,城镇居民人均可支配收入只增长了1.6倍,农民的人均纯收入才增加了1.2倍。近年来,在经济高速增长的同时,劳动者报酬所占比例下降更快。譬如,在中国国民收入初次分配中,劳动者报酬占比已经由2000年的51.4%降低为2007年的39.7%,7年下降了11.7%,在政府财政收入超高速增长(近十几年每年增幅大都超过20%)、企业利润率也有所攀高的同时,国民收入分配中劳动收入份额不断下降,结果自然是“国富民穷”。这是近年来中国的最终消费率不断下降的根本原因。在国民收入分配中劳动收入份额不断下降的同时,我们可以看到政府固定资产投资率(见表5-4,图5-1)呈现大幅上升趋势,基本维持在20%以上,2009年达到近30%。

表 5-3　历年财政收入及其增速

年份	财政收入(亿元)	增速(%)
1978	1 132.26	29.5
1990	2 937.10	10.2
1994	5 218.10	20.0
2000	13 395.23	17.0
2001	16 386.04	22.3
2002	18 903.64	15.4
2003	21 715.25	14.9
2004	26 396.47	21.6
2005	31 649.29	19.9
2006	38 760.20	22.5
2007	51 321.78	32.4
2008	61 330.35	19.5
2009	68 513.30	11.7
2010	83 101.51	21.3
2011	103 740.01	24.8

表 5-4　2000 年以来我国全社会固定资产投资情况

年份	2000	2001	2002	2003	2004	2005
固定资产投资(亿元)	32 917.7	37 213.5	43 499.9	55 566.6	70 477.4	88 773.6
同比增长(%)	—	13.05	16.89	27.74	26.83	25.96
年份	2006	2007	2008	2009	2010	2011
固定资产投资(亿元)	109 998.2	137 323.9	172 828.4	224 598.8	(278 121.9) 251 683.8	311 485.1
同比增长(%)	23.91	24.84	25.85	29.95	23.83	23.76

注:2010 年的数据作了相应调整,278 121.9 为原口径数据,251 683.8 为调整后新口径数据,新口径数据中,2010 年为 500 万元起点以上数,同时其中的城镇固定资产投资数据发布口径改为固定资产投资(不含农户)。

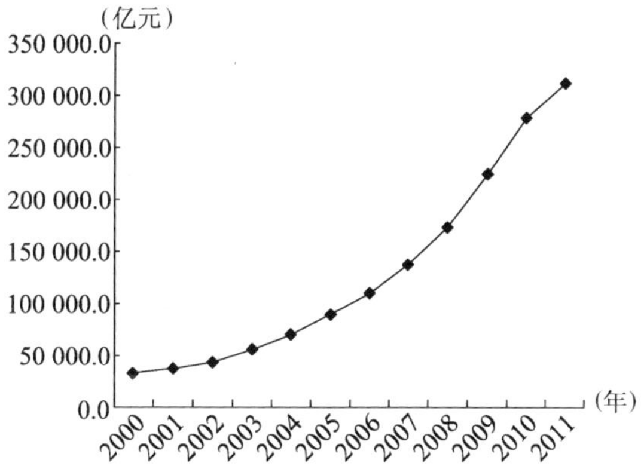

图 5-1　2010—2011 年中国固定资产投资增长情况

二、城镇化进程中消费呈现“二元”特点

1. 城乡居民消费支出差距

从城乡居民消费支出角度分析（见表 5-5），1996 ~ 2010 年中国城乡居民消费支出虽然均大幅提高，但城乡居民消费支出差距却在不断扩大。农村居民消费支出由 1996 年的 13 907.1亿元增长至 2010 年的 30 897.0 亿元，增加了 16 989.9 亿元，而城镇居民消费支出则由 1996 年的 20 048.8 亿元增长至 2010 年的 102 393.9 亿元，增加了 99 335 亿元，其增加额是农村居民的 5.85 倍。城乡居民消费支出差距由 1996 年的 6 141.7 亿元增加至71496.9 亿元，以年均 17.78% 的速度扩大。在居民消费的城乡构成中，农村居民消费支出占比持续下降，由 1996 年的 41% 下降至 2010 年的 23.2%，下降了 17.8%，而城镇居民消费占比则反之。不仅如此，农村居民消费年均增速自 1997 年起出现明显放缓的态势。1978—1985 年农村居民最终消费年均增长 14.5%，1986—1996 年平均每年增长 15.9%，1997—2006 年农村居民消费增长速度大幅度下降，平均每年增速仅为 4.3%，2006—2010 年农村居民消费增速提高到了 10.9%，仍远远低于城镇化初期阶段。而且，农村居民消费比重与农村人口比重极不相符，以 2010 年为例，农村人口比重为 50.05%，而农村居民消费比重仅为 23.2%，远远低于其人口所占比重。

表 5-5　城乡居民消费支出和农村人口比重

年份	居民总消费支出（亿元）	城镇居民消费支出（亿元）	农村居民消费支出（亿元）	城镇居民消费支出（%）	农村居民消费支出（%）	农村人口比重（%）
1996	33 955.9	20 048.8	13 907.1	59.0	41.0	69.52
1997	36 921.5	22 345.7	14 575.8	60.5	39.5	68.09
1998	39 229.3	24 757.3	14 472.0	63.1	36.9	66.65
1999	41 920.4	27 336.3	14 584.1	65.2	34.8	65.22
2000	45 854.6	30 707.2	15 147.4	67.0	33.0	63.78
2001	49 435.9	33 644.9	15 791.0	68.1	31.9	62.34
2002	53 056.6	36 784.9	16 271.7	69.3	30.7	60.91
2003	57 649.8	41 344.1	16 305.7	71.7	28.3	59.47
2004	65 218.5	47 528.6	17 689.9	72.9	27.1	58.24

续表

年份	居民总消费支出（亿元）	城镇居民消费支出（亿元）	农村居民消费支出（亿元）	城镇居民消费支出（%）	农村居民消费支出（%）	农村人口比重（%）
2005	72 652.5	53 280.8	19 371.7	73.3	26.7	57.01
2006	82 103.5	60 842.2	21 261.3	74.1	25.9	55.66
2007	95 609.8	71 487.8	24 122.0	74.8	25.2	54.11
2008	110 594.5	83 099.5	27 495.0	75.1	24.9	53.01
2009	121 129.9	92 296.3	28 833.6	76.2	23.8	51.66
2010	133 290.9	102 393.9	30 897.0	76.8	23.2	50.05

资料来源:《2011 年中国统计年鉴》。

2. 城乡居民消费水平差距

从城乡消费水平对比分析,中国城乡居民消费水平差距呈长期扩大趋势,其增长长期不平衡。如表 5-6 所示,1996 年城乡消费水平相差 3 906 元,2010 年城镇居民消费水平差距达到 11 452元,农村居民消费水平仅为城镇居民消费水平的 28%,还不到 1/3。城乡消费水平对比始终保持在 3.4 以上,在 2003 年、2004 年这两年甚至高达 3.8,即便在 2010 年仍保持在 3.6 的高位。农村居民消费水平增长慢于城镇居民消费水平增长。据测算,如果能把农村居民消费水平提高到城镇居民平均消费水平的 60%,新增消费规模将达到 3.2 万亿元。

表 5-6　城乡居民消费水平对比

年份	城镇消费水平(元)	农村消费水平(元)	城乡消费水平对比(%)
1996	5 532	1 626	3.4
1997	5 823	1 722	3.4
1998	6 109	1 730	3.5
1999	6 405	1 766	3.6
2000	6 850	1 860	3.7
2001	7 161	1 969	3.6
2002	7 486	2 062	3.6
2003	8 060	2 103	3.8
2004	8 912	2 319	3.8
2005	9 644	2 579	3.7
2006	10 682	2 868	3.7
2007	12 211	3 293	3.7
2008	13 845	3 795	3.6
2009	15 025	4 021	3.7
2010	15 907	4 455	3.6

资料来源:《2011 年中国统计年鉴》。

注:① 居民消费水平指按常住人口平均计算的居民消费支出;② 城乡居民消费水平对比没有剔除城乡价格不可比因素。

3. 城乡居民消费倾向差距

平均消费倾向是指消费支出在收入中所占比例。城镇居民平均消费倾向用城镇居民人均消费支出占其人均可支配收入来表示,农村居民平均消费倾向用农村居民人均生活消费支出占其人均纯收入来表示。城乡居民平均消费倾向总体呈下降趋势。如图 5-2 所示,城镇居民平均消费倾向由 1996 年的 81% 下降至 2010 年的 70.45%,降幅高达 10.55%;农村居民消费倾向也从 1996 年的 81.62% 降至 2010 年的 74.03%,下降了 7.59%。在 1996 ~ 2004 年间,农村居民消费倾向一直低于城镇居民平均消费倾向。根据凯恩斯消费理论,农村居民的消费倾向本应高于城市居民的消费倾向,这说明城乡之间确实存在"消费倾向悖论"。2004 年后情况发生了逆转,农村居民消费倾向开始超过城镇居民消费倾向,这与政府实施的一系列政策、尤其是城乡一体化发展战略和新农村发展战略密切相关。

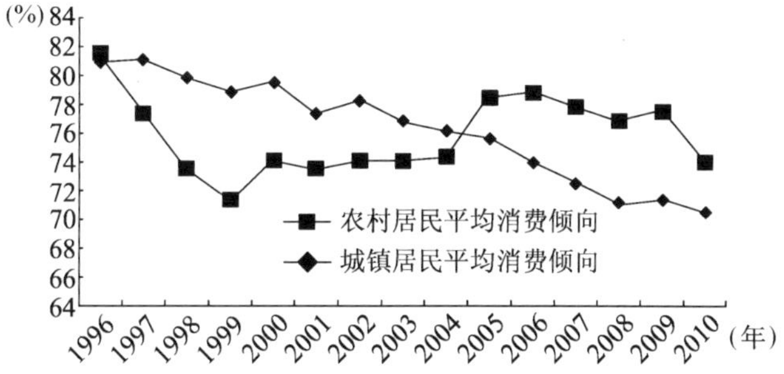

图 5-2　1996—2010 年城乡居民平均消费倾向

数据来源:《2011 年中国统计年鉴》。

三、收入差距扩大和社会保障的不完善

1. 城镇化进程中收入差距的扩大

从 1997 年到 2007 年,中国的劳动者报酬占 GDP 的比重从 53% 下降到 39%;企业利润占 GDP 的比重则从 21% 上升到 31%;政府预算内财政收入占 GDP 比重从 11% 上升到 20% 以上,若加上土地出让收入等,大口径的预算收入接近国民收入的 30%。二十年来,蛋糕做大了,但分配无疑在朝强势的资本尤其是政府过度倾斜。20 世纪 90 年代后中国社会的收入分配和社会财富占有中的差距不断拉大。按照国家统计局的数字,在改革开放初期的 1980 年,中国的基尼系数仅为 0.23,到 1990 年就增加到 0.35;到 2000 年,中国的基尼系数已经攀升到 0.42。自 2005 年以来,来自国内和国际组织的数据均表明,中国的基尼系数已经在 0.47 以上,超过了美国、俄罗斯,更超过印度的 0.36,已经接近拉美国家的平均水平。另外,按照亚洲开发银行 2007 年的一项研究,收入最高的 20% 人口的平均收入与收入最低的 20% 人口的平均收入的比率,中国是 11.37 倍,远远高于印度以及印度尼西亚的 5.52 倍和菲律宾的 9.11 倍。中国社会财富占有和社会收入分配差距拉大。

2. 社会保障的不完善

2007 年,政府在社会保障、教育、医疗卫生等方面花的钱还是很少的。比如 2007 年,政府在社会保障、医疗和就业保障方面总的开支才 6 000 亿元人民币,只占整个国家财政开支的 15%,为全年 GDP 的 2.4%,分到 13 亿人身上,人均 461 元。而在没有国有经济的美国,在同样三项上的开支约为 15 000 亿美元,相当于联邦总开支的 61%,为美国的 GDP 的 11.5%,分到 3 亿美国人身上,人均 5 000 美元。根据世界卫生组织新近数据,中国目前投

入医疗的钱还不到国内生产总值的1%，在196个国家和地区的排名中排行156。按照国家统计局2008年统计年鉴所给出的数字，多年来，我国国家财政性的教育经费占国内生产总值的比例一直在3%以下徘徊。面对基本公共服务均等化这个越来越强、越来越广泛、越来越迫切的需求，政府转型成为关键。以建设公共服务型政府和建设惠及13亿人的基本公共服务体制为目标，我们需要在政府职能划分、公共财政制度的建立、基本公共服务均等化的战略规划设计和立法四方面来切实行动。正是由于政府投入社会保障的不足，导致了即使低收入家庭收入增加了，大多数低收入家庭还是不敢消费，而是将有限的钱存储起来。因此，消费型社会建立的基础是政府由发展型政府转型为服务型政府。

第三节　消费驱动与城镇化新增长点

欧美金融危机爆发表明世界经济结构出现深层调整，这个调整过程不是短期内能够结束的，这对我国长期依赖出口导向的经济模式提出了严峻挑战，同时，经过长期快速发展，我国国内社会经济也进入一个深层的转型期。国内外的经济形势的变化，使得依赖出口和投资驱动的城镇化动力出现了严重的削弱，城镇化必须转向消费驱动的新阶段。因此，必须通过制度变革，寻找城镇化发展新的增长点。城镇化发展必须实现五个导向，即以服务业为导向的城镇化，以农民工市民化为导向的城镇化，以市场为导向的城镇化，以城乡一体化为导向的城镇化和以基本公共服务均等化为导向的城镇化。通过五个导向来实现城镇化消费功能的释放。

一、以服务业为导向的城镇化

中国并不是总要把所有资源和财力集中在基础设施和工业建设上，毕竟中国的基础设施已经很广泛，工业产能也严重过剩，不能总把资源集中在这些形象工程上。同时，基础设施和工业项目消耗太多能源、资源，对环境的破坏太大，随着全球资源价格的猛涨，基于工业和基础设施的经济模式已经难以持续，环境破坏也无法再扩大了。为降低能源消耗并减少对出口的依赖，中国经济只有转变经济增长模式，增加内需、大力发展服务业实现工业化和城镇化的协调发展才有持续增长的希望。马晓河等运用定量模型分析发现，第三产业就业比率对城镇化率的弹性为1.13，随着城镇化率的提高，第三产业就业比率以递增的速度增加，这反映了中国城镇化进程对扩大第三产业就业机会起着越来越重要的作用；第三产业就业人数与城镇化呈线性关系，意味着城镇化率每提高一个百分点，第三产业就业人数就增加663.84万人。但不同的是，第二产业就业比率对城镇化率的弹性较低，仅仅为0.34，随着城镇化率的提高，第二产业就业比率以递减的速度在增加。为此，发展第三产业是未来我国城镇化的重要发展趋势。必须坚持：

（1）以制度建设推动第三产业的发展。第三产业发展更多要求的是制度保障、法制环境和人的创造力，中国在这些方面虽然已经有许多发展，但还不够。各国经济发展的催化剂无非就两种：内生型和外生型。前者主要靠内需的增加来刺激其经济增长，内需增加后就需要各行各业的配套发展，才能满足国内需求，美国和大部分西欧国家走的是这条路。但内生型的增长模式对国内的政治制度、法律制度、商业制度和人们的安全感有很高的要求，否则，在这些制度不到位的情况下，内需难以自生。

（2）以城镇化推动产业转型升级为主线。以构筑城镇化和再城镇化的生活方式为基础，依托现代城镇的建设和发展的要求，逐步使传统制造业向以服务业为主的产业结构序列升级，包括重点发展一些战略性新兴产业，如体现为现代服务业的信息技术产业、研发、设计、营销、文化创意产业等。

（3）以服务业为主导的城镇化启动消费。生产制造业要通过服务业才能与消费联结，消费率偏低与服务业发展相对滞后具有明显的正相关性。为此，亟须转变长期以工业为主导的城镇化战略，大力推进服务业发展。为了促进服务业发展，应采取以下重要举措：① 科学制定适应城市经济社会发展趋势和定位的服务业中长期规划，明确将以服务业为主导的城市化作为未来的战略目标；② 合理规划布局城市服务业发展，形成有利于促进消费的区域分工和布局，改善消费环境；③ 重点建设一个或几个高品质的城市服务业核心区，充分发挥城市集聚效应和扩散效应；④ 制订城镇服务业振兴计划，重点提高劳动者在服务业中的就业比重和就业收入。

二、以破解“双二元结构”为导向的城镇化

有关数据表明，2010 年我国农村居民消费水平为 4 455 元，城镇居民为 15 900 元，城镇居民消费水平是农村居民的 3.6 倍。按此测算，一个农民转化为市民，消费需求将会增加为 1 万多元。城镇化率每年提高 1 个百分点，可以吸纳 1 000 多万农村人口进城，进而带动 1 000多亿元的消费需求，而相应增加的投资需求会更多。目前我国农民工总量达到 2.4 亿人，其中外出农民工约 1.5 亿人，农村还有相当数量的富余劳动力，城镇化蕴涵的内需潜力巨大。但我们也要看到，在城乡之间二元结构还没有得到根本改变的同时，城镇内部“二元结构”现象又得以显现，后者既包括城镇居民与进城农民工及其家属之间在生产生活条件上形成的差异，也包括城镇历史遗留的棚户区困难群众与大多数市民之间在居住条件上的差异。

在进行社会改革的过程中，我们必须要很好地利用“第二次人口红利”。第一次就是我们传统意义上的劳动力丰富和储蓄率高。有学者预计到 2015 年以后会出现一个转折点，但是目前还是有一些“第一次人口红利”可以挖掘的，即我国人口由农村向城镇进行转移。“第一次人口红利”的利用形式主要是劳动力从农业转向非农产业，虽然转换了就业结构和就业身份，但其消费模式、社会身份没有转化，所以他们的消费贡献、对社会公共服务以及城市居住设施提出的需求还没有被充分挖掘。因此，应该推进农民工的市民化，推进公共服务的均等化。现在我国人口城镇化率接近 50%，而非农业户口人口的比重只有 33%，中间还有 13 个百分点的差距，“第二次人口红利”开发将有利于我国内需的扩大，促进农民市民化成为直接扩大国内消费需求的战略重点之一。可提出以下建议：① 建议政府可采取分类推进的原则，稳步推进农民工市民化；② 充分保障农民工与城市职工“同工同酬同福利”的基本权益；③ 通过真正的市民化，将农民工纳入与城市居民相同的社会保障体系；④ 以中小城镇为主，保障农民工最为迫切、最为难解决的住房需求，为其在城市安家落户提供基础。因此，未来对于我国城镇化的发展，面临着“双二元”结构的挑战，一方面要考虑农民工市民化的问题；另一方面要考虑城市内部的“二元结构”，这是城镇化转向社会建设要重点考虑的问题。

三、以市场为导向的城镇化

要明确市场和政府的分工，政府必须要由建设型的政府向服务型政府转变。消费驱动下的城镇化必然是市场主导的城镇化，而投资驱动下的城镇化必然是政府主导的城镇化。

城镇化进入新的阶段,应加快建立现代市场经济的基本框架体系,让市场在资源配置中发挥基础性作用,让竞争产生效率。同时,需要合理界定和理顺政府与市场及社会的治理边界,还有就是要加强制度建设。而我们现在政府与市场及社会的治理边界是模糊的,这已经严重影响到城镇化的健康发展。

政府主导的城镇化只是从计划经济向市场经济转轨过程中的一个阶段性特征,不能成为一个长期、终极的模式。伴随着发展阶段进入要素驱动和创新驱动的新阶段,政府转型成为社会经济发展和城镇化转型的最为关键的东西,政府的转型主要表现在两个方面:

(1) 在城镇化进程中,政府从与民争利的发展型政府向公共利益服务型政府的转变。也就是缩小自身的经纪人角色,扩大公共服务的范围和力度,而不是搞建设甚至牟利,这才是政府的本质。

(2) 从行政干预过多的全能型政府向让市场充分发挥作用的有限政府转变。否则无法有效解决生产能力过剩等问题,也无法有效释放城镇化消费功能。

四、以城乡一体化为导向的城镇化

农民是城镇化的重要主体,但是在高速城镇化进程中农民发展的意愿和农村发展的战略长期被忽视。无论是农民进城就业或留存居住,还是农村产业发展或环境保护,都缺乏城乡一体化发展的规划引导及管控机制,以致在盲目推进的大城市建设中,一方面造成大城市的无序扩张和农村土地的严重流失,另一方面也带来了农村空心化的加剧发展和城乡差距的持续扩大。以基础设施的政府财政投入为例,地方政府投资落地时主要偏向大城市。中小城市与小城镇因区位相对偏远,重视程度不够。而小城镇建设,因自身投入能力有限,在推进"乡财县管"改革后,建设投资出现了严重滑坡,乡村建设就更加滞后。

以2008年市政公用设施建设固定资产投资为例,城市人均投资分别为县城的2.26倍、建制镇的4.48倍、乡的7.27倍和行政村的20.16倍。城镇等级体系和规模结构出现严重失衡。2000—2009年,我国特大城市和大城市的数量分别由40个和54个骤增到60个和91个,其城市人口占全国城市人口的比例由38.1%和15.1%增加到47.7%和18.8%,而同期中等城市和小城市的数量分别由217个和352个变化为238个和256个,城市人口比例由28.4%和18.4%下降到了22.8%和10.7%。

在城乡一体化的背景下,要充分尊重农民的主体性和创造性,特别要注重以下几方面:① 加强城乡经济互动,增强城市消费的辐射作用;② 以分享土地增值收益为重点提高农民可支配收入;③ 以健全农村公共服务体系为重点增加农民消费预期。

五、以基本公共产品的供给为导向的城镇化

迟福林对我国社会经济发展大趋势的判断是:以解决温饱为主要任务的生存型社会,逐渐进入了以人的发展为目标的发展型社会。但在这个过程中面临着三方面的压力:一是资源环境发展不平衡的矛盾越来越突出;二是社会基本公共需求的全面扩大与基本公共产品的供给短缺的矛盾越来越突出;三是经济发展中公共需求与公共治理结构建设滞后的矛盾越来越突出。只有有效地解决以上三种矛盾,把基本公共服务问题解决好,经济发展方式才能有转变的动力。这是社会转型的基础,也是消费驱动的重要基础。

在2008年的金融危机中,过去依赖的劳动密集型发展方式的优势已经慢慢退去,基本公共服务均等化对于拉动经济增长将会起到越来越重要的作用。世界银行报告提到,过去四十年世界GDP增长的8% ~10%来自健康人群;哈佛大学也有研究分析,东亚经济奇迹的 30% ~ 40% 源于人的健康。而人的健康直接与基本公共服务的好坏挂钩。如果能把惠及 13 亿人的基本公共服务建设好,也就解决了未来三十年经济增长的一个重要的内在动力问题。

公共服务均等化的重点在于实现城乡基本公共服务均等化。一是城乡基本公共服务均等化对于缩小城乡差距的影响。基本公共服务的因素影响城乡实际收入差距,并且影响度高达 30% ~ 40%。二是基本公共服务对农村居民的意义。在基本公共服务方面,城市居民和农村居民应当是平等的,这个平等首先应体现在制度的平等上。所以,新阶段城乡统筹的实质是承认和保障农民的发展权益。三是城乡基本公共服务均等化和农村改革之间的关系。一个是户籍制度的改革,另一个是土地制度的改革。我们必须要把城乡公共服务均等化与户籍制度和土地制度的改革有机地结合起来。

第四节 消费驱动与城镇化战略转型

消费驱动与城镇化新的增长点,这既是推动城镇化进一步发展的新动力,同时也是释放城镇化潜在消费功能的重要选择。投资和出口驱动下的城镇化已经走到了尽头,我国城镇化转型从动力上来讲,必须高度重视三驾马车的消费拉动力,围绕着消费动力,我国城镇化战略必须实现三大转型,一是政府主导的城镇化必须转向市场主导下的城镇化;二是围绕着消费驱动,经济主导的城镇化必须转向社会主导下的城镇化,要充分意识到社会转型与经济转型的统一性;三是要实现我国非均衡城镇化的空间模式转向相对均衡的城镇化空间模式。

一、政府主导城镇化向市场主导城镇化的转型

世界经济论坛在《全球竞争力报告(2006—2007)》中,将世界各国划分为三个特定的阶段:要素驱动、效率驱动和创新驱动。这是非常有洞见性的战略判断。第一个阶段是经济自由化阶段,也就是要素驱动阶段。通过"放"和"开"的改革开放政策,打破不合理的政策束缚,给老百姓更多自由,给市场更多自由,内外部劳动力、资本和土地等要素就充分流动起来,中国经济从而快速发展起来。然而,从长远来看,要素驱动的发展模式是不可持续的。因为要素驱动本身是在要素市场发育不充分的前提下,通过非市场行为压低要素价格而产生的不合理的阶段有效的竞争优势,易于导致高投入、高耗能、高排放、高污染、低经济效益、低劳动力回报、低创新附加值的粗放式的经济发展方式。

随着人口红利、资源红利、环境红利等内部要素红利的衰减,以及人民币、其他新兴经济体的崛起等外在持续压力,这一发展模式无法继续推动中国从中等收入国家迈向高收入国家。随着我国经济发展进入效率化和创新化的阶段,传统政府主导的发展模式必须走向市场主导的发展模式。投资驱动的城镇化必然伴随着政府主导的城镇化,而消费驱动则伴随着市场主导的城镇化,这是因为,消费主导有赖于通过市场化改革改变行政配置资源扭曲投资和消费关系的局面。

二、改变 GDP 主义导向,实现深层的社会转型

1932 年罗斯福在竞选总统的首次演讲中,就强烈地指责胡佛的共和党政府,说政府专门救济大银行、大企业。他们嘲笑那些"肤浅的思想家",说他们不懂得怎样去帮助农民。他说:"在这个不幸的时代,我们要制定出一些计划来,把希望重新寄托在那些压在经济金

字塔底层、被人遗忘了的人们身上。”可见在20世纪30年代,美国社会改革是罗斯福新政的一个重要组成部分,很多学者认为我国目前状况与20世纪30年代的美国有点相似,我们也要抓住历史机遇加快社会改革,这也是实现消费驱动城镇化的重要选择。

1. 改变GDP主义导向,实现社会转型

当前的GDP主义导向对于社会发展具有极大的破坏性,GDP主义导致了很多方面的结果:第一,GDP主义进入很多社会领域,错误地把社会政策领域“经济政策化”。这个错误显然表现在教育和住房产业化上。第二,GDP主义盛行,社会政策就不可能建立起来。这主要表现在社会保障、劳动保护、教育公平、农民工权利等方面。没有社会政策,已经形成的中产阶级就没有保护机制,而更多属于中下层的人更难以上升为中产阶级。换句话,GDP是以破坏社会来保障经济增长的。GDP导向在城市发展上就是通过大型基础设施建设实现城市空间的大扩张,而这种大扩张与社会重建之间是相互冲突和矛盾的,通过空间大扩张无法实现社会重建,其只能制造出更多的失地农民和社会弱者群体。

2. 初期分配注重公平,二次分配推进社会改革

中国的初次分配出现了严重的问题,如果初次分配不能达到基本的社会公平和正义,那么二次分配再怎么进行也很难促成社会公平。中国初次分配出现了什么样的结构性问题呢?在众多因素中,有两个互为关联的因素显得特别重要,即国有企业的垄断和中小企业的不发达。在20世纪60、70年代,日本、韩国和中国台湾等经济体中,私营企业占四分之一资本。中小企业的壮大也为日本和“四小龙”造就了比较公平的社会财富的分配。但现在的中国不一样,研究表明,中国的国有企业占有四分之三的资本,但其产出只占全部产出的四分之一到三分之一。也就是说,中国大量的资本流向了国有企业,国有企业占有着如此高的资本比例,也积累了大量的财富,其效率却非常低下。因此,要改变社会的公平问题,从经济结构上来讲,要限制国有企业的垄断,改革国有部门的治理机制;同时要从法律、制度和政策层面为中小企业的发展提供优越的环境。就是说,要从初次分配入手来改革收入分配机制。在二次分配上,必须大力推进社会改革,包括社会保障、医疗卫生、教育和环保等服务。

3. 构建“藏富于民”的收入分配机制

一是清理税外收费,推行结构性减税,减少小企业所得税,调低居民社会保障费率。二要健全有利于劳动者收入提高的长效机制。完善工资协商机制、工资支付保障机制和最低工资制度,建立健全居民收入跟经济增长挂钩、劳动所得与企业效益挂钩、工资与物价水平挂钩的收入增长机制。三要建设惠及全民的基本公共服务体系。四要完善有利于政府重视居民收入提高的政绩考核体系。改变传统以GDP指标为主的考核办法,重视增加人均收入、提高就业率等民生指标。

三、相对均衡的城镇化空间模式的建立

1. 加快中小城市、小城镇发展,优化城镇体系空间格局

在今后一段时间内,城市空间的扩张蔓延应转变为协调城乡空间结构为主的均衡的城镇化模式。城镇化的均衡态是中国城镇化进行过程中的发展方向,对于促进城镇化健康、有效发展具有重要作用。中国城镇化的“非均衡”突显、“城市病”出现以及农村“空壳村”问题的显露是“均衡型城市化”的现实动因,在城镇化进程中以及城镇化模式抉择的形势下,实现城市的网络化、寻找最佳城镇规模、实行农村“就地城镇化”和优化产业空间、促进

产业升级，已经成为我国实现均衡型城镇化的现实策略选择。在未来要不断地优化大城市的发展，加快中小城市和重点小城镇的基础设施建设，积极构建“大和特大城市—中等城市—小城市（包括县城）—小城镇—农村新型社会为框架的城镇等级体系。要科学推进农村新型社区及中心村的建设特别是中小城市、小城镇在城乡统筹发展中发挥重要的作用，以县域城镇化作为未来 10 ～ 15 年中国城镇化发展的重要环节。

2. 由大尺度的空间规划走向小尺度的社区规划

均衡空间观形成的一个重要的标志就是改变大尺度城市空间扩张的问题，那么在规划方面的最重要表现即由大尺度的空间规划走向小尺度的社区规划。“十二五”规划是以“调结构、转方式、惠民生”为主线，更加突出人的全面发展，更加突出民生建设和公正公平，正开启中国以社会建设为主轴的“二次转型”。城市发展和城市规划的重点将从物质空间转向社会空间，从功能空间转向行为空间，从服务经济生产为重点转向服务个体生活，推动低碳发展，促进社会改良，提高生活质量。因此，中国规划理论的研究应该紧扣社会变迁的大背景，立足于“市场化转型”的起点，积极应对“社会化转型”的挑战，构建未来 30 年中国城镇化和城市规划发展的政策体系框架。随着我国城市规划层次体系完整化，小尺度的社区规划将会成为空间优化的主要手段，城市管理体系的重心也将继续沉淀在社区层次。城市规划需要转变规划思路，以社区为依托载体，构建以每一位普通市民为服务对象，以日常行为空间为客体的生活服务规划和政策框架，提高生活质量，引导转变生活方式。

主要参考文献

[1] 陆大道,等. 2006 年中国区域发展报告[M]. 北京:商务印书馆,2007.

[2] 巴曙松. "刘易斯拐点"是经济转型的契机[J]. 南风窗,2011,(17).

[3] 约翰·弗里德曼. 城市营销与准城市国家:城市发展的两种模式[J]. 李路珂,译. 国外城市规划,2005(5).

[4] 简·雅各布斯. 城市与国家财富[M]. 金洁,译. 北京:中信出版社,2008.

[5] 陈秀山,杨艳. 区域协调与发展:回顾与展望[J]. 西南民族大学学报:人文社科版,2010(1).

[6] 刘志彪,于明超. 从 GVC 走向 NVC:长三角一体化与产业升级[J]. 学海,2009(5).

[7] 倪建伟. 基于扩大内需背景的城市化战略创新[J]. 人大复印资料,2011(3).

[8] 腾讯网. 理解中国[M]. 北京:中国言实出版社,2010.

[9] 陈志武. 陈志武说中国经济[M]. 太原:山西经济出版社,2010.

[10] 马晓河. 城市化战略与我国增长动力机制选择[J]. 人大复印资料,2012(4).

[11] 李克强. 在改革开放进程中深入实施扩大内需战略[J]. 求是,2012,(4).

[12] 蔡昉. 刘易斯转折点——中国经济发展新阶段[M]. 北京:社会科学文献出版社,2008.

[13] 田国强. 中国经济发展中的深层次问题[J]. 学术月刊,2011(3).

[14] 迟福林. 二次转型与改革战略[M]. 北京:学习出版社,海南出版社,2012.

[15] 孙立平. 重建社会——转型社会的秩序再造[M]. 北京:社会科学文献出版社,2009.

[16] 郑永年. 保卫社会[M]. 杭州:浙江人民出版社,2011.

[17] 张明斗. 均衡型城市化:模式、动因及发展策略[J]. 兰州商学院学报,2011(6).

[18] 柴彦威. 中国城市空间组织与规划转型的单位视角[J]. 城市规划学刊,2011(6).

第六章

创新驱动与城镇化战略转型

提　要

依据城镇化发展特点，可以将其划分为人口统计意义上的城镇化和功能意义上的城镇化。目前，我国城镇化应进入以功能城镇化为主，人口城镇化为辅的新阶段。城镇化进入新阶段后，为了推动城镇化的可持续发展，必须要加强城镇化的创新驱动。创新的本质是建立一种基于城市和区域的创新生态系统，美国硅谷和日本筑波的发展从正反两方面都说明了这一点。大批量的产品制造是支撑我国人口意义城镇化的重要基础，未来我国城镇化将进入一个“高成本低增长”的时代，必须加快转变经济增长方式，尽快实现依靠创新驱动城镇化的内生型发展模式。

“3+1”国家自主创新示范区建设是依靠创新实现社会经济转型典型区域，国家自主创新示范区建设的内涵应体现在城市创新生态系统的建立和完善。“3+1”国家自主创新示范区一些成功的制度和体制创新可以为其他区域创新提供重要的借鉴，这种思路与我国当初设置经济特区有相同之处。总之，要通过创新驱动实现我国城镇化的战略转型。

第一节　城镇化发展的阶段性

一、城镇化发展的阶段性

1. 人口意义上的城市化

传统发展经济学无论是刘易斯的二元结构理论还是其他发展经济学家的理论，其实都是基于一种工业化基础上的人口意义的城镇化。这种人口意义的城镇化是与工业化关联在一起的。我国在相当长时期内对于城镇化内涵的界定都是基于这种人口意义上的城镇化，都是用单纯的城镇化率来衡量城市化水平的。这些年我国农村人口大量向城市转移都说明了在特定阶段人口意义上城镇化是我国城镇化的主旋律。人口意义上的城镇化支撑了我国工业化的快速发展，城市数量迅速增长，规模急剧扩张。但是人口意义的城镇化是与特定时代背景关联在一起的，是与世界市场特别是欧美市场容量和结构关联在一起的，同时，也是与我国丰富的廉价劳动力等资源优势联系在一起的。但2008年金融危机出现后，直到现在欧美的经济衰退未能见底，诸多学者都得出欧美经济不是短期能够恢复的了，即使恢复了其市场结构和容量也会发生很大的变化，传统劳动密集型产品出口将受到很大限制。对于国内来讲，中国经济经过近30年的快速发展，社会经济进入了结构转型期，劳动力和土地等生产要素价格上涨，环境容量也出现饱和，这使得传统粗放式增长模式面临着越来越大的挑战,同时,也使得我国出口导向型经济发展模式也面临着越来越严峻的挑战。为此,依靠传统出口和投资驱动下的城镇化也必须相应转型,即必须由人口意义上的城镇化转型为功能意义上的城镇化。

2. 功能意义上的城镇化

城镇化转向城市功能反映城镇化内容的变化,过去突出人口向城市转移,现在则突出要素向城市移动。要素流向反映经济发展的阶段的变化。先进生产要素、市场、公司、现代服务业向城市聚集构成了城镇化的新内容,这是经济发展现代阶段自然形成的趋势。进一步分析还可以发现,现在对经济发展水平起决定性作用的城镇化水平,就是指这个意义的城镇化水平。根据以上从功能意义上规定的城镇化内容,现在评价城镇化水平的指标,不是简单地看城市人口,城市人口的多少不能反映城镇化水平的高低。衡量城镇化水平更多的应该是反映城市功能的提升的"质"的指标,反映市场化和社会分工程度的指标,包括服务业比重、基础设施水平、文化教育、金融保险、房地产业、信息服务业等。以这些指标来衡量各个地区的城镇化,可以发现,现阶段地区之间经济文化差距很大,其中的主要因素是城镇化水平的差距,也就是城市功能意义上的城市化水平的差距。

3. 创新驱动的城市化

在城镇化由人口意义上的城镇化转向功能意义上的城镇化阶段时,我们强调创新驱动城镇化的重要性,故创新驱动的城镇化并不是强调城镇化的新阶段,但表明在由人口的城镇化转向功能意义上的城镇化过程中创新的重要性。创新驱动的城镇化主要强调先进生产要素向城市的集聚和辐射的过程,更重要的是强调城镇化内生化的过程,强调区域财富的创造过程。创新是与创新生态系统密切相关的。美国硅谷成功企业家之一埃斯特琳基于自身经验,并在美国学术界、商界、政界采访了一百多名对创新有卓越贡献的人之后,在2008年《排除创新的障碍》一书中提出,为保证在全球经济中获得长期的成功,需要重新燃起创新的火花;创新不能在真空里产生,而来自交互作用的研究、开发和应用所驱动的创新生态系统。与创新生态系统类似的一个概念是创新集群。创新集群是复杂的关系网络结构。它不是一个简单的技术建构,考虑的是怎样在技术上把产业链打造起来,缺哪一环就补哪一环。产业联系、地理靠近和行为主体互动是创新集群的三个重要特征,其中行为主体互动是最重要的,包括正式的和非正式的相互交易和交流。城镇化的发展要依靠这种创新集群,这是内生型城镇化形成的基础。

综上所述,国内外形势的变化要求我们必须要转变发展观念,重新认识城镇化的新内涵,城镇化应该表现为创新资源的集聚和重新分布的过程。更重要的是我们应该看到创新驱动型城镇化内在的自组织性。长期以来,在发展理念上包括城镇化的发展模式,都往往将发展的动力放在一种外部上,借助于外向性来推动城镇化的快速发展,这种城镇化模式更多体现在人口意义上,体现在城市规模的层面上,并没有体现在城镇化的内部自组织性和自我的驱动性上。依靠内部不同主体的相互协同性创新和互动形成城市和区域创新生态系统,是构成不同区域和城市产业结构升级的根本动力。

第二节　我国城镇化进程中区域创新生态的缺失

国内外形势的变化使得我国大批量产品制造走到十字路口，中国城镇化必然由低成本和高增长率进入一个高成本低增长的时代，在新的形势下，我国城镇化将进入一个创新驱动新阶段。创新的本质是一种创新生态系统的建设，无论是美国的硅谷还是日本的筑波等国外高新技术产业区的发展都充分地印证了这一点。但长期低成本高增长的发展模式使得我们创新生态系统严重缺失，为此，我们必须要借鉴国内外的发展经验，以"3+1"国家自主创新示范区为切入点，加快城市和区域创新生态系统的建立。

一、大批量产品制造走到十字路口

以下一组数字大致反映了中国制造产品的批量程度：中国制鞋占全球制鞋近七成，是世界第一大鞋类出口国；中国是家具生产大国和家具第一大出口国；中国纺织服装出口占世界的四分之一；中国是世界最大的玩具生产国，玩具出口占美国和欧盟的80%以上；中国生产的空调、电冰箱、电饭煲、微波炉、吸尘器和电动剃须刀等家电产品均居国际市场第一位；中国每年生产的手表和时钟分别占世界总量的80%和90%以上；中国是世界最大的圣诞用品生产和出口国，人造圣诞树约占全球消费总量的2/3；中国是世界第一制伞大国，晴雨伞出口约占全球伞业总量的80%；世界70%的牙刷是中国制造的。中国商品在地方上生产的专业化十分显著。例如：广东顺德生产世界40%的微波炉；浙江桥头镇生产世界60%的纽扣；福建东石镇成品伞占全国的29.5%，出口占全国的33.6%……以上这种大批量产品制造支撑了我国长期经济的高速增长，也为我国城镇化的发展提供了重要的动力基础。

但随着人民币升值、国际油价暴涨、原材料和劳动力成本大幅上升，大批量产品制造的产业区赖以生存的种种优势逐渐丧失。2008年的金融危机发生更是为这些产业区发展带来巨大的生存压力。据统计，2008年上半年，家具及零件、服装及衣着附件、塑料制品等东莞传统大宗商品出口均出现负增长。而浙江省经济贸易委员会发布的该省2008年上半年工业经济运行状况和发展趋势的报告指出，浙江省规模以上企业工业增加值和利润总额增幅回落，出现10年未曾有过的较大范围企业关停现象。据亚洲鞋业统计，广东东莞、惠州等地区，2008年下半年，近1 000家鞋厂及相关配套企业，或主动歇业倒闭，或被法院查封，或外迁其他地区。据温州鞋业协会2008年对371家制鞋企业的调查显示，未开工企业32家，已关停52家，欠债外逃14家，占调查企业的34.1%。据福建莆田工商局统计，莆田地区有近百家企业倒闭，有些企业干脆关厂逃走，欠下工人工资及外包商、材料供应商的债务，造成社会问题。全球最大圣诞树制造商宝吉在2008年初倒闭，深圳宝安区和龙岗区约30家圣诞树生产商或改行，或外迁到广东省的惠州、东莞，浙江义乌，湖南郴州，江西吉安，甚至远走越南和泰国。全国有近4 000家圣诞树及其饰品生产厂家停产。受影响的还有生产手提包、数码商品、T恤和鞋子等圣诞商品的厂家。广东珠海曾经在2007年生产了全球的70%的色带、60%的墨盒和20%的再生与兼容鼓粉盒，形成"全球耗材之都"。耗材产品来料加工占九成以上，主要出口欧美地区。然而，在金融危机中，珠海100多家耗材生产厂家倒闭了1/3左右，近万从业人员受到影响。

我国为国外特别是为欧美市场的大批量生产面临着严峻的挑战，已经走到发展的十字路口。有人曾经归纳最容易没落的集群的特点："完全依靠低价竞争，组织体系水平过低，进入门槛过低，缺乏技术创新系统，服务体系不健全。”我国大多数产业区都是依靠逐低竞争，在低成本竞争中，获取微薄的利润。根据报道，我国 2005 年出口的化纤染色布和印花布每米平均价格 0.8 ～0.9 美元，袜子平均价格每双 0.21 美元，领带平均价格每条 1.6 美元，几乎接近成本价。逐低竞争的经典案例是，由于竞相压价，滑板车出口量占全国 90% 的浙江永康 2005 年曾失掉沃尔玛百万辆滑板车订单。由于低价竞销量大和出口秩序不规范，遭受到国际贸易摩擦很多。

在低成本的竞争中，我国在产业链中获取了及其微薄的利润。1996 年，美国《洛杉矶时报》对芭比娃娃玩具的全球生产与价值分配体系所做的一项调查显示：一个在美国市场上售价 9.9 美元的“芭比娃娃”玩具，其海运、仓储、营销、批发、零售和利润环节就占了 7.99 美元；在余下仅仅 2 美元的分配结构中，中国香港管理和运营中心占 1 美元，从中国台湾地区、日本、美国、沙特阿拉伯进口和中国内地市场采购的原材料占 0.65 美元，剩下的 0.355 美元才是中国工人的加工费——在全球玩具产业的价值链上，加工制造环节的附加值仅为 3.5%（Tempest，1996）。关于加工贸易的类似困境后来被称为“芭比娃娃陷阱”。

二、我国经济进入一个高成本低增长的时代

但这种长期的“低成本高增长”的发展不具有可持续性，随着生产要素的价格上涨，我国经济将进入一个高成本低增长的时代。2012 年 11 月，全国居民消费价格指数（CPI）总水平同比上涨 2%，和最高峰时 6.5% 的数据相比，已经明显回落，但对于普通人来说，几乎感受不到任何变化，高物价已经持续好几年了。这一轮通货膨胀加速，主要是缘自 2008 年的极度宽松的货币政策。2008—2012 年 4 年间，广义货币（M2）几乎翻了一番，2011 年突破 80 亿，2012 年突破了 100 亿。2012 年已结束巨额的货币投放量之下，通胀是必然的。安永咨询报告服务 2012 年 9 月的一份报告显示，在过去 5 年中，中国劳动力和商品成本都有显著增加。其中劳动力成本增长最快，仅从 2007 年年初至今，平均工资就提高了一倍多。与此同时，中国大宗商品的平均价格也增长了 51%。其中，软性商品的价格增长了 60%，金属增长了 19%，能源类则增长了 77%。另据一项不完全估测，中国的环境成本约占 GDP 的 3%，但它带来的危害实际上是很难估量的，那些环境污染的长远影响，还没有完全呈现出来。

长期以来，通过压低汇率保持出口产品的竞争力，通过低利率推动企业投资的路径也因为外部市场需求的大幅下滑再难持续了。对于外贸型企业而言，不仅仅是外需市场的下滑，多年来通过政府“小步慢跑”的汇率政策和出口退税力度的扶持，现在这些政策都面临着调整的压力。中国政府过去多年一直治理“投资过热”，这与低利率也不无关系，但现在这种低利率也很难持续。数据显示，2011 年大陆上市企业的资金平均回报率已由 2007 年的 11.6% 降到 6.7%。2012 年，央行二次降息，天量逆回购，整体资金成本的上升局面已形成。“影子银行”等民间金融大行其道，年利率高达 40% 以上，这在一定程度上也反应最近的市场供求关系。

种种成本困扰下，2012 年中国制造业的采购经理人指数（PMI）一度长达 11 个月处于 50 的荣枯线之下，实体经济面临着空心化危机。大中型企业的利润下滑也非常明显，三一重工、中兴、华为等企业都传出裁员的消息。2012 年 24 个行业中，有 22 个行业存在着产能过剩。这一切都宣告着一个依靠低成本优势、向全球输出消费品的时代的过去，投资、出口和消费三驾马车中,两驾功效已不再明显了。

三、我国城镇化进入以创新驱动为主的阶段

著名的城市规划专家约翰·弗里德曼深刻地阐述了区域和城市内生型的发展模式的可持续性,没有区域财富创造的内生型模式,城市和城市间的贸易也不可持续,我国现在就处于这样的一种不可持续性。正如王缉慈教授所说:"我国的集群研究也已经到了必须'超越集群'的时候。目前国内关注产业集群,基本上只是'打造产业链'和'打造产业集聚区',追求的还是降低成本、招商引资和规模扩张,追求的还是GDP、出口创汇等短期收益,甚至是在各种利益主体的博弈下发展'工业地产'、'文化地产'或者'科技地产',而不是技术学习、创新和创造。这与国家的自主创新发展战略是相矛盾的。真正产业集群理论的价值,恰恰在于增强自主创新能力,创造国家竞争优势。"建设创新型国家,需要营造有利于产业创新的地方环境。它是地方行为主体(大学、科研院所、企业、地方政府等机构及其个人)之间在长期正式或非正式的合作与交流的基础上所形成的相对稳定的系统。

王缉慈比较了我国专业化产业区和意大利式产业区的异同后指出,我国的专业化产业区具有惊人的生产能力,以大规模生产为特征,由中小企业集聚、专业化分工、结网协作而产生的规模效应突出。然而,我国产业区起步于计划经济向市场经济转轨的制度背景之下,以低廉的土地、劳动力、水电等生产成本获得竞争优势来承接发达国家的产业转移,更不容忽视的是在一段时期内国内市场相对单一。在产业区的文化和历史、创新环境和设计研发方面明显欠缺,导致大部分产品的附加值低。而意大利式产业区的企业通过改进产品与生产过程而不是降低工资和劳动条件进行竞争,在服装、鞋、家具、汽车、电子等行业,研究开发或设计活动密集。这种由设计驱动的创新使产业区获得了持续发展的动力。对于我国传统的消费品产业来说,意大利式产业区的核心价值就在于产业社区的文化根基以及持续创新的工业设计。

刘志彪等人也提出,我国产业链的构建从GVC走向NVC,是我国东部三大都市区一体化与产业升级的重要途径,也是为未来三大人口—产业集聚区城镇化提供动力的重要选择。这是因为融入全球价值链对我国区域间产业部门的联系产生了弱化效应,对区域实体经济的一体化发展产生了不利的影响。国内价值链的构建,既是长三角、珠三角等制造企业摆脱单一地依赖全球价值链的出口导向,实现可持续发展的重要举措之一,也是促进长三角珠三角等区域经济一体化的动力所在。在GVC中,产业升级仅限于产品和工艺升级,而最重要的功能升级被牢牢地限制,因而极有可能被限制于"代工—出口—微利化—品牌、销售终端渠道与自主创新能力缺失—价值链攀升能力缺失的非意愿的恶性循环的发展路径。为了突破这种锁定效应,我们必须改变我国产业发展模式,即从供应链型的GVC走向NVC。我们认为,NVC更多地体现在一种区域之中,即在一个区域范围内可以建立一种较为完整产业链。

四、城镇化进程中创新生态系统的建立

Denis Maillat是这样描述地方创新环境的:我们必须这样认识环境,即它对创新过程的生命力具有重大影响。环境并非一个人们从中获得供给的仓库,它是一个能够启动协同进程的综合体。从这个意义上说,环境不能仅仅定义为一个地理区域,它必须被视为一个有机体,是由在经济、技术上互相依存的个体所构成的复杂系统。Denis Maillat(1991)和Jean

Claude Perrin(1993)将创新环境界定为一种创新的生态系统。我国要实现一种创新驱动，必须要深刻认识这种创新环境之于创新的重要性。同时，要以重要区域特别是一些重要的高新技术产业区为切入点，加快所在城市和区域创新生态系统的建立，然后通过示范效应，推进更多区域和城市创新发展。

第三节 国外城市创新的典型案例

美国硅谷作为世界最重要的高新技术产业区，经过多年发展，相关企业之间有越来越精确的交易关系，而且在这种长期的正式和非正式的相互交易和交流基础上形成了一种相对稳定的创新生态系统，这种系统是促进其技术创新的重要原因。日本筑波由于起初忽视一种市场制度，政府干预过多未能形成基于市场基础的创新生态系统，导致其发展出现“一波三折”。美国硅谷成功的经验和日本筑波在发展过程中的一些反面教训从正反两方面给我们以重要的启示。

一、美国硅谷的转型经验的探索

美国硅谷作为世界最重要的高新技术产业区，其发展历程和宝贵经验是非常值得我们学习和借鉴的。硅谷作为美国信息社会“最完美的范例”，“世界微电子之乡”，是美国最为成功的高技术开发区之一。硅谷不但开拓了新的产业，更重要的是开拓了高新技术产业的发展模式：风险投资、孵化器、股份期权等。硅谷不仅是美国西部经济第二次开发的典型代表，而且还是世界其他城市和区域创新和产业转型所效仿的对象。具体来讲，其发展的经验包括：

1. 完善的市场经济制度

有学者对硅谷和128号公路产业带作了比较研究，发现在多项发展指标中，硅谷由原来的落后到后来居上，且保持了蓬勃发展的势头，在凝聚人才、吸引资金、产业化水平、对经济的拉动作用等方面，均远远超过了128号公路产业带。这一切归根到底是硅谷模式从一开始就遵循市场经济规律，建立了完善的市场机制；政府、社会和产业界分工也更加科学合理，更适应市场经济的要求。而128号公路产业带过多地依托政府的扶持，官方过多的参与导致相对僵化的机制和保守的观念，在创新文化的发展上处于弱势，因而表现为发展速度上日渐落后。硅谷模式一枝独秀，使包括美国在内的多个国家和地区纷纷仿效，但迄今仍难以“克隆”出第二个硅谷，根本原因就是难以把硅谷文化移植过去。而硅谷文化的诞生发展和完善的市场机制是互为依存、互为促进的，这就透示出一个道理，创新文化需要完善的市场机制。

2. 丰厚的智力资源

硅谷的研发人员占到硅谷总从业人员数量的10%以上，是美国平均水平的2倍。在硅谷，先后共有40多个诺贝尔奖获得者。当地大学为硅谷提供了大量的技术人才支持。硅谷所在地拥有包括世界著名的斯坦福大学、加州大学伯克利分校、圣克拉拉大学和圣何塞大学在内的8所大学、9所专科学院和33所技工学校。这些高水平的大学和研发中心为硅谷高技术企业发展提供充足的人力资源。

外籍人才居多是硅谷不同于世界其他地区的突出特点。硅谷是海外科技人才集聚创业最集中的地区，其中华裔和印度裔创办的高技术创业企业占到美国硅谷企业总数的

23%。在硅谷的技术人员中,亚洲人占了60%,高技术人才中有33%是海外来源。这些来自世界各地的大批移民(工程师和企业家)是连接硅谷和世界各地高技术(产业)中心的纽带。这些网络使得硅谷的公司能充分接触和利用其他国家或地区的人力资源、市场资源和金融资源等。

人才流动率反映了经济发展环境的开放性,高人才流动率和有效人才激励机制是硅谷人才因素的显著特点。硅谷是世界上"跳槽率"最高的地区,硅谷人才流动的比率是30%,金融业的人才流动比率为60%,而发达国家每年人才流动率一般在15%～20%之间。适度的人才流动可以使企业增加活力,其开明的意识、开放的环境、活跃的人才流动使得人们有机会学到更多新的知识和专业技能,并建立起各自广泛的人际网络。

3. 强烈的创新文化

哈耶克曾说:"一个生机勃勃的社会,它的制度的基本原理是鼓励一切个体在一切可能的方向上生活和创造。"硅谷不仅再次证明了个人的自由创造欲望才是一切经济发展中最核心的推动力,而且在人类的经济历史上,第一次旗帜鲜明地把尝试和失败视作自由创造所必需的成本。为创新而失败,和因创新而成功,一样值得珍惜。硅谷从车库生意到全球生意转化过程中依靠的动力乃是无数个人和创业公司此起彼伏永不衰竭的创新冲动,以及对这种冲动全面而有效的保护。硅谷之所以能够牵引世界,正是因为它通过永续的创新,始终成为"最新的新东西"。所以,硅谷成功的关键不仅仅是技术、人才、资金等要素的简单组合,更重要的是博大精深的硅谷文化。在这种宽松环境下,创新不仅包括科学技术,而且还包括行为模式、思维模式、交往模式等各个层面。因此有人说:在硅谷,只有两种东西——人件(peopleware)和观念(idea)最重要。硅谷对人力资源的重视超过了对其他经济因素。

4. 活跃的风险投资

硅谷地区成功发展的实践证明,风险投资是高技术产业和新经济发展的有利条件,也成为高新技术企业创业的催化剂。美国是世界上风险投资规模最大的国家,已占世界风险投资的一半以上,而硅谷地区吸收了全美35%的风险资本,美国几乎50%的风险投资基金都设在硅谷,目前硅谷的风险投资公司有200多家。

在硅谷高技术产业发展史上,风险投资功不可没。著名的英特尔公司、先进微器件公司、罗姆公司、苹果公司等都是靠风险投资发展起来的。在过去的10年中,在NASDAQ(纳斯达克)上市的公司有4 416家,筹集资本高达1 500亿美元。因此,风险投资和硅谷地区的发展形成了一种相互促进的良性循环机制。

硅谷的风险投资企业主要是由那些成功的高技术创业者们创办,这些企业家通常是那些通过建立技术企业然后将其出售而获得资金的创业者。他们积极参与所投资企业的运作,向创业者提供关于业务计划和战略的建议,帮助寻找合作投资者,招募关键管理人员,并在董事会任职,为企业提供关系网络服务和多年积累的一手经验。对创业企业来说,得到的不仅仅是资本,更重要的是还得到了制度创新,改组企业领导班子,建立新的理念、经营战略和管理模式的机会。

硅谷风险投资发展活跃的一个主要原因是有良好的投资环境和宽松的法律环境。美国早在1958年就颁布了中小企业投资法,促进了一大批中小企业的建立,政府还从税收、融资、贴息贷款等方面提供优惠。美国政府一系列的投资收益税率政策加快促进了风险投资的发展:1975年,修改《国内收入法》,允许投资者冲销投资损失,降低其税收负担;1978年的《雇员退休收入保障法》将投资收益税率从49%降到28%；1981年《经济复兴税法》将投资收益税率进一步降到20%；1986年颁布的《税收改革法》按投资额的百分比减免所得税；1997年《投资收益税降低法案》进一步降低投资收益税。

5. 中介组织

中介组织在硅谷的产业体系中扮演着关键的整合角色，促进了各创新要素的整合。硅谷生产协会积极与州政府配合为地区发展解决环境、土地使用和运输问题；西部电子产品生产商协会为产业界提供管理讨论班和其他教育活动，并鼓励中小规模公司之间的合作；半导体设备和原料协会也为半导体芯片技术标准的统一作出了重要贡献。硅谷专业中介服务体系主要包括人力资源服务机构、技术转移服务机构、会计、税务机构、法律服务机构、咨询服务机构、猎头公司以及物业管理公司、保安公司等其他服务机构。这些中介机构对于整合不同创新主体，形成区域创新生态系统具有非常重要的作用。

6. 好的成果转化机制

美国的科技成果转化取得了令人瞩目的成绩，其成功之处是美国政府、大学、科研机构、企业、投资家等主体综合努力的结果。在美国科技成果转化过程中，离不开美国政府的政策法律、资金等外部环境的支持，也离不开适合科技成果转化的内在环境，如科技园区的建立、科研服务社会的理念等。美国科技成果转化思想基础来自于"威思康星思想"。"威思康星思想"的主要内容认为大学一是传播知识，二是专家服务，认为大学要忠实地为社会需要服务。"威思康星思想"确立了大学教学、科研与服务的三维关系，打破了大学传统的封闭状态，建立了大学与社会全方位的联系。为了解决科技成果转化的知识产权归属问题，美国1980年颁布了《拜杜法案》，明确了科技成果知识产权的归属问题，将研究成果由联邦所有转为单位所有。美国在科技成果转化方面的成就为世人瞩目，其成功不是偶然的，是其先进的文化理念、强有力的法律保障体系和政策支持、多渠道的科研经费、完善的组织机构等多种因素综合的结果。

综上所述，当我们在考虑创新问题的时候，已经不能再单方面地去进行思考，创新有很多的参与者，这其中包括了创新型企业集群、投资者、科研教育机构、创业者、政府机构，以及时尚和休闲等提高生活品质的产业等，共同构成一个良性的创新生态系统。这些参与者是环环相扣的，并不能说谁是整个创新生态系统的主导者，谁也并不具备唯一性。硅谷之所以成功，最重要的是在高度发达的市场制度和创新文化的环境中，形成了具有竞争力的区域创新生态系统。

二、日本筑波的兴衰与反思

日本筑波是完全由日本政府主导在平地建设起来的以基础研究为主的一座国家级科研城市，其历史不过30余年。筑波科学城建设的初衷是为了加快日本从技术模仿向技术创新、从应用研究向基础研究的转变，弥补日本在原创技术方面的短板，因此被日本政府赋予了很高的希望。然而，在筑波发展的过程中，虽然遵循了日本建设科学城的三个抓手：住（宜居的环境）、学（雄厚的科技）、产（高端的产业），但是由于过分关注政府的作用，忽视了市场在建设区域创新系统中的积极作用，创新网络主体之间未能发挥互动功能，导致筑波区域创新网络失衡。

1. 住、学、产失衡的背后：区域创新体系建设中的政府失灵

筑波作为科学城是成功的，但是作为创新城，筑波的发展模式存在着明显的弊端。一

个城市要想成为真正的创新型城市，需要有大量创新资源的集聚。创新资源集聚需要产业资源、智力资源和金融资源的融合。虽然筑波拥有雄厚的智力资源，但是缺乏智力资源和产业资源的大量互动，无法形成有效的产业资源和金融资源，进而无法抓住产业发展的趋势。筑波的科学城完全是政府这只“看得见的手”主导建设的全新科学城，在建设过程中忽视了市场的“看不见的手”的积极作用。在整个筑波创新资源集聚过程中，政府干预了智力资源的集聚，对产业和金融的集聚关注过少，没有很好地搭建创新资源集聚的平台，使筑波没有形成硅谷那样的自组织社会。

2. 政府主导下的科学城建设弊端暴露充分

筑波作为政府主导建设的科学城在经历过短暂的辉煌后，陷入了迟缓的发展中。政府主导模式的弊端也不断提醒我们，有许多地方值得我们深刻反思。

第一，高新技术研发内在机制落后，科技成果没有得到有效转化，遏制了创新的源动力。在政府主导的前提下，筑波技术创新从具有开发意向到最后出成果一般需要 10 年时间；同时政府主导的科研不讲究与工业界的联系，不以成果的产业化、商业化作为成果考核标准，导致大量科研成果没有得到充分利用，巨大的研究成本和较低、较慢的回报限制了科学城的进一步发展。

第二，中央和地方政府发展目标不一致，科学城无法与当地经济有机融合，阻碍了城市转型。由于筑波科学城直接受中央政府管理，依靠政府资助进行基础研究和培训，忽略了市场需求，也没有和筑波本地经济很好地融合，致使筑波当地主要财政来源仍然依靠农业生产，可谓是对当代科技城的一大讽刺。

第三，官僚作风阻碍了科学城创新文化的形成，压制了科研人员的创造性，隔断了创新的可持续性。在筑波科学城里，官僚作风被带了进来，事事论资排辈，技术开发机制的不健全导致了激励机制的不完善，从而抑制了个人的创造性。这种不健康的园区文化使具备了雄厚资金与先进技术的筑波科技城无法建立一种有利于创新、有利于创业的良好文化，无法最大限度激发科研人员的创造性。

3. 良性创新生态的缺失

筑波创新网络的主体——创新企业、政府、高校及科研院所、其他相关企业、用户、中介和金融机构之间发展失衡。回顾筑波过去几十年的发展，可以发现，在筑波创新网络中，人们过多地关注政府与大学、政府与科研机构的关系，而忽视了其他主体之间的互动。但恰恰是所有创新主体之间的网络化互动以及由此带来的创新能力和效率的提高是区域创新的成功所在。

综上所述，美国硅谷和日本筑波的发展历程给我们以重要的启示，特别是在当前我国传统出口导向发展模式面临严峻挑战的背景下，加快政府职能转变，推进体制和制度变革，建立城市和区域创新生态系统更是发展的必然要求。

第四节　“3+1”国家自主创新示范区的建设

自 2009 年 3 月起，国务院先后批准在北京中关村、武汉东湖、上海张江建设国家级自主创新示范区，科技部批准在安徽省建设合芜蚌自主创新综合配套改革试验区，以上被统称为“3+1”国家自主创新示范区，在科技金融、技术创新、股权激励、产业发展等方面先行先试,探索转变经济发展方式的新路径。几年来,“3+1”国家自主创新示范区在体制创新、政策创新等方面进行了有益的探索,推动了当地经济由资源型向知识型、引进型向内生型的转变。“3+1”国家自主创新示范区都是某个城市和区域经济发展的重要增长极,其发展对于城市和区域转型发展具有重要引擎作用,同时其建设都涉及深层的制度和体制问题,如何突破制度和体制障碍对于构建我国其他城市和区域创新生态具有重要的示范作用。

一、“3+1”国家自主创新示范区的政策解读

1. 创新工作机制,统筹各级资源推动示范区建设

自主创新示范区建设是一项系统工程,涉及诸多部门,都跨行政区划,如中关村示范区是“一区十园”,东湖示范区“一轴六心、三区两城、两楔、多廊”,张江示范区“一区十二园”。为有效协调示范区所在地各级政府、各个部门的职权,建立“统筹决策、高效执行”的工作机制是“3+1”示范区建设的首要问题。中关村示范区通过搭建创新平台,统筹中央和地方资源,实现“央地联动”、部门协同,初步形成了集中办公、主动受理、联合审批等一条龙服务的工作机制;还建立了“部市会商机制”,重点围绕示范区和人才特区建设、战略性新兴产业发展等重大事项,开展联合审批,联合支持战略性新兴产业重大项目,共同推进先行先试政策,推动科技创新和重大科技成果产业化。东湖示范区建设之初也组建了省、市领导小组办公室、部委联络办公室,建立了信息沟通、督办、联络等若干相关工作制度,初步形成了沟通联络、多方联动、协调推动的工作机制。张江示范区建设过程中,不仅有科技部牵头的部际协调小组为示范区建设在国家层面进行部门协调,而且还成立了以市长为组长、包含上海市政府各有关部门、各区县人民政府、各分园管理机构共56家成员的自主创新示范区领导小组,保证各项创新政策与措施的有效实施。

2. 实施优惠财税政策,鼓励科技创新企业轻装前行

优惠的财政税收政策是国家鼓励创新、引导产业发展的重要手段之一。“3+1”示范区都实施了国家级高新技术开发区的税收优惠政策,并在此基础上有所突破,为企业和科技创新者“轻装”前行创造了条件。为更好地鼓励企业创新,国家将高新技术企业认定权下放给自主创新示范区管委会,并完善有关认定办法,一方面扩大“核心自主知识产权”的范围,另一方面对一些因财务指标、专利数量或其他原因达不到现有审批条件而实际是从事高新技术行业的企业,适当放宽条件,享受“三免两减半”的企业所得税优惠政策。同时,对示范区内的科技创新创业企业的研究开发费用,分不同情况按150% ~200%税前抵扣。对示范区内科技创新创业企业发生的职工教育经费,按不超过企业工资总额8%的比例据实在企业所得税税前扣除;超过部分,准予在以后纳税年度结转扣除。此外,对虽有资格享受股权激励但无能力交付个人所得税的科技人员经主管税务机关审核,可分期缴纳个人所得税。此外,扩大政府采购范围支持企业创新也是“3+1”示范区通行的政策。通过首购、订购、实施首台(套)重大技术装备实验和示范项目等措施,推广应用自助创新产品,支持企业自主创新。

3. 试点股权激励,破解科技成果转化难题

科技与经济社会发展紧密结合是自主创新示范区建设的重点,把科技创新成果转化为现实生产力是自主创新的关键,而科技创新的最大动力源于合理有效的创新激励机制。中关村率先开展科技成果处置权和收益权改革试点、股权激励个人所得税政策试点、中央单

位股权激励试点，初步形成了有利于创新创业的体制机制环境。东湖示范区的股权激励则形式更多、面更广，与中关村试点相比，东湖示范区的股权激励政策步伐更大，激励范围扩大到高等院校、科研院所、民营企业、创业投资、股权投资类企业。在股权激励（股权奖励、股权出售、股票期权）、分红激励外，新增了绩效奖励和增值权奖励两种激励方式，将骨干技术人员的个人利益与企业发展利益捆绑，确保激励对象与本企业在发展中"劲往一处使"，激发了科技成果转化的热情。合芜蚌示范区虽然仍是股权激励、分红激励，但其试点范围扩大，试点目标明确，在股权激励方面，与中关村等三地相比，简化了程序，不设联合审批环节，更加突出试点机构的服务功能；同时，民营企业方案不需要报国资委等部门批准，只需报所在市试点工作机构备案；此外，省属企业的下属企业试点名单由省属企业推荐、省国资委审核确定，并纳入所在市试点范围。

4. 创新科技金融，改善创新型企业的融资环境

资金是企业技术创新最为重要的支撑，建立并完善政府资金与社会资金、产业资本与金融资本、直接融资与间接融资有机结合的科技金融创新体系是改善创新型企业投融资环境的重要保障。"3+1"示范区纷纷采取多种措施、拓展多种渠道、为创新性企业构建多层次的资本市场。知识产权质押贷款、信用贷款、信用保险和贸易融资、天使投资和创业投资、代办股份报价转让系统试点和改制上市等多项科技金融创新，改善了示范区内企业投资环境。同时，"3+1"示范区鼓励区内企业上市，对不符合上市交易的中小企业设法设立产权交易平台，如上海的"非上市股权交易平台（OTC）"，为科技型企业早期融资创造条件。

5. 建设人才特区，支持人才聚集和优先发展

人才是企业创新的关键，也是推动自主创新示范区建设的最重要的因素。"3+1"示范区借鉴当年兴办经济特区的经验，把自主创新示范区作为建设世界一流的国际化人才聚集区和全国人才体制机制改革创新的试验区和人才特区，发挥示范引导作用。"3+1"示范区一方面实施国家"千人计划"、"百人计划"、"长江学者奖励计划"、"杰出青年计划"等政策引进高端人才；另一方面根据各地具体情况分别推出针对性强、措施明确的人才政策，如中关村示范区的"高端领军人才聚集工程"，东湖示范区"3551 人才计划"、"张江聚才计划"等，进一步加速高端人才集聚。同时，"3+1"示范区还试点人力资本作价入股政策，即领军人才或高端人才，可凭借研发技能、管理经验等人力资本作价出资办企业，开辟了吸引人才的新路径。这些人才引进措施不仅关注人才本身，而且为高端人才解决子女入学，为外籍高层次人才及其家属提供居留、出入境等提供便利，在医疗、住房、配偶安置等各方面给予保障，从而为从根本上留住人才提供了可能。此外，各示范区还在个人所得税政策上向高端人才倾斜，以鼓励各类高级人才在示范区创业和工作，如东湖示范区规定，符合条件的高级人才，按其上一年度所缴工薪个人所得税省、市、区三级地方留成部分 100% 的标准予以奖励（北京为 80%）。

6. 便捷市场准入，鼓励创新创业主体的设立和发展

"3+1"示范区纷纷采取了降低市场准入门槛、便捷创新创业主体设立和发展的措施。在创新主体设立时，引入国外常规做法，实施"筹建登记"制度，实现企业法人资格与经营资格的分离，便捷了创新主体设立；并允许企业自主选择核定经营范围，以便于企业根据自身需要调整经营范围，真正实现了"自主选择经营项目"。此外，早在国内相关法规修改前就

已经在出资方式等方面拓展了创新创业主体的出资渠道，如明确债权出资的形式。而允许协商以知识产权和科技成果出资时所占注册资本的比例等是对现有法律的突破。此外，各示范区还通过各项优惠的配套措施为创新创业人才降低居住成本、创业成本，吸引人才创业。如张江核心园的“两个 1000”计划就是典型代表。而东湖等地也有类似举措。如股权投资机构与科研人员在示范区内进行科技创业、开办公司，不仅可以获得购租房补贴和各种税费优惠，享受三年内免费会计、法律、人才招聘等外包服务，还按对初创期中小高新技术企业投资额的 10% 给予风险补贴；同时建立科技创业奖励制度，对优秀的创业人员和支持创业的中介机构，给予高额奖励和表彰，从而在示范区内形成倡导创业的新风尚。

“3 +1”示范区采取措施允许社会组织向民政部门进行申请登记，以激励社会组织更多服务于创新，支持社会组织参与示范区建设。开展经济技术交流，制定标准，帮助企业开拓国际市场，进行品牌推广等活动。对符合条件的产业联盟可以登记为法人，颁发公司执照或社团法人执照，以便于申请重大科技创新专项。

7. 创新管理与服务，促进科技创新企业的成长

加强政府服务创新创业的能力是“3 +1”示范区特别重视的一项工作，也是创新政策的重要内容。其中，以创新管理为科技企业提供各种服务平台是“3 +1”示范区普遍采取的措施。建立科技创业电子服务平台，免费发布政策信息、创业项目信息、市场供求信息，推介企业产品；设立知识产权综合服务中心，提升知识产权保护水平，有效实施产权交易；建立金融超市，集银行、担保、保险、法律、税务、证券等业务于一体，便捷企业融资手续等都是常见的服务机制。

而对中小科技企业发展的特殊制度设计是政府服务创新创业的另一表现。例如，中关村创业孵化服务机构探索出“孵化加创投”等一系列创业孵化服务新模式，初步建立多层次、全方位、多样化的企业孵化器群体，形成了公共服务的重要主体和市场化的中介服务体系。东湖示范区则以科技企业加速器推动科技企业的健康成长和持续发展。“政府引导、市场主导”的原则和“定位明确化、运作市场化、管理国际化、服务专业化”的发展方向，鼓励和支持不同类型、不同规模加速器的发展，为全区高成长科技企业提供空间、科技、管理、资本、政策等服务支撑。

二、“3 +1”国家自主创新示范区建设中需避免的问题

1. 政府主导的建设模式

建设国家自主创新示范区，不能只盯着物质资本或技术本身，而要把主要的注意力放到创建有利于发挥人力资本作用的经济体制、制度和文化环境方面去，避免以政府为主导的建设模式。具体讲：第一，支持一切有创业能力和愿望的人创立自己的事业；放手发展中小企业；把目前大量存在的产权边界模糊、政企职责不分、内部管理混乱、不注意增强自己的核心能力的经济单位改造成为真正的企业。第二，建立游戏规则，确立能够保证公平竞争和优胜劣汰的市场环境。第三，摒弃中国传统文化中某些不利于人的潜能发挥的评价标准和落后习俗，努力营造宽松、自由、兼收并蓄、鼓励个性发展和创造的文化氛围，从而焕发人才的聪明才智，为高技术产业的发展作出创造性的贡献。第四，要加快以科技体制为主的体制变革和股权激励为主的制度建设，充分调动广大群众创造的积极性。

2. 简单技术决定论

政府的注意力往往集中于确定“攻关”的重点和为进行“攻关”资源的分配上;同时,把科学发明和技术本身的演进,看作推动高技术产业发展的主要力量,以为只要投入足够多的资金和人力,去开发和引进各项高新技术,就能保证高技术产业的快速发展。而对于习惯计划经济的思维方式的人们来说,发挥计划经济用行政命令动员资源和按国家意志分配资源方面的优势,由政府直接组织科学技术研究和新技术的商品化转化,就是再顺理成章不过的了。把科学发明和技术本身的演进看作推动高技术产业发展的主要力量的看法,认为既然高技术产业是建立在高技术的基础之上的,当谈到推动高技术产业发展的动力问题时,人们自然会首先想到技术自身的发展。这是一种简单的技术决定论的思想,忽视了制度的重要性,这是一种需要避免的倾向。

3. 简单的政策取向

特殊的国情和特殊的发展阶段,使得我们在创建区域创新生态系统面临的问题和发达国家存在根本的不同,即我们所面临的首先是体制问题,而不仅仅是简单的政策问题(显然这种体制问题对于硅谷是不存在的),其次才是具体的市场具体制度建设问题。当前提出的科技教育体制改革问题无疑对于创建区域创新生态系统具有重大现实意义。通过科技体制改革就是要解决科技和社会经济两张皮的问题,就是要确立企业技术创新的主体地位。切实增强企业技术创新的动力和活力,引导企业成为技术创新投入和研究开发活动的主体。支持企业建立和完善研究开发机构,鼓励企业以各种形式参与实施国家科技计划。建立为中小企业开展技术创新服务的平台。包括与科技体制改革相对应的是教育部最近提出并实施的“2011 计划”,其目的也在于把协同创新机制建设作为重点。突破高校内部以及外部的体制机制壁垒。促进创新组织从个体封闭的方式向开放流动的方式转变。促进创新要素从固定分散的状态向汇集融合的方向发展。促进知识创新、技术创新、产品创新的风格状态,向科技工作的上游、中游、下游联合贯通的方式转变。这些改革无疑对于“3 + 1”国家自主创新示范区的建设都是重要的利好。

4. 产业和城市的隔离

国家自主创新示范区不仅仅是科技创新、产业发展的空间载体,更是示范区内人们生活、学习、工作、休闲的城市群落。以人为本,将“人”放在视野的中心,在提供技术产业化基础外,围绕“人”的需要搭建健全的社会服务体系,使创新示范区从物理空间上由一个单一的园升华为一座综合的城,把自主创新示范建设成由“园”到“城”的有机体。即建成具有和谐统一示范区的产业功能、文化功能、城市功能,构想“产城融合发展”的未来蓝图,实现以示范区创新带动城市创新,以城市创新激发产业创新良性互动的格局。

三、创新生态系统是“3 + 1”国家自主创新示范区建设的核心内涵

如果我们将创新成果比作珍珠的话,那么创新环境就是培育珍珠的贝壳。没有贝壳珍珠就无法生成,因此创新环境的建设是创新发展的基础。在各示范区创新硬件设施差异不大的前提下,创新软环境的营造将有利于吸引企业和人才的集聚,而企业与科技人才的创新活动又会反过来推动创新软环境的不断改善。“3 + 1”国家自主创新示范区应整合优化创新型企业集群、投资者、科研教育机构、创业者、政府机构等促进科技创新的组织,提供更多场合、渠道、机会,促进科技人员、投资者、经营者之间进行广泛深入的交流,提高时尚、娱乐、休闲、医疗、交通、教育等生活品质,使多元的思想相互撞击出创新的火花和探索的实践。我们认为,创新生态系统是"3+1"国家自主创新示范区建设的核心内涵。

第五节　创新驱动与城镇化战略转型

"3+1"国家自主创新示范区建设的最终目的就是建立城市和区域的创新生态系统,这种创新生态系统的建立是促成示范区所在城市和区域战略转型的关键,这种战略转型应体现在由"后发优势"战略转向"先发优势"战略;城镇化发展由单一的外向型驱动到基于创新驱动的内生化模式,这是实现所在城市和区域可持续发展的关键,也是为其他城市和区域创新发展树立良好典范的关键。

一、由"后发优势"战略转向"先发优势"战略

过去三十多年中,中国经济发展受制于发展阶段和水平限制,在追赶西方现代化过程中一直采取的是"后发优势"战略,即瞄准先进国家和地区的先进科技和产业,用模仿方式不断地追赶,以期达到快速的经济增长和缩小发展差距的目的。这种"后发优势"战略的主要特征是:在技术上主要是靠引进,或在研发上跟踪模仿国外先进技术,主要不是靠自主创新;在产业上主要是靠创造优良的投资环境吸引外国直接投资,承接发达国家产业转移或外包而不是主要鼓励本国公民、本国企业进行自主投资或者自主创业;在投入上主要是依靠低级的、一般性的生产要素而不是高级的、专业化的要素发展劳动密集型产业,或者承接发达国家转移的高技术产业的低端生产加工环节;在需求结构上主要依靠外需而非内需拉动,出口导向、出口创汇成为主要追求的发展目标;在比较优势上是用低成本要素而非依靠生产率提升参与国际分工和竞争,进入发达国家跨国企业控制的全球价值链的底部进行国际代工。前文已经谈到,这种发展模式已经接近尾声,为此,我们的发展战略必须出现转变,即由"后发优势"战略转向"先发优势"战略,表现在城镇化进程方面,就是必须要依靠创新驱动实现可持续发展。

二、由单循环驱动向双循环驱动的转变

我国城镇化发展得益于全球化推动,事实上我国经济与世界经济特别是欧美发达地区之间形成了一种大循环,这种循环是建立在"中国生产,欧美消费"的基础上的。但随着欧美金融危机爆发,以及我国参与这种大循环的生产要素的基础发生了变化,即传统土地、劳动力,以及资源环境的稀缺性已经无法支撑这种循环的可持续性。这种循环的不可持续性使得我国的产业基础发生了动摇,主要是参与跨国公司主宰的低端的生产环节。所以,我国城镇化可持续发展的动力基础已经发生削弱。为了促进我国城镇化的可持续发展,我们必须要启动内需市场,特别是发挥消费在经济发展中的主导作用。消费主导作用的发挥同时要求产业基础也必须发生变化,以形成我国内生的社会经济循环,这种循环是建立在"中国生产,中国消费"的基础上的,即表现在城市发展上,就是要充分认识"启动内需的最大潜力在城镇化"。

三、建立城市和区域创新生态系统

上述两大战略的转变离不开城市和区域创新生态系统的建立。在以往的城镇化进程中,没有人提出城镇化创新生态的概念,我们认为,提出这个概念很重要,因为城镇化是一个动态的过程,表明要素在城市和区域中的集聚和扩散会推动城镇化产业的产生和

发展。根据对世界典型城市的研究,在其产业不断演变的过程中,必然存在着一种创新的生态系统,在我国由于政府主导着经济的发展,我们往往对城镇化的理解仅仅集中于表面的现象,比如人口向城市的集聚,人口集聚自然带动了其他要素的集聚。当人口城镇化转向结构转换型的城镇化和功能意义上的城镇化时,创新要素的集聚和辐射往往受到一种创新生态的深刻影响,这就充分说明美国硅谷等高新技术开发区为何会成为全球的创新中心。在今后我国的经济发展过程中,要高度重视城镇化进程中创新生态的演变和发展问题。

附

苏州纳米技术科教结合创新试点的个案研究

为积极贯彻落实中央关于"大力推进协同创新,建设创新型国家"的指示精神,2012 年 1 月,国家科技部、教育部与江苏省人民政府签署合作协议,在江苏率先开展科教协同创新试点工作,并确定了首批三家试点单位,其中科教结合苏州纳米技术产业创新基地落户苏州工业园区。苏州纳米所与苏州工业园区管理委员会和中国科技大学、苏州大学共同签订了"关于共同推进纳米学院建设"为主题的合作协议,着力推进纳米技术科教结合创新试点基地建设,成为科教结合、协同创新的先行者。

作为科教协同创新的先行先试,苏州纳米技术科教结合创新试点基地的诞生、推进与建设无不体现着协同创新理论的先进思想,其在创新体制、创新模式、创新政策等方面开创了我国协同创新的先河,成为我国率先推行科教协同创新机制的成功典范。以苏州纳米技术科教结合创新试点基地为个案研究,必将为我国创新体制完善与改革、科教协同创新机制的建设与推广提供重要的实践经验与理论成果,为建设创新型国家、提高我国综合国力作出应有的贡献。

一、协同创新视域下的苏州纳米技术科教结合创新的环境分析

任何体系与机制的运行,都是在市场中进行的,而市场又受国家的政治、经济、技术、社会文化的限定与影响。因此,苏州纳米技术科教结合创新试点基地的研究与分析,必须从环境的研究与分析开始。一方面,环境是科教协同创新体系赖以生存和运行的基础,其所需的一切要素都要从环境中获取,如人力、材料、能源、资金、技术、信息等;另一方面,科教协同创新的成果必须以市场为导向,通过市场进行转化与应用。

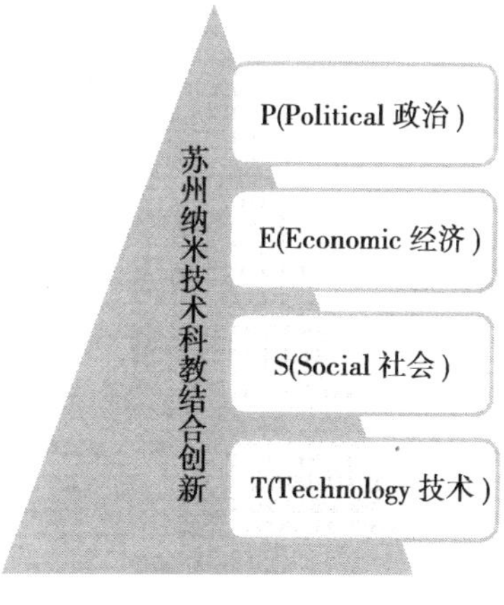

附图 1　苏州纳米技术科教结合创新模式宏观环境分析

苏州纳米技术科教结合创新的宏观环境一般包括四类因素,即政治、经济、技术、社会文化,简称 PEST(附图 1)。政治环境是指对其产生影响和制约的政治要素和法律系统及其运行状态;经济环境是指构成其生存和发展的社会经济状况及国家的经济政策;技术环境是指与纳米有关的科学技术现有水平、发展趋势和发展速度,以及相应科技体制、科技政策等;社会文化是指所处地区的社会结构、风俗习惯、宗教信仰、价值观念、行为规范、生活方式、

文化水平、人口规模与地理分布等因素的形成与变动。四类宏观环境因素与协同创新体系之间相互依存和互动，是影响科教协同创新体系运行的基础性因素。

1. 政治环境(Political)

2006年4月，江苏省委、江苏省人民政府作出了《关于增强自主创新能力、建设创新型省份的决定》，江苏省人民政府制发了《江苏省科技发展"十一五"规划纲要》，把"以发挥企业主体作用为重点，加强区域科技创新体系建设"作为"十一五"期间和新时期江苏科技发展的战略重点之一。

2011年7月，科技部发文，确认在苏州工业园区建立国家纳米高新技术产业化基地；同月，国家标准化管理委员会又发文确认要在苏州建设国家纳米技术产业标准化示范区。

2012年1月，国家科技部、教育部和江苏省政府在南京签署了《关于推动科技与教育深度结合，支撑江苏省新兴产业培育和发展的合作协议书》，推动科教紧密结合支撑江苏新兴产业培育和发展，先期启动和履行的三个项目中，科教结合发展苏州纳米技术产业创新基地列在首位。在这次会上，园区成为两部一省科教结合(纳米技术)产业试点基地。

由以上国家与江苏省的相关发文与决议可以看出，从2006年的"十一五"规划纲要，到2012年的省部合作协议，苏州纳米技术科教结合创新基地的建设具备了充足、完善的政策环境。

另外，在区域科技创新体系建设中，作为苏州纳米技术科教结合创新试点基地的诞生区域，苏州工业园区充分发挥区域布局优势，在更大范围、更广领域和更高层次上整合和优化科技资源，提出加强科教协同创新、技术创新载体和新型研发载体建设，为促进江苏经济发展、提高江苏经济竞争力、实现产业结构升级提供重要支撑。

从国家政策到省部决议，加之苏州工业园区的体制转型与机制改革，都为苏州纳米技术科教结合创新试点基地的诞生与建设提供了良好的政治环境。

2. 经济环境(Economic)

苏州工业园区于1994年2月经国务院批准设立并于同年实施启动。作为中新两国政府间重要的合作项目，苏州工业园区开发建设一直得到党中央、国务院的高度重视和亲切关怀，中新双方建立了由两国副总理担任主席的中新联合协调理事会。1994年至今，已先后召开十四次中新联合协调理事会。国务院数十次发文，在目标规划、管理授权、政策扶持等重大问题上给予直接指导和具体帮助，并明确"凡是符合改革方向的可在园区先行，一时看不准的也可在园区试行"，为园区创造了"不特有特、比特更特"的发展环境。园区成立18年来，在各级领导、各级部门的亲切关心和大力支持下，已经建设成为国内发展水平最高、竞争力最强的国家级开发区之一。

根据最新统计显示，自1994年开发建设以来，苏州工业园区主要经济指标年均增长30%左右，该区以占苏州3.4%的土地、5.2%的人口创造了15%左右的经济总量，综合发展指数已跃居国家级开发区第二位。近年来，苏州工业园区在人才高地建设、产业结构优化升级、经济转型转轨方面取得了显著成效，科技创新实现跨越发展，并在有机融合园区优势资源、实现科教协同创新方面走在了全国的前列。经济综合实力的增强为苏州纳米科教结合协同创新试点基地的诞生奠定了雄厚的经济基础、提供了坚实的经济保障、创造了优越的经济环境。

3. 社会文化环境(Social)

苏州工业园区作为中国和新加坡两国政府签署协议兴办的国际合作项目,具有典型的国际化特征,具有极强的兼容性和开放性。近年来,园区积极贯彻落实国家新兴产业发展规划,确立了以纳米技术引领全区新兴产业发展的战略决策;同时,大力实施科技、教育与产业协同发展计划,初步形成了科教紧密结合,协同促进产业发展的良好局面,从而在整个工业园区内部形成了浓郁的科教协同、促进创新的氛围与环境。

苏州独墅湖高等教育区是为适应苏州经济社会发展需要,构建可持续发展核心竞争力,提高科研能力和创新能力,由中国—新加坡联合理事会中方理事会批准建立的。其目标是依托区域经济国际化和自主创新发展战略,吸引国内外优质教育资源,开展以研究生为主的人才培养和科学研究,营造良好的科技创新研发氛围和科研成果转换环境,目前已成为国内领先的科教创新基地。

由此可见,从苏州到苏州工业园区到苏州独墅湖高等教育区,是一个地理范围不断缩小、创新文化不断浓厚、科技能力不断增强的变化过程,这为处于独墅湖高等教育区内部的苏州纳米技术科教结合创新试点基地的建设与发展创造了良好的社会文化环境。

4. 技术环境(Technology)

苏州工业园区从规划到发展,一直将科技进步作为立区之基、强区之本,不断加快科技发展。从科技投入入手,注重载体建设,培养科技人才,并充分发挥创新功能。近年来,随着以纳米技术引领全区新兴产业发展的战略决策的提出,纳米技术的发展与应用成为园区建设的重要工作内容。

附表1　苏州独墅湖高教区主导产业方向重点实验室及研发机构(部分)

主导产业	研发机构名称
融合通信	苏州市无线网络与信息安全重点实验室
	软件安全与移动计算实验室
	苏州市下一代 WEB 服务计算重点实验室(依托国家高性能计算中心(合肥))
	苏州市宽带无线接入技术重点实验室
电子信息制造	苏州市电气设备与自动化重点实验室
	苏州市汽车电子与智能交通技术重点实验室
	苏州市集成电路与系统重点实验室
	苏州市卫星定位系统应用重点实验室
	电力设备电气绝缘国家重点实验室苏州研究中心
	苏州市嵌入式系统重点实验室
	苏州市电网安全重点实验室
生物医药	苏州市生物医用材料与技术重点实验室
	苏州市现代生物制药工程重点实验室
	南京大学生物制药工程研究中心(蛋白质与多肽新药教育部工程研究中心)

续表

主导产业	研发机构名称
生态环保	苏州市环境与生物安全重点实验室
	苏州市环保节能土木工程材料与技术重点实验室
	苏州市水环境科学技术重点实验室
	苏州城市公共安全重点实验室
现代服务业	苏州市儿童发展与科学媒体技术重点实验室
	苏州市供应链技术重点实验室
纳米光电新能源	苏州市电动汽车与系统控制技术重点实验室
机械制造	快速制造国家工程研究中心苏州中心

资料来源:苏州独墅湖高教区网站。

苏州工业园区是国内发展水平最高、竞争力最强的国家级开发区之一,以独墅湖高教区为代表,该区域内部融聚了一大批高尖端技术平台,为苏州纳米技术产业的发展提供了良好的技术环境(附表1)。

纳米技术是21世纪最重要的革命性技术之一,对国家科技发展有着极为重要的战略意义,国家高度重视并明确将涵盖纳米技术的新材料产业列为国家战略性新兴产业。目前我国基本上与国外先进水平保持同步,将来有望实现跨越式发展、抢占国际纳米科技制高点。

在纳米技术领域,苏州工业园区更是走在了全国的前列,先后获得了"国家纳米技术国际创新园"、"国家纳米高新技术产业化基地"、"国家纳米技术产业标准化示范区"等多项国内第一、唯一称号,已成为国内最具规模的纳米技术创新和产业化基地。在园区25平方公里的独墅湖科教创新区内,集聚了近20家纳米技术创新研发机构、24家国内外著名高等院校或其研究教学机构、160多家年产值共达近百亿元的纳米技术企业,初步形成了科教紧密结合,创新、人才和产业化资源集聚发展的良好局面。苏州大学作为落地苏州的211省属重点综合性大学,近几年重点打造院士领军的国际一流纳米教学科研团队,成立国内首家纳米科技学院,并获批为全国17所试点学院之一,在体制机制创新方面已有深入的探索和实践。

纳米技术的推广与发展,辅以苏州工业园区强有力的技术创新能力和完善的技术创新环境,共同构成了苏州纳米技术科教结合协同创新试点基地建设与发展的技术环境。

二、苏州纳米技术科教结合创新试点基地的建设

1. 苏州纳米技术科教结合创新模式的提出

苏州工业园区自以纳米技术引领全区新兴产业发展的战略决策提出后,就一直探寻一种高效、合理的纳米技术发展模式,以实现现有资源的高效应用、推动纳米技术的跨越式发展、发挥纳米技术对区域经济的引领作用。

科教结合创新模式的提出,主要基于两方面重要原因:一方面,纳米技术具有极强的渗透性和应用性,其发展呈现显著的跨学科及基础研究、应用研究和产业化开发并行的特点,这决定了协同创新将是纳米技术发展的必由之路;另一方面,苏州工业园区是国内规模最大、产业竞争力最强的纳米技术产业集聚区域,也是国内体制机制创新的先行示范区域,是国家批准建设的纳米高新技术产业化基地、纳米技术国际创新园、国家纳米技术标准化示

范区，而位于区内的独墅湖高等教育区拥有不可比拟的人才、知识、信息、资源与国际化优势，为纳米技术科教协同创新模式的实现提供了可能性。

基于此，2012 年 1 月，在国家科学技术部、教育部、江苏省率先开展科教协同创新试点工作的引领下，苏州工业园区、苏州大学、中国科学技术大学、中科院苏州纳米技术与纳米仿生研究所联合签订了“关于共同推进纳米学院建设”为主题的合作协议，着眼于推动纳米技术科教协同创新试点基地的建设。随后，立刻启动苏州纳米科技协同创新中心建设，成立了苏州纳米科技协同创新中心筹备工作组，制订筹建方案。同年 7 月苏州纳米科技协同创新中心正式揭牌成立，标志着苏州纳米技术科教协同创新正式拉开帷幕，成为我国科教协同创新模式的先行者。

2. 苏州纳米技术科教结合创新模式的运行机制

苏州纳米技术科教结合创新试点基地的构建主体包括苏州工业园区、苏州大学、中国科学技术大学、中科院苏州纳米技术与纳米仿生研究所等四方，另外辅以中介保障与服务部门提供保障与服务，共同推动试点基地的建设与发展。

苏州纳米技术科教结合创新试点基地的运行机制，如附图 2 所示，其构成系统可分为三部分：外部运作系统、协同主体系统和平台/载体系统。

(1) 外部运作系统。外部运作系统是指给纳米技术协同创新带来影响或限制的外部环境，包括环境影响和资源交换两部分。

环境影响是前文所述的宏观环境，即 PEST 分析，包括政治环境、经济环境、社会文化环境与技术环境四个因素，各因素与协同创新过程相互影响、相互关联、相互作用、相互制约，与纳米技术的发展与推广实现动态平衡，并在影响纳米技术科教协同创新试点基地的过程中，其自身亦会受到影响从而发生变化。对于苏州纳米技术科教结合创新系统而言，最显著的特点是充分的外部政策支持（如附表 2），分别从人才、科技、金融三个角度为苏州纳米技术科教结合创新提供了良好的政策环境。

附表 2　苏州纳米技术科教结合创新体系政策支持简表

人才政策	对科技领军人才项目给予启动资金、风险投资、跟进投资、项目贷款和担保专项资金等资助
	对高层次紧缺人才给予购房补贴、薪酬补贴、优惠房租、培训补贴、博士后补贴、落户及子女入学等扶持
科技政策	对高科技项目给予启动资金支持和办公用房房租减免优惠
	对获得国家、省、市科技项目经费给予配套资金扶持
	对软件、服务外包，动漫游戏，集成电路设计，生物医药等产业给予优惠政策；对企业申请专利、软件著作权等知识产权给予补贴
金融政策	设立创投风险补贴和跟进投资基金，鼓励创投投资高科技企业
	设立中小企业统贷平台，帮助中小企业解决资金瓶颈
	对企业上市不同阶段给予总额 300 万元的奖励
	对中小企业贷款利息给予 50% 的补贴

资料来源：苏州独墅湖高教区网站。

资源交换是指在纳米技术科教协同创新的过程中，由市场或其他外部主体为其提供信息、知识、技术、专利、人才、资金、材料等资源，以保障其资源所需得到高质量的满足与充实从而保证正常运行和发展，并从中获取成果输出、经济效益与社会效应。

（2）协同主体系统。在完整的纳米技术科教结合创新运行机制中，包含苏州工业园区管理委员会、中国科学技术大学与苏州大学、苏州纳米技术与纳米仿生研究所、孵化/加速等各类专业服务机构、智囊咨询/风投财务等保障部门以及纳米行业领域各类企业六大协同主体。各主体互为能动方，互相关联，相互影响，共同为协同创新体系的建设与运行提供能动力支持与优势资源贡献。

苏州工业园区管理委员会是协同创新的主导部门，作为体系中的政府部门，主要发挥引导与推进的作用，包括在政策与资金等方面的综合支持，在政府与院所等部门之间的协调引导，代表该区域争取国家或省市的重点资源，技术平台与成果转化基地等公共服务体系的建设等几个方面。

中国科学技术大学与苏州大学是协同创新的主要参与主体，是创新动力的源泉，保证创新能力的持续性与延伸性。在协同创新体系的运作中，主要负责提供专业技术人才与作为后续力量的充实的生源，促进知识的流动、转移、增值与更新，并主持开展国内与国际学术交流与合作活动。此外，苏州纳米技术科教结合创新试点基地周边还驻有数十所高等院校（附表3），这些院校有着丰富的协同合作经验，共同为协同创新提供创新动力。

苏州纳米技术与纳米仿生研究所是协同创新的技术支撑主体，为体系的运行提供主要的技术支持与保证。其作用发挥体现在以下几个方面：纳米基础技术研究，成果转化与应用研究；配置纳米技术前沿领军人才，打造一流人才队伍；提供纳米技术前沿信息与相关资源。

附表3　苏州纳米产业周边院校一览表

1. 苏州大学独墅湖校区	10. 山东大学苏州研究院
2. 西交利物浦大学	11. 四川大学苏州研究院
3. 苏州工业园区服务外包职业学院	12. 中国人民大学国际学院（苏州研究院）
4. 新加坡国立大学苏州研究院	13. 东南大学苏州研究生院
5. 苏州工业园区工业技术学校	14. 南京大学苏州研究生院
6. 苏州高博软件技术职业学院	15. 西安交通大学苏州研究院
7. 苏州港大思培科技职业学院	16. 中国科技大学苏州研究院
8. 华北电力大学苏州研究院	17. 苏州评弹学校
9. 武汉大学苏州研究院	

资料来源：苏州独墅湖高教区网站。

专业服务机构与保障部门是协同创新体系的重要参与主体，为体系的正常运行提供中介作用与推动助力。专业服务机构主要提供孵化、加速服务，加工、测试、标准化服务及其他专业化服务；保障部门则在分散风险、资金支持、管理咨询等方面发挥作用。

纳米行业领域各类企业是苏州纳米技术科教结合创新模式的主体，是协同创新的主要面向主体和根本落脚点，其作用体现在以下三个方面：一是作为纳米技术开发的一线需求引导主体;二是纳米技术研究成果实现有效转化与应用的支撑主体;三是为其他协同主体提供资金、材料、设备等资源。

(3) 平台/载体系统。平台与载体系统是实现优势资源释放、共享的场所,是促进信息交流、知识转移与增值的重要机制系统。

在推进苏州纳米技术科教结合创新试点基地建设的过程中,由苏州大学牵头,苏州工业园区管委会主导,中国科技大学、中科院苏州纳米所、西安交通大学、东南大学参与,共同建设了苏州纳米科技协同创新中心,作为推动协同创新的平台与载体,苏州纳米科技协同创新中心针对纳米技术新兴产业培育和高校学科人才建设的共同需求,以各方共同利益为基础,通过人才、学科、科研三位一体的体制机制创新和政策项目引导,以培养工程型、应用型纳米技术人才,提升高校和院所在纳米科技领域的协同创新能力为目标,形成需求导向、寓教于研、优势互补、利益共享、风险共担的创新合作机制,成为苏州工业园区建设纳米技术人才高地、创新高地和产业高地的重要支撑力量。

三、苏州纳米技术科教结合创新试点基地的模式

苏州市发展纳米技术及其相关产业基本遵循科教协同创新模式,实现科教协同的各个子系统,遵循一定的机制和体制,实现有机结合和深度合作,互相协同、相互促进、共同作用,协同构成了当前的发展局面和格局。

根据前文所述科教协同创新模式的分类方式,苏州纳米技术科教结合创新模式属于政府主导型、面向科学前沿兼顾服务区域发展型、资源与成果的释放与共享型、单地区内部创新兼具向外辐射型模式。

1. 苏州纳米技术科教结合创新是政府主导型模式

政府主导型科教协同创新模式是指政府为了提升国家与区域的科技经济质量、水平和效益,就某些企业的难点难题设置为项目,广泛招标,或者组织科教协同创新联盟等,将与企业和高校合作的重要项目纳入国家或地方的发展规划,有重点地资助某些大型科教协同创新项目和引导某些未来发展项目。

苏州纳米技术科教结合创新试点基地是在苏州工业园区管理委员会主导和推动下建设的。苏州工业园区作出以纳米技术引领全区新兴产业发展的战略决策,将苏州纳米技术科教结合创新试点基地建设纳入发展规划,并对协同创新项目给予政策、经费等多种优惠。

在建设过程中,政府部门(即苏州工业园区管理委员会)对纳米技术科教结合创新试点基地的建设提供政策、资金以及场地等方面的综合支持,协调政府部门、院所、企业和投融资等相关机构,并积极争取国家省市创新资源的重点支持,为人才培养、科技创新、科研成果转化提供一流的硬件设施、充分的资金支持和全方位的政策保障。此外,还积极推动纳米技术孵化与产业化载体建设,为纳米技术未来人才培养和科技成果转化提供发展支撑。

综上所述,政府主导成为苏州纳米技术科教结合创新模式的显著特征。

2. 苏州纳米技术科教结合创新是面向科学前沿、服务区域发展型模式

面向科学前沿的科教协同创新模式是指,以自然科学为主体,以世界一流为目标,通过高校与高校、科研院所以及国际知名学术机构的强强联合,成为代表我国本领域科学研究和人才培养水平与能力的学术高地。纳米技术是21世纪最重要的革命性技术之一,国家高度重视并明确将涵盖纳米技术的新材料产业列为国家战略性新兴产业。因此,苏州纳米技术科教结合创新模式,通过协同各方优势资源推动纳米技术研发与应用,是面向纳米技术科学前沿的典型模式。

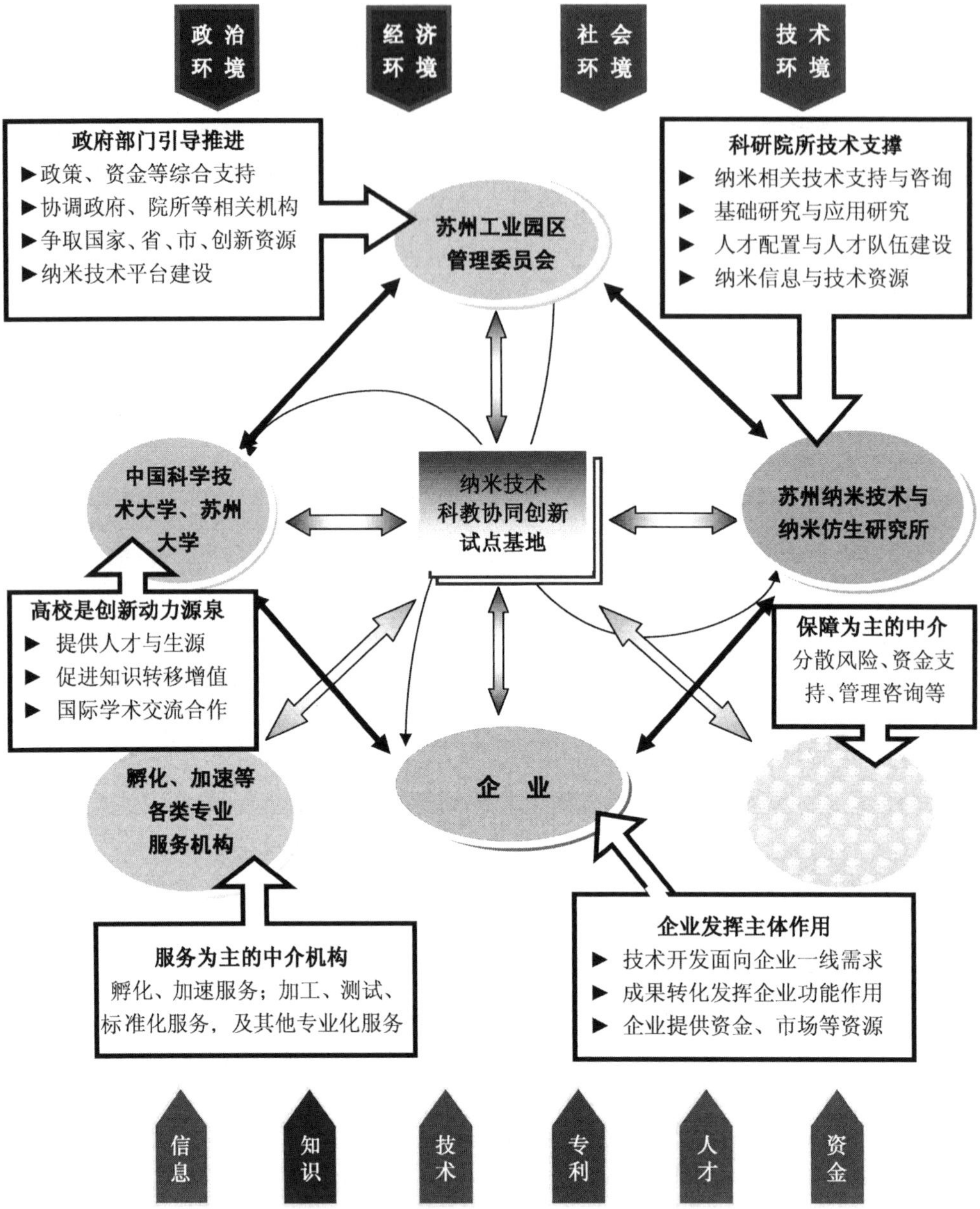

附图2　苏州纳米技术科教结合创新的运行机制示意图

同时，苏州纳米技术科教结合创新试点基地又是面向区域发展、服务地方经济社会进步的重要战略举措。面向区域发展的科教协同创新模式是指，以地方政府为主导，以切实服务区域经济和社会发展为重点，通过推动省内外高校与当地支柱产业中重点企业或产业化基地的深度融合，成为促进区域创新发展的引领阵地。

作为一项战略决策，纳米技术成为引领苏州工业园区新兴产业发展、推动全区经济健康持续增长的主导技术。在政府的主导与推动下，以推动苏州工业园区、苏州市、江苏省战略性新兴产业快速发展为目标，协同创新主体，集聚优势资源，推动纳米技术创新与应用，发挥其对区域创新发展的引领和推动作用。

因此,苏州纳米技术科教结合创新既有面向科学前沿的特征,又是服务区域发展的模式,兼具两个目标导向,相辅相成,互相促进。

3. 苏州纳米技术科教结合创新是资源与成果的释放、共享型模式

资源与成果的释放、共享型科教协同创新模式,是指通过构建先进的机制平台与载体,协同各方创新主体,并鼓励其积极主动释放自身优势资源,实现共享与相互吸收,有效减少重复投入与重复开发,并通过资源融合实现资源的产出与增值。

苏州纳米技术科教结合创新试点基地作为一种先进的机制平台与载体,通过协同政府部门、高等院校、科研院所、企业及其他中介机构等创新主体,在政府主导下构建资源共享机制,制定资源有效释放与共享的发展规划,鼓励各方释放技术、信息、人才、知识等资源,共同促进纳米技术的研发与应用,推动其对区域新兴产业发展、地方生活经济进步的引领作用的发挥。

因此,苏州纳米技术科教结合创新模式具有显著的资源与成果的释放、共享型特征,是该类模式的典型代表。

4. 苏州纳米技术科教结合创新是单地区内部创新、向外辐射型模式

单地区内协同创新模式是指,科教协同各方集聚于单一地区内部,在单一的地理范围内实现有效协同,共享资源与信息,推动知识与技术的交流与合作,从而实现创新效能的最大化。

当前,苏州纳米技术科教结合创新核心协同创新系统以园中园(工业园区中的纳米产业园)的形式集聚于苏州工业园区独墅湖高教区西南部,具有典型的地方性与区域性特征。作为苏州工业园区管理委员会推动下诞生的协同创新体系,苏州纳米技术科教结合创新试点基地是以集聚地方优势资源为重点,以振兴区域纳米产业发展为模式,以推动区域经济社会进步为目标,在区域内部建设与发展的。

同时,苏州纳米技术科教结合创新模式又是有显著的向外辐射性特征。一方面,作为面向纳米技术前沿领域的创新试点基地,其定位在于通过区域内部的纳米技术进步与应用,占领全国纳米技术发展与进步的第一高地,成为全国纳米技术研发与应用的前排军;另一方面,通过创新模式、创新机制、创新内容,打造一支服务于本地区、适用于全国的纳米技术发展模式,发挥本地区先行先试的传统优势,为全国同类型地区技术发展树立典范和打造模型。

因此,苏州纳米技术科教结合创新既是单地区内部的协同创新,又具有向外辐射的显著特征。

四、苏州纳米技术科教结合创新模式的机制转型与重点措施

1. 苏州纳米技术科教结合创新试点基地建设的机制转型

不同于全国的普遍情况,苏州纳米技术科教结合创新试点基地诞生于苏州工业园区内,是独墅湖科教创新区的重要组成部分,集国际先进技术和经验于一身,在动力机制、投入机制和分配机制上都处于领先国内、面向海外的新高地。

为了适应纳米技术渗透性和应用性强、其发展具有显著的跨学科及基础研究、应用研究和产业化开发并行的特点,打破学科藩篱,构建科教协同创新体系,推动苏州工业园区、苏州市、江苏省战略性新兴产业快速发展,苏州纳米技术科教结合创新模式在体制转型与机制转变方面实现了自主创新。具体体现为:创新苏州纳米技术科教结合创新试点基地建

设模式。创新内部管理机制、队伍建设机制、科研协作机制、人才培养机制、产业化促进机制等五大机制。推动三大转变，即高校科学研究、人才培养等工作从学科导向为主向产业需求导向为主转变；组织管理从个体、封闭、分割方式向流动、开放、协同的方式转变；创新要素与资源从孤立、分散的状态向汇聚、融合的方向转变。融入区域创新体系建设、深化国际科技交流合作，实现政、产、学、研、用协同，实现人才、学科、科研协同，最终实现人才、学科、科研三位一体创新能力的提升。

机制转变与体制转型，为苏州纳米技术科教结合创新创造了良好的机制基础与体制环境。具体体现在以下几个方面：

(1) 政策体系健全。政府从设备采购、科研开发、发展要素市场、知识产权保护、资金筹集到引进人才、培训服务、成果转化、产业规模等形成了一整套的政策扶持和保护。苏州工业园区是江苏省第一个知识产权试点园区。园区设立知识产权专项资金，对企业和个人申请专利给予资助，对年度专利申请大户、获得江苏省名牌产品、江苏省著名商标和中国名牌产品、中国驰名商标的企业给予重奖。设立苏州工业园区知识产权服务中心、知识产权举报投诉中心以及园区知识产权法庭，为区域保护知识产权提供了司法保障。设立1 000万元的“知识产权保护维权基金”，为区内企业维护自身知识产权合法权益提供诉讼保障。

(2) 规划体系完整科学。根据区域发展总体目标，中新双方专家融合国际上城市发展的先进经验，联合编制完成了具有前瞻性的区域总体规划和详细规划，科学合理布局工业园区各项城市功能，先后制定和完善了300多项专业规划，并确立了“先规划后建设、先地下后地上”的科学开发程序，形成了“执法从严”的规划管理制度。生物纳米园规划建筑面积为100万平方米，依据产业方向和专业需求，划分为生物医药/纳米项目孵化区域、独栋研发组团区域、中试产业化区域、行政办公区域以及生活服务区域。既可为初创期项目提供可灵活分隔的孵化单元，又可为成长期项目提供独栋研发楼或者代建厂房设施，体现“孵化+加速”的全面功能。

(3) 公共服务平台全方位覆盖。生物纳米园为入驻企业规划打造了全方位的软硬件综合公共服务平台，以帮助入园企业降低研发成本，加快研发成果产业化进程。在硬件平台方面，园内建成了药物分析测试公共服务平台、抗体公共技术服务平台、药物传导技术服务平台，引进了中科院纳米所的纳米检测平台、纳米工程化加工平台、纳米光电技术服务平台、纳米环境技术服务平台和苏州大学的纳米光电加工服务平台。在软性服务方面，生物纳米园为企业提供包括政策申报、产学研对接、投融资对接、商业推广、人才招聘与培训、企业工商注册，消防环保申报、实验室安全管理与环境监控等专业服务。

(4) 人才结构高端健全、科研机构国际领先。园区专门规划了面积为25平方公里的独墅湖科教创新区，围绕纳米技术，集聚了以中科院纳米所为代表的10多家创新研发机构；集聚了苏州大学纳米学院、中科大纳米学院等10多家国内外著名高校的教学科研机构；集聚了包括55名国家“千人计划”在内的各级各类领军人才500多名；集聚了纳米技术高科技企业160多家，一批骨干企业已经成为相关领域的国内领跑者甚至全球领先者。生物纳米园中，14人入选江苏省高层次创业创新人才计划，11人入选姑苏创新创业领军工程，26人入选苏州工业园区科技领军人才创业工程。目前，园内企业各类高层次人才达一千余人，其中博士、硕士分别占21%与25%的比例。

2. 苏州纳米技术科教结合创新试点基地建设的重点措施

(1) 市场导向,科学定位。科教协同创新各方的结合是在市场力量的驱使下,根据市场环境的变化而发生及变化的。作为苏州纳米技术科教结合创新的发起者与推动者,政府部门不再由领导单一决策,而是根据市场规律和市场需求,契合现阶段市场发展趋势,审时度势作出的与时俱进的战略决策,并利用一系列政策进行调控,起到推动和规范作用,保证科教协同创新良性发展。大学和科研院所不再一味追求科研成果的发表,而更加强调科研成果与企业界的对接,强调为社会发展提供应有的服务,科技成果转化率将大大提高。企业成为科教协同创新与技术创新的主体,企业根据市场条件的变化及自身发展的要求,主动提出科技需求,并主动出击寻求合作伙伴,这一过程提到科教协同创新链的前端。

(2) 政府推动,干预促进。在苏州纳米技术科教结合创新体系中,政府作为第一推动者,是创新体系的设计者,是区域社会经济发展目标和规划的创造者,也是体制创新、机制创新、政策创新和管理创新的主体。因此,政府是唯一具有规则制定能力的主体,在科教协同创新中也扮演着政策制度制定者、服务平台构建者和资源能力的调配者等角色。当然,这些功能与作用并非都是由政府亲力亲为、一手操办的,政府的作用在于引导与政策支持,给予社会主体以充分的自主权和主动权,根据发展需要制定相应的发展战略、采取相应的措施举措。在苏州市发展纳米技术及其相关产业这一个案中,政府不仅塑造了创新创业环境,建造了发展必需的硬件基础设施,还在促进各个子系统的发展以及公共技术平台建设、工程化技术平台建设和创新载体(孵化器、加速器和产业化基地)建设等方面扮演了积极促进者和巨额资金投资人等角色,完整履行和充分行使了政府干预经济的积极职能。

(3) 资源奠基,引领提升。比较优势理论告诉我们,一个地区的竞争优势的存在取决于它本身所拥有的资源要素禀赋,要想在竞争中立于不败之地,就要充分发挥自身的资源优势,并不断依托深化开发该种资源。苏州地处长三角,上海、江苏、浙江、安徽一市三省腹地,气候适宜、环境优美、经济发达、交通便利,是著名的江南鱼米之乡,也是中国乃至世界上经济、科技、工业、教育和商务资源密集地区,享有很高的国内外知名度和极强的招商引资能力。苏州在地理资源、物质资源、人才资源和技术资源方面都拥有得天独厚的优势,既从资源层面营造了发展纳米技术及其相关产业的良好氛围,又为苏州市就近获得包括信息、技术、人才在内的各方面的合作创造了便利条件,成为纳米技术科教结合创新工程的基础,并为后期的提升与发展创造了可持续的能力和条件。

(4) 中介助力,服务保障。中介服务机构在科教协同创新工程中的重要性日渐突出。一方面,中介服务机构是高校、科研机构和企业间进行知识交换的桥梁;另一方面,中介服务机构可形成一种良好的创新基础设施。在市场经济发展比较成熟的国家,无不重视发展中介服务机构。在苏州纳米技术科教结合创新中,中介服务机构主要包括专业的服务机构和综合的保障部门。专业的服务机构包括孵化/加速服务机构和加工/测试/标准机构等,而综合的保障部门则由高端智囊服务部门和风投财务服务部门等组成,为高校和科研机构提供知识与技术创新信息,创造与交流创新信息机会,帮助它们进行知识与技术创新决策以及技术成果转让或转化,相互协调,协同作用,共同发挥服务保障的重要功能。

主要参考文献

[1] 洪银兴,陈雯. 城市化模式的新发展[J]. 经济研究,2000(12).

[2] 王缉慈,等. 超越集群——中国产业集群的理论探索[M]. 北京:科学出版社,2011.

[3]约翰·弗里德曼. 城市营销与准城市国家:城市发展的两种模式[J]. 李路珂,译. 国外城市规划,2005(5).

[4] 刘志彪,于明超. 从 GVC 走向 NVC:长三角一体化与产业升级[J]. 学海,2009(5).

[5] 安纳利·萨克森宁. 地区优势——硅谷和 128 公路地区的文化与竞争[M]. 上海:上海远东出版社,2000.

[6] 徐井宏,张红敏. 转型——国际创新性城市案例研究[M]. 北京:清华大学出版社,2011.

[7] 刘志彪. 发展战略、转型升级与"长三角"转变服务业发展方式[J]. 学术月刊,2011(11).

第七章

城镇化进程中的农民工市民化

提 要

在我国城镇化进程中,农民工市民化一直是一个重要问题。农民工市民化本身就是城镇化的一个有机组成部分,同时其又决定了我国城镇化能否健康发展。第七章系统分析了农民工市民化的相关问题。农民工市民化与我国社会经济的发展是息息相关的,经历了控制发展阶段、曲折发展阶段以及稳步发展阶段。在当前,农民工市民化有着重要的战略地位:可以顺应新型城镇化战略的要求,可以满足新生代农民工的发展诉求,可以保障社会公正,可以促进经济发展。农民工市民化存在的问题主要有:农民工就业质量偏低,农民工住房困难,农民工社会保障制度不完善,农民工随迁子女教育边缘化,农民工融入城市难。农民工市民化的核心问题是利益博弈,真正的难点在于地方利益的博弈与城乡利益的博弈。在农民工就业、农民工住房、农民工社会保障等方面,我国各地进行了积极的探索,出现了很多“亮点”。就战略层面而言,应在全国施行统一的“底线”政策;应综合推进各项基本公共服务;应适当扶持中小城市的发展。就具体策略层面而言,在农民工就业、农民工住房、农民工社会保障、农民工随迁子女教育、农民工社会融入等环节上,应完善政策与改进工作。

第一节 农民工市民化的历史演变与战略地位

农民工市民化在我国有着深刻的历史根源。发展到今天,这个话题越来越具有重要的现实意义,成为各界关注的焦点问题。

一、农民工市民化的历史演变

农民工市民化与我国工业化以及城镇化战略是息息相关的,其发展也经历了一个曲折的过程。

1. 农民工市民化的背景

1949 年新中国成立,然而当时的国内、国际形势非常严峻。在国内我们党面对的是国民党留下的“烂摊子”,在国际上我们面临帝国主义的封锁。新中国正是在这种情况下“扬帆起航”的。严峻的形势使我国的工业化战略发生异变。当时的国情是人口多、资金少,按照常理应当首先发展轻工业,实施轻工业优先战略。事实上西方国家工业化起步阶段也是首先发展轻工业的。然而严峻的国际形势逼迫我们必须短时间内强大起来,而强大的标志是重工业不是轻工业,因此新中国起步之初就选择了走发展重工业道路,实施重工业优先战略。

发展重工业需要雄厚的资金却排斥劳动力，与当时的国情恰好相反，如何解决这一矛盾？新中国采取两个手法加以解决：其一，用户籍制度把农民限制在土地上，这样就可以"排斥"多余的劳动力。户籍制度捆绑了一系列的资源，尤其是粮食资源，使得农民很难进城。其二，用工农业"剪刀差""剥削"农民，这样就可以解决资金的原始积累问题。

农民工市民化正是在这一背景下起步的。在这一工业化主旨之下，农民工市民化不能说绝对不存在，就是存在也可以说是举步维艰。中国的农民是有智慧的农民，在进城无望的情况下，他们开始就地以工业化发展乡镇企业来谋求生计。农民发展乡镇企业与整个国家的宏观形势是息息相关的，国家控制严一些，乡镇企业可能停滞不前或者处于"地下状态"，国家控制松一些，情况就好一些。

改革开放大大释放了生产力，乡镇企业迎来了大发展时期。改革开放伊始，我国处于"短缺经济"状况，乡镇企业正好弥补了这一缺陷。改革开放后一直到20世纪90年代初期，乡镇企业发展态势喜人。20世纪80年代末，江苏乡镇企业工业（主要在苏南地区）总产值就达到1 113.84亿元，突破千亿元大关。至1995年，江苏全省乡镇企业总数为106.81万个，占全省大中型企业的1/3以上，农村工业产值占到全省全部工业产值的61.71%。到20世纪90年代中期，我国乡镇企业处于鼎盛时期，在财政税收、出口创汇以及国民生产总值等方面，曾经"三分天下有其一"。乡镇企业拉动了大量的农村富余劳动力，这个时候，我国经济全面复苏，城市发展也吸引了不少农村劳动力，但大多数农村富余劳动力被乡镇企业吸纳，因此农民工市民化问题尚不十分突出。

乡镇企业正好形成于计划经济体制与市场经济体制的"夹缝"之中，可以说走在计划经济之后，市场经济之前。它一开始就具有产权不清与政企不分的弊端，但比起当时计划经济的"大全民"来讲，其具有市场导向性与灵活性的特点，因此获得大发展。但是随着我国市场经济的全面铺开，加之"短缺经济"向"过剩经济"的转变，乡镇企业逐渐面临困境。一部分乡镇企业转型"涅槃"，大部分乡镇企业走向衰弱与破产。乡镇企业吸引农村剩余劳动力的能力下降，大量农村剩余劳动力涌向城市，先后出现了几次"民工潮"，农民工市民化成为一个严峻的不容回避的社会问题。同时近些年来，我国城镇化高速发展，农民工市民化与城镇化健康发展二者之间的耦合，就成为一个重大问题，引起各方各界的关注。

2. 农民工市民化的进程

在前文所述的历史背景下，从1949年至今，我国的农民工市民化进程曲折而漫长，大体可以分为以下三个阶段：

（1）农民工市民化控制发展阶段（1949—1977年）。新中国成立伊始，一方面城镇居民和农村居民收入差距拉大，另一方面，1952年土地改革以后，农村无地可分，大量农民涌入城市。当时对农村人口流入城市并没有采取特别的控制措施。1952年"三反"、"五反"后，城市工商业开始萎缩，失业人数剧增。严峻的城市失业和大量农村人口涌入城市，造成了城乡冲突。1953年，政府开始正式对人口流动进行控制。当年，政务院颁布《关于劝阻农民盲目流入城市的指示》。1958年，第一届全国人民代表大会第十九次会议通过《中华人民共和国户口登记条例》，条例第十条第二款规定："公民由农村前往城市，必须持有城市劳动部门的录用证明、学校的录取证明，或者城市户口登记机关的准予迁入证明，向常住户口登记机关申请办理迁出手续。"这一规定标志着我国严格控制农村人口向城市流动为核心的户口迁移制度的形成。1959年，中央还相继颁布了《关于制止农村劳动力流入的指示》《关于制止农村劳动力盲目外流的紧急通知》等。1961 年,我国大规模地压缩城镇市民人口,动员城市人口返回农村,1961 年到 1965 年,我国城市人口比重由 19.7% 下降至 16.8%。1966 年到 1976 年,我国处于"文化大革命"时期,国家动员城镇青年上山下乡,这一期间,我国城镇人口增长非常缓慢,城镇化发展近乎停滞,1966 年我国城市人口比重为 17.86%,到 1977 年,下降为 17.55%。

(2) 农民工市民化曲折发展阶段(1978 年—1991 年)。1979 年到 1983 年,我国对农民进入城市采取了极其严格的控制。1981 年,中共中央、国务院颁布《关于广开门路,搞活经济,解决城镇就业问题的若干意见》,意见指出,对农村剩余劳动力要就地安置,严格控制使用农村劳动力,继续清退来自农村的计划外用工。1981 年 12 月,国务院发布《关于严格控制农村劳动力就业务工和农业人口转为非农业人口的通知》,再次强调要严格控制从农村招工,认真清理企事业单位使用的农村劳动力。1984 年到 1988 年,国家开始放松对农民流入城市的控制,1984 年中央发布《关于 1984 年农村工作的通知》,通知明确指出:允许务工经商、办服务业的农民自理口粮到集镇落户。1985 年颁布的《关于进一步活跃农村经济的十项政策》提出:要扩大城乡经济交往,允许农民进城开店、兴办服务业、提供各种劳务服务。1988 年到 1991 年,国家又对农民工流入城市进行严格控制。受城市基础设施和公共资源供给短缺的约束,政府在这段时间对农民流入城市的政策做了调整。1989 年 3 月,国务院办公厅发出《关于严格控制民工外出的紧急通知》。1990 年 4 月,国务院发布《关于做好劳动就业工作的通知》要求引导农村富余劳动力"离土不离乡";发展林牧渔副业;对农村劳动力进城务工要运用法律、经济、行政手段进行严格控制;劳动部门要严格审批;建立临时务工许可证和就业登记制度;清退计划外用工;对"农转非"实行计划指标管理;等等。1990 年 4 月,国务院下发《关于做好劳动就业工作的通知》,要求对农民工进城务工实行有效控制、严格管理;要求建立临时务工许可证和就业登记制度。

(3) 农民工市民化稳步发展阶段(1992 年至今)。1992 年以后,我国开始实施以就业证卡管理为中心的跨地区流动就业制度,并对小城镇户籍管理制度进行了改革。1993 年 11 月,中央下发《关于建立社会主义市场经济体制若干问题的决定》,鼓励和引导农村剩余劳动力逐步向非农产业转移和地区间有序流动。1998 年,我国的城市人口所占比重首次突破 30%。2000 年 7 月发布的《国民经济和社会发展"十五"计划纲要》提出:打破城乡分割体制,逐步建立市场经济体制下的新型城乡关系,改革城镇户籍制度,形成城乡人口有序流动的机制,取消对农村劳动力进入城镇就业不合理限制,引导农村富余劳动力在城乡、地区间有序流动。2003 年,我国对农民工市民化进行了更深入的推进,2003 年 1 月,国务院下发《关于做好农民工进城务工就业管理和服务工作的通知》,通知要求各地区、各部门要取消对农民进城务工就业的不合理限制,解决拖欠和克扣农民工工资问题,改善农民工生产生活环境,解决农民工子女就学问题。2004 年,《中共中央国务院关于促进农民增加收入若干政策意见》首次提出:进城就业的农村劳动力已经成为产业工人的重要组成部分。2006 年,国务院颁布《关于解决农民工问题的若干意见》,意见就解决农民工工资、农民工劳动管理、农民工就业服务和培训、农民工社会保障、农民工公共服务及农民工权益等问题进行了详细的规定。2010 年中央一号文件明确提出解决新生代农民工问题,农民工市民化问题得到空前重视。

二、农民工市民化的战略地位

我国城镇化战略的推进主要依赖两种途径，一是通过城市空间的扩张把农村人口变为城市人口，二是把农民工市民化。农民工市民化关系到城镇化的质量。尤其要看到的是，伴随着经济的不断发展以及城镇化水平的不断提高，农民工在急速的社会变迁中，面对新形势，产生了新的发展诉求。农民工已不满足于在城市中获得经济收入，他们更渴望尊重，渴望归属感，渴望自己及子女获得和城镇居民一样的公共服务权利。在这一时期解决好农民工市民化问题将比以往任何时候都显得必要和迫切，其战略地位主要体现在以下四个方面。

1. 顺应新型城镇化战略的要求

自改革开放以来，我国城镇化速度明显加快（图 7-1），1980 年我国城镇化率为 19.39%；1985 年为 23.71%；1998 年突破 30%，城镇化率为 30.40%；2003 年达 40.53%；到 2011 年，我国城镇化率突破 50%。

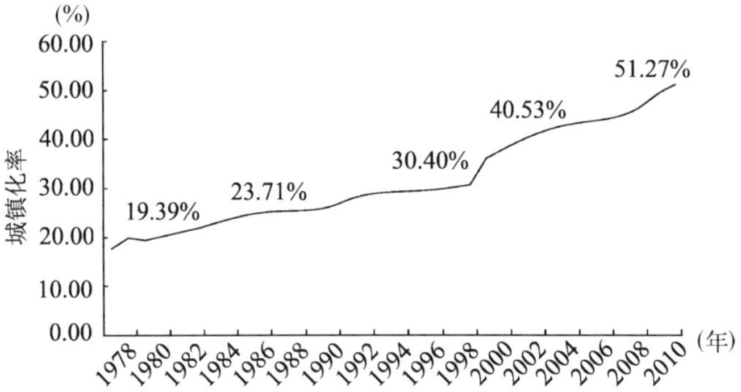

图 7-1　1978—2011 年我国的城镇化率

我国城镇化的速度是喜人的，但是城镇化的质量则需另做考量。一般来说，是应该解决三个问题：一是地理空间的城镇化，即把农村变为城市；二是产业的城镇化，即将农业变为工业或服务业；三是居民身份的城镇化，即把农民变为市民，从生活方式上与市民接轨。但是，当前我国传统的城镇化模式是：以工业化为主线，以地方政府为主导，以土地为主要内容，以外延扩张为特点，以外部需求为牵引，以物质资本大量消耗作驱动力，是高成本、低收益的城镇化。这种模式只解决了城镇化的前两个问题，并没有解决“人”的问题的。农民工是农民的重要部分，是不能回避的“人”的问题的。这种城镇化道路让大量农民工没有办法在城镇定居，无法享受市民待遇，城乡差距不但没有缩小反而拉大；城乡二元结构没有消除，城市内部二元结构逐渐产生。为了解决这一问题，走新型城镇化道路的呼声越来越高。新型城镇化一方面关注“环境”，要求节约资源与保护环境，另一方面关注“人”，要求把吸纳农民（包括农民工）并使之向市民转变作为目标，即实现人口城镇化。要实现此目标，就要在实施新型城镇化战略中，解决农民工市民化的问题。农民工能否享有城市发展的成果，城市公共服务能否普及至农民工，决定着城镇化转型是否成功以及城镇化质量能否提高。因此，解决农民工市民化的问题是顺应城镇化战略要求的。

2. 满足新生代农民工的发展诉求

当前农民工群体结构已发生显著变化，主要表现为农民工内部出现了代际更替，新生代农民工已成为这一群体的主力军，所谓新生代农民工也就是在 1980 年以后出生的进城务工人员。根据国家统计局 2009 年对全国 31 个省的农民工检测调查显示，在所有外来农民工中，新生代农民工的比例超过了一半，占到 58. 4%（图 7-2）。

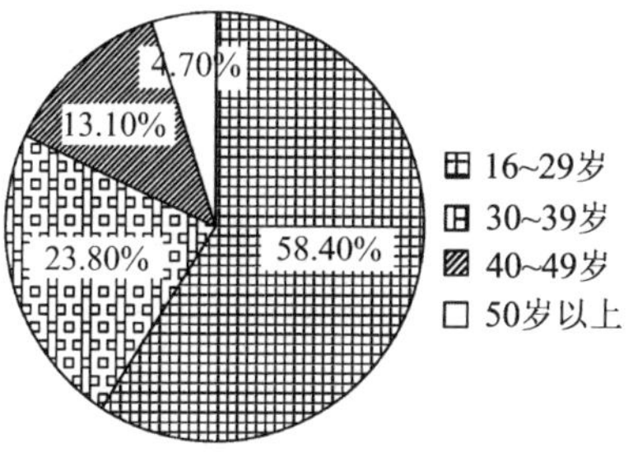

图 7-2　2009 年新生代农民工在所有农民工中所占比例

按照 2009 年外出从业 6 个月及以上的外出农民工数量为 14 533 万人来推算，新生代农民工的数量已达到 8 487 万人。随着时间的推移，新生代农民工群体会越来越庞大，对社会的影响力也会越来越大。

老一代农民工大多数希望在城市中赚钱，之后回乡度日，因此市民化问题还不是十分突出。不同于老一代的农民工，新生代农民工有其自身的特点：首先，新生代农民工的文化程度相对较高。很多新生代农民工都是中专或大专文化程度，无论是平均受教育年限还是参加职业培训的比例，都明显高于老一代农民工。其次，无论在生活方式还是消费习惯上，新生代农民工已经和城市人没有太多差别。根据一项来自沈阳的关于农民工生活方式的抽样调查显示，信息化产品作为新生代农民工的沟通方式和信息获取方式已显得愈加重要，他们的消遣娱乐更加多元。就消费方式而言，新生代农民工的艰苦朴素的意识较老一代农民工更淡，他们的消费更加品质化。再次，新生代农民工较老一代农民工来说思想更为活跃，维权意识更强。新生代农民工不仅看重工作报酬，还重视自己的权利、地位等等，他们不甘于默默忍受不公正的待遇。最后，很多新生代农民工都是直接从学校走入工厂，没有任何农业生产的技能，他们对土地已经陌生，这就意味着农村已经少有新生代农民工的安身立命之本。

新生代农民工的以上种种新特点，反映出这个群体的现代性越来越强，与城市的联系越来越紧密，对城市也越来越依赖。很多新生代农民工表示，他们想要在城市安家。在这种情况下，如果还是不注重农民工市民化的问题，继续按照以往不公正的做法对待农民工，必然会威胁社会的稳定与长治久安。新生代农民工的一只脚已经踏入城市，如果另一只脚长期“悬空”，后果将不堪设想。我们不能长期使某一群体遭受不公，否则深受其害的就不只是这一群体了。在我国各大城市中，流动人口的犯罪率基本上都远远高于本地人口，就说明了这一问题。因此，从这个角度出发，解决好农民工市民化的问题，不仅可以顺应新生代农民工的发展诉求，还有利于城市社会稳定。

3. 保障社会公正

社会公正，意味着公平和正义，也就是所有社会成员能够共享社会发展的成果。农民工市民化有利于保障社会公正。从农民工群体角度而言，一直以来，我国农民工为城市默默奉献，但是他们在城市却遭受不公正的对待。没有良好的住房条件，缺乏完善的社会保障，屡屡遭受城市市民的歧视……这些无不说明，农民工正遭受着社会不公与社会歧视。这种不公与歧视的根源主要在于他们的身份是农民工。实现农民工市民化，可以保障社会公平，消除社会歧视。其原因：首先，农民工市民化意味着农民工社会身份的转变，身份的转变让农民工同城市居民一样享有市民待遇成为可能。其次，市民化的核心是让农民工获得和城市居民一样的、均等化的公共服务，这也有助于消除歧视。

从城乡关系角度而言，实现农民工市民化有利于缩小城乡差距，实现城乡公平。农民转移到城市，农村人口减少，这使得农村资源重新整合成为可能，促使农业产业化、规模化与现代化发展，提高农民收入，最终缩小城乡差距。因此综合上述两个方面来看，农民工市民化对保障社会公平具有重要的意义。

4. 促进经济发展

（1）农民工市民化能够扩大我国内需。长期以来，我国经济的迅猛增长主要依靠投资和出口。当前，金融危机和欧债危机导致我国出口贸易遇冷，出口萎缩，国内经济不景气。在这种情况下，必须依靠扩大内需来发展我国经济。衡量一个国家内需的大小的主要指标是居民消费率。在西方发达国家，居民消费需求一般在50%～60%之间。世界银行WDI数据库显示（图7-3），2000年，我国居民消费率为46.7%，2005年居民消费率仅为38.1%，下降8.6%；到2010年，居民消费率为38.4%，较2000年下降了8.3%。

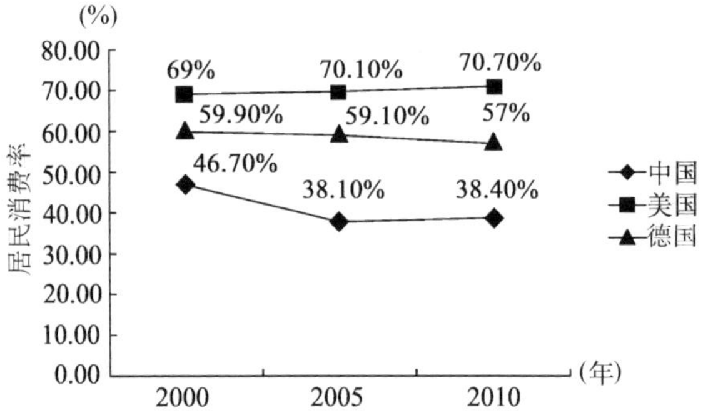

图7-3　2000—2010年中国、美国、德国居民消费率

消费率逐年下降，内需动力不足，究其原因在于占我国大部分人口的农民消费水平低。农民工市民化，意味着市民的增加，市民的消费能力要远远强于农民，因此将拉动消费。同时农民工市民化后，剩余的农村人口能够实现规模化经营，也将大大提高收入，也会拉动消费。这两种途径都会导致社会总消费增加，内需因此将大大扩大。

（2）农民工市民化能够转变经济结构。长期以来，我国第三产业较第一和第二产业来说，发展相对滞后。第三产业的滞后发展不仅制约我国产业的转型升级，还制约我国经济的增长。第三产业发展的重要基础是人口的集聚。随着大量农民工涌入城市，并在城市安家立业，在农民工市民化的过程中，他们对各种生活服务、就业服务、培训服务等公共服务的需求会大大增加，从而促进我国第三产业的发展，为我国经济发展提供新的动力。

（3）农民工市民化能够为经济发展提供人力保障。农民工市民化意味着农民工接受文化教育和职业培训等的机会大大增加，农民工的职业技能和综合素质因而会得到显著提升，农民工也将转变成有知识、有技术的产业工人，为我国经济发展提供强大的人力资源。

第二节　农民工市民化存在的问题与难点所在

农民工市民化具有重要的战略意义，引起各界关注。但目前我国的农民工进程并不顺利，存在问题较多。农民工市民化的核心问题是利益博弈，这是其真正难点所在。

一、农民工市民化存在的问题

农民工市民化是一项复杂的、综合的、艰巨的社会系统工程，这项工程牵涉到政治、经济、社会和文化的方方面面。由于复杂性所致，农民工市民化的过程中出现很多问题，具体表现在如下五个方面。

1. 农民工就业质量偏低

就业是农民工在城市安身立命的根本。就业质量决定了农民工的经济收入,偏低的就业质量意味着农民工扎根城市的物质基础不牢固,这将严重阻碍农民工市民化的进程。农民工就业质量偏低,主要表现在:

(1) 农民工就业层次低。当前农民工主要集中在劳动密集型和技术含量低的行业。据国家统计局发布的《2011 年我国农民工调查监测报告》显示,2011 年,我国农民工就业以制造业、建筑业和服务业为主,其中从事制造业的比重最大,占 36%;其次是建筑业,占 17.7%;服务业占 12.2%。

表 7-1 2008-2011 年农民工从事主要行业分布　　单位:%

	2008 年	2009 年	2010 年	2011 年
制造业	37.2	36.1	36.7	36.0
建筑业	13.8	15.2	16.1	17.7
交通运输、仓储和邮政业	6.4	6.8	6.9	6.6
批发零售业	9.0	10.0	10.0	10.1
住宿餐饮业	5.5	6.0	6.0	5.3
居民服务和其他服务业	12.2	12.7	12.7	12.2

在这些行业就业的农民工,通常来说,一是工作时间和强度与劳动报酬不成正比,很多农民工工作时间长,工作强度大,但劳动报酬低;二是工作安全得不到保障。有的工作场所危险性极高,比如辐射性、毒性强,农民工因辐射或中毒而致病、致残的现象屡见不鲜。

(2) 农民工就业流动性大。农民工难以专注于一份工作,更换工作较为频繁。清华大学发布的《农民工"短工化"就业趋势研究报告》显示:66% 的农民工更换过工作,25% 的农民工在近 7 个月内更换了工作,50% 的农民工在近 1.8 年内更换了工作,农民工平均每份工作的持续时间为 2 年。农民工与用人单位劳动关系松散,其更换工作主要是以收入为导向的,哪里收入多,他们就流向哪里。频繁地更换工作可能会在一定程度上提高农民工的经济收入,但是农民工的职业地位、职业技能均没有得到提高,最终阻碍自身的向上流动,也使农民工市民化面临着较大困难。

2. 农民工住房困难

住房是农民工最基本的生活需求,也是农民工在城市扎根立足、安居乐业的必要条件。但是,当前绝大多数农民工都存在住房问题,主要表现在:

(1) 住房保障缺失。我国有关城市居民的住房保障政策有《经济适用房管理办法》《廉租住房保障资金管理办法》等,而这些办法的保障对象主要是城镇中低收入的居民。当前并没有一部专门的法律法规为农民工提供住房保障,绝大部分农民工也没有被纳入城市住房保障体系中。

(2) 居住条件差。居住条件差一是指住房条件差,二是指住区条件差。住房条件差,首先表现在居住空间狭小拥挤。租赁是农民工获得住房的主要方式,因为房租的不断攀升,很多农民工必须和他人合租才有能力在城市居住。即使工厂提供员工宿舍,也是6～8人,甚至10人挤在一个宿舍里,因此条件很差。彭华民等人的调查显示,在其调查的487名农民工中,人均住房面积仅为6.92平方米。因此,无论是租住商品房还是寄宿员工宿舍,拥挤的居住环境都是难以避免的。住房条件差,其次还表现在住房配套设施简陋。很多农民工的住房中缺少必要的配套设施,如厨房、卫生间、阳台,等等。

就住区条件差而言,农民工大多聚居在城中村或城乡结合部周围。首先,这些地方的卫生情况非常糟糕,污水横流,垃圾遍地,建筑高高低低,杂乱不堪。其次,基础设施和公共服务设施非常欠缺。在农民工聚居的地区,就基础设施而言,道路拥挤杂乱,排水排污设施、消防设施、垃圾处理设施都不完善。就公共服务设施而言,教育、体育、卫生等公共服务设施严重匮乏。再次,由于农民工聚居区人员流动性大,人员情况复杂,给管理带来很多的困难,因此,这些地区的治安情况也令人担忧。

3. 农民工社会保障制度不完善

社会保障对维护社会公平以及保持社会稳定有极其重要的意义。当前,倡导农民工市民化,其中一项非常重要的任务就是完善农民工社会保障制度。但是,由于我国长期以来施行的是城乡分割的二元社会保障制度,社会保障制度是基于户籍制度而建立的,这就导致城市的社会保障对象并不包含农民工。因此在农民工市民化这一过程中,社会保障制度不完善的问题司空见惯,主要表现在:

(1) 缺乏专门针对农民工社会保障的全国立法。目前我国一些城市如北京、上海、广州等地制定了针对农民工的地方性法规、制度,但是由于农民工的流动性,这些分散的地方性法规或制度对农民工起到的保护作用非常有限。

(2) 农民工社会保险覆盖面小。据国家统计局发布的《2011年我国农民工调查监测报告》显示:2011年农民工缴纳养老保险、工商保险、事业保险和生育保险的比例分别只有13.9%、23.6%、16.7%、8%和5.6%,比例非常小。

(3) 农民工社会保险异地转移接续执行困难。2011年7月1日,我国颁布了《中华人民共和国社会保险法》,其中规定:个人跨统筹地区就业的,其基本养老保险关系随本人转移,缴费年限累计计算;个人达到法定退休年龄时,基本养老金分段计算、统一支付;个人跨统筹地区就业的,其基本医疗保险关系随本人转移,缴费年限累计计算。这一规定意味着从法理上来看,农民工的养老和医疗保险可以实现异地转移接续,但是因为缺乏具体的配套政策,因此在操作层面实现农民工异地转移依然非常困难。首先,农民工社保异地转移,特别是跨省转移手续非常复杂。其次,我国地区间发展不平衡,各地社保缴费标准不一样,如果社保的跨地区转移能真正落实,那么欠发达地区的农民工当然愿意将社保转入保障水平高的发达地区,这样一来,发达地区将会面临巨大的财政压力。出于地方利益考虑,发达地区可能很难落实农民工社保转移接续的政策。

(4) 农民工缺乏社会救助。社会救助制度是我国社会保障制度的基本组成部分,其设立的意义在于保证困难群众的生活。农民工在城市遭遇风险的几率较高,其自身抵御风险的能力弱,对社会救助有着迫切的需求,这是农民工进城最后一道"安全阀"。但在当前,农民工几乎无法获得社会救助。一方面,农民工在城市无法获得必要的社会救助。我国很多城市的社会救助项目,如最低生活保障制度,只针对拥有城镇户籍的居民,并不向农民工开放,"排他性"很强。另一方面,农民工在农村获得的社会救助也非常有限。有的农民工因不符合农村社会救助标准而被排除在外，有的即使能够获得农村社会救助，但是由于救助水平低，还是不能摆脱生活困境。

4. 农民工随迁子女教育边缘化

农民工随迁子女的教育问题也是农民工市民化的重要内容。当前，我国农民工随迁子女数量达到1 400多万，为解决好这些农民工随迁子女的上学读书问题，教育部确立了“以接收地为主，以公办学校为主”的原则，但是这一原则并没有得到很好的执行和落实，农民工随迁子女教育边缘化的问题依旧十分突出，主要表现在：

(1) 农民工随迁子女难入公立学校。农民工子女进入公办学校的门槛较高。一方面，与大规模的农民工随迁子女相比，公办学校的容量极为有限。另一方面，我国的义务教育是同户籍联系在一起的，即持有本地户籍的适龄儿童才可以享受户籍所在地的义务教育。在这种管理体制下，很多流入地的政府并不愿意拿出额外的经费来承担农民工子女的上学成本。这样一来导致农民工子女进入公办学校较为困难，即会受到名额的限制，还要缴纳一些额外费用。因此，很多农民工子女选择进入花费较少、门槛较低的民办学校。一项来自珠三角地区的抽样调查显示，在珠三角地区，农民工子女就读学校类型以民办学校为主，比例高达72.15%。农民工子女进入的民办学校又多为民工子弟学校，这些学校办学条件差，校舍简陋，教学设施不完善。师资力量薄弱，教师流动性大，师资队伍不稳定。同时，教师自身专业素质不高，很多教师学历偏低，没有教师资格证，也没有接受过专业的培训。有一些民工子弟学校甚至没有合法的办学资格，随时会面临被取缔的风险。总的来说，民工子弟学校的教育质量令人堪忧。而对于那些跨进公立学校“门槛”的农民工子女来说，他们也没有真正享受到城市的优质教育资源，这些对农民工子女开放的公立学校往往是城乡结合部的薄弱学校，有些公立学校还将农民工子女与城市学生分班教学，歧视非常明显。

(2) 农民工随迁子女升学困难。如果“有幸”在城市完成义务教育后，那么横亘在农民工随迁子女面前的又是一个新的难题：升学。按照很多地方的规定，没有当地的户籍和学籍是不能通过中考升入普通高中的。因此，很多农民工随迁子女在完成义务教育后，选择回乡中考读高中，由于学制和教材的不同，很多农民工子女的学业受到影响，不利于其接受教育的连续性。还有一部分农民工子女干脆直接结束了自己的学业生涯。总而言之，无法顺利地就地升学，既损害了农民工子女接受教育的正当权益，又损害了他们的身心健康。

5. 农民工融入城市难

农民工市民化不仅意味着农民工在城市享受到同当地居民同等的公共服务，还要求农民工真正融入城市。农民工融入城市，并不是简单地要求农民工适应城市的生活方式或习得城市的文化，还要求城市居民接纳、尊重和包容农民工群体的生活方式、文化观念等，这是一个双向的过程。但是，由于目前无论是农民工群体还是市民群体都存在一定的问题，导致农民工融入城市较为困难。

从农民工角度来说，首先，由于农村人和城市人在接受教育特别是高等教育方面的机会不同，很多农民工相对于城市居民来说，受教育程度不高，只得从事城市居民看不起的职业。另外他们生活在城乡结合部或城中村，居住空间几乎与城市居民隔离，因此他们和城市市民少有“实质性”接触。其次，农民工在农村的交往方式主要以血缘和地缘的初级社会关系为主，到了城市，其交往习惯并没有发生明显改变，还是局限在亲戚、老乡之中，其交往群体同质性高。相反，农民工同当地居民的交往、互动则非常少，这并不利于他们融入城市。再次，由于生产方式、成长环境的不同，农民工在农村长期形成的生活方式和行为规范不符合城市生活的要求，与城市文化格格不入。

从市民角度来说，首先，由于我国城乡二元分割体制的影响，城市居民有一种天然的“优越感”，对农民工这样的外来人口存在着本能的偏见与排斥，比如有的居民把城市的治安混乱或犯罪率上升直接归因于农民工的到来。其次，农民工的到来，必然要同当地居民分享一部分社会公共资源，很多市民将农民工视作资源的“抢占者”，农民工的到来对他们来说是一种威胁，这加深了城市居民对农民工的排斥。再次，很多市民对农民工的生活方式或行为规范并不包容。在我国很多城市中，一部分当地居民对农民工的生活方式或行为习惯并没有包容、沟通和理解的意识，他们更多的是要求农民工改变，以适应城市的文化与生活。

二、农民工市民化存在的难点

农民工市民化的核心问题是利益博弈，真正的难点在于地方利益的博弈与城乡利益的博弈。

1. 不愿意“市民化”

很长一段时间以来，我国一直实行城乡二元的户籍管理制度，在这种制度下，我国的利益和福利分配是基于户籍的。因此，如果要实现农民工市民化，就意味着流入地政府要在原有的福利“蛋糕”中切出一块分给农民工，造成当地居民的福利供给减少。据统计，每接纳一名外来人口，流入地政府投入的成本为10万元左右，庞大的农民工群体会造成流入地政府巨大的财政压力。因此无论是流入地居民还是流入地政府，都不愿意农民工市民化。相反，现在我国许多城市都通过购房、投资、学历、技术等附加条件，来抬高外来人口进城落户的“经济”门槛和“素质”门槛，这是地方政府之间的“囚徒困境”。当然，我国一些城市在农民工市民化方面出台了相关优惠条件，但这并不意味着这些地方政府愿意“市民化”。这些地方政府往往财力比较雄厚，同时这些地方农民工比重较大，对当地经济非常重要，给予农民工群体一些好处，对地方的发展是有利的。从根本动因上讲，这些地方并不是完全出于自愿动因推动农民工市民化，很大程度上是出于成本——收益经济理性考虑的。

2. 不敢“市民化”

大部分地方政府不愿意农民工市民化，即使有地方政府愿意推进市民化，在当前形势下，往往也“不敢”。我国基本公共服务统筹层次低，形成了以地方为主的公共服务供给模式，公共服务呈现为地方化和区域化的格局。当前，流入地政府谁都不敢先行放开农民工市民化的“口子”。因为只要一个流入地政府放开这个“口子”，提供优于其他地方的公共服务，农民工就会急速涌入，大规模地在该城市“积聚”，给当地的城市生活配套、文化教育及社会治安带来沉重的压力，最终将阻碍当地经济发展。加之当前，在农民工市民化过程中，中央—地方、地方—地方之间分担机制并不完善，先行放开“口子”的流入地政府并没有从中获益，反而为别人做“嫁衣”——分担了流出地政府及其他地方政府的负担。在这种“囚徒困境”的格局中，各地政府顾虑重重，都采取了谨慎的观望态度。因此，农民工市民化只能在全国层面予以推动，实现“一盘棋格局”，才有可能落到实处。

3. 难以“市民化”

农民工进入城市，享受城市公共服务困难重重。与之形成强烈对比的是，农民工流入城市，也会造成农民工流出地农村资源的闲置与浪费。比如土地一直是农民在农村的生产和生活资料，对农民意义重大。农民进入城市，变成农民工，土地就不再是他们主要的收入来源。但是，很多农民工宁愿让土地抛荒也不愿放弃自己在农村的土地。因为一方面，自国家取消农业税后，农民不仅不要交税还可以获得一定的农业补贴；另一方面，农民工在城市享受不到完善的社会保障，住房、就业、子女教育都是问题，土地是农民工无力在城市生活，退回农村的最后生活保障。这就形成一个难题——允许农民工留着土地推进市民化，这样的城镇化必然不彻底，同时在资源调配上也较为困难；不允许农民工留着土地推进市民化，农民工市民化也缺乏保障机制。这涉及城乡之间的利益博弈，相关各方仁者见仁、智者见智，目前也处于探索之中。

另外，农民工虽然不愿意放弃自己的土地，但如果农民工能够拥有更多的土地处置权，则可使得土地利用效率最大化。但现实情况是，我国农村土地是集体所有制，农民工个体对自己承包的土地并没有处置权，宅基地流转也受到制约。因此，城乡资源重新整合，流入地与流出地资源对接是农民工市民化过程中的又一难题。

第三节　各地对农民工市民化的探索

近年，为加快农民工市民化的进程，各地都在积极尝试和探索，以解决在这一过程中出现的各种问题。下文将各城市针对上述问题的解决之道陈列如下，以供参考借鉴与反思总结。

一、农民工就业方面的探索

在解决农民工就业这一问题上，我国各地都在积极探索。山东省胶南市的做法比较有典型性，该市立足实际，多措并举，成效显著。其具体做法如下：

1. 健全镇村就业公共服务机制

胶南市健全镇级劳动保障服务中心，建立村级劳动保障服务站，村级配备劳动协理员；健全劳动力市场中心与镇劳动保障服务中心的信息网络，并将网络延伸到村庄，实现市、镇、村三级信息共享，为农民工就业提供及时就业服务。胶南市还健全了企业用工监测制度，对全市605家重点企业的劳动用工、职工在岗、工资发放、社会保险等情况实行全面监测，每周一报。与此同时，胶南市还建立了企业裁员报告制度，制定了《企业规模裁员失业应急预案》，对可能出现的规模裁员情况，提前介入。

2. 建立健全覆盖全市的社会化农民工职业技能培训体系

胶南市大力实施定岗式、订单式、定向式免费培训计划，使有培训需要的农民工达到100%的培训率，每人至少掌握一门以上满足就业需要的实用技能。截至2012年1月，胶南市已组织8.1万名农民工参加了职业技能培训。

3. 鼓励农民工自主创业

胶南市进一步放宽市场准入，在投资领域、登记条件、出资限额和经营场所等方面出台优惠条件，积极鼓励支持农民工创业。同时，加大资金扶持力度，大力推进小额贴息贷款工作，加强对农民工创业者的融资服务，多渠道帮助农民工筹集创业资金。另外，胶南市通过建立完善的企业孵化园或创业园，为缺乏经营场地的农民工创业者免费提供经营场所。

二、农民工住房方面的探索

在解决农民工住房问题方面，不同城市有不同做法，比较有代表性的有：

1. 南通市尝试将农民工纳入城市住房保障体系

南通是我国首个提出把农民工纳入城市保障体系的城市。2010 年,南通市制定出台了《关于将南通市市区优秀农民工和缴纳社会保险时间较长的外来农民工纳入经济适用住房保障范围的意见》,意见规定申请人符合以下要求,就可以纳入经济适用住房保障范围:一是申请人及共同申请人(配偶或子女)不少于 2 人且必须常年在南通市区工作、生活。二是申请人及共同申请人在南通市区无住房或人均面积低于 18 平方米。三是优秀农民工申请人及共同申请人的人均月收入低于 1 400 元;在市区连续缴纳社会保险达 10 年以上的外来农民工申请人及共同申请人的人均月收入低于 1 200 元。南通市房产管理局和市总工会原则上会按市区每年经济适用住房计划总数的 15% 的比例,共同确定每年农民工经济适用住房的配售数量。当年,南通市已有 19 户优秀农民工家庭成功申请到了该市的经济适用房。

2. 重庆市建设农民工经济租用房

重庆市按照"政府引导,市场运作,谁用工谁负责"的原则,制定了相应的引导政策,多渠道增加农民工租赁房源。一方面,参照经济适用房政策,鼓励企业在工业园区内为农民工建设集体宿舍或经济公寓;另一方面,通过适当补贴的方式,鼓励街道、社会单位和集体将存量房、闲置房改建为适合农民工居住的"阳光公寓",并通过税费减免,鼓励个人把宽裕的住房向农民工出租。据统计,2008 年重庆市通过闲置房屋改造、工业园区集中修建等方式,新增农民工集体宿舍或公寓 30 余万平方米。截至 2008 年年底,重庆市已为农民工提供了 81 万平方米的经济公寓。

3. 湖州市将农民工纳入住房公积金范畴

2003 年年底,湖州市开始在非公有制企业职工中建立住房公积金制度。明确只要连续缴存住房公积金 6 个月就可以申请住房公积金贷款,让农民工与当地城市职工同享公积金。2004 年 5 月,湖州市政府出台《湖州市住房公积金管理办法》,进一步强调包括非公企业在内的所有单位,包括农民工在内的所有职工,都要建立住房公积金制度。针对农民工收入偏低、流动性大等特点,湖州市大胆实践,采取了一系列创新性的措施:一是降低农民工进入公积金制度的"经济门槛";二是如果农民工与单位解除劳动合同并不再在湖州就业,农民工可以随时提取本人账户中的住房公积金;三是支持留城农民工买房,即使夫妻双方公积金缴存额度都是最低标准,还是可以享受到最高年限 30 年近 15 万元的贷款,对于低收入困难农民工家庭,湖州市还发放贷款利息补贴,以缓解其还款压力;四是利用农民工公积金制度支持困难农民工租房,凭相关证明就可以提取公积金支付房租;五是湖州农民工公积金制度支持农民工回乡建房,即农民工可以申请公积金贷款改建农房。以上做法深受农民工欢迎,经过近 7 年的努力,至 2011 年 8 月,湖州已有 9.16 万农民工参加了公积金制度,使用公积金达 4.88 万人次,共 14.3 亿元。

三、农民工社会保障方面的探索

农民工长期游离在社会保障之外,参保率低、退保率高的现象已引起各地政府的高度关注,为破解农民工社会保障这一难题,各地积极探索实践,一些有代表性的做法有:

1. 宁波市推出农民工"社保套餐"

2007 年 10 月 15 日,宁波出台《宁波市外来务工人员社会保险暂行办法》,该办法通过推行农民工"社保套餐",将宁波市农民工全部纳入社保体系。该办法的主要特色包括:一是采取一揽子社保形式,险种齐全,"社保套餐"包括农民工工伤保险、大病医疗保险、养老保险、失业保险和生育保险。二是社会保险统一由用人单位缴费，个人无需缴费。三是社会保险缴费门槛低。如大病医疗保险缴费基数为统筹地上年度在岗职工平均工资的60%。缴费比例由统筹地政府确定，最高不超过3%，市级统筹区域缴费比例为2.5%，另按每人每月5元的缴费标准缴纳重大疾病救助金；养老保险缴费基础由统筹地政府按不低于当地职工最低工资标准的原则确定，其中市级统筹区域目前统一为850元，缴费比例为13%，其中8%计入个人账户。该办法的出台，使得企业缴费额度减少了60%。四是社保待遇水平不低。农民工的工伤、大病医疗、失业和生育这四项社会保险的保障待遇同宁波市当地城镇职工的保障待遇相同，但其中农民工大病医疗保险的参保年限不计算为城镇职工基本医疗保险的缴费年限。农民工养老保险则实行个人账户和统筹账户相结合，享受低标准养老保险待遇，符合缴费年限和条件的农民工到了退休年龄后可按月领取养老金。五是农民工社会保险在宁波市行政区域内均可实现续接和转移。

2. 上海市推行农民工"综保"并轨"城保"

为配合2011年7月1日《社会保险法》的实施，上海出台社保新政。在此之前，上海缴纳社会保险主要分成三类：一是外来非城镇户籍的从业人员缴纳的综合保险。二是郊区用人单位的从业人员缴纳的小城镇保险。三是城镇社会保险。农民工主要参加的是综合保险，当时参保人数约有400万人。随着社保新政的出台，上海市规定自2011年7月1日起，在本市就业的外来从业人员和郊区用人单位从业人员全部转缴城镇职工社会保险。在涉及农民工的综保改革部分，具体做法是：对于外省市城镇户籍从业人员，同时参加养老、医疗、失业、工伤、生育等社会保险。缴费基数按劳动者个人上半年度月平均工资收入确定，缴费基数的上限与下限为上年度全市职工月平均工资的300%与60%。缴费比例是单位37%，劳动者个人11%。对于外省市农村户籍从业人员参加上海市城镇职工社会保险，则设置5年过渡期，目前参加养老、医疗、工伤三项社会保险，缴费基数为上年度全市职工月平均工资的40%，五年逐步过渡至60%。缴费比例是单位28.5%，劳动者个人9%。

四、农民工随迁子女教育方面的探索

就农民工随迁子女义务教育这块而言，上海的经验值得借鉴。上海解决农民工随迁子女义务教育的重点放在扩大公办学校招生和购买民办学校学位两个环节上。至2010年秋季开学，上海让在沪的47.05万名农民工随迁子女实现了享受免费义务教育的愿望。为了帮助农民工随迁子女实现这一愿望，上海主要做了以下有益探索：

(1) 以住宅建设量及常住人口数为基数配置公办教育资源。2008—2010年，上海在城郊结合部和郊区集镇共投入资金103.79亿元，建设(含未完工)中小学和幼儿园共计363所，新增加总面积287.8万平方米，其中义务教育学校144所，为本市常住人口提供15万个义务教育学位。

(2) 简化条件、放宽班额，吸纳农民工随迁子女进入公办学校就读。凡是能够提供父母的农民身份证明、在沪居住证明或就业证明的农民工随迁子女均可在上海免费接受义务教育，位于城乡结合部和郊区集镇的公办学校可扩大班额招收农民工随迁子女，班额可以突破学籍管理规定40人的限制，扩大至50人。在公办学校就读的农民工随迁子女可以与上海学生享受同等待遇：一律免收借读费和学杂费，一律按公办学生标准注册学籍，在评优选优、入团入队、课外活动等方面也与上海学生一视同仁。

(3) 将农民工子女学校纳入民办教育管理。政府委托民办小学招收农民工随迁子女。

2008 年,上海改造了 60 所农民工子女学校,改善办学设施并将这些学校纳入民办教育管理。上海市教委则一次性给予这些纳入民办教育管理的学校平均 50 万元的办学设施改造经费资助,按接纳学生人数给予每生每年 1 000 元的基本成本补贴,余下部分由区县教育局补足,并对这些学校招收的农民工子女免除学杂费和书簿费。2008—2010 年上海市共审批 162 所以招收农民工随迁子女为主的民办小学。这些民办小学接受政府委托,为农民工子女提供免费教育,政府向其购买了约 12 万个免费义务教育学位。

就农民工随迁子女升学这个问题,上海和陕西的具体做法如下:

上海向农民工随迁子女开放当地中职学校。上海自 2008 年起就在全日制普通中等职业学校逐步开放招收随迁子女。招生人数不断增加,2008 年招收 1 380 名,2009 年招收 2 735名,2010 年招收 4 200 余人。招生学校和招生专业数也不断扩大,招生学校从 2008 年的 32 所,到 2009 年的 45 所,2010 年为 50 所;招生专业从 2008 年的 72 个,到 2009 年的 147 个,2012 年达到 202 个。凡进入中职校的随迁子女均享受上海市中职校学生的资助政策,免学杂费、补助生活费。

陕西则是允许农民工随迁子女就地中考。为解决好农民工随迁子女升学难的问题,陕西省教育厅于 2011 年 11 月 22 日颁布《陕西省教育厅关于陕西省外来务工就业人员随迁子女完成义务教育后在当地参加初中毕业学业考试与普通高中招生考试办法(施行)》,该办法规定:从 2012 年起,凡户籍不属于流入地的在陕外来务工就业随迁子女,在完成义务教育后,可根据本人意愿,选择回户籍所在地或在流入地参加初中毕业学业考试与普通高中招生考试。在流入地参加初中毕业学业考试与普通高中招生考试的外来务工就业人员随迁子女平等享有与流入地学生同等权利和义务。另外,对在陕外来务工就业人员随迁子女,已在流入地就读学校注册学籍的初三应届毕业生,允许在流入地就读学校报名参加初中毕业学业考试与普通高中招生考试。对虽没有取得流入地就读学校义务教育学籍,但已在流入地义务教育学校连续就读满一年的初三应届毕业生,由法定监护人向流入地学校提交书面申请,经当地县级教育行政部门批准,可视同取得流入地就读学校义务教育学籍,也允许在流入地就读学校报名参加初中毕业考试与普通高中招生考试。对非陕西省户籍的外来务工就业人员随迁子女在陕西完成义务教育后在流入地参加升学考试的,原则上应回户籍所在地参加升学考试并注册学籍。对学生本人及监护人要求在陕西参加初中毕业学业考试与普通高中招生考试并被陕西省普通高中学校录取的学生,按借读生有关规定办理。

五、农民工社会融入方面的探索

为帮助农民工更好、更快地融入城市,我国各地有很多做法,例如天津滨海新区向阳街道以帮助农民工融入社区为突破口,开展了"青年农民工融入社区试点项目"。为了确保该项目的顺利实施,向阳街道设立了青年农民工融入社区工作站、青年农民工之家、流动党员之家等工作阵地。另外,街道聘请了 10 名来自不同工作领域的农民工作为项目联络员,以获取青年农民工的需求方向。同时街道还建立了专题型、技能型和教育型三类志愿队伍。

在项目实施过程中,向阳街道主要采取了以下几项措施帮助农民工融入城市社区:一是抓好培训教育。一方面,街道对社区党员、楼门栋长等居民进行培训,以增强社区居民的接纳意识。另一方面,街道开展"三项教育"活动,主要包括:普法教育,引导社区居民和青年农民工学会通过合法渠道维护自身权益;职业道德教育,引导社区居民和青年农民工爱岗敬业、自觉遵守职业行为准则;社会公德教育,引导社区居民和青年农民工一起遵守交通法规，爱护公共环境，培养科学文明健康的生活方式。二是完善青年农民工社区保障体系。在社区内建立青年农民工就业、创业服务体系，困难青年农民工家庭帮扶服务体系，青年农民工法律援助服务体系以及青年农民工及妇女医疗健康服务体系。三是通过开展联谊会、座谈会、邻里结对、我为社区献计策等主题活动鼓励青年农民工关心、参与社区事务，同时也促进了青年农民工与市民之间的良性互动。四是丰富青年农民工在社区内的文化生活。在向阳街道，农民工凭借暂住证就可以在社区图书馆、电子阅览室、活动中心免费借阅图书、上网及从事健身运动。向阳街道还积极扶持农民工民间文艺团体的发展，搭建多种艺术平台让农民工展示特色的乡情文化，增加农民工与市民间的文化沟通与接纳。此外，街道还通过设立知识专栏、心理咨询热线等，引导青年农民工以宽容的心态接受城市主流文化，增强心理层面的认同感和对市民群体的归属感。我国其他城市的做法也大抵如此，只是程度不同而已。

综上所述，我国各地在农民工就业、住房、社会保障等各个方面积极探索，取得了一定的成绩。在农民工市民化“全国一盘棋”的局面尚未形成的情况下，这些探索对于改善农民工的福利具有重要意义，对于“全国一盘棋”地推进农民工市民化，也积累了很多经验。

第四节　农民工市民化的思路

农民工市民化是一个复杂的过程，其解决需要方方面面的努力。笔者认为，农民工市民化的推进，首先在战略层面要有一个科学的方向，其次在这个方向下实施具体的措施。

一、战略层面

要解决农民工市民化的问题，笔者认为，从战略层面来说，要在全国施行统一的“底线”政策，同时各项基本公共服务应该综合推进，另外要适当扶持中小城市的发展。

1. 在全国施行统一的“底线”政策

当前，我国农民工市民化必须有一个“底线”的统一政策，在统一的政策框架内，差异性地推进农民工市民化进程。由于我国地区之间经济、社会发展不平衡，导致各地区的市民待遇有很大差别。一般来说，城市级别越高，经济水平越发达，市民待遇越高。为避免农民工大规模涌入市民待遇高的城市，应在全国范围内施行统一的“底线”政策，规定各地为农民工提供各项公共服务的统一底线标准，确保农民工在全国各个地方都能享受同当地市民相同的基本公共服务。然后，各地可在全国统一的政策框架内，根据本地人口数量、经济发展水平及财政状况等因素，为农民工提供略有差异的基本公共服务。

2. 综合推进各项基本公共服务

无论是关于农民工在城市的就业、住房、社会保障问题，还是其子女教育问题以及社会融入问题，政府都应当将这些问题统筹考虑，综合推进。因为上述的每个问题都关乎农民工在城市的最基本、最迫切的需求，在解决以上问题时不能因着重解决某一个问题或某几个问题，而忽视其他问题。按照“木桶理论”，决定容积的不是最高的一块板，而是最低的一块板。只有统筹解决上述问题，综合推进各项公共服务，才能构成农民工在城市生活的安全网，切切实实保障农民工在城市的基本生活。否则只能“头痛医头”、“脚痛医脚”，难以长效化的解决问题。现实中，一些农民工本来有望市民化，但最终因为子女教育问题而功亏一篑，就是深刻的教训。

3. 适当扶持中小城市的发展

我国目前的城镇化道路导向虽然是大中小城市齐头并进，但实际上大城市发展更为迅猛，导致人口急速向大城市乃至超大城市涌入。但大城市的容量是有限的，并不可能无限扩大。当前我国大城市普遍面临着交通拥堵、生态环境恶劣、房价过高、基础设施及基本公共服务供不应求等问题。农民工在大城市生活成本高，生活质量低，这些都不利于加速农民工市民化的进程。就当前我国国情而言，大多数农民工在大城市实现市民化，是不现实的。为此当前应当适当扶持中小城市发展，吸引农民工在中小城市安家立业。首先，适当发展中小城市能够缓解大城市的人口、资源压力。其次，中小城市相较于大城市更适合农民工市民化。一方面，农民工在中小城市发展可以降低生活成本；另一方面，相较于大城市，中小城市不论在地理空间还是生活方式方面，都更接近农村。如果中小城市发展形成规模化格局，农民工可在就近的中小城市工作、生活，这将降低农民工大规模、远距离异地流动造成的高额社会成本。当然，农民工选择大城市是有一系列原因的，例如，大城市收入较高、发展机会较多，等等。因此目前不能人为限制农民工进入大城市，而是应当通过政策引导，使更多的农民工选择中小城市。

二、具体策略

从具体实施层面来看，当前要在农民工就业、农民工住房、农民工社会保障、农民工随迁子女教育、农民工社会融入等环节上，完善政策与改进工作。

1. 农民工就业环节

（1）建构城乡统一与平等竞争的劳动力市场。首先，取消一系列对农民工歧视的地方性法规及各种准入限制，保证外来劳动力和本地劳动力公平竞争，享受平等的就业机会。其次，坚持劳动者自主就业、企业自主用工双向选择的原则，实现劳动力资源配置的市场化。再次，提供统一的劳动就业管理和就业信息服务，通过建立城乡统一的就业、失业登记制度，将农民工就业纳入到流入地和流出地的就业服务范围，免费向农民工提供政策咨询、就业信息以及职业介绍等服务。

（2）加强农民工职业技能培训。农民工在城市就业质量低，鲜有上升发展空间，从一定程度上讲，是受自身能力所限。缺乏高等教育和缺少职业技能是导致其在城市就业能力偏低的主要原因。因此，加强农民工职业技能培训，提升农民工自身素质显得十分迫切。

首先，要形成多元化、多渠道的农民工培训投入机制。一方面，政府要主动承担农民工培训的责任，将农民工培训投入纳入公共财政的支持范围，中央和地方各级财政都要在财政支出中安排专项经费投入农民工培训。另一方面，要建立企业投入机制，企业要划出专门资金重点投入农民工的岗前培训、在岗技能提升培训以及转岗培训。再一方面，要充分整合社会力量，将社会资金引入农民工培训。在完善农民工投入机制的同时，更要加强对培训经费的监管，要建立健全农民工培训经费提取和使用的管理制度，严格按照规定范围控制额度开支，严禁任何单位或个人将农民工培训经费挪作他用。

其次，要采取灵活多样的培训形式。一般来说，农民工居住分散、流动性大、工作时间长，这些特点使得农民工接受连续性的培训变得非常困难，导致很多农民工最终选择放弃培训。因此，需要创新农民工培训形式，采取更为灵活多样的方式，提高农民工参加职业技能培训的积极性。可推行学分制，实行弹性学制，同时建立跨校选修、学分互认制度，这样可以有效防止农民工中断培训。

再次，要务实创新培训内容。有些地方给予农民工的职业技能培训内容过于单一、陈旧老套、流于形式，这些培训并不能够帮助农民工提升职业技能。因此，一方面，农民工职业技能培训务必要符合市场需要，在制定培训内容时，需要本着务实的态度，了解市场变化及市场新需求，切不可流于形式。另一方面，农民工职业技能培训务必要有针对性，符合农民工个体特点及其自身发展需求，同时要明确培训重点，实施分类培训。比如针对青年农民工，在进行具体职业技能培训的同时，还可以增加对其职业生涯规划的培训。

2. 农民工住房环节

(1) 将农民工纳入城市住房保障体系。首先，逐步将农民工纳入城市廉租房和经济适用房体系。政府可通过新建或改建闲散楼房，鼓励企业利用自有存量土地等多种方式建设公共租赁房，并赋予农民工申请廉租房的资格。同时，政府还可以为具备一定条件的农民工提供小户型、中低价位、质量过关的经济适用房。其次，将农民工纳入城市住房公积金体系。对于连续缴存一定时间以上的农民工，允许其申请住房公积金贷款或利用公积金支付房租。

(2) 将最低工资标准与房价挂钩。北京大学光华管理学院章铮教授提出：当房价的增长率超过一定幅度时，下一年当地最低工资标准应自动按照这一幅度上升。所谓自动，就是最低工资增长幅度不用经过地方政府审批。一般来说，农民工属于低收入群体，当地的最低工资标准在一定程度上决定了农民工的工资。最低工资标准提高，企业压力增加，政府财政收入下降。而房价上升，政府财政收入提高。一旦最低工资标准与房价挂钩，最低工资标准便对房价有了制约作用，可以有效遏制房价的上升，减轻农民工市民化的经济压力。

(3) 改善农民工居住环境。首先，对农民工集中居住的区域如城中村或城乡结合部进行道路改造、河道清理、危房改造等工作，以改变农民工集中居住区脏、乱、差的局面。此外，应适当完善农民工集中居住区域的生活设施，如医疗卫生设施、文化体育设施等。其次，加强对农民工城市居住环境的监督和管理。一方面，对于农民工的集体宿舍或建筑工棚，在建设完工后，相关政府部门应当检查是否符合城市住房居住标准，只有符合标准才能正式投入使用。企业要定期自查、清查农民工宿舍或建筑工棚可能存在的安全隐患，防患于未然，避免不必要的人员伤亡和财产损失。另一方面，对于农民工的租赁住房，相关部门要制定相关标准，对住房基础设施、配套设施和安全状况进行审核，只有符合标准，才能进入农民工住房租赁市场。同时，社区管理人员应对本社区的农民工租赁住房进行定期检查，对于存在重大安全隐患的住房要对房东进行处罚并提出整改要求。

3. 农民工社会保障环节

(1) 建立适合农民工特点的社会保险制度。首先，扩大城镇职工基本医疗保险和基本养老保险覆盖面，针对农民工收入水平低的特点，可通过微调现行城镇职工社会保险制度，如适当降低参保门槛、缴费标准等，将农民工群体纳入城镇职工基本养老保险和基本医疗保险范围。其次，针对农民工工作强度大、危险程度高的特点，实行农民工工伤保险全覆盖，工伤保险待遇水平应当与城市职工一样。再次，逐步完善农民工的失业保险和生育保险。此外，针对农民工高流动性的特征，一方面通过提高社会保险统筹层次，另一方面通过完善农民工社会保险的转移接续办法，以确保农民工社会保险能在城乡之间及不同城市之间自由转移接续。

(2) 建立农民工社会救助体系。农民工在城市工作生活，风险系数较高，加上在城市缺乏强有力的社会支持系统，当遭遇突然的天灾人祸时，生活常常陷入困境。因此建立农民工社会救助体系非常必要。地方政府应为农民工提供医疗救助，在农民工突发意外伤害或者突发大病威胁生命时，可以通过提前垫付医疗费、减免医疗费及提供医疗费用补贴等方式对农民工实施救助。地方政府应为农民工提供生活救助，当农民工遭遇自然灾害或重大意外事故造成家庭经济损失时，可以为农民工提供一次性临时救助，包括提供基本住所、基本生活用品、正常生活启动金等。

4. 农民工随迁子女教育环节

(1) 建立全国性的电子学籍管理系统。学籍是基本的教育管理手段之一，长期以来，我国中小学生的学籍管理体制是建立在户籍制度之上的，学籍管理处于“各自为政”的状态。随着流动人口的增加，旧有的学籍管理制度已经不能适应社会的发展，统一学籍管理，建立全国性的电子学籍管理系统势在必行。一方面，建立全国性的电子学籍管理系统有利于减少农民工随迁子女从农村转入城市学校的障碍。在旧有的学籍管理体制中，农民工随迁子女通过转学这种方式进入城市公立学校是非常困难的，他们没有办法获得新学籍，只得以借读的名义在城市的公立学校读书。若实现统一的学籍管理，全国学校教育就可实现对接，到时候，农民工随迁子女无论在哪里，都可以快速与便捷地在当地学校读书。另一方面，建立全国性的电子学籍管理系统还有利于减少义务教育生均经费的拨付误差。很多学生离开户籍地，国家还是按照原来的学生人数将生均教育费用拨给户籍地，也就是拨给流出地。这样就造成了流出地的生均教育费用出现富余，而流入地的生均教育费用出现短缺。这不利于教育资源的合理分配。此外，建立全国统一的电子学籍系统有助于监督农民工随迁子女的受教育状况，可以保障其接受教育的合法权利。

(2) 建立规范的财政转移支付制度。我国针对农民工随迁子女义务教育这一问题，实施了“两为主”的政策，即以公办学校为主，以流入地政府为主。但是，我国的义务教育阶段的财政拨款是根据当地户籍适龄人口计算的，农民工随迁子女在城市接受义务教育占用的是流入地的教育资源，过多的农民工随迁子女流入，必然造成流入地政府的财政负担。因此，要通过财政转移支付手段缓解流入地政府的压力。但是当前，中央对义务教育财政转移支付对象是省级，省级政府支付的对象是县级，确定转移支付对象的主要依据是经济发展水平和财政能力指标，转移支付额度的分配主要由下级政府完成。对于那些农民工流入数量庞大、经济发达的地区来说，这样的财政转移支付制度并不科学合理。因此，一方面，中央政府应该投入专项资金对农民工随迁子女的义务教育给予转移支付；另一方面，流入地的省级政府应该依靠中央税收返还及本级政府财力，根据流入地农民工随迁子女的规模，按照实际在校生人数对地级市、县级市、建制镇政府进行义务教育专项资金的转移支付。

(3) “破冰”农民工随迁子女高中教育。首先，进一步放开对跨省农民工随迁子女异地中考的限制。其次，给予农民工随迁子女多元化的学校选择。不仅要开放流入地的民办高中、职业技术学校，还要适当开放重点示范高中，让农民工随迁子女根据自己的实际情况，选择适合自己的学校。再次，尽快出台异地高考政策。只有实现异地高考政策和中考政策相配套，才能实现异地中考政策社会效益的最大化。最后，完善高中阶段教育成本的分担机制与投入机制。政府应当增加学校的公用经费和农民工随迁子女的资助经费，以保证农民工随迁子女在流入地上得起高中。

5. 农民工社会融入环节

(1) 加强对农民工的城市适应性教育。不少农民工刚进入城市,面对的是完全陌生的社会环境,在农村习得的生活方式、行为方式和交往方式已经不适应这一新环境。为了让农民工尽快适应城市生活,融入城市环境,需要对农民工进行城市适应性教育。组织对农民工进行城市适应性教育的主体可以多元化,企业可以在岗前培训中穿插对农民工城市适应性的教育;社区可以利用节假日将本社区的农民工集中起来,定期举办城市适应性教育的课程;社会组织可以组织农民工参加城市适应性教育的小组活动等。农民工城市适应性教育内容应该丰富化,不仅要包括城市生活方式、行为方式和交往方式的教育,还应包括法律教育、安全教育和市情教育,等等。在对农民工进行城市适应性教育的同时,不可忽视对农民工的心理疏导,可邀请心理医生对农民工进行个人或团体的心理辅导,以缓解适应压力,舒缓紧张情绪。

(2) 营造平等与包容的社区文化。很多农民工居住生活在社区,社区是农民工融入城市的重要载体,是城市居民与农民工交流沟通的纽带,因此营造平等、包容的社区文化有利于农民工更好地融入城市。首先,社区可考虑农民工的文化需求,整合社区内的文化资源,并向农民工开放社区内的公共文化和公共体育设施,比如社区图书馆、社区健身运动中心等,丰富农民工的业余文化生活。其次,社区可联合企业或社会组织等社会力量,开展丰富多彩的文化活动,增加农民工和城市居民之间的沟通与互动。可开展各类简单易懂的科技活动,开阔农民工和当地居民的眼界;可搭建文化艺术舞台,让农民工展示自己家乡的特色文化,增加城市居民对农村文化的了解,激发其对农村文化的热爱;可定期举办诸如读书会、辩论会、茶话会等的对话类活动,让农民工和当地居民平等交流,消除偏见与误解。

(3) 提高农民工的组织化程度。人们能够通过组织获得必要的社会支持,组织是人们立足社会并且获得个人发展的基础。当前,农民工组织化程度非常低,他们既没有积极融入到城市的各类组织中,也没有建立自己的组织。因此,一旦农民工权益受到侵害,他们也没有办法依靠组织来维护自己的合法权益。由于农民工群体分散在城市中,他们的诉求也因缺乏组织而无法得到聚集,从而失去农民工群体的整体话语权。因此,提高农民工组织化程度有助于农民工壮大自己的力量,提出群体诉求,有利于农民工更好地融入城市。政府应该本着宽容信任的态度给予农民工各项配套的政策或制度支持,农民工可通过社区或社会组织实现自我联结,提升组织化程度,最终实现农民工群体的自我服务、自我教育和自我管理。

主要参考文献

[1] 高君.农民工市民化进程、特点与制度创新[J].税务与经济,2009(1).

[2] 国家统计局住户调查办公室.新生代农民工的数量、结构和特点[J].数据,2011(4).

[3] 彭华民.排斥与融入:低收入农民工城市住房困境与住房保障政策[J].山东社会科学,2012(8).

[4] 谢建社,等.流动农民工随迁子女教育问题研究——以珠三角城镇地区为例[J].中国人口科学,2011(1).

[5] 林瑜胜.新形势下我国农民工社会保障体系建设再思考[J].社会科学,2010(5).

[6] 梅建民.实现农民工市民化是解决农民工问题的根本途径[J].武汉大学学报:哲学社会科学版,2007(6).

[7] 国务院发展研究中心课题组.农民工市民化进城的总体态势与战略取向[J].改革,2011(5).

[8] 陈丰.当前农民工市民化的制度缺失与归位[J].南京师范大学学报:社会科学版,2007(1).

[9] 项继权.城镇化的"中国问题"及其解决之道[J].华中师范大学学报:人文社会科学版,2011(1).

[10] 申兵."十二五"时期农民工市民化的难点、重点与对策[J].中国经贸导刊,2010(21).

[11] 王桂新,等.中国城市农民工市民化研究——以上海为例[J].人口与发展,2008(1).

[12] 张志胜.新生代农民工住房保障的阙如与重构[J].城市问题,2011(2).

[13] 宋雅松.半城市化背景下农民工市民化的社会保障问题探讨[J].安徽农业科学,2011(29).

[14] 肖云,等.农民工社会保障十大矛盾分析[J].南京社会科学,2008(5).

[15] 黄乾.城市农民工的就业稳定性及工资效应[J].人口研究,2009(3).

[16] 胡放之,等.农民工融入城市的困境——基于制度排斥与工资歧视的分析[J].湖北社会科学,2008(12).

[17] 汪阳红."十二五"时期农民工市民化进程中的土地问题研究[J].经济研究参考,2011(34).

[18] 朱秀茹,等.就业歧视与建立农民工就业服务体系研究[J].农业经济,2008(7).

[19] 姜作培.从战略高度认识农民工市民化[J].现代经济探讨,2002(12).

[20] 韩世强.农民工子女义务教育后的升学保障及制度完善——以宁波调查为例[J].三江论坛,2011(8).

第八章

城镇化进程中的产业转型

提　要

中国正处于城镇化的快速发展阶段,产业的转型和升级不仅是城镇化发展的动力,也在不断地推动城市结构的变化和城市空间的调整。

关于产业转型升级的具体内容,有“产业结构调整”和“产业价值链升级”两种视角。从价值链升级的角度看,产业升级的过程实质上是由低技术水平、低附加值状态向高新技术、高附加值状态的演变趋势。

中国在产业结构上仍然与世界上经济发达的国家和地区存在很大差别。中国第二产业的比重仍然比较高,第三产业份额明显偏低,导致城市生活提升的速度明显慢于城市人口增长的速度。

中国东部地区产业转型的模式主要有:大企业主导的转型模式,政府主导的产业园区转型模式,政府主导的产、学、研合作的转型模式。

中国中、西部地区已经具备了承接产业转移的基本条件。促进产业西移要调控存量、调控增量、加大财政支持力度、优化承接地投资环境。

第一节　产业转型与城镇化的新动力

一、产业发展与城镇化的关系

关于产业发展对城镇化的作用可以追溯到关于工业化对城镇化推动的讨论,早期的城市理论认为农业发展是城镇化的物质基础,农业生产率的提升所产生的农业剩余产品和剩余劳动力是保证城市存在和发展的基本前提。工业化则是城镇化的根本动力,西蒙·库兹涅茨甚至认为,工业化进程可以看成城镇化的过程。工业化的不断发展,劳动力从乡村到城市的迁移,促进了城市人口在总人口中比重的提高,也就是城镇化水平的提高。城镇化的进程伴随着现代工业的发展。

随着现代工业的发展,聚集给产业带来了巨大的好处,于是产业开始在城市中集中。乘数理论讨论了这种以城市外部市场为基础的出口产业对城市就业的带动。由于现代工业提供的大量就业机会,人口不断向城市涌进,并带动本地产品(本地生产和生活服务业)的市场需求不断提高,本地产品行业的就业增加,从而,出口产业的发展以乘数的作用带动了城市的就业的增长和城镇化水平的提高。所以很长时间以来,城市发展理论关注出口部门的增长,认为出口部门的竞争力是城市竞争力的核心,也是城市成长的动力。与此同时,

城市增长理论也认为城市服务业的发展会对出口部门起到促进或制约的作用。生产服务业的发展可以提高企业生产力,降低成本,而提升出口产品的竞争力。生活服务业的发展可以吸引劳动力,为企业提供更广泛的劳动力市场。但是,因为服务业的发展依赖出口部门的规模,因此脱离出口部门的基础,单纯通过发展服务业来带动城镇化是舍本逐末的做法。当然,有些城市在区域或者全球化的分工中,出口部门就是服务业(比如美国的拉斯维加斯,或者中国的丽江),那么发展出口服务业本身就是促进城市发展和城镇化的原动力。

所以关于城镇化理论研究,很长时间人们把视角放在现代工业和服务业对城镇化的促进上。认为工业化可以推动城镇化水平的提高,城镇化水平应该和工业化水平相适应,通过发展现代服务业可以促进城镇化进程,改善城镇化质量。

二、产业聚集对城市发展和城镇化的影响

城市发展和城镇化水平的提升得益于产业在城市中的聚集。马歇尔首先用外部经济解释产业聚集现象,他不仅最早提出了"外部经济"的概念,而且首先运用"外部规模经济"解释空间集中和厂商相互接近的优势。马歇尔所说的同一产业的厂商相互毗邻主要有这样三个方面的好处:第一,地理上集中的产业可以支持专业化的中间投入品生产者。第二,雇佣同一类型工人的厂商的集中可以相互提供劳动市场蓄水池的作用,也即当一个雇佣者的经营不好时,工人可以在其他的雇主那里找到类似的工作;反之,当他经营好时,又可以雇佣到更多的工人。第三,厂商之间的地理集中有可以共享某些有用的信息和知识外溢的好处。

热贝罗蒂(Rebellotti)于1995年描述了集群的一些特征:① 企业的空间聚集和部门集中;② 地方经济主体之间有社会文化联系,产生共同的行为准则;③ 物品、服务、信息和人员基于市场和非市场交换的垂直和水平联系;④ 有支持众多企业的公共或私营机构网络。

迈克尔·波特(1998)为推动产业聚集理论被广为接受作出了重要贡献,他使得产业聚集成为经济、管理、地理等学科耳熟能详的概念。波特认为所谓产业集群是指在某一特定产业领域中,一组在地理上靠近的相互联系的企业和相关支撑机构在空间上的集中,由于具有共性和互补性而联系在一起,并形成强劲、持续竞争优势的现象。他用钻石理论来解释国家的竞争力。波特认为,企业竞争力由四个要素构成,即企业战略、要素条件、需求状况和相关产业,这四个要素构成了企业竞争力的菱形结构,也决定了一个国家竞争优势的水平。作为四个重要的因素之一,特别提出了相关产业和支持产业的作用。他认为:"产业是研究国家竞争力的基本单位,一个国家的成功并非来自某一产业的成功,而是来自纵横交织的产业集群";一个公司的许多竞争优势不是由公司的内部决定的,而是来源于公司之外,也即来源于公司所在的地域或产业集群。由于集群内部产业间的扩散效应、信息的流通会促进产业集群内的创新的扩散,也带来新的竞争观念和新的机会。产业集群有助于产业克服内在惯性与僵化、破解竞争过于沉寂的危机,进而将这些现象转化为竞争升级;会放大或加速国内市场竞争时生产要素的创造力;也会促进国家经济资源型产业集群集中;是凝聚国家竞争优势的基地。

产业聚集的好处已经得到充分的认识。产业集群的发展与现代化的柔性生产方式非常适合,它为创新提供了肥沃的土壤。产业集聚是报酬递增的"加速器",集聚降低了交易费用;较低的交易成本又促进了分工、知识的扩散和新设备的采用;空间集聚的时效性、社会网络、信任等促进了企业协作,并产生了报酬递增和分工深化。从而,使得产业集聚具有自我增强机制。产业集群一旦形成,就会促进更多的同业企业在这一地域集中,集群的形成具有路径依赖和锁定效应。企业的集中带动了行业的发展和经济总量的提升,促进了就业、城市人口的增加、城市规模的扩大以及城镇化水平的提升。

三、产业转型升级与城市经济发展

中国的城镇化在很长一段时间内就是依托现代工业的不断发展所带动的。外来资本的大量涌进和本地资本的推进,促进了城市中制造业的发展。这些制造业有些着眼于中国的巨大市场,有些着眼于较低的土地价格和劳动力工资所带来的低成本优势。改革开放以来,中国的沿海地区就是在这种低技术水平、低创新能力、低成本、低利润和高污染、高资源损耗的工业带动下,经济总量不断提升,城镇化水平突飞猛进。但是由于经济水平提升所带来的土地成本和劳动力成本的提高、伴随着人民币的升值,导致了低技术产业所赖以生存的条件正在迅速恶化。地方政府也开始重新思考发展模式,并寻找新的产业发展方向来解决这一困境。企业和政府开始把眼光放在城市产业的转型和升级上。

产业的转型升级是指产业由低技术水平、低附加值状态向高新技术、高附加值状态的演变趋势。产业转型升级是城市经济发展、市民生活水平提高、城市空间结构改善的新动力。关于产业转型升级的具体内容,有“产业结构调整”和“产业价值链升级”两种视角。

产业结构调整的观点认为,产业升级来源于结构调整,如刘易斯的二元结构转变理论、赫希曼的不平衡增长理论、罗斯托的主导部门理论和筱原三代平的两基准理论。结构理论认为不同产业的发展速度和对经济的贡献并不相同,有些产业份额的提升可以促进经济的快速发展。根据配第·克拉克定理,随着经济发展和国民收入的提高,第一产业国民收入和劳动力的相对比重逐渐下降,第二产业国民收入和劳动力的相对比重逐渐上升,当经济进一步发展,第三产业国民收入和劳动力的相对比重也开始上升。或者劳动密集型产业比重的下降,资本密集型进而是知识和技术密集型产业比重的上升。在追求经济增长与初步工业化的过程中,人们往往关注产业结构的变化,对诸如“工业比重”、“机电产品比重”、“高新技术产品比重” 等指标极力追求。因为这些指标反映着结构的高级化。伴随着经济的发展,产业结构的确向着高级化转变,但是人们越来越发现单纯的结构调整并不一定能提升城市和区域的竞争力和利润空间。简单地跨行业结构调整——如从服装产业转变到电子产业——并不是真正的产业升级。例如,法国、意大利等国的服装产业在品牌、设计、质量以及价值创造上领先全球,而我国沿海地区组装键盘、玩具等的电子行业,却并没有核心竞争力,也获得不了高额的回报。有学者对“中国出口之谜”问题的研讨也凸显了形势的严峻:中国出口商品结构的高度化已达到发达国家水平,但实际上仍处落后地位。

于是产业价值链升级理论受到越来越多的关注,产业价值链升级理论认为,产业升级可以看成该国(地区)的企业以及产业整体在价值链上或者不同价值链间的攀越过程,其意义不仅仅是统计上的产业结构变迁,更重要的是增加价值获取,以及企业增加值、国家税赋、劳动者收入、企业与国家形象乃至自然环境等一系列条件的改善。产业升级方式有工艺(技术)升级、产品升级、功能升级和价值链间升级。其中,前三种类型可以被理解为同一条价值链上的升级,而第四种则可以视为产业结构调整,因此,“结构升级”只是“价值链升级”的一个部分。结构升级应该是建立在前三种类型所导致的价值链升级的基础上的,而不仅仅是简单的产业结构调整。

从价值链升级的角度看,产业升级的过程实质上是由低技术水平、低附加值状态向高新技术、高附加值状态的演变趋势,产业升级的过程实质上是产业创新。制造业的升级初期往往走去轻工化和资本密集型发展之路，之后朝着创新和知识密集型发展转化。在加工贸易领域，产业升级通常呈现出阶梯状演进的规律，即最终产品的加工、组装生产和出口→零部件的分包生产和出口→中间产品的生产和出口→国外品牌产品的生产和出口（OEM 和 ODM）→自创品牌的生产和出口。从欧盟的发展经验看，成功在于有自己的特色，而不是个别集群的简单复制。只有根据自身实际、立足于本地的区域优势和特色的产业，才能够真正发展起来。

伴随着产业升级，城市所拥有的产业集群内部的企业结构也会发生变化，Roberta（2007）的研究发现，发展较好的产业集群的企业规模往往由以小型企业为主向以中型企业为主演化。虽然以小型企业为主的产业集群生产灵活，适合柔性生产方式，但是规模小的企业抵御风险的能力较弱，往往在市场环境变化时处于劣势，从而在集群中不断被规模较大的企业所替代。所以，以中型企业为主的集群不断繁荣，而结构没有调整的集群往往趋于衰落。在产业升级的过程中，产业集群还会体现出由最终消费品向设备品和中间产品转化、某些衰落产业的集群萎缩、集群内的产品质量得到提高的特点。

随着产业的转型和升级，城市的产业特点不断变化，对劳动力、资本和基础设施都提出了新的要求，城市政府需要为适应这种变化而调整城市空间布局和城市发展战略，适应城镇化和城市经济的新特点，并有效地为产业转型升级提供条件和合理的政策空间。

第二节　中国城镇化进程中的产业发展

新中国成立至今，中国城镇化发展可以分为以下几个阶段：① 1949—1957 年，是城镇化起步发展时期；② 1958—1965 年，是城镇化的不稳定发展时期；③ 1966—1978 年，是城镇化停滞发展时期；④ 1978 至今，是城镇化的稳定快速发展时期。城市总人口自改革开放之后，一直表现出稳定上升的趋势，城镇化的速度也迅速提高。

1978 之后，城镇化在改革开放中稳步发展，进入了稳定、快速发展的通道。1978—1986 年，城镇化的特点是明显的加速度发展，城镇人口平均每年递增 5.2%，远高于乡村人口递增 0.4% 的速度，城镇化率从 1977 年底的 17.92% 上升到 1986 年底的 24.5%。1987—1995 年，城镇化的速度放缓，城镇人口平均每年递增 3.3%，高于乡村人口的 0.6%，1995 年末城镇化率上升到 29%。1996—2001 年，城镇化稳定高速发展，这一阶段城镇人口平均每年递增 5.3%，乡村人口的绝对数量连续下降，平均递减 1.3%，城镇化率上升到 37.66%。2000 年之后，中国的城镇得到了快速发展，城镇化水平迅速提高。到 2011 年底，城镇化率提高到 51.27%，城市规模日益扩大，城市体系逐渐形成。改革开放后，中国城镇化率的变化如图 8-1 所示。

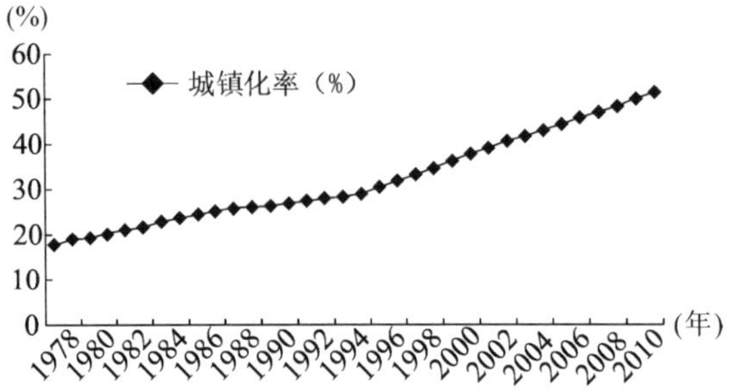

图 8-1　中国城镇化率

资料来源：《中国统计年鉴》。

对比世界的城市化进程,可以了解中国目前的城市化阶段。世界城市的发展是从英国的工业革命开始的,1800 年,世界上只有 3% 的人口居住在城市。20 世纪初,世界进入现代城市化阶段。此时,广泛地应用电力以及 40 年代出现的以电子计算机、生物工程、新材料等技术为内容的信息革命,促进了生产力的极大发展,同时也推动了世界城市化的进程。20 世纪初城市化率达到 14% ,第二次世界大战后,城市化不再局限于西欧、北美等个别地区,而开始形成席卷全球的世界潮流。发展中国家城市化进程明显加快。20 世纪 50 年代世界人口城市化开始加速,在经历了 50 多年的发展后,进入 21 世纪,世界人口城市化水平进一步提高。

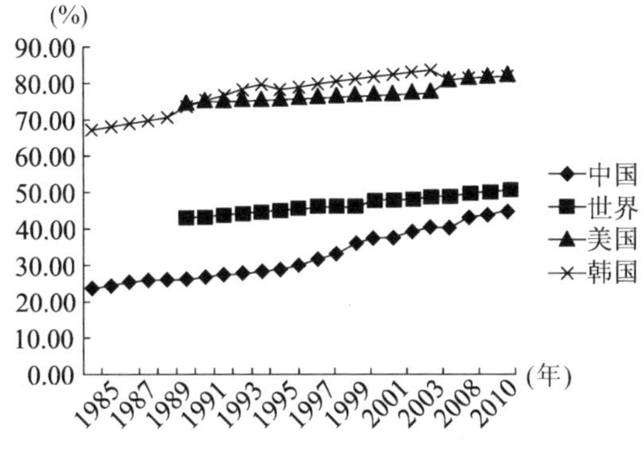

图 8-2　世界城市化率对比

资料来源:《世界统计年鉴》。

图 8-2 描绘了从 1985 年到 2010 年间中国和世界的城市化对比关系,同时对比了美国和韩国的城市化发展。从图中可以看到,世界城市化水平在 1985 年达到 41% ,韩国的城市化率已经达到 67. 1% ,而中国的城镇化水平仅为 23. 7% 。2010 年世界城市人口占总人口的比重达到 50. 9% ,此时中国的城镇化水平已经达到了 44. 9% 。中国的城镇化起步较晚,但是增长较快。在快速城镇化的过程中,中国的城市每年需要吸纳大量的就业人口,保持稳定的经济增长和产业发展对中国的城镇化至关重要。

一、经济发展的总量和结构

改革开放以来,中国的经济迅速发展,经济总量不断提升,图 8-3 是进入 21 世纪以来中国国内生产总值的增长率和世界水平的对比。

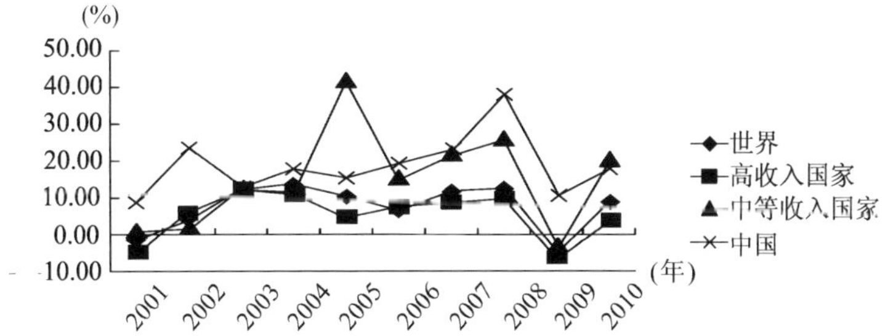

图 8-3　中国与世界 GDP 增长水平的对比

资料来源:《世界统计年鉴》。

从图 8-3 中可以看出，近 10 年，中国一直保持着较快的经济增长，绝大部分年份达到 10% 以上的增长率，与高速的经济增长相联系的是城市总人口从 2001 年的 48 064 万增加到 2010 年的 66 978 万，中国平均每年要吸纳 2 100 万人口涌进城市，产业发展为城镇化提供了动力，城镇化又促进了产业的进一步发展。

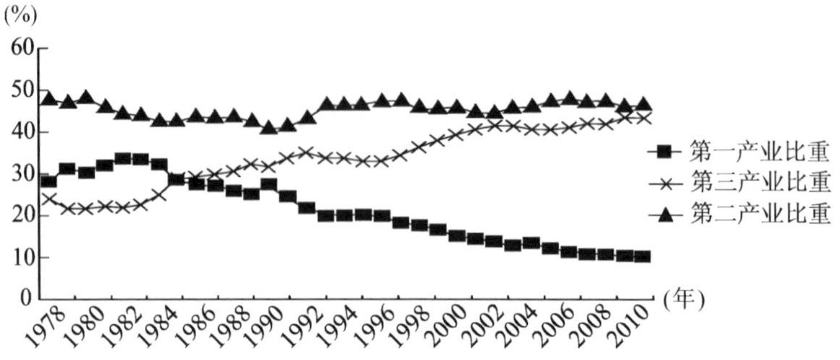

图 8-4　中国的产业结构变化趋势（1978—2010 年）

资料来源：《中国统计年鉴》。

现代工业和服务业的发展是城镇化的动力，图 8-4 给出了近 20 年来中国产业结构的变化趋势。1978 至 2010 年之间，伴随着城镇化水平的提升，第二产业的比重基本保持在 40% ～50%之间的水平；第一产业的比重稳定下降，从 1978 年的 28. 2% 降低到 2010 年的 10. 1%；第三产业的比重不断上升，从 1978 年的 23. 9% 上升到 2010 年的 43. 1%。

同时，中国在产业结构上仍然与世界经济发达国家和地区存在很大差别。表 8-1 给出了世界上不同收入国家的三次产业对经济的贡献。

表 8-1　世界不同收入水平国家国内生产总值构成　　单位：%

	农业增加值占国内生产总值比重	工业增加值占国内生产总值比重	服务业增加值占国内生产总值比重
世界平均	2. 9	27. 0	70. 1
低收入国家	25. 7	24. 4	49. 9
中低收入国家	10. 0	34. 1	55. 8
中等收入国家	9. 7	34. 3	55. 9
高收入国家	1. 5	25. 1	73. 4
中国	9. 5	44. 6	45. 9

资料来源：《国际统计年鉴》。

在表 8-1 中，从整个世界各类国家的产业份额来看，普遍体现出随着经济水平的提高，农业份额比重下降，第三产业份额提升，甚至超过第二产业。第二产业份额随着经济水平的提高开始时在提升，然后呈现下降趋势。2010 年中国的农业增加值在国民经济中的比重为 9. 5%，低于中等收入国家水平，说明中国的整体农业份额已经达到了中等收入国家水平。但是，中国第二产业的比重仍然比较高，高收入国家的第二产业比重仅为 25. 1%，而 73. 4% 为第三产业。在中国，第三产业仅为 45. 9%，第二产业份额为 44. 6%，第二产业仍然对经济起支撑作用。中国的第三产业份额明显偏低,甚至低于低收入国家。

第二产业中,中国生产性服务业的总体发展水平还远低于发达国家,如美国生产性服务业占国内生产总值的比重近年来一直处于 36.5% ~38%之间,而中国在 2010 年生产性服务业的比重仅为 27.6%。在生产性服务业内部也表现出结构上的问题,生产性服务业以传统服务业为主,技术含量高和人力资本密集型行业比重偏低。2010 年,信息传输、计算机服务和软件业占第三产业的比重约为 5.11%,科学研究、技术服务和地质勘察业约为 3.2%,而交通运输、仓储和邮政业占 11.02%,明显高于知识密集型行业,从 20 世纪 90 年代以来,第三产业内部的金融业占第三产业的比重及占 GDP 的比重都出现了不同程度的下降,这不符合世界各国产业结构优化的一般趋势。服务业发展滞后,生产和生活服务提供不足,导致在中国的城市化中出现了一个奇怪现象:城市生活提升的速度明显慢于城市人口增加的速度,而城市人口增加的速度又大大慢于城市面积增加的速度,从 2000 年至 2011 年,城市人口增加的速度为年平均 3.79%,而建成区面积的增长为年平均 6.25%。

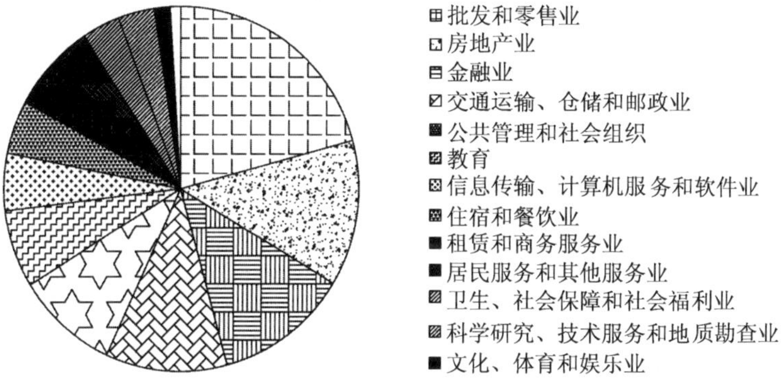

图 8-5 中国第三产业结构图

资料来源:《中国统计年鉴》。

另外,从中国目前所处的经济发展阶段来看,第三产业内部结构应该呈现出国际上第三产业发展的第三个阶段的特征,这一阶段的重要特征是生产性服务业占第三产业的比重有较大提高,但从图 8-5 中可以看出,中国第三产业的发展还是以传统的商业(批发和零售业)和运输业为主,金融、咨询、信息等行业还没有得到有效的发展,这些产业发展滞后充分表明了第三产业内部结构比例出现了失衡的状况。

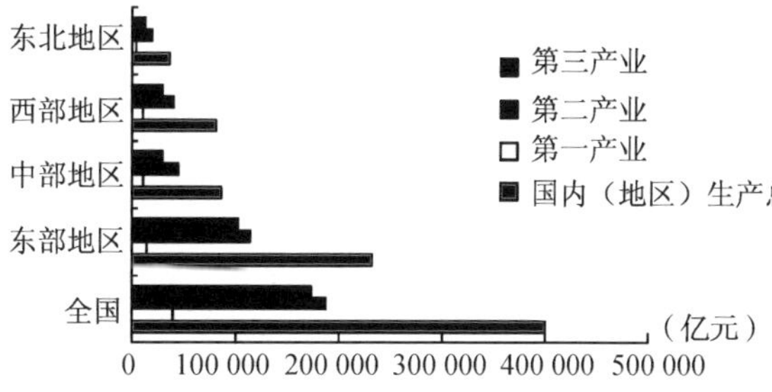

图 8-6 2010 年中国四大区域经济总量和结构

资料来源:《中国统计年鉴》。

在全国经济快速增长的同时,东、中、西部和东北地区的经济差距很大。图 8-6 给出了

2010 年中国各大区域的经济总量和产业结构。东部地区的生产总值为 232 030.7 亿元,大于中西部和东北地区的总合。三次产业中,西部的农业比重最大,达到 13.1%,而东部地区仅为 6.3%。第二产业总量虽然东部地区最大,但从比重来说,中部和东北地区略高于东部地区。第三产业比重,东部地区为 44.3%,高于其他区域约 8% ~10%。关于人均地区生产总值,东部地区为 46 354 元,东北地区为 34 303 元,中部地区为 24 242 元,西部地区为 22 475元,西部地区的人均地区生产总值不足东部地区的一半。地域发展不平衡是中国经济发展和产业发展面临的重要问题,也制约了中国的城镇化水平。

二、城镇化过程中产业发展的早期动力

1. 农村劳动力的流入和城镇化

一个国家工业化发展之初,刘易斯结构对城市化和城市产业发展的贡献极大,拥有近乎无限的农村劳动力、价格低廉的土地、容易获取的资源能源以及鼓励储蓄政策形成的高投资率,经济增长主要依靠增加要素投入,增速快,增长方式相对粗放。劳动力的流入是城市化早期最基础的动力,改革开放以来,中国城镇化速度很快,市容市貌发生了很大变化,但是中国的城镇人口中,包括流入的 1.45 亿农民工和 1.4 亿住在镇区内的农业人口。这部分人口并未完成身份转变,成为真正的城市人口,也未取得与城市居民相同的社会地位、发展机遇和福利待遇,他们的思想观念、生活方式和消费习惯仍然是农民——是生活在城市里的农民。不仅如此,为了加速城镇化,还通过土地国有化的办法从农民手中低成本获得土地,为城市建设融资,而进城农民工虽然创造了大量物质财富,却无法分享城镇化的成果。这些年的经济发展和城市繁荣反过来却造成了农村的落后、甚至衰落。

2. 资源投入和资源型城市

我国的一些城市是在自然资源的基础上发展形成的资源型城市。所谓资源型城市是指有 40% 以上的劳动力以直接或间接方式从事同种资源(如石油、煤炭、钢铁)开发、生产和经营活动的城市。可以说,资源型城市是依托资源开发而兴盛起来的城市,其出现是工业化进程中一种普遍的现象。我国的资源型城市大约有 200 多个,在整个城市群体中占有相当大的比重。这些城市中的大部分又是在新中国成立之后按照一厂一市的模式建立和发展起来的,一般是先有企业再有城市,比如大庆油田(大庆)、胜利油田(东营)、辽河油田(盘锦)、鞍钢(鞍山)、马钢(马鞍山),等等。资源型城市的出现和发展在一定阶段推动城市化的进程,但是随着资源的使用和枯竭,资源型城市面临着严峻的转型压力。

3. 政府制度引导的城镇化发展

在中国的城镇化过程中,政府的制度安排与创新在城镇化过程中具有十分重要的核心地位。制度对城镇化的影响包括:户籍、就业、土地、社会保障、行政管理、城镇建设的投融资体制和市镇设置等的有关法律制度直接对城镇化的作用和影响,民间资本积累与投资的激励机制、企业制度、投融资体制和财税制度对工业化的作用而间接地对城镇化发生影响。政府制度安排对城镇化的进程起着关键性调控作用。

4. 外向型经济带动的城镇化

全球化背景下的国际经济关联对中国的城镇化起到巨大的推动作用。改革开放至今,中国的对外贸易增长非常迅速,年平均增长 22.76%,出口增长达 23.47%,是经济增长的 2 倍多,中国的出口总值从 1978 年的不到 100 亿美元,增加到 2011 年的 18 983.8 亿美元,增长了 180 多倍,成为中国经济增长的巨大引擎。但是,中国工业发展的资源和技术很大一部

分来自国外。1979—2011 年,中国实际利用外资 13 681.41 亿美元,工业部门占了绝大部分,2011 年制造业实际利用外资占比仍高达 44.27%。中国的技术引进和设备进口规模也相当巨大,成为中国工业技术提高的重要来源。工业制成品的进口在全部进口中占到 65.34% 左右,而机械和运输设备的进口占工业制成品进口的比重,本世纪以来一直占一半以上。

就地区角度而言,以我国地级市的 FDI 为例,大部分 FDI 集中在东部沿海地区,2010 年间我国外商投资前 10 名的城市依次为上海、天津、大连、苏州、北京、沈阳、成都、杭州、深圳和广州,其中 9 个城市位于沿海地区,且前十名的城市吸引外商投资的份额占比近 38%;与此同时,部分内陆城市的外商投资额为零。在沿海地区,外商投资的主要领域集中在制造业上,沿海城市凭借较低的劳动力成本、良好的地理区位和经济基础,吸引了大量的 FDI 流向了制造业,这些外资企业的存在完善了我国的产业结构,扩大了制造业规模,吸引了大量的流动人口涌向城市。外商资本的流入还带动了产业集群的发展,并提高了产业集中度,极大地推动了城镇化的进程,并进一步推动了城市经济的发展和城市空间的变革。

第三节 中国产业转型的实践

资源、劳动力和外向型经济带动了中国城镇化的迅速发展。但是,随着城镇化进程的推进,不同区域的城镇化开始面临各种挑战,也开始关注城镇化的新动力,并寻求产业的转型。东南沿海各省市作为我国经济发展的先行地区,改革开放以来,经济迅速发展,城市产业总量增长较快,也带动了城镇化水平的迅速提升。但是,随着生活水平的提升,城市内的劳动力成本和土地成本不断上升,传统制造业和劳动密集型产业的成本优势越来越难以持续,以成本为优势吸引外资,实行粗放式发展的模式已经显现出其不可持续性,外资有向综合成本更低国家和国内其他地区转移的趋势。城镇化过程中的人口红利也渐渐下降,资源优势也开始减弱。“民工潮”向“民工荒”等一系列外部条件的转变对沿海地区经济发展产生了前所未有的冲击。各个地区开始越来越关注新的城镇化动力,把产业转型提升到战略性高度。上海提出,创新驱动、转型发展,是上海在更高起点上推动科学发展的必由之路;江苏“十二五”规划提出“创新驱动战略”,并作为经济社会发展的核心战略;2009 年 1 月,《江苏省知识产权战略纲要》颁布实施,知识产权制度为战略性新兴产业提供了良好的外围环境,为科技创新提供强有力支撑。同年 12 月,江苏省委、省政府结合本省发展实际,明确提出重点发展新能源、新材料、新医药、生物技术、节能环保、软件和服务外包、物联网等七大战略性新兴产业。2011 年底,江苏在对接国家规划基础上,结合本省特点,提出了《“十二五”培育和发展战略性新兴产业规划》,提出发展十大新兴产业,将智能电网、海洋工程装备、云计算等作为新增的具有江苏特色的新兴产业。广东提出,要强化自主创新对加快转型升级、建设幸福广东的核心推动作用。2010 年东南沿海五省市土地面积占全国 5% 左右,GDP 占全国比重达到 36%,研发经费占到全国的 40%,江苏、广东、浙江、上海分列全国研发经费投入的第 1、3、5、6 位,上海、江苏的研发经费投入强度分别达到 2.81%、2.07%,明显高于全国 1.76% 的平均水平。同时,中西部地区则开始关注在新一轮的产业转移中做好承接产业的准备,资源型城市积极应对资源枯竭所带来的问题。产业转型和升级是调整经济结构的重要途径,可以进一步推动城市化水平和城镇健康发展。

一、东部地区的产业转型模式

1. 大企业主导的转型模式

该模式强调龙头企业在产业转型中的引领作用，以有实力的大企业带动整个产业的综合发展，具体的做法是：引进或者培植具有较强综合实力的大企业；发展与大企业相关的配套企业或中间投入品供应商，形成以大企业为核心的产业集群；促进核心企业和关联企业间的密切联系，在一定程度上形成资源和信息共享的公共平台，促进研发、生产、服务企业之间的联系。

例如，从2010年开始，广州市通过建设东部、南沙、花都三大汽车产业基地，引进丰田、本田、日产三菱的汽车制造企业在广州落户，带动了一批相关的中小企业实现了产业升级。苏州依托爱普生、苏州大方、华芯微电子、松下电器等高技术龙头企业的集聚、引领、辐射和带动效应，拉长和完善了产业链，带动了苏州高新区一批具有自主知识产权包括自有品牌的中小型科技企业和研发机构。常州创意产业园依托联创科技、新科软件、久通动漫、安利动画、银河动漫、宏图动画等龙头企业，集动画创作、动画生产、动画音乐、网络游戏、国际服务外包以及动画衍生产品研发、市场运作、人才培训等环节为一体，组成了完整的动漫产业链，产生了明显的集聚效应。

2. 政府主导的产业园区转型模式

该模式是由政府根据区域发展需求，规划、建设产业园区，确定园区主导产业的选择，成立负责产业园开发运营和管理的公司，出台产业发展扶持政策等，并利用相关优惠政策吸引企业进入园区等。

江苏省构建了众多的高科技产业园区和各种高新技术产业基地作为产业升级的载体。2010年，江苏省拥有国家级开发区23个，省级开发区108个，拥有科技创业园、大学科技园、软件园、创业服务中心等各类科技孵化器200家。在产业基地建设方面，江苏已建成77个国家级高新技术特色产业基地，建成重点研发机构24个，国家和省级重点实验室72个，国家和省级工程技术研究中心592个，国家和省级科技公共服务平台230个。形成了布局合理、服务功能齐全的良好发展格局。广州市建设了由广州科学城、广州开发区、南沙开发区三大片区及相关区域共同组成的国际电子信息产业基地，壮大汽车、石油化工、电子产品制造三大支柱产业，带动相关产业的发展。

产业园区聚集了大量的高科技产业，这种高科技产业的集群有利于辅助网络的建立，辅助网络利用公共技术平台将区域集群中企业联系到一起。如苏州工业园区便利用IP融合通信技术平台将一大批相关企业聚集在苏州工业园区，使他们协同进行技术创新及研发。平台的建设促进了创新网络的形成与建立，而产业集群形成创新网络发展又进一步巩固了这样一种网络联合模式。

同时为了更好地促进辅助平台对于创新的作用，地方政府还加快了产业集群创新网络化政策法规的制定，如江苏省政府的《信息化促进条例》等。政府还十分重视信息化应用领域的基础建设，为产业集群提供技术规范并促进关键性标准的建设，重点支持企业应用现有的辅助网络，利用信息技术进行内部资源及供应链管理，并积极促进市场提供辅助的信息技术服务。

例如，苏州工业园区的国际科技园将发展目标定位在软件研发和集成电路设计两大产业方向上，园区构筑起了一个资源共享、技术集成、高效便捷的技术服务体系，成功地打造了苏州软件测试中心、中科集成电路设计中心、知识产权保护中心三大公共技术服务平台，为企业提供专业化的服务，吸引了200多家高科技企业在园内注册、经营和孵化，涌现出一批极具发展潜力、具有良好成长性的企业。2004年成立了苏州工业园区知识产权保护中心，开展产权保护的系列服务，如专利代办、商标代理、海关知识产权登记、软件著作权登记等；同时帮助企业建立知识产权制度，培训知识产权工作者，为企业产品研发、申请专利提出指导意见；还协助企业申报科技成果、完成产品鉴定以及其他知识产权服务。

3. 政府主导的产、学、研合作的转型模式

该模式强调发挥大学科研资源丰富的优势，通过政府与企业、大学、科研院所的合作以实现产业的转型和发展。即依托大学科技园，通过政府政策扶持和产业规划，整合高等院校和研发机构、相关企业等科技资源，进而形成产业链比较完整、功能较为完备、竞争优势明显的新型产业集群。

政府通过发展科技教育，吸引人才的方法，提高大学生和科技人员的比重，并鼓励高等院校和企业合作进行研究和开发。通过高技术研究实验室、重大研发机构、工程技术研究中心、科技公共服务平台等科技基础设施带动基础研究的产业化。

高等院校和科研机构的研究重点和企业研发存在较大差别，高等院校的科研机构是以理论的发展和科技的进步为出发点的，其资金来源于国家的财政支持，所以在研究领域方面，较少地考虑收益率，更多地考虑研究本身的意义，在科技成果的产业化方面动力不足，而关注技术本身的研究有利于产生新技术、新产品。相反，企业的研发是关注利润的，其研发资金构成了企业成本，这会使资金量小的企业缺乏研发动力，或者研发资金向能快速形成生产能力和需求的产品倾斜，而忽视长期的研发投资，这些不利于企业的长期竞争力的提升。高校和企业的产、学、研的结合能充分利用高校的研发优势，有利于新技术形成生产能力，还能很好地引领高校的研究方向，并有利于弥补企业科研经费的不足。很多高科技产业的发展都离不开高等院校的作用，例如硅谷的发展与周边的斯坦福大学和加州大学伯克利分校的影响是密不可分的。北京中关村的科技企业也得益于与中国科学院、北京大学和清华大学的临近，高校的智力资源对企业的发展、技术及管理模式的创新都起到重要的作用。实证研究显示不同机构的专利发明能力有很大差别：高校专利是最多的，其次是企业专利和政府机构专利。专利发明后第一年，其引用往往具有很强的本地性，随着时间的推移，本地性不断降低。技术外溢的这种特征使得高科技企业集中在集群中，有利于企业的迅速创新，靠近高校和科研机构这种创新源对企业来说成了创新的动力。因此，产、学、研的结合对科技和创意企业的技术进步和转型起到重要的推动作用。

再如，南京模范路科技创新园区，位于高校集中的鼓楼区，是鼓楼区政府与高等学校、科技创新企业联合打造的科技创新产业聚集区。创新园区内包括位于南京工业大学校区内的南京科技广场（由南京市人民政府投资打造的全市最集中的科技公共服务平台）、中国（南京）电力工业自动化产业园、依托亚洲最大的电子研究所——第十四研究所建立的国睿科技园、依托长江电子集团建立的长江科技园、位于南京财经大学校区的南京财经大学科技园、南京国际服务外包产业园、南京国际服务外包大厦、南大苏富特科技创新园、江苏省（联创）软件研究院暨联创软件大厦、苏宁睿城、依托河海大学和中国长江三峡工程开发总公司的河海大学—水资源高效利用与工程安全国家工程研究中心、以南京工业大学为依托的江苏建筑工程设计创意产业园、石头城6号文化产业园区、南京国际广场、与美国XILINX

公司合作的南大科技园——XILINX FPGA 创新中心、与美国 INTERGRAPH 公司合作的南京工程设计高端人才培训中心以及为这些实体提供服务的南京国际高科技风险投资服务园、南京南大苏富特服务外包人才培训中心(NTC)、中国中小企业协会苏皖赣服务中心和中国软件测评中心游戏动漫华东分中心。

此外,沿海各个城市还在税收方面,对产、学、研的结合给予税收优惠,主要体现在流转税和所得税方面,以税率优惠、税额的定期减免为主。税收优惠政策包括税收激励政策、支持创业风险投资企业发展的税收政策、促进转制科研机构发展的税收政策。税收专项优惠政策还包括开发费加计扣除、研发设备、职工教育经费、科技园与孵化器等。

产、学、研的结合中,人才的建设至关重要。近年来,东南沿海各地都非常重视人才的重要作用。江苏省政府相继出台了"江苏省高层次创新创业人才引进计划"、"科技创新创业双千人才工程"、"科技企业家计划"、"企业青年博士计划",围绕装备制造、信息、生物技术、新材料、新能源等优先发展的重点产业,大力引进并培养高层次创业创新人才和团队。目前,江苏省吸引高层次人才近 9 万名,创新创业团队 2 200 多个,高层次创新创业人才 918 名,其中列入国家"千人计划"120 名。产业内企业家的才能,对产业的发展也具有重要的影响。通过对企业家才能的发挥,可以对企业进行科学化的管理,也能培养企业乃至产业的先进战略思想和文化理念。浙江经济以民营企业为主,民营企业家多为"草根企业家",他们以往的经营管理思路在企业面临转型升级时会暴露诸多弊端,这往往会成为企业乃至产业前进的重大障碍。因而浙江提出,产业转型首先是企业家转型,要以人才和企业家转型推动传统民营经济转型,2009 年以来该省完成 27 万多人次的培训任务。

尽管政府关注人才的引进,一些新兴产业领域仍然人才匮乏。一些政府注重对引进海外高层次人才的奖励,对企业需要的适用型人才激励不足;高层次人才所得税负较高,外籍人士申报国家项目和国家奖励仍存在一些限制,外籍人士生活所需的教育医疗不完善;大城市商务和生活成本偏高;一些中等城市和城镇创业和生活环境不完善,研究型大学等创新资源缺乏;许多企业家的后代不再经营实业;现代产业工人缺乏。

二、转型中的现代服务业发展

在制造业迅速发展的同时,中国的东部地区的服务业并没有迅速提高发展速度,这是因为这些地区在国际比较优势的影响下,分工于全球价值链中由国际大卖家所主导的制造生产环节,而不是充当全球生产性服务供应商的角色。服务业并没有能够同步地或更快地走向全球市场,就不会自动地随着中国发达地区制造业比重的上升而以更快的速度上升。这些地区的服务业限于服务本地的生产和消费需求并以正常的速率发展。在城市化水平不断提高的同时,因为服务业水平提高缓慢,各级政府都较为关注现代服务业的转型和升级。

现代服务业体系的建设涉及商业贸易环境、物流、信息技术、金融服务业等诸多要素。从发展水平和所处的发展阶段来看,大多数城市的工业正处在加速或者转型阶段,其工业化水平领先于城镇化发展。这种格局为现代服务业提供了巨大的需求空间和良好的发展机遇。近年来,沿海城市纷纷关注服务业的转型升级,各城市在制定的"十二五"发展规划中,都认识到了现代服务业对城市转型的重大意义和深刻内涵,并结合自身发展特点构建城市发展的愿景。但在实践中把发展服务业作为人为地调整产业结构的手段,对第三产业发展速度往往有很高的预期。

依据国务院 2010 年 5 月批复的《长江三角洲地区区域规划》,中央从战略高度把长三角地区的产业结构定位为“全球重要的现代服务业和先进制造业中心”，要求长三角地区“围绕培育区域性综合服务功能，加快发展金融、物流、信息、研发等面向生产的服务业，努力形成以服务业为主的产业结构”。江浙两省都对“十二五”规划时期发展第三产业提出了更高的目标、任务和要求。江苏要求第三产业比重从目前的41%左右，在5年内达到48%，每年平均要上升1.4个百分点，这是江苏历史上第三产业从来没有过的发展速度。上海致力于发展金融、物流、商贸等服务业和总部经济，力图通过发展现代服务业降低周边地区制造业的交易成本，带动周边地区增长和上海自身经济结构的提升。广州市定位为国际商贸中心城市，谋划建设高端商贸中心，近年来，建立了广州国际商品展贸城、白云万达广场、太古汇等大型商贸项目。为了进行升级，广州还推动传统批发市场向现代展贸中心转型。在金融服务方面，以建设广州期货交易所为突破口，强化南方金融中心职能。

三、文化创意产业的发展

英国的13类划分体系，把文化创意产业界定为由文字（文学等）、声音（广播、音像等）、图像（书画、设计等视觉艺术）和表演艺术（电视剧、电影、戏剧等）直接相关或者衍生派遣出来的一系列的产业总和。具体分为三类：即手工制作、创意服务和内容生产。不同的文化创意产业空间集聚类型，具有不同的特征和典型意义。手工制作类文化创意产业代表了“艺术家主导”的集聚模式，从萌发出新观念、新思想的创意灵感出发，到创作出满足新的市场需求的文艺作品。创意服务类文化创意产业是“设计家”主导的集聚模式。他们是一批既懂艺术又有技术的“创意阶层”，能够把文化、创意、技术等充分地融为一体。内容生产类中的生产型集聚主要强调产业链的纵向关联，“企业家”是主导力量，要负责产业链上每个关键环节的控制。而消费型集聚主要针对演艺行业，“消费者”成为主导层，形成了面向市场的“消费创意结构”。

文化创意产业的价值体系具有强大的关联性和辐射力，能够吸附和衍生出大量的设计商、制造商以及系统集成商围绕着核心创意在一定地理空间内集聚，改造和提升关联产业和配套产业，通过产业结构的逐步调整和新型产业体系的逐级构建，推动城市转型。其中最为突出的是文化创意产业同传统制造业的融合。文化创意产业中的工业设计、品牌策划、营销推广等增加了制造业的文化附加值，也使制造业结构更趋于柔性化，从而不断推动制造业的转型与升级。除了延伸效应外，关联作用也带动了文化制造业的兴起和信息业的发展。当今的信息产业已不再是单纯的信息技术产业，而是信息技术与文化内容的交融、逐步形成以文化创意产业为主导的产业集聚样式。根据美国《文化投资：州的政策创新》显示，非营利性文化产业每年为联邦、地区、州及地方创造244亿元的税收；相比之下，联邦、州及地方各级政府每年为支持艺术而投入的资金不足30亿元。即政府每年对非营利性文化产业投资的资金回报是8倍多。我国经济学家刘世锦等人的研究中，2007年全国文物系统投入与产出比是1∶8.1。

文化产品的全球性贸易扩展，导致了先进国家和先进地区对后发国家和欠发达地区特色文化旅游服务总需求的快速增长，后发国家或欠发达地区人类文化遗产和优质自然生态资源被重新纳入到一个新的价值发现过程，民族文化遗产不再仅仅表现为一种静态的精神价值存在，而是随着国家经济文化发展整体水平的提升而具有了动态的价值增量。尽管受到中部区位、交通和资源承载力的限制，据不完全统计，2008年，武当山旅游经济特区的投入与产出比仍然达到1∶6。中国的特色旅游产品如一些古镇和世界自然与文化遗产都成了各地发展文化旅游业的重要依托。各地还依托独创性文化资源,形成了各具特色的区域品牌。上海在石库门地区发展了新天地文化休闲中心,南京利用其丰富的历史文化资源,培育出南京1912时尚休闲街区。

伴随着艺术家的进入和退出,依托了旧区改造与都市再生。不少世界知名的艺术家集聚区都曾经或者正在经历着变迁,最具代表性和标志性意义的就是纽约的苏荷。伦敦东区也曾经是破败的贫民窟,由于艺术家和设计师的扎堆,而成为与苏荷齐名的世界艺术和时尚之地。类似的变迁在中国也有同样的发展轨迹。比如北京的798、索家村、宋庄、上苑画家村,上海的M50、田子坊,南京创意东8区,等等。

文化演出事业也是文化创意产业的重要组成部分。美国百老汇的文化演出极大地促进了当地旅游业和经济的发展。欧洲与美国百老汇齐肩的另一世界性文化艺术中心伦敦西区也日益显示出其带动城市发展的综合性价值。2007年伦敦西区剧院的票房收入约为4.7亿英镑,比2006年增加0.69亿英镑;观众人数为13 636 540人,比2006年增加了10.4%,为伦敦带来了巨大的活力。西班牙毕尔巴鄂市的发展则受惠于古根海姆博物馆的成长。1997年博物馆落成后,第一年参观人数就达到136万人次,其中85%以上来自该地区以外,博物馆经济成为当地经济的龙头产业。上海也曾经在20世纪50、60年代创造过演艺娱乐业世界性的辉煌,而今却和伦敦西区这样的知名演艺市场相差甚远。针对目前上海演艺市场"有点无面、时断时续"的现状,《上海市文化创意产业发展"十二五"规划》中明确了发展目标和思路,要"整合改造人民广场西藏路地区,规划建设文艺表演集聚区",同时"积极推进西部虹桥地区文化设施改造提升,打造舞蹈演艺集聚区",旨在借助于文化创意产业的勃兴,促进上海的创新驱动与转型发展。

也有很多城市针对创意人才制定了各种吸引政策。例如,北京规定文化创意人才可优先落户。杭州则对亟须引进的动漫游戏方面的人才准予购买经济适用房并在其子女教育方面给予优先照顾等。

四、产业转型过程中的产业转移

中国东部地区在经济发展中得益于较好的地理位置和制度环境获得了先发优势。在区域的发展中,先发优势一旦形成,往往具有很强的锁定效果。依靠引进外资和本地资本的中小企业的发展,制造业迅速在东部地区聚集,带动了经济总量的提升,不仅经济总量远高于中部和西部地区,城镇化进程也发展得更为迅速。但是,东部地区产业层次偏低、处于全球产品价值链低端的劳动密集型产业制约了东部地区经济的进一步发展。而且随着经济的增长,人民生活水平的提升,东部地区的土地价格和劳动力价格也不断上涨,低成本的优势难以为继。中国经济保持着平稳较快的发展的一个主要因素还有赖于国内推进的产业转移,在很大程度上保障了支撑实体经济快速发展的土地等要素的提供,保持了经济可持续发展。

广阔的中西部地区为中国的经济发展提供了巨大的腹地。在此背景下,通过东部地区产业和劳动力向中部和西部地区的转移,可以提升中部和西部地区的工业化水平,并为东部地区的产业升级提供发展空间。通过产业转移,一方面缩小区域发展差距,另一方面推动东部地区产业结构向服务业和高端制造业转型。作为推动区域协调发展的重要举措,国家制定了开发西部、崛起中部的各种政策,鼓励中部企业转移到交通基础设施完备、发展空间更大、资源更多的中、西部地区,近几年,产业转移的速度在加快、规模在加大、质量在提高，东部企业开拓了新的发展空间，中、西部经济发展速度显著加快。

对于东部地区这种产业转移的迁出地来说，产业转移后释放的空间用以发展高资源利用效率、高竞争力和高附加值的产业。2008 年，广东省发布了《关于推进产业转移和劳动力转移的决定》，正式启动“双转移”战略。将珠三角传统的低端制造业转移至粤北及东西两翼地区，促进这些地区的经济发展，使珠三角地区劳动密集型产业比重显著下降，同时，腾出空间，吸引先进制造业及高端服务业进驻珠三角。2008 年年底，国务院批准实施《珠江三角洲地区改革发展规划纲要（2008—2020）》，纲要指出，要加快发展先进制造业、构建现代产业体系、走新型工业化道路。近几年来，珠三角地区通过将低端落后产业转移及淘汰，大力发展现代服务业、先进制造业和战略性新兴产业，促进了珠三角地区乃至广东全省的产业转型升级。以广州为例，2008 年以来全市共停产关闭搬迁企业（项目）5 600 多家（个）；2010 年完成 100 多家“退二”企业搬迁和关停并转工作，腾出工业用地 240 万平方米；30 多个附加值高的“进三”项目成为广州文化新名片。2010 年广州文化及相关产业增加值占地区生产总值比重达到 8%，原创动画年产量占全国市场份额超过 30%。

在这个过程中，迁出地尽管成本较高，但是有由于聚集经济所带来的中间投入品市场、完善的社会服务和商业服务体系、各种技术层次的劳动力市场、靠近创新源所带来的知识和技术的外溢性、更为高效的地方政府服务和完善的地方制度。所以这些优势将弥补成本过高的劣势。因此，首先迁出的企业往往是产品标准化，对成本比较敏感的低竞争力、低附加值和高污染的企业，以劳动密集型的制造业为主。而那些以创新为主要核心竞争力的知识和技术密集型企业相对来说对聚集经济比较敏感，因此，并不会首先向外迁移。在这种迁移过程中，迁出地对产业的选择性比较强，而迁入地往往被动地接受产业。例如，根据深圳市工商局统计，在深圳市的迁出企业中，“三来一补”和三资企业占了总体外迁的 69%，这些企业以劳动密集型为主，包括环保部门重点整治的污染企业；从企业规模看，产值在 5 亿元以上的仅 3 家。相比之下，像华为、富士康这样把总部留在深圳，异地投资设厂寻求产能扩张，或者将劳动密集的加工生产环节搬迁至异地的，这种扩张性外迁企业居多。扩张性外迁涉及产值约占 2007 年总产值的 75%。

对于中部和西部这些产业转入地来说，资源丰富、低成本优势、较好的基础设施和良好的生产服务体系是吸引产业的重要条件。我国中、西部地域辽阔、资源丰富。我国煤炭资源主要集中分布在新疆、内蒙古、山西、陕西、贵州、宁夏、甘肃等省区，占全国煤炭资源总量的 90.7%；西部地区可采石油资源量介于 40.8 亿吨和 49.1 亿吨之间，占全国的 30%；西部地区天然气资源量高达 33.8 万亿立方米，占全国天然气资源量的 61%；中、西部地区金属矿产资源种类多，储量大，分布集中。我国的新能源和可再生能源资源也主要集中在中、西部。这些都为中、西部地区接受制造业，特别是重工业的转移提供了有力支持。中、西部地区也初步具备了承接工业转移的条件。首先，经过改革开放特别是中、西部的政策倾斜发展，中、西部地区的基础设施得到进一步完善，交通便捷、通信发达、信息畅通、电力及部分优势资源供应充分；其次，中、西部地区的制度环境、投资环境、市场环境大大改观，人才、技术、知识水平不断提升，装备制造、资源采掘及加工等产业迅速发展；再次，居民购买力逐步增强，市场容量不断扩大。这些都为中、西部地区承接产业转移提供了基本的保障。

迁入地承接的产业多为制造环节的企业，制造业往往具有劳动力随企业迁移的特点，产业的迁移是先行的，伴随着产业转移，迁入地会形成巨大的劳动力市场，因此，产业转入地需要构建合理的制度和便利的生活服务设施来提高对流入劳动力的吸引力,从而形成有竞争力的劳动力储备,以降低劳动力成本并提高城市对劳动力的吸引力。此外,在迁入地承接产业的过程中,往往面临着环境压力,从东部地区迁出的产业往往资源利用效率水平较低,环境污染比较严重,迁入地在承接产业的同时要关注环境问题的解决。

第四节 推动中国产业转型的思考

中国的产业发展一直采取的是“后发优势”战略,即瞄准先进国家和地区的先进科技和产业,用模仿和学习方式不断地追赶,以期达到快速的经济增长和缩小发展差距的目的。

这种“后发优势”战略的主要特征是:在技术上主要是靠引进,或在研发上跟踪模仿国外先进技术,主要或基本不靠自主创新;在产业上主要是靠创造优良的投资环境吸收外国直接投资,承接发达国家的产业外移或外包而不是主要鼓励本国公民、本国企业进行自主投资或自主创业;在投入上主要是依靠低级的、一般性的生产要素而不是高级的、专业化的要素发展劳动密集型产业,或承接发达国家转移的高技术产业的低端生产加工环节;在需求结构上主要依靠外需而非内需拉动,出口导向、出口创汇成为主要追求的发展目标;在比较优势上是用低成本要素而非依靠生产率提升参与国际分工和竞争进入发达国家跨国企业控制的全球价值链的底部进行国际代工。

在这种模式下,中国的产业发展对制造业的发展和供给方因素过度关注,导致产业低端,服务业发展滞后。随着城镇化水平的提升,中国应利用城镇化的契机,推动产业转型。

一、充分利用城市化对产业转型的推动作用

以城市化为主导的产业转型不同于以工业化为主导的产业转型。主要表现为:

1. 更为关注服务业的发展

以工业化为内容的产业转型升级偏向工业投资,追求工业制成品的质量和技术水平,结果往往使经济体系的资本密集度得到大幅度的提高;以城市化为内容的产业转型升级,因为要解决城市化过程中的企业生产和居民生活的基础设施和环境问题,因此把资源大量地投入到消费服务、生产服务和公共服务产业中,如公共基础设施和医疗、教育等方面,着力为进城居民塑造城市化的生活方式,其结果必然是农民的市民化和服务业的高速发展。

2. 更有力推动需求增长和市场形成

以工业化为内容的产业转型升级进程,往往会出现投资增长,生产能力提升,但是工业工人的本地化程度低,消费地和工作地脱节。因此,城市发展中,工业份额增长很快,但是需求增长有限。以城镇化为内容的产业转型升级进程,由于对城市基本建设费用巨额投资,在促进农民工市民化的基础上,必然会产生对传统产业产能和基本服务业的巨大需求并推动经济增长。

3. 更有利于解决就业问题

以工业化为内容的产业转型升级进程,偏爱物质资本投资,往往以资本、机器设备、技术为焦点。随着工业发展,必然向资本和技术密集型产业转变,因此,吸纳劳动力的能力减弱,就业问题将变得更为严峻。而以城镇化为内容的产业转型升级,由于服务业往往是劳动力密集产业,更为偏爱人力资本,随着生产服务业和生活服务业的发展,不仅有利于改善企业生产的外部环境,改善居民的生活水平,也有利于实现各个层面的充分就业。

以城镇化为主导的产业转型不仅要关注产业发展，还要关注企业的对生产服务的需要，关注产业工人的本地化和市民化、关注扩大的城市人口对公共服务和生活服务的需求，综合地考虑有利于城镇化的健康发展和产业的健康转型。

二、进一步促进产、学、研结合，构建创新中心作为转型动力

产业转型的基础依赖于不断的创新，现代经济是创新所引领的经济。新技术、新产品、新服务和在此基础上培育的新需求是经济增长的来源。持续的创新，不能单纯依靠某种新技术的研发或引进，或者某种新产品的生产，而要依赖于一种有利于创新的体制。在构建这种体制时，要充分考虑各种资源和制度因素。

原加州大学伯克利分校的校长田长霖教授认为，一个高科技园区成功的重要条件之一，就是要有一个知识中心。而地方高校在构建这个知识中心中扮演着重要的角色。典型的案例就是硅谷的创新和持续的产业升级在很大程度上得益于当地的斯坦福大学、加州大学伯克利分校等知名学府。要实现产、学、研的结合，构建有活力的创新中心，需要各种要素和制度上的保证。

首先，产、学、研的联合需要为高校的研究人员提供了解市场需求的途径。高等院校要不断地产生新的研究成果，培养出有创新能力、适合市场的技术人员和创新型人才。要为高校教师学生创造与产业界密切联系的途径和产、学、研结合的常规机制，如教师到企业兼职，到地方政府挂职等机会，或者在校生到企业的常规实习，引导学生在校期间以技术或者管理创新为目的的研究探索。

其次，要构建一个有利于大学和产业界充分沟通的产、学结合机制。地理上的临近性是创新外溢的重要条件，因此，对于转型期的城市来说，完善教育资源，培育有竞争力和前瞻性的高等教育体系是转型的重要基础。在此基础上，鼓励大学与企业的充分沟通与合作，并为大学和企业的合作提供法律和制度基础，打通成果的商业化通道，健全以企业为主体，产、学、研相结合的创新体系。

再次，改革政府资金引导的方式。政府的角色不应该是创新的领头羊，而应该是创新的推动者和创新环境的构建者。可持续性的创新主体必然是企业，因此，政府的资金应该朝着构建产、学、研联合的常规机制，推动企业形成自主创新能力的方向集中。政府的投入用于鼓励产、学、研结合项目的形成，促进企业购买学、研的服务，鼓励引导大中型企业和高校联合组建企业技术中心、工程中心等创新机构、研发机构，带动和提升技术创新能力，促进技术升级，提升产业层次和水平。

最后，政府主导建设产、学、研公共服务平台，产、学、研联合实验室和工程中心，强化共性技术服务网络建设。因为较大的规模经济，一个企业构建服务和技术平台的动力不足。而且，创新能力较强的往往是相对灵活和以柔性生产方式为主的中小企业，他们由于资金的紧张和规模的限制，往往也难以构建达到规模经济的服务和技术平台。因此，政府可以在这个层面上起到很大的作用。政府部门要倡导构建产业聚集区的研发基地和共享平台，支持产业聚集区内对技术创新和产业发展起重大作用的公共服务和公共技术网络的建立。重点支持产业共性技术开发、工业设计、产品研发、产品检测等公共服务平台。健全技术和产品研发、咨询和推广公共服务中心，为企业提供技术指导、项目论证、产品开发、科技攻关等服务，推动技术创新和产品升级。

促进产、学、研的结合，还需要注重新兴产业领域人才的引进和培养，政府不仅要支持高层次人才的引进，还要致力于改善适用型人才的结构，培养新兴产业领域的各层次人才，并致力于为各层次人才解决创业环境和生活基础设施等问题。

三、结合城市特点，合理发展现代服务业

在产业转型升级的进程中，各级政府都不约而同地求助于服务业的发展，并对服务业的发展提出了较高的目标。但是，服务业的发展本身有自己的特点，在发达国家将“再工业化”和重振制造业作为重要的发展战略的时候，我们要更为谨慎地对待服务业的发展，不考虑自己优势，盲目扩大服务业的份额不仅不利于城市经济的转型，可能还会带来一系列的负面效应。城市发展服务业要充分考虑以下四个方面：

1. 不同等级的城市，根据城市的特点选择适度的服务业规模

在现代城市体系中，不同等级的城市的功能有很大的差别，经济结构也大不相同，因此发展现代服务业在不同城市不能实行“一刀切”的政策。大都市由于人均收入水平高，人口总量大，收入需求弹性较高的服务部门和相对于人均需求，规模经济较大的服务业部门可以在大都市得到发展。因此，大都市会形成门类齐全的服务业部门，并可为低等级的城市提供服务品，如专业化的医疗服务、高等级的娱乐服务等。所以，大都市的服务业覆盖更广泛的地域范围，服务业的产值和就业量也远高于中小城市，可以形成大规模的现代服务业部门。与此不同的是，中小城市由于产业资源配置主要受制于分工和竞争等因素，产业选择必须服从于专业化、集聚化所产生的低成本因素。中小城市的人均收入水平通常也会较低，人口规模有限，因此，难以形成也没有必要形成门类齐全的服务业体系，服务业的经济总量和就业量也相对有限。“一刀切”地在所有城市中提高服务业份额，要求所有城市的第三产业都达到较高的比重，不符合经济的发展规律，也会形成资源的浪费。

2. 在各城市中形成有特色的服务业产品

改革开放以来，我国居民生活水平明显提高，从改革开放之初的追求解决温饱的生活水平阶段，到基本实现向小康水平的转型。目前逐步进入消费转型升级的过程，意味着人们的消费结构已经发生根本性变化，人们再不需要为解决一日三餐的温饱问题而奔波劳碌，旅游、教育、文化、房产和医疗保健等消费支出在居民支出中所占的比重将越来越高。根据国际经验，人均 GDP 达到 3 000 美元之后，产业结构和消费结构都将产生重大改变，人们的消费将会实现由满足基本生活需求向满足享受和发展需求的升级。而我国人均 GDP 恰好处在这一范围，这客观上说明我国消费领域需要发生较大的转型。各城市中，企业和居民对服务产品的需求具有相似性，但不同城市在满足服务需求方面往往有自己的优势，这种优势可能由于独特的自然或文化环境，也可能由于产业聚集所形成的聚集经济。各城市应有效地利用自身优势，形成覆盖区域范围，甚至是全国范围的服务中心。

3. 利用服务业全球化的契机推动服务业发展

发展现代服务业需要让服务业深度参与全球产业分工。中国的制造业在发展过程中，受到经济全球化动力驱使，其增长受全球市场需求的支持，但是服务业的发展方式因受其技术特征的影响和制约，还基本上是本地化的，受制于本地狭隘的消费市场。尤其是在过去人均收入较低和劳动收入占国民收入的份额有所下降的情境下，由于本地化的市场需求不振，因此，服务业的比重就难以有实质性的提升。相反，经济发达的江浙地区其服务业的比重还随着制造业的快速增长而呈现下降的趋势。由此看来，转变服务业的发展方式，突

破服务业在技术上不可贸易的初级特征，在信息技术等支撑下寻求全球化发展的理念和手段，逐步使服务业产品突破区域性的限制而融入全球市场，进入全球价值链的研发设计和品牌网络营销环节，可以促进产业转型的实现。为此要求我们要像过去推进制造业参与全球分工时一样，去形成良好的基础设施吸引服务业外资，去大力开发国际服务外包市场，去大力引进国外的服务产业人才和智力。

4. 完善金融服务体系

产业升级实质上是“提高国际分工中的价值获取”。而产业升级的关键就是向“研发（技术）”和“品牌（管理）”两端升级。无论是技术研发还是品牌的建立和维护，都需要很高的投入，并且也伴随着很高的风险。因此，仅依靠政府投资是远远不够的，而传统的银行信贷由于收益的有限性，对高风险项目缺乏投资动力。应将政府向高技术企业直接投资，改变为政府培植高技术产业的生长环境。完善高技术企业融资体系，引导金融机构加大对高技术产业的投入。一是要建立、健全有利于技术创新金融支持的法律法规。对现有的相关金融法律、法规进行修改与完善，减少对金融机构业务、金融工具运用等诸多方面的限制性规定，鼓励金融机构进行金融创新。二是建立和完善金融服务配套体系，如会计、法律、评估、评级等服务机构，促进技术创新各相关主体之间的合作以及技术和信息迅速地流动。三是要加大对社会信用体系建设的投入，搭建信息平台，使相关金融机构共享信用信息资源。同时，也增加了创新企业及其股东的违约成本，促使其主动增强对自身的风险约束。四是要拓宽民间投融资渠道。实行低门槛的创业激励措施，放宽中小企业市场准入限制，引导社会资金投入高技术产业。

四、提升创意产业的竞争力

创意产业作为经济的新增长点，在城市产业转型中越来越多地受到重视，提升创意产业的竞争力需要重视以下三个方面。

1. 培育一批具有国际影响力的创新型企业和知名品牌

重大项目在推动产业发展中具有明显的示范效应和功能性作用。培育知名品牌和龙头企业，实施重大文化创意产业项目工程，加大对骨干企业、龙头企业的政策扶持力度，鼓励骨干企业、龙头企业在研发投入占比、研发机构规模等方面增加投资，充分发挥这些企业的行业辐射、带动作用，提升产业链整体技术水平。

2. 增加在创意产业中的资金扶持

文化创意产业属于高风险产业，在企业发展初期需要较大的一次性资金投入，其主要的收入来源于产品形成后由于规模经济所导致的平均成本下降以及核心产品和外延产品的反复交易。因此，对于绝大多数中小型企业，甚至是微型企业而言，初期都会遭遇资金的瓶颈。

而创意产业的产品由于需求的不确定性和产品的不可复制性，往往面临着较高的市场风险，因此创意产业在发展初期往往需要政府介入，进行资金扶植。在初创型文化创意企业的集聚空间里，“政策偏好”十分明显，直接的资金援助通常最具吸引力，主要表现为财政收入领域的税收让利和财政支出领域的专项基金资助。

初创期的创意企业具有典型的资金偏好特征，它们要维持生存，在很大程度上需要依赖各地的补贴政策，因此出现了不少到处寻找优惠政策的“候鸟”型动漫企业。这些企业往往仅仅因为一些资金奖励政策而选择在一个城市注册，这些政策如获奖作品的创作奖励、在央视或其他级别频道播放的资金补贴和播放奖励、房租和税收的免除，等等。拥有较强创意资源的城市，如北京、上海可能会因为奖励政策的力度低而导致企业流失，这不利于创业产业的发展和城市创意产业的培植。因此，政府在发展创意产业时，应充分考虑产业发展初期的资金支持。

3. 注重创意产业中人才的培养

在创意产业的发展过程中，高层次的文化创意人才是其发展的关键所在。因此，发展创意产业需要把培养和引进创意人才放在突出的位置。首先，要构建比较完善的文化创意人才引进机制；其次，要营造一个适宜文化创意产业发展的良好环境，和适宜创意人才工作和生活的城市氛围；再次，利用城市的教育体制，加强文化创意产业人才的培养工作，形成比较完善的创意人才培养体系，并加强国际合作，培养具有国际视野的高层次创意人才。

五、促进落后地区发展和产业在区域间的转移

产业转移对产业迁出地来说，可以为产业转型升级创造空间；对迁入地来说，吸引了产业，提高了经济总量。广大的中、西部地区是保持中国经济持续增长的有力后盾，发展中、西部地区经济，可以为产业在区域间转移提供基础。产业布局西移，要利于充分利用我国矿产资源分布的特点，追踪市场需求变化趋势，实现资源供求格局的空间契合，缩小地区发展差距。促进产业西移可以从以下两个方面着手。

1. 对中、西部地区实施产业扶持，调控增量

在统筹规划的引导下，注重通过新增项目的中、西部倾斜推动整个产业西移。对新上马的项目，要实施差别化的产业政策，优先在中、西部地区布局建设比较具有优势的煤炭、电力、煤化工、有色金属生产加工等项目，并在项目核准、土地审批和金融支持等方面给予优惠政策。这是培养中、西部地区自我发展能力的关键，也是中、西部地区经济持续增长和提高区域竞争力的必然选择。

2. 调控存量，促进东部产业向中、西部转移

引导东部产业向西部转移，关键要做好两点：一是建立转出地的产业转移激励机制，促进产业转出区的产业升级和利益补偿；二是优化承接区的经济环境，增强产业转移后的根植性。为了建立转出地的产业转移激励机制，政府可以加大财政支持力度。运用财政资源弥补企业迁移过程所产生的成本费用和产业转出地所付出的沉没成本、机会成本等费用。为了优化承接地投资环境，要考虑产业生存发展所需要的重要服务功能等，促进产业的整体转移。优化区域投资环境的关键在于培育一系列有利于企业发展的条件，如高素质的劳动力、良好的基础设施与可利用资源等。

值得借鉴的是欧盟的区域政策。欧盟区域政策的目标是通过对经济落后地区的援助，促进这些地区的经济结构调整，帮助落后地区经济更具竞争力，实现欧盟各区域均衡发展。欧盟认为，地区经济发展的关键是地区自身内生能力的增强，这样才能培养地区经济可持续发展能力。因此，欧盟对落后地区的资助主要着眼于地区发展能力的建设，而不是短期的依靠外部力量推动的经济增长。因此，欧盟实行多样化的发展战略促进落后地区增长。他们认为，由于各地区经济发展条件不同，有的地区适合发展工业，有的地区适合发展特色农业和旅游业，因此，欧盟在推动落后地区经济发展中并没有强调所有地区均要发展制造业，而是强调各地区要依据自身条件，发展最适合地区条件的地方经济。欧盟成立了结构基金，作为主要的政策工具，支持落后地区的增长。这一基金中安排了生产性项目、公用基

础设施项目、人力资源项目、中小企业发展项目、乡村开发项目和地区技术开发推广项目等优先考虑的项目。另外，结构基金对落后地区中心企业的援助除了传统的财政援助，还包括：培训企业管理人员及为中小企业家提供咨询服务；帮助中小企业之间建立合作和建立网络；建立商业中心或者技术园以鼓励推广技术，特别是挖掘内在的特质和当地的潜在的比较优势。欧盟地区政策和结构基金的资助通过改善经济落后地区投资环境、增强这些地区内生发展能力，在一定程度上带动了产业向欠发达地区的转移。

主要参考文献

[1] Gereffi, G. ,"International Trade and Industrial Upgrading in the Apparel commodity Chain"[J]. *Jouranl of International Economics*, 1999, 1(48).

[2] Humphrey, J. , Schmitz, H. ,"How does insertion in global value chains affect upgrading in dustrial dusters?"[J]. *Regional Studies*, 2002, 36(9).

[3] Porter, M. E. (1998), The Adam Smith address: location, clusters, and the "new" microeconomics of competition[J], *The National Association of Business Economists*, Vol. 33(1).

[4] 阿瑟·奥沙利文. 城市经济学[M]. 周京奎,译. 北京:北京大学出版社,2008.

[5] 陈羽,邝国良."产业升级"的理论内核及研究思路述评[J]. 改革,2009(10).

[6] 傅才武. 论文化产业对区域经济社会发展方式转型的作用[J]. 华中师范大学学报:人文社会科学版. 2012(7).

[7] 龚晓菊. 从要素投入到产业植入——论我国西部开发模式的转型[J]. 宏观经济研究,2012(7).

[8] 李铁立."双转移"战略:欧盟的经验和启发[J]. 国际经济探索,2009(12).

[9] 刘力. 区域产业结构协同的"双转移"战略:广东省证据[J]. 改革,2009(8).

[10] 刘媛. 江苏产学研合作政策体系研究[J]. 江苏科技信息,2012(06).

[11] 刘志彪. 发展战略、转型升级与"长三角"转变服务业发展方式[J]. 学术月刊,2011(11).

[12] 马歇尔. 经济学原理[M]. 廉运杰,译. 北京:华夏出版社,2005.

[13] 迈克尔·波特. 国家竞争优势[M]. 李明轩,等译. 北京:华夏出版社,1998.

[14] 孙洁. 文化创意产业的空间集聚促进城市转型[J]. 社会科学,2012(7).

[15] 万晖,饶勤武. 转型时期中国产业结构优化的现实困境与出路研究[J]. 经济问题,2012(5).

[16] 王忠宏,贾涛. 广东以产业转移促进产业转型升级调研报告[J]. 广西经济,2012(4).

[17] 吴崇伯. 论东盟国家的产业升级[J]. 亚太经济,1988(1).

[18] 徐井宏,张红敏. 转型:国际创新型城市案例研究[M]. 北京:清华大学出版社. 2011.

[19] 许冀艺,高清莅,白云. 制约产业升级的金融归因及其改善[J]. 企业经济,2011(1).

[20] 袁少珍,黄惠. 珠三角企业外迁孕育产业升级[J]. 中国检验检疫,2008(5).

[21] 张蕾. 中国东部三大都市圈城市体系及演化机制研究[D]. 复旦大学博士学位论文,2008.

[22] 张健雄. 欧盟经济政策概论[M]. 北京:中国社会科学出版社,2006.

[23] 张耀辉. 产业创新:新经济下的产业升级模式[J]. 数量经济技术经济研究,2002(1).

第九章

城镇化区域性差异及转型模式

提 要

由于我国自然基础及在经济全球化中地位的巨大差异，我国城镇化的地域差异非常突出。特别是沿海地区、中部地区、西部地区在城镇化发展的进程以及城镇等级、规模、结构、特征等方面呈现出巨大的不同。

在后金融危机时代，我国东部三大都市经济区的发展面临新的挑战。推进包括产业转型、空间转型和功能转型等为主要内容的城镇化转型是东部三大都市圈实现可持续发展的必由之路。

新型产业集聚构成了都市区发展的强大动力，它推动现代制造业和现代服务业的快速发展，推动了人口向都市区内的快速集聚，城镇化率迅速提高。都市区内交通基础设施的快速发展，推动了空间整合和空间拓展速度的加快。中心城市服务业快速发展，郊区化趋势明显，城市多中心迅速发展。

在全球化的背景下，中西部地区区域经济格局发生了巨大的变化。城市群和产业集聚带在区域经济格局中的地位越发重要，成为区域发展重要的空间组织，它能产生巨大的集聚效应，有力地推动城镇化和新型工业化的良性互动。因此，大力发展城市群，提升城镇化质量，促进更高水平的产业集聚，成为中西部地区城镇化战略的选择。

加强东部都市经济区和中西部地区之间的有效合作，特别是产业之间的合作具有重要意义，它能促进不同区域之间形成协调发展的格局。

资源环境已经成为都市经济区及城市和产业集聚带发展过程中的重要约束，因此，必须要高度重视。要加强不同城市之间有效的合作，推动区域的可持续发展。

第一节 东部沿海都市圈发展与城镇化转型

一、后金融危机时代的我国三大都市圈发展

改革开放以来，受益于我国加入世界贸易组织和良好的经济基础，我国东部沿海地区，特别是沿海三大都市圈（长江三角洲地区、珠江三角洲地区和京津冀地区三大都市圈）在经济全球化的浪潮中迅速崛起，在我国经济和社会发展的整体格局中占有越来越重要的地位。长江三角洲地区 GDP 占全国比重由 1996 年的 19.32% 上升到 2010 年的 21.40%；珠江三角洲地区 GDP 占全国比重由 1996 年的 9.65% 上升到 2010 年的 11.41%。

1990 年代后期，中央先后提出西部大开发、振兴东北老工业基地和促进中部地区崛起

等重大区域发展战略，以实现区域间的协调发展。中部地区的GDP占全国比重由1996年的21.40%小幅上升到2010年的21.41%，西部地区GDP占全国的比重由1996年的18.49%上升到2010年的20.18%。但是，东北地区GDP占全国比重由1996年的10.06%下降到2010年的9.41%。

根据比较2010年三大都市圈在全国的经济总量、进出口总额、实际利用外资总额和三次产业比重，可以看出三大都市圈在我国经济社会发展和对外开放中发挥的巨大作用（表9-1）。

表9-1 1996—2010年中国各地区在全国GDP中所占比重变化 单位：%

年份	东部沿海地区	中部地区	西部地区	长江三角洲地区	珠江三角洲地区	东北三省
1996	50.59	21.40	18.49	19.32	9.65	10.06
1997	52.24	21.92	18.54	19.63	9.78	10.22
1998	53.31	22.08	18.45	20.00	9.97	10.42
1999	55.47	22.15	18.74	20.87	10.33	10.67
2000	57.07	22.14	18.63	21.44	10.81	10.90
2001	58.75	22.44	19.02	22.11	11,10	11.08
2002	59.96	22.45	19.16	22.75	11.23	11.06
2003	62.50	22.47	19.58	23.97	11.62	11.05
2004	64.61	23.44	20.15	24.91	11.72	11.06
2005	60.04	20.34	18.29	22.34	12.22	9.36
2006	55.49	18.68	17.33	20.63	11.42	8.50
2007	55.06	18.94	17.58	20.47	11.36	8.42
2008	54.13	19.21	18.14	19.96	11.04	8.52
2009	53.84	19.32	18.33	19.84	10.81	8.51
2010	49.00	21.41	20.18	21.41	11.41	9.41

资料来源：根据1997—2011年《中国统计年鉴》相关数据计算所得。

注：表中中国东部地区不包括辽宁省，中部地区包括6省，西部地区包括12省、区、市。

1. 经济总量持续扩大

2010年，三大都市圈共实现地区生产总值（GDP）266 745.2亿元，约占全国GDP的66.15%，比上年增长18.25%。其中长江三角洲86 313.77亿元，珠江三角洲46 013.06亿元，京津冀43 732.3亿元，三者分别比上年增长19.06%、16.54%和18.48%。

2. 对外开放不断深化

2010年三大都市圈实际利用外资总额924.86亿美元，约占全国总量的84.98%。其中，长江三角洲实际利用外资总额506.19亿美元，珠江三角洲实际利用外资202.61亿美元，京津冀地区利用外资216.06亿美元，三者分别占全国的46.52%、19.2%和19.85%（图9-1）。

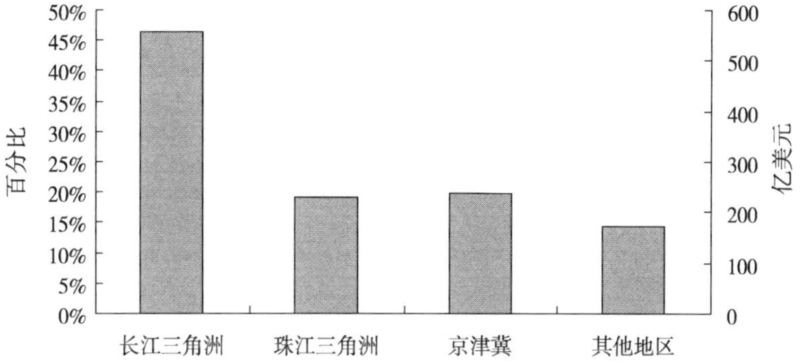

图 9-1　2010 年三大都市圈引进外资额度及占全国的比重

2010 年,三大都市圈进出口总额为 22 498.41 亿美元,约占全国总规模的 75.66%,比上年增长 33.81%。其中,长江三角洲进出口总额 11 514.76 亿美元,珠江三角洲 8 340.06 亿美元,京津冀 2 643.59 亿美元,三者分别比上一年增长 35.47%、31.96% 和 32.58%,约占全国总量的 38.7%、28% 和 8.9%(图 9-2)。

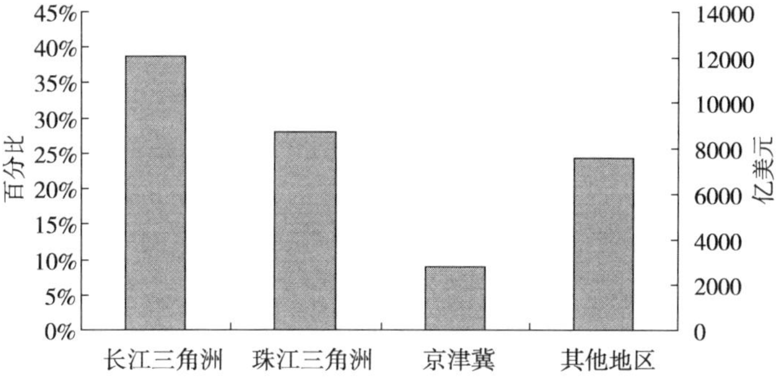

图 9-2　2010 年三大都市圈进出口总额及占全国的比重

三大都市圈进口总额 10 986.76 亿美元,约占全国总量的 78.79%,比上年增长 37.93%。其中,长江三角洲进口总额 4 565.67 亿美元,珠江三角洲 3 317.05 亿美元,京津冀 3 104.04 亿美元,三者分别比上年增长 38.3%、31.56%、44.9%。

三大都市圈出口总额 12 003.86 亿美元,约占全国总量的 76.08%,比上年增长 29.50%,其中长江三角洲出口总额 6 317.17 亿美元,珠江三角洲 4 531.91 亿美元,京津冀 1 154.78 亿美元,三者分别比上年增长 33.27%、26.25% 和 22.90%。

3. 产业结构显著优化

由于外向型经济的发展和经济全球化的影响,推动了产业结构的优化升级。2010 年,三大都市圈三次产业结构比为 5.2∶48.4∶46.4,一产低于全国平均水平 4.9%,二产、三产分别高于全国 1.6% 和 3.3%。长江三角洲、珠江三角洲和京津冀产业结构比例分别为 4.7∶50.1∶45.2;4.9∶50.0∶45.1;6.5∶43.3∶50.2。

表 9-2　2010 年三大都市圈与全国产业结构比较　单位:%

地区/国家	第一产业	第二产业	第三产业
长三角	4.7	50.1	45.2
珠三角	4.9	50.0	45.1
京津冀	6.5	43.3	50.2
全国	10.1	46.8	43.1

由于我国对外开放的深度和广度,跨国企业在华投资战略也开始有计划地进行调整,在华设立地区总部已成为主流趋势。截至 2011 年底,世界 500 强公司中已有约 490 家在中国投资,跨国公司在华设立的研发中心、地区总部等功能性机构已经达到 1 600 余家。自 1970 年代末开始,跨国企业纷纷进入中国投资兴业,逐步成为中国经济社会发展的重要推动力量。同时,以跨国公司为代表的广大外商投资企业也从中国发展中获得了可观的利益。据测算,仅 2010 年外商投资企业在中国市场实现销售额就达到 33 万亿元人民币以上。

北京、上海、广州等中心城市由于城市资源充足、开放程度比较深入,是跨国公司区域总部选择的重点。根据仲崇高的研究,跨国公司地区总部在我国城市的分布高度集中,主要集中在上海、北京、广州等东部沿海城市,占总数的 89%,其中上海有 70 家,北京有 52 家,广州 4 家,深圳 4 家。按照跨国公司所在国来看,在中国设立跨国公司地区总部数量排前 4 位的分别是美国、日本、法国、德国。说明不仅仅跨国公司的地区总部的区位选择有空间集聚的趋势和特征,还说明了在我国的跨国公司也有国别的集聚现象。

二、产业转型和新兴产业发展促进三大都市圈经济转型

国家"十二五"规划提出,要以加快转变经济发展方式,坚持把经济结构战略性调整作为加快转变经济发展方式的主攻方向。随着经济全球化的深入发展,特别是 2008 年以来,由美国"次贷危机"引发的全球金融危机,以及金融危机的影响从金融领域不断向实体经济蔓延,加上不断深化的"欧债危机",使高度依靠外需的东部沿海地区面临前所未有的挑战。三大都市圈经济转型是新一轮经济结构调整和全球化趋势的客观要求。

1. 现代制造业和现代服务业的发展

长江三角洲和珠江三角洲地区通过发展高附加值、高科技含量的现代制造业和服务业促进产业结构的优化升级和产业竞争力的增强,用新型工业化带动产业转型。以长江三角洲为例,2011 年整个长江三角洲地区的现代制造业的产值达到 108 353.86 亿元,占到全国的 35.8%,远远高于其 GDP 占全国的 21% 的比重(表 9-3)。

表 9-3 2011 年长江三角洲地区现代制造业总产值 单位:亿元

产　业	上海	浙江	江苏	长江三角洲
化学原料及化学制品制造业	2 527.78	4 587.33	11 738.06	16 325.39
医药制造业	448.95	855.65	1 810.02	3 114.62
化学纤维制造业	42.51	2 535.74	2 268.16	4 846.41
通用设备制造业	2 596.90	3 905.93	6 492.06	10 397.99
专用设备制造业	1 254.24	1 305.6	3 930.77	5 236.37
交通运输设备制造业	5 024.93	3 895.13	7 639.20	11 534.33
电气机械及器材制造业	2 164.37	5 052.94	11 653.06	16 706
通信设备、计算机及其他电子设备制造业	6 085.22	2 156.41	14 862.25	17 018.66
仪器仪表及文化、办公用机械制造业	361.14	704.62	2 454.89	3 520.65
总　计	20 506.04	24 999.35	62 848.47	108 353.86

资料来源:《2012 年上海统计年鉴》《2012 年浙江统计年鉴》《2012 年江苏统计年鉴》。

现代服务业是长江三角洲新的经济增长点。2005—2010 年,长江三角洲服务业的增加值由 16 644.21 亿元增加到 39 028.78 亿元,占全国的比重保持在 22% 左右。特别是现代服务业得到快速发展,2011 年上海市金融、商贸、房地产、物流、旅游和信息六个行业的增加值已经占到上海服务业增加值的 82.4%(表 9-4)。上海正努力打造国际经济、贸易、金融、航运四大中心,大力发展生产型服务业。而杭州和南京、苏州、宁波等也在积极发展金融等产业,力争成为区域的金融中心。2011 年,长江三角洲现代服务业总产值为 25 073.31 亿元,占整个服务业的 51.3%,其中,上海现代服务业比重高达 58.2%,已超过传统服务业比重,成为了服务业发展的主体,远远高于全国的43.5%的平均水平。

表 9-4 2011 年长江三角洲地区现代服务业生产总值 单位:亿元

产　业	上海	浙江	江苏	长江三角洲
信息传输、计算机服务和软件业	784.77	756.1	910.8	2 451.67
金融业	2 277.40	2 730.29	2 600.11	7 607.80
房地产业	1 019.68	1 677.13	2 747.89	5 444.70
租赁和商务服务业	912.60	575.38	1 191.29	2 679.27
科学研究、技术服务和地质勘查业	447.02	289.59	496.42	1 233.03
居民服务和其他服务业	205.06	407.78	568.78	1 181.62
教育	437.09	774.64	1 217.21	2 428.94
卫生、社会保障和社会福利业	286.89	493.07	664.54	1 444.50
文化、体育和娱乐	115.21	218.56	268.01	601.78
总　计	6 485.72	7 922.54	10 665.05	25 073.31

资料来源:《2012 年上海统计年鉴》《2012 年浙江统计年鉴》《2012 年江苏统计年鉴》。

2. 新兴产业的集聚和发展

新兴产业是引领未来经济社会发展的重要力量，发展战略性新兴产业已成为世界主要国家抢占新一轮经济、科技发展制高点和实现经济转型的重大战略。2010 年 10 月，《国务院关于加快培育和发展战略性新兴产业的决定》的发布，标志着我国培育和发展战略性新兴产业国家战略的正式确立。三大都市圈大力发展新兴产业，以新兴产业的发展带动产业的转型升级，以促进都市圈的经济转型。

江苏充分利用自身的资源及区位优势，抓住机遇大力发展新兴产业，在规模扩张的同时效益不断提升，部分产业及技术在一些关键领域取得较大突破，形成了在国内发展格局中的先发优势，发展水平居于全国领先地位。2010 年，江苏规模以上新兴产业企业 7 870 家，占规模以上工业企业单位数比重为 12.3%；拥有资产 16 700.9 亿元，实现产值 19 536.2 亿元，实现利润 1 638.4 亿元，占全省规模以上工业的比重分别为 25.3%、21.2% 和 27.4%。

新一代信息技术产值规模占规模以上工业的 7.2%，占新兴产业的 33.7%，是江苏新兴产业的第一大产业；新材料、高端装备制造产值总量突破 3 千亿元，分别占新兴产业的 20.2%、15.5%；新能源、生物医药、节能环保总量规模相对偏小，占比为 13.5%、8.8%、8.2%。分地区看，苏南新兴产业产值占比 71%，特别是苏州、无锡、南京三个国家级创新城市产值总量超万亿元，累计占比 58.7%；苏中、苏北新兴产业产值占比分别为 19.2%、9.8%。分企业看，产值超亿元企业产值占比 90.3%，其中，产值超百亿元企业产值占比为 16.4%，扬子江药业、兴澄特钢成为引领江苏新兴产业发展的"领头羊"，产值均突破 200 亿元。（见表 9-5）

表 9-5　2010 年江苏省新兴产业产值总量构成

	工业总产值	
	总量（亿元）	占比（%）
新兴产业	19 536.17	100.0
节能环保	1 610.55	8.2
新一代信息技术	6 586.80	33.7
生物医药	1 726.64	8.8
高端装备制造	3 022.72	15.5
新能源	2 639.19	13.5
新材料	3 950.27	20.2

资料来源：《2011 年江苏统计年鉴》。

2009 年，上海将新能源、民用航空制造业、先进重大装备、生物医药、电子信息制造业、新能源汽车、海洋工程装备、新材料、软件和信息服务业等作为九大高新技术产业化重点领域。2010 年，上海又根据新兴产业发展变化，新增加了智能电网、物联网、云计算三大高新技术产业化重点领域。2011 年，上海战略性新兴产业（制造业部分）完成工业总产 7 850.4 亿元，比上年增长 11.5%，增速继续快于全市制造业增速。软件和信息服务业全年实现产业规模 3 075.2 亿元，比上年增长 21.5%。全年战略性新兴产业总规模达到 10 925 亿元。

2012 年发布的《上海战略性新兴产业发展"十二五"规划》指出，到 2015 年，上海拟培育 10 家产值超 100 亿元、具有国际影响力的战略性新兴产业领域龙头企业，战略性新兴产业增加值将翻一番。

身处珠三角的广东省其新兴产业发展迅速，整体实力不断增强，产业规模持续扩大。据统计，2008 年，全省六大新兴产业实现工业总产值 8 885 亿元，占当年全省工业总产值的 12.1%；工业增加值 1 710 亿元，占全省工业增加值的 11.2%，对当年 GDP 的贡献率为 4.8%。广东省的新兴产业集聚发展态势较为明显，一批新兴产业基地相继建成，为产业集聚提供了重要载体，同时又进一步推动了新兴产业集聚。

在电子信息产业方面，广东建有广州国家级集成电路设计产业化基地，广州、深圳和珠海三个国家火炬计划软件产业基地，惠州国家通信高新技术产业化基地以及东莞国家半导体照明工程高新技术产业化基地等国家级电子信息产业基地，信息产业类基地数量居全国首位。

在生物医药产业方面，广东省尤其是珠三角地区是全国生物医药产业最为聚集的地区之一，拥有广州和深圳两个国家生物产业基地以及佛山市高新技术产业开发区医药健康产业园、中山国家健康科技产业基地和珠海生物医药科技产业园等。

广东新材料产业主要集聚在广州和西部沿海地区，广州初步形成产业集聚度较高的新材料产业群。现有新材料企业约 250 家，实现产值及利税均占全省新材料总值的 20%。据不完全统计，广州新材料产品产值超亿元的企业有 100 多家，其中超 10 亿元的企业有 17 家。粤西的茂名市依托茂名石化公司的石油炼化副产品拓展石油化工材料产业链，集聚了一批新材料企业。

专栏

广东省战略性新兴产业发展"十二五"规划主要目标

到 2015 年，广东高端新型电子信息、新能源汽车、LED 三大产业要率先突破，生物、高端装备制造、节能环保、新能源和新材料等产业将初具规模，全省战略性新兴产业总产值突破 2.5万亿元，增加值占生产总值比重达到 10% 左右，对经济增长的贡献率显著增强；在主要领域突破掌握一批具有自主知识产权的关键技术和标准，自主创新能力和产业技术水平显著提升；形成一批具有国际影响力的大企业和创新力强的中小企业，企业实力显著增强；形成 3 ~ 5 个产业链较完整、配套体系较完善、产值超千亿元的新兴产业集群，产业体系进一步完善。

三、产业集聚推动人口快速向沿海都市区内集聚

1. 城镇化率显著提高

都市经济区产业集聚快速发展，我国东部地区城镇化率迅速提高。从表 9-6 中可以看出，2010 年东部地区平均城镇化率已经达到 61.3%，远高于中部、西部地区水平。城镇化增长率从 2005 年到 2010 年平均达到 1.14%，仍处于快速发展阶段。2005—2010 年，上海、江苏、浙江、福建、广东和河北的城镇化平均增长速度超过 0.8%，这样的增长势头在"十二五"时期仍将继续。

表 9-6　东部地区 2005 年和 2010 年城镇化水平及增长率　　单位:%

省、市	2005 年城镇化水平	2010 年城镇化水平	增长率
全国①	42.99	49.68	1.34
北京	83.6	85.0	0.28
天津	75.11	78.0	0.58
山东	45	48.3	0.66
辽宁	58.7	63.4	0.21
上海	84.5	88.6	0.82
江苏	50.11	55.6	1.1
浙江	56.02	61.62	1.12
福建	47.3	51.4	0.82
广东	60.68	65.0	0.86
海南	45.2	49.1	0.78
河北	37.69	43.0	1.06
东部地区	55.6	59.9	0.86
中部地区	40.3	45.3	1.00
西部地区	35.7	41.4	1.14

资料来源:根据《中国统计年鉴》(2006、2011 年)数据计算而得。

2. 外来人口不断增加

产业集聚推动了人口的快速集聚。根据表 9-7 所示,东部三大都市圈外来人口已经占到全国外来人口总数的 32%,但三大都市圈总人口仅占全国的 23.6%。

表 9-7　东部地区三大都市圈人口规模及吸纳的外来人口状况

城市群	总人口(万人)	外来人口(万人)	人口占全国比重(%)	外来人口占全国比重(%)
长江三角洲都市圈	15 610.6	3 697.5	11.6	14.1
珠江三角洲都市圈	5 611.5	2 891.4	4.2	11.1
京津冀都市圈	10 440.4	1 803.6	7.8	6.8
全国	133 972	26 139	100	100

资料来源:各省市第六次人口普查资料。

① 因数据收集等原因,台湾省、香港特别行政区和澳门特别行政区不计入本表统计。

四、区域整合和区域城市的一体化程度加深

在市场经济和全球化趋势的推动下，城镇化打破了单一城市和城市之间的关系，城市之间、区域之间、城乡之间的关系变得更加紧密、更加融合，形成城市区域化的现象。具体地说，城市已经和区域融合为一体，若干城市组成大都市区，多个都市区的互相交错，形成城市区域的连绵地带。城市的基本形态已经不是被郊区和农村包围着的枢纽性的中心，而是由城市和郊区的景观形态、经济产业以及社会体制交互连接而成的整体，形成一种一体化的力量，或者说正在塑造着这种一体化的力量。

城市区域化归根结底是生产力发展的结果，表现为随着城镇化的发展，城市由无序竞争到有序竞争再到区域城市的一体化，如珠江三角洲地区、长江三角洲地区已经进入到城市区域化阶段等。城市区域化不是偶然现象，而是各区为了在全球环境中保持竞争优势，打破行政界限，寻求联合发展的一种内在要求。都市经济区内部在整合的同时，以其为核心对周围区域的辐射面也在不断地拓展。

1. 长江三角洲地区的区域整合与空间拓展

(1) 区域整合。2010 年 5 月，国务院正式批准实施《长江三角洲地区区域规划》(以下简称为《规划》)。《规划》对长江三角洲地区发展的战略定位是：亚太地区重要的国际门户、全球重要的现代服务业和先进制造业中心、具有较强国际竞争力的世界级城市群。《规划》提出，要围绕上海国际经济、金融、贸易和航运中心建设，打造在亚太乃至全球有重要影响力的国际金融服务体系、国际商务服务体系、国际物流网络体系，提高开放型经济水平，在我国参与全球合作与对外交流中发挥主体作用。

苏州、无锡等苏南地区要继续保持与上海的成功对接，接受上海辐射，同时发挥比较优势，实现与上海产业互补、生产力布局互联、科技创新互动、体制机制改革互促的既配套协作又错位竞争的良好局面。随着沪宁高铁、沪杭高铁、杭州湾跨海大桥的开通和宁杭、杭甬高铁的建设，长三角一体化程度越来越高，南京、杭州、宁波等距上海“一小时都市圈”的城市也进一步拉近了与上海的距离，争取在国际竞争与合作方面与上海产生良性互动。

从整个大长三角区域范围来看，苏中、苏北和江苏沿海地区发展水平相对落后，但是土地资源丰富，劳动力充足。针对上海战略北移的发展机遇，南通、泰州和扬州在全面融入苏南的过程中要进一步接受上海的辐射，促进自身的跨越式发展。

(2)“发展带 + 都市圈”的空间拓展。上海作为区域核心，要着力发挥国际经济、金融、贸易、航运中心作用，大力发展现代服务业和先进制造业，加快形成以服务业为主的产业结构，进一步增强创新能力，促进区域整体优势的发挥和国际竞争力的提升。同时要发展沿沪宁和沪杭甬线、沿江、沿海、沿宁湖杭线、沿湖、沿东陇海线、沿运河、沿温丽金衢线为发展带的空间格局，推动区域协调发展。

南京、杭州和宁波沿线经济带经过多年的发展具有良好的经济基础和产业优势，但是近些年来的联系不够紧密。因此，宁杭和杭甬沿线发展带，要着力优化城市功能，提升创新能力，加强高端产业、特别是生产性服务业的互动，建成高技术产业带和现代服务业密集带，形成国际化水平较高的城镇集聚带，服务长三角地区乃至全国发展。

沿江发展带包括长江沿岸市县，也是长三角发展的潜力所在。随着苏通大桥、崇启大桥和泰州大桥的相继通车，跨江发展的交通问题有了实质性缓解。沿江各市要充分发挥黄金水道的优势及沿江交通通道的作用，合理推进岸线开发和港口建设，引导装备制造、化

工、冶金、物流等产业适度集聚，加快城镇发展，注重水环境保护与生态建设，建成特色鲜明、布局合理、生态良好的基础产业发展带和城镇集聚带，成为长江产业带的核心组成部分，辐射皖江城市带，并向长江中上游延伸。

沿海发展带，包括江苏、浙江沿海市县。依托临海港口，培育和发展临港产业，建设港口物流、重化工和能源基地，带动城镇发展，合理保护和开发海洋资源，形成与生态保护相协调的新兴临港产业和海洋经济发展带，辐射带动苏北、浙西南地区经济发展。

长三角已经形成上海都市圈、南京都市圈和杭州都市圈等三大都市圈。上海都市圈包括上海、苏州、无锡、常州和南通，该区是中国人多地少、城镇与人口最密集的地区，水陆交通十分便利。既是中国近代民族工业发源地，又是目前全国经济发展水平最高的地区之一；既是全国以纺织、轻工机械和工艺品等多生产部门组成的具有综合特征的轻工业基地，也是全国乡镇工业发达的地区；且区内还拥有全国著名的风景旅游资源。

南京都市圈是长江中下游沿江城市地带的核心地区，以南京为中心的经济区域带，地跨苏皖两省，成员城市为南京、镇江、扬州、淮安、马鞍山、芜湖和滁州七市，基础产业实力雄厚、金融体系完整、科教优势明显、文化底蕴深厚，是国家重要的基础产业、制造业、旅游业、金融业、科教和文化中心，具有兼容并蓄、富有活力和创新精神的多元文化特征。

杭州都市圈是以杭州主城区为核心，连结湖州、嘉兴、绍兴三市，以德清、安吉、海宁、桐乡、绍兴、诸暨6县市为节点打造的"金南翼"。杭州都市圈文化底蕴深厚、科教基础扎实、旅游资源和基础产业均在全国前列。

长三角地区"发展带+都市圈"的空间拓展，促进了城市区域一体化的进程，各个城市地域相邻、经济相连、文化相融，在发展中要注重发挥长三角地区要素、人才和资本的流动性，合理分工，互相协调发展，实现优势互补，发挥产业集聚效应、同城效应，实现资源的优化配置。

2. 珠江三角洲的区域整合与空间拓展

由于土地资源的紧缺、劳动力成本的上升，珠三角原有的粗放型经济增长方式亟待转变。因此，必须加强珠三角内部及同周边地区经济的协作与整合，尤其是通过经济空间、生态空间的拓展来保持持续的竞争优势，从更高角度来谋划大珠江三角洲的城市群发展。

(1) 珠江三角洲要拓展发展空间和经济腹地。要充分发挥珠三角的辐射、服务和带动功能，办好产业转移工业园，支持珠三角与粤东地区开展多种形式的产业转移与合作，加强与西南、中南地区的经济联系，促进产业转移，形成梯度发展、分工合理的多层次产业群和优势互补、互利共赢的产业协作体系。

(2) 珠江三角洲要深化粤港合作，提升对外开放水平，拓展国际空间。深入落实内地与港澳更紧密经贸关系安排(CEPA)，全面实施粤港、粤澳合作框架协议，推动区域经济一体化；在中国—东盟自由贸易区框架协议下，加强与东盟各国在产业、能源、科技、教育、旅游、文化等领域的合作；落实海峡两岸经济合作框架协议(ECFA)，建立长期稳定的交流协作机制。

(3) 粤港澳合作重要平台。① 深圳前海地区：发挥香港国际金融、贸易和航运中心优势，充分利用前海地区的地缘和交通便利优势，打造区域综合交通枢纽，以发展现代服务业为重点，创新行业管理制度和规则，建设粤港现代服务业创新合作示范区。② 珠海横琴新区：重点发展商务服务、休闲旅游、科教研发和高新技术等产业，建设成为连通港澳、区域共建的“开放岛”，经济繁荣、宜居宜业的“活力岛”，知识密集、信息发达的“智能岛”，以及资源节约、环境友好的“生态岛”。③ 广州南沙新区：打造服务内地、连结香港的商业服务中心、科技创新中心和教育培训基地，推动发展物联网等“智慧”产业，积极探索依托南沙保税港区建设大宗商品交易中心和华南重要物流基地，打造世界邮轮旅游航线著名节点。④ 深港河套地区：发挥深港边界区发展联合专责小组作用，探索建立落马洲河套地区开发管理机构，建设以高等教育合作为主，辅以高新科技研发、文化创意产业的跨界人才培育与知识科技交流区。

3. 京津冀的区域拓展

以北京、天津两个特大城市为核心的京津冀都市区已成为全国重要的人口、产业、科技、文化、信息、城镇集聚的区域。京津的经济、科技、信息辐射场已经远远超过该地区平均水平。而京津外围地区的自然生态、经济社会发展的态势也必将影响两大城市以及区域中其他城市的发展。因此，应从更大区域范围确定都市区的布局、结构和功能。

肖磊等认为京津冀都市圈未来的城镇体系空间结构为“双核、双副、一轴、两带”。北京和天津为区域发展的双核，其中北京将积极疏散主城、着力发展新城，走有机疏散的城镇发展道路，天津将重点培育塘沽、大港、汉沽等滨海组团，走滨海新区崛起的城镇发展道路；唐山和石家庄为区域发展的副中心城市；张家口—北京—廊坊—天津为区域发展的城镇密集轴，其中张家口至北京沿线作为生态旅游通道和晋煤东运的货运通道，其功能将日渐重要，而北京至天津的经济联系功能则进一步强化，区域城镇化的龙头引导作用更加凸显；秦皇岛—唐山—北京—保定—石家庄将成长为京津冀区域的中部城镇发展带，曹妃甸—滨海新区—黄骅港为京津冀区域的沿海城镇发展带。

五、大都市区域的功能转型与多中心发展

随着东部沿海地区城镇化的不断推进，城市和郊区之间的鸿沟及生活方式的差异变得越来越小，大城市郊区化趋势加深，城市突破了单一中心向多中心城市发展，原来单一的承担生产、消费的经济功能转变为具有经济、社会、文化、生态等的复合功能，更加注重人口、资源、环境的协调发展，新型城乡关系的形成和城镇体系作用的发挥。

1. 大城市郊区化明显

城市郊区化，是指城市在经历了中心区绝对集中、相对集中和相对分散以后的一个绝对分散的阶段，表现为人口、工业、商业等先后从城市中心区向郊区迁移，中心区人口出现绝对数量的下降。根据国外大城市发展的客观规律和现实来看，其郊区化发展是城市工业大发展、科学技术进步、市民环境意识增强等综合因素的结果。

我国自1980年代末开始，城市郊区化现象逐渐在北京、上海、广州、沈阳、南京、苏州、杭州等东部经济发展水平较高的大城市出现。进入21世纪后，郊区化的速度加快。如表9-8所示，东部一些大城市的近郊区人口都出现了较大程度的增长，并快于总人口的增长。但是，在我国大城市实际发展中，西方发达国家在城镇化转型阶段普遍出现的中心城区“产业空心化”和经济衰退的现象在东部地区并没有出现。相反，大城市的中心城区依然在吸纳人口和集聚产业方面发挥重要功能。但交通拥堵、住房紧张、环境污染等“城市病”也层出不穷。

表 9-8　我国东部地区部分大城市人口居住郊区化状况

城市	人口总量（万人）及增长率（%）								
	中心区			近郊区			全市		
	2000 年	2010 年	增长率	2000 年	2010 年	增长率	2000 年	2010 年	增长率
北京	211.5	216.2	2.2	638.8	984.4	54.1	1 381.9	1 961.2	41.9
天津	390.28	434.34	11.3	373.67	674.72	80.5	1 000.88	1 293.82	29.3
上海	628.24	697.82	11.1	508.58	1 533.8	201.6	1 321.63	2 302.66	74.2
广州	413.91	773.15	86.8	152.78	334.66	119.1	700.69	1 270.96	81.4
沈阳	335.02	376.08	12.3	150.03	181.95	21.3	685.09	810.6	18.3
南京	198.75	243.97	22.8	304.41	276.99	235.4	544.89	632.42	16.1
苏州	71.19	75.88	6.6	135.26	166.07	22.8	585.53	637.65	8.9
杭州	233.55	324.14	38.7	216.68	300.06	38.5	687.87	870.04	26.5

资料来源：各市统计年鉴及第五次、第六次人口普查资料。

2. 服务业发展迅速，但总量水平和结构仍不合理

东部都市经济区各核心城市都高度重视服务业，特别是生产性服务业的发展。以上海为例（表 9-9），上海市服务业的增加值从 2001 年的 2 509. 81 亿元增加到 2011 年的 4 620. 92亿元，就业贡献率由 2001 年的 45.8% 增加到 56.3%。

表 9-9　上海 2001—2011 年服务业的发展趋势

年　份	2001	2005	2011
服务增加值（亿元）	2 509.81	4 620.92	11 142.86
三大产业比重	1.7 : 47.6 : 50.7	0.9 : 48.6 : 50.5	0.7 : 41.3 : 58
就业贡献率（%）	45.8	54.2	56.3

资料来源：根据《上海统计年鉴》（2002—2012 年）相关数据计算所得。

上海的生产性服务业近年来有了一定的发展，由 2001 年的占 GDP 比重 32.04% 提高到 2011 年的 43.4%，但是从总体上看依然与发达国家的世界级城市相差巨大（表 9-10），也低于北京市的发展水平。金融保险、信息服务、科技研发、教育培训等产业的发展状况在很大程度上反映着服务业发展的水平和档次，这些产业的相对滞后对于长三角地区优化资源配置、提高人力资本素质、提高技术水平和社会组织程度不同程度地构成了障碍。

表 9-10　上海、北京、广州生产性服务业比重与国际城市比较

城市	北京	上海	广州	纽约	伦敦	苏黎世	东京	新加坡
年份	2011	2011	2011	2010	2010	2010	2010	2010
比重%	48.3	43.4	39.8	67.4	70.6	72.0	60.8	58.9

3. 城市多中心的发展

多中心巨型城市区域作为一个全新的现象，正在当今世界上高度城镇化的地区出现。它的出现经历了一个从中心大城市到邻近小城市的漫长扩散过程。我国的珠江三角洲地区和长江三角洲地区正在形成多中心巨型城市区域。在区域层面，多中心城市区域内各功能城市区间的双向联系，特别是高端生产性服务业和流动空间的发展对形成多中心都市起到了重要的作用。在微观层面，就单一城市而言，也需要发展新城，分散中心城区的功能。中心城区因为能量积聚效应，集聚了大量的资源，导致了过度拥挤效应的产生。要逐步把一些工业生产、产品制造等功能从中心城区剥离出去，把承担教育、医疗、体育娱乐等公共服务功能的设施也分散到各个城市的新城区。

天津市确定了“一主两副，双港双城”的城市规划，城市布局进入了从单一城市核心快速转向多中心、多功能、国际化城市新格局。具体而言，就是统筹城区和功能区建设，形成以滨海新区核心区为中心，汉沽、大港城区为两翼，中新生态城、北塘新城区等为补充的城镇体系。

南京市根据多心开敞、轴向组团、拥江发展的都市区格局，提出南京都市区概念，具体是指包括城区、近郊区和六合区大部分，以及溧水柘塘地区，总面积约 4 738 平方公里，由主城，东山、仙林、江北(浦口 + 大厂)3 个副城，雄州、龙潭、桥林、板桥、滨江、汤山、禄口 7 个新城等组成，是南京高度城镇化地区、高层次产业承载区。

广州将形成“一个都会区、两个新城、三个副中心”的新城市格局，整个行政区域将划分成 25 个功能组团，各组团集中建设，就近布局居住和就业。具体而言，一个都会区包括越秀区、荔湾区、海珠区、天河区、黄埔区、白云区南部、萝岗区的南部地区和沙湾水道以北地区；两个新城是南沙滨海新城包括南沙区和番禺区在沙湾水道以南地区，东部山水新城包括萝岗区的北部地区和增城市的中新镇、朱村街道；三个副中心则是指花都副中心、增城副中心和从化副中心。

未来大都市的人口仍然将继续扩大，而增加的人口将主要在新城。相对于中心城区人口已经高度密集和需要降低容积率，新城则表现出人口集聚程度不足。多中心的大都市区城市形态，能够承载和实现中心城区人口规模扩大。

从提高城市的可持续性来分析，通过多中心的城市形态促进生产功能、居住功能和消费功能在空间上实现适当的配置，本身是有利于实现节能减排的。同时，城市的产业空间分布和人口的空间分布需要相互适应。随着产业外迁，人口也会相应地外迁，有利于郊区新城逐步形成具有完整功能的城市，而避免郊区新城成为产业的新城、居住的空城，这也是另外一种降低城市效率的情况。

表 9-11 东部地区部分城市空间布局及多中心发展概况

城市	城市空间格局	多中心发展概况
北京	两轴、两带、多中心	重点发展通州、顺义、亦庄—大兴、昌平、房山、门头沟、延庆、怀柔、密云、平谷等新城
天津	一主两副，双港双城	发展小白楼地区城市主中心，西站地区、天钢柳林地区两个副中心，发展中心城区和滨海新区核心区，天津港和天津南港
上海	一主、两副、十一个新城	发展徐家汇、花木、江湾如五角场、真如4个副中心，宝山、嘉定、松江、金山、闵行、青浦、南桥、惠南、城桥及空港新城和海港新城等新城
南京	一主、三副城、七个新城	建设东山副城、仙林副城、江北副城，发展雄州、龙潭、桥林、板桥、滨江、汤山、禄口7个新城
广州	一个都会区、两个新城、三个副中心	建设南沙滨海新城、东部山水新城，发展花都副中心、增城副中心、从化副中心

资料来源：各城市总体规划。

4. 城市生态空间的构筑

城市生态空间是在各类理念空间、生物空间及意义空间的综合作用下，萃取出来的一种兼具描述人类生存环境一般性与特殊性特点的抽象空间，体现了城市—空间—人之间的复杂生态关系。党的十八大报告提出建设美丽中国，实现中华民族的永续发展，将生态文明建设提到了前所未有的高度。各大都市在发展经济的同时，也十分重视可持续发展，着力构筑城市生态空间。

北京市针对土地利用的特点，结合“两轴—两带—多中心”的城市空间结构，着力构建首都“三圈九田多中心”的土地利用总格局。三圈指围绕城市中心区的三个“绿圈”，即以第一道绿化隔离带和第二道绿化隔离地区为主体的环城绿化隔离圈、以“九田”为基础的平原农田生态圈和以燕山、太行山山系为依托的山区生态屏障圈。三个“绿圈”优先保障绿化用地，将基本农田纳入绿色空间体系，提升绿色空间体系的复合生态环境功能；严控新增建设用地规模，加强城乡结合部存量集体建设用地挖潜，集约建设新城和开发区，逐步腾退宅基地和工业大院，积极推进基本农田和农村集体建设用地整理。

上海市提出“‘绿地、林地、湿地’三地融合，构筑上海基础生态空间”的生态建设工作规划。2012年，全市建成区绿地约3.4万公顷，城区绿化覆盖率达38.22%，林地资源面积约10万公顷，森林覆盖率达12.58%，湿地约32万公顷，自然湿地生态系统得到较好保护管理。以中心城区绿化为主体，郊区新城绿化为补充，生态林地和防护林地为外围支撑的“环、楔、廊、园、林”绿化格局初步形成，全市生态安全不断巩固，生态功能明显提升，“春景秋色”生态景观逐步显现，生态文明建设取得长足进步。“十二五”期间，上海将坚持规划引领、管理为重、政策推动、法规保障，积极拓展生态空间，严格保护生态资源，充分发挥综合效益，促进生态环境的系统性、均衡性、功能性明显增强。预计在2015年，使建成区绿化覆盖率达到38.5%、森林覆盖率达到15%、森林蓄积量增加42万立方米、自然湿地保有率维持在30%以上。

广州市在生态保护方面，规划将市域面积69%划入禁建区和限建区，同时划定基本生态控制线，保护5 140平方公里的非建设用地。重点保护20.39平方公里历史城区、历史文化街区46片、历史文化名镇名村以及各级文物保护单位。通过构建三纵三横、宽度300～1 000米、长度约1 000公里的生态廊道体系，限定一个都会区、两个新城区和三个副中心的增长边界，防止城市无序蔓延，构筑城市生态安全格局。同时，完善城市绿地系统、绿道网建设，提升人居环境质量。

六、山东半岛城市群和海峡西岸城市群的发展进一步提升沿海战略地位

1. 建设山东半岛城市群和蓝色经济区

山东半岛地处山东省的东部，扼黄渤海之咽喉地带，处长江三角洲、京津冀、辽中南等大都市连绵区之中心和连接枢纽，与韩国、日本等发达和中等发达国家临海相望，是欧亚大陆桥的重要桥头堡，在中国乃至东北亚具有举足轻重的重要地位。山东半岛城市群，包括济南、青岛、淄博、烟台、东营、威海、潍坊、日照等8个地市及30个县级市和475个建制镇，分别占全国城市和建制镇总数的4.58%和2.47%。土地面积7.38万平方公里，占全国国土面积的0.77%。2011年山东半岛城市群8个中心城市共完成地区生产总值28 752.17亿元，比上年生产总值25 222.82亿元增长11.61%，占全国471 564亿元的6.1%。

在战略定位方面，山东半岛城市群需要在更大的空间范围内规划发展全局，优化空间发展布局。就全球范围而言，山东半岛城市群是以东北亚区域性国际城市青岛为龙头，带动山东半岛城市群外向型城市功能整体发展的城市密集区域；在次区域经济合作圈内，山东半岛城市群是环黄海地区区域经济合作的制造业生产服务中心；在全国范围内，山东半岛城市群是黄河流域的经济中心和龙头带动区域，是与珠三角、长三角比肩的中国北方地区的增长极之一，是与京津唐、辽中南地区共同构筑环渤海地区经济合作圈的领头军。

在城市空间发展方面，根据山东省建设厅编制的《山东半岛城市群总体规划(2006—2020年)》，山东半岛城市群应以青岛为区域对外开放的龙头城市，发挥青岛、济南区域“双核”的作用，并积极培养烟台的副中心城市地位，促使烟台与青岛、济南分别成为区域东、南、西部子区域的核心城市；并以济南—淄博—潍坊—青岛、日照—青岛—威海—烟台等两条空间发展轴为半岛区域城市发展主轴，以烟台—莱州—潍坊—寿光—广饶—东营和日照—五莲—诸城—安丘—潍坊—寿光—东营等两条空间发展轴为区域城市发展次轴，形成区域内部城镇密集分布的多条城市聚合带；依托这四条城市发展轴的辐射作用，激化5个城市化重点引导区的城市集聚和城市经济发展进程，并逐渐促使山东半岛都市连绵区的形成。

在产业集聚方面，2008年青岛、烟台、威海三个市的装备制造业、高新技术产业、服务业分别占到全省的47%、43.3%和34.6%，规模以上企业的科技人员占全省的30.2%。这说明山东半岛具备了培植高端产业的基础和条件。今后，半岛城市群还要进一步优化产业结构，促进“三核先导”和六大产业集聚区建设。要围绕胶济铁路沿线和沿海产业带沿线，形成“T”型架构的济南、青岛、烟台—威海“三核先导”和六大产业集聚区：即东营—淄博的石化和医药产业带、济南的电子信息产业带、青岛—日照的家电制造产业带、烟台—威海的汽车制造产业带、潍坊—即墨的纺织服装产业带以及日照—青岛—威海—烟台的海洋产业带。

在对外开放方面，山东半岛城市高速公路超过3 000公里。拥有17处沿海开放港口，其中国际航线16条，远洋航线可抵达日本、韩国等100多个国家和地区的360多个港口。

有4个国际机场,以济南、青岛国际机场为枢纽的空中运输通道日趋完善,已开辟国内外航线300多条。山东省60%的上市公司都集中在半岛城市群,融资量全国第四。同样,山东半岛吸引了山东全省70%的外商投资和出口产品。仅青岛、烟台、威海三市就吸引了120多家跨国公司,投资项目主要集中在制造业,包括汽车、电子、机械、造船等十几个行业,日本松下、三菱,韩国三星、现代、斗山等一大批跨国公司将这里作为面向海内外两大市场的生产基地。山东半岛城市群要进一步成为面向亚太地区的先进制造业生产基地,构筑由山东半岛、韩国西南海岸地区、日本九州地区组成的三角地带跨国城市走廊,成为环黄海经济区的重要组成部分。

在海洋经济发展方面,2009年山东海洋生产总值达6 040亿元,占全国海洋生产总值的18.9%,居全国第二位。海洋渔业、海洋盐业、海洋工程建筑、海洋电力业增加值均居全国首位,海洋生物医药、海洋新能源等新兴产业和滨海旅游等服务业发展迅速,形成了较为完备的海洋产业体系。山东以海洋经济为特色的"蓝色资源"产业优势特征明显,区位条件足以在全国发挥龙头带动作用。在珠三角、长三角、京津冀与辽宁沿海、山东半岛、江苏沿海、海峡西岸、北部湾沿海"三大五小"的沿海发展格局中,山东半岛蓝色经济区占有十分独特和非常重要的战略地位。2011年,《山东半岛蓝色经济区发展规划》获得国家发改委审批,坚定了山东发展蓝色海洋经济的决心。

全面打造山东半岛蓝色经济区,要依托滨州、东营、潍坊、烟台、威海、青岛、日照沿海七市,优化涉海生产力布局,形成三个优势特色产业带——在黄河三角洲高效生态经济区滨州、东营、潍坊、莱州规划建设区域,着力打造沿海高效生态产业带;在胶东半岛青岛、烟台、潍坊、威海等市着力打造沿海高端产业带;构建以日照精品钢基地为重点的鲁南临港产业带。形成连接长三角和环渤海地区、沟通黄河流域广大腹地,面向东北亚全方位参与国际竞争的重要增长极。这对于立足山东、服务全国区域战略大局具有重大战略意义。

2. 海峡西岸经济区的发展

海峡西岸经济区是我国沿海经济带的重要组成部分,在全国区域经济发展布局中处于重要位置。海峡西岸城市群以福州、厦门为中心,包括漳州、泉州、莆田、宁德等城市,共有约14个县级以上城市,399个建制镇,分别占全国城市和建制镇的2.14%和2.07%。土地面积5.50万平方公里,占全国国土面积的0.57%,是海峡西岸经济区的核心组成部分。

(1) 发展海峡西岸经济区,可以发挥与台湾省相邻的优势。福建是祖国大陆对台经贸合作的桥头堡与中介地,拥有开展对台经贸合作的区位优势,构建海峡西岸城市群得天独厚。从空间形态横向考察,福州、泉州、厦门处于海峡西岸经济区的最东面,如果将它放到更广阔的背景上,这三市一线延伸至浙南、粤东,正处在环台湾海峡经济圈的中线上,二者结合,既可以有效带动三市一线以西的均衡发展,又可积极对接海峡东岸,为将来在"一个中国"前提下共同构建海峡两岸经济体打下良好基础。

(2) 发展海峡西岸经济区,可利用"扩散效应",实现三大板块联动。夹在长三角和珠三角中间的海西曾面临边缘化的挑战,这正是"极化效应"的体现,由于长三角、珠三角的优先发展,产生"增长极"对周边地区形成阻碍作用或不利影响,把周边优质要素都吸附到其周围,海峡西岸滞后崛起。海峡西岸经济发展将两大三角洲经济区连接后,这三大板块会结为一体形成强烈的聚集效应和规模效应,资源、劳动力、技术、信息等生产要素在区际得以自由流动,资源配置效率会显著提高,促使整个东部经济协调发展。

（3）发展海峡西岸经济区，突破行政约束的难度相对较小。海峡西岸城市群以福建为主体，在同省内相对容易协调联动。这一点可从与长江三角洲城市群和京津冀城市群的对比中得到认识。而海峡西岸城市群除了浙南、粤东、赣东南的少数城市外，其他部分都处于一省范围内，各地区不仅在产业协调上，就是在行政区划上调整起来也相对容易得多，容易形成一个地方一个品种，强化专业化生产。既提高效率，又避免重复建设。

（4）闽台交流合作持续拓展，福州和厦门的海沧、杏林、集美四个台商投资区已成为两岸产业对接的集中示范区。古雷半岛石化专区所在的漳州市是大陆地级市中排名第三的台商投资密集区。台资企业的产值、出口、税收均占全市三资企业的一半以上，已成为漳州工业发展的重要支撑。台湾百家大企业和上市公司中已有台塑、灿坤、长春、统一、泰山、天仁、台湾玻璃等多家在漳州落户。目前，厦门两岸区域性金融服务中心核心区建设全面启动，一批金融机构先期入驻。新增2个台湾农民创业园并出台优惠政策，农业利用台资保持全国首位。闽台海空直航运送旅客突破230万人次。第三届海峡论坛成功举办，厦门居民赴台“个人游”和福建居民赴金、马、澎“个人游”顺利成行，闽台各领域互动交流更加深入。

（5）在农业合作方面，福建充分发挥区位优势，大力推动闽台农业对接，对台农业合作首开先河。福建省共设立6个国家级台湾农民创业园，数量居大陆省份之首；福建省赴台投资企业数与投资规模继续保持在大陆各省前列。2012年上半年福建省经商务部核准，赴台企业29家，协议投资金额7 958万美元；金融业、旅游业、物流业等第三产业合作不断深化；海峡论坛、中国国际投资贸易洽谈会已经成为两岸产业合作交流的重要平台。据统计，截至2012年7月底，福建省吸收利用台资项目已达11 005个，实际到资117.22亿美元。

七、都市经济区资源环境约束进一步突出

资源供需矛盾已经成为制约都市区经济发展的瓶颈因素。制造业的迅速扩张使土地、电力供给跟不上需求，出现了所谓“地荒”、“电荒”等问题。生产排放加剧了环境污染和生态问题，特别是水资源污染严重，形成所谓的“水荒”问题。此外，一些城市借修编城市规划之机，将大量农用地转为城市建设用地，土地可持续开发利用特别是耕地问题日趋严重。

水资源短缺以京津冀地区较为突出。京津冀地区的水资源总量已经从1950年代末期的290亿立方米，降到21世纪初的150亿立方米左右，减少了一半。京津冀都市圈是水资源严重匮乏的地区，是我国东部降水量最少的地区。都市圈区域多年平均水资源总量221亿立方米，人均水资源占有量只有317立方米，相当于全国平均的1/7；亩均水资源占有量306立方米，只相当于全国的1/5。水资源量减少的直接原因是降水量减少。由于区域自产水资源供给量的下降和人口增加的双重作用，区内人均水资源占有量下降速度明显高于水资源总量下降速度，人均水资源量已大大低于联合国提出的人均1 000立方米的水资源安全警戒线。

京津冀都市圈里，以北京市的水资源紧缺情况最为严峻。根据2010年北京水资源公报，北京用水总量35.2亿立方米，而全年水资源总量仅23.1亿立方米，虽比2009年多6%，但比多年平均37.39亿立方米少38%。而同期北京城市人口快速增加，二者共同作用导致北京市人均水资源量减少到甚至不足100立方米，不到全国平均水平的1/20，成为全国人均水资源最少的地区。这样的人均水资源量不仅远低于国际极度缺水标准，更是大大低于危及人类生存生活底线的灾难性标准，即使中东缺水的以色列人均水资源量也有387立方米，比北京高3倍多。另外，京津冀地区水污染严重。《河北2011年环境状况公报》显示，

河北河流水质总体为中度污染，衡水湖、白洋淀等湖淀呈轻度富营养，而承德等地地下水氨氮、总硬度和总大肠菌群超标。根据北京水务局公布的数据，2011 年，北京市共监测地表水五大水系有水河流 84 条(段)，总长达 2 018.6 公里，其中Ⅱ类、Ⅲ类水质河长占监测总长度的 55.1%；Ⅳ类、Ⅴ类水质河段占监测总长度的 1.3%；劣Ⅴ类水质河长占监测总长度的 43.6%。截至 2010 年，京津冀地区的常住人口已突破一亿人，由 2005 年的 9 431 万人增加到 1.04 亿人，城镇人口达到 7 045 万人。这样快速的城镇化将会使水资源短缺的矛盾更加突出。

除水资源的约束以外，在都市区的耕地流失也是非常严重的，土地对经济发展的约束性也凸显出来。以长江三角洲为例，面临的最严峻的挑战是有限土地资源的约束。近年来，长三角快速的工业化、城镇化进程，导致耕地资源被大规模非农占用，严重影响着区域生态保护。2009 年，长三角地区人均耕地仅 0.8 亩，相当于全国平均水平的 50%，且耕地流失强度是全国平均数的 6.7 倍。其中江苏 14 个县(市)的人均耕地低于 0.8 亩的警戒线，耕地后备资源不足。上海土地利用率已经超过 85.8%，但按照上海城市总体规划的中长期发展目标，今后 20 年上海城市建设还将新增用地面积达 1 800 平方公里，届时仍将有 800 平方公里土地资源的缺口。耕地(稻田)锐减，加剧了粮食供需矛盾，对当地生态系统也造成了相当大的破坏。由于基本农田的减少，长三角各地加大了对滩涂资源的围垦，但极大地影响到湿地生态保护。长期以来，围垦滩涂资源是长三角沿海(湾)地区缓解用地紧缺、增加后备土地资源的重要渠道。但滩涂围垦处理不恰当，将和湿地生态保护形成矛盾，甚至与自然保护区管理条例相冲突。更严重的是，长三角地区土壤污染日趋严重，受重金属、有机物等污染的土壤，由原来点状的、局部的发展成面上的、区域性的污染。一些地区已不宜种植蔬菜、果品和粮食。据中科院南京土壤研究所测试结果，在苏南的土壤里发现 16 种多环芳烃类物质、100 多种多氯联苯，以及 10 余种其他毒性更强的持久性有机污染物。目前，养殖污染、化肥农药污染、有机肥泛滥、生活污水肆意排放、水土流失正在成为长三角地区水土环境共同的五大杀手。

第二节　中部地区产业发展与城镇化质量的提高

一、中部地区的产业结构特点

中部地区产业结构与东部地区有较明显的不同。从表 9-12 中可以看出，在三次产业结构方面，第一产业产值比重比全国高了 2.8%，比东部地区高了 5.7%；第二产业产值比重偏高，高于全国 6.4%，比东部地区高 3%；第三产业产值的比重分别低于全国平均水平 8.5%，低于东部地区 9.7%。在从业人员就业结构方面，中部地区第一产业从业人员比重为 40.7%，高于全国平均水平 4%，高于东部水平 15.1%，这说明第一产业仍然是中部地区吸纳就业的主渠道，农业的生产效率还不高。第三产业从业人员比重为 31.8%，分别低于全国平均水平和东部地区 2.8% 和 5.5%。

表 9-12　2010 年中部地区与全国及东部地区三次产业结构的比较

地区	三次产业结构(%)			从业人员就业结构(%)		
	第一产业	第二产业	第三产业	第一产业	第二产业	第三产业
山西	6.0	56.9	37.1	38.3	26.4	35.2
安徽	14.0	52.1	33.9	40.0	29.4	30.6
江西	12.8	54.2	33.0	37.6	29.7	32.7
河南	14.1	57.3	28.6	44.9	29.0	26.1
湖北	13.4	48.6	37.9	29.5	29.1	41.3
湖南	14.5	45.8	39.7	46.7	21.5	31.8
中部地区	13.0	52.4	34.6	40.7	27.5	31.8
东部地区	6.3	49.4	44.3	25.6	37.1	37.3
全国	10.1	46.8	43.1	36.7	28.7	34.6

资料来源:《2011 年中国统计年鉴》。

另外,中部地区的第二产业发展主要是以重工业为主,其重工业产值占工业总产值的比重为 73.16%,而东部地区重工业产值的比重为 68.94%(表 9-13)。由于客观的资源条件和所选择的工业化的具体道路,我国中部地区形成了以重工业为主的工业内部结构。中部地区较高的重工业比重是轻工业发展相对滞后而反衬的结果。东部地区的重工业比重高于轻工业的比重说明其工业化已经进入重工化业阶段,而且其重工业具有较高的加工比例,附加值比较高。

中部地区轻工业发展相对滞后。改革开放以来,原来具有一定优势的国营轻纺工业企业,在竞争的条件下纷纷衰落下来。同时,以乡镇和民营企业为代表的广大中小企业等轻纺工业的新生力量,没有获得当地政府的高度重视和扶持,因而没有很好地发展起来。就重工业来讲,中部地区具有优势的主要是采掘业和能源原材料工业,但其产品的加工深度不够。

表 9-13　2010 年中部地区工业内部结构与东部地区的比较

地区	轻工业总产值		重工业总产值	
	绝对值(亿元)	比重(%)	绝对值(亿元)	比重(%)
中部地区	32 395.77	26.84%	88 318.11	73.16%
山西	671.28	5.38%	11 800.06	94.62%
河南	10 601.23	30.29%	24 394.3	69.71%
安徽	5 566.43	29.72%	13 165.57	70.28%
江西	4 143.19	29.84%	9 739.88	70.16%
湖南	5 477.86	28.82%	13 530.97	71.18%
湖北	5 935.78	27.45%	15 687.33	72.55%
东部地区	132 954.15	31.06%	295 164.41	68.94%

资料来源:《2011 年中国工业经济统计年鉴》。

二、城镇化水平整体偏低

中部各省的城镇化率整体偏低,2005 年低于全国平均值 2.69%,2010 年扩大到 4.38%(表 9-14)。因此,中部地区工业化和城镇化总体水平低,而且二者未形成良好的互动关系。在今后相当长时期工业化和城镇化都将是中部地区的战略任务。

表 9-14　中部各省 2005 年、2010 年城镇化率　单元:%

省份	2005 年城镇化率	2010 年城镇化率	增长率
山西	42.11	48.05	1.19
河南	30.65	38.8	1.63
安徽	35.5	43.0	1.50
湖南	37.0	43.3	1.26
湖北	43.2	49.7	1.30
江西	37.0	45.8	1.76
中部	40.3	45.3	1.00
东部	55.6	59.9	0.86
全国	42.99	49.68	1.34

资料来源:《中国统计年鉴》(2006、2011 年)。

在中部地区工业化和城镇化的过程中,需要提高工业化水平和城镇化质量,形成工业化和城镇化的良好互动关系。中部地区在发展中面临以下机遇:① 中部地区本身是一个拥有 3.6 亿人口的巨大市场,具有承东启西、连南通北的区位优势,便捷通达的水陆空交通网络初步形成,对更有效地满足国内市场需求具有重大的意义。② 在新一轮全球性产业地域转移过程中,我国接续劳动和资源密集型产业面临两个重要的竞争对手,一个是东盟国家,一个是印度。③ 区域内人口众多,自然、文化资源丰富,科教基础较好,农业特别是粮食生产优势明显,工业基础比较雄厚,产业门类齐全,生态环境容量较大,集聚和承载产业、人口的能力较强,具有加快经济社会发展的良好条件。

三、以产业集聚促进工业化与城镇化的良性互动

1. 促进产业集群的形成与发展

国务院批准实施的《促进中部地区崛起规划》中对中部地区的定位是我国的“三个基地、一个枢纽”,即粮食生产基地、能源原材料基地、现代装备制造及高技术产业基地和综合交通运输枢纽。要围绕主导产业,培育具有国家级乃至全球级竞争优势的产业集群。中部可以培育特色高效农业产业群、农产品深加工产业群、能源产业群、现代装备制造及高技术产业群等,以带动整个区域发展。国外和东部地区发展的实践告诉我们,产业集群的发展都是以大都市区为载体,这是因为大都市区更有利于专业化厂商的形成和发展,更有利于专业化生产要素市场的形成与发展。城市群和产业集聚带能够有效地促进这些产业集群的发展。因此,中部地区的城市群和产业集聚带有利于建立和创造最有效地支撑产业群成长的区域空间机构和区域环境。

2. 发挥中心城市在产业集聚上的优势

一个区域或者大都市区的发展必须依靠中心城市的带动。在我国,中心城市是指对较大地域范围具有强大吸引力和辐射力的综合性职能的大中城市,并有国家级、大区级、省区级和地区级等不同等级的中心城市之分。目前国家级的中心城市有5个,北京、天津、上海、广州、重庆。2011年3月,《武汉市城市总体规划》通过国务院正式批复,武汉在全国发展布局中的功能定位由以往的"我国中部重要的中心城市"上升为"我国中部地区的中心城市"。这对于尚缺乏具有很强综合实力、辐射能力和带动能力的中心城市的中部地区而言,具有重大战略意义。

武汉在经济发展、产业创新和科教资源等方面已具有成为国家中心城市的优势。2011年,武汉GDP达到6 500亿元,在中部各市中处于第一位,在全国副省级城市中也处于第一方阵;武汉都市圈的钢铁、汽车、光电子信息、石油、装备制造和纺织服装等行业已成为具有全国影响的支柱行业;武汉东湖高新区为第二个国家自主创新示范区,2010年拥有高新技术企业2 468家,从业人员32.88万人,分别居全国第三、第四位;武汉市是全国重要的科技、教育中心,科教综合实力仅次于北京、上海,居全国第三位。为此,应以发展武汉成为中部地区的国家级中心城市为契机,重视武汉对中部周边地区和相关产业的辐射和带动作用。加快发展经济带和经济密集区,着力培育具有相对地理优势的长沙、南昌、合肥、郑州、太原等省会中心城市增长极。发挥经济实力强、投资环境好、资源集中的优势,充分发掘其人才资源丰富、高校和科研院所众多的科教资源优势,强化其聚集效应和扩散带动效应,将中心城市建设成为区域产业创新和聚集的重要基地,从而带动中部产业集群的发展。

3. 实现各城市之间的分工与合作

受行政体制的制约,中部地区城市的行政分割现象较为突出,资源整合和区际协调的任务繁重。以中部地区三大都市圈为例,武汉城市圈、长株潭城市群和环鄱阳湖城市群在各自省域范围内独立运作,圈(群)际联系和交流较少,一体化程度低。同时,在现行的财政体制和政绩考核制度下,地方保护主义倾向依然存在。比如,一些地方对外地产品进入本地市场,竞相抬高进入门槛,实行市场封闭和地方保护,人为阻挠各种商品和生产要素的自由流动。

此外,中部地区各城市的产业层次较低,链条较短,配套能力不足,现代物流和服务业发展滞后,产品技术含量和增值率不高,企业自主创新能力不强,缺少在国际市场上有影响力的自主品牌,严重制约了其综合竞争力的提升。同时,由于地理区位、自然条件、经济和社会文化特点相似,各城市功能定位大体相近,尚未形成合理的分工协作和互补关系,低水平重复建设仍较严重,城市间产业结构雷同,经济联系松散,竞争大于合作。特别是一些核心城市定位和发展层次较低,与周边中小城市在较低层次上展开同质化竞争,相互争夺资源、资金、人才和市场。作为长江中游城市群的核心城市和国际大都市,武汉的中心功能严重不足,高端化和服务化水平偏低,其对武汉城市圈其他城市的吸纳要远远大于互补性,而对长株潭和环鄱阳湖城市群的影响力和吸引力则远不够强大。

四、加强区域联动发展,主动承接东部地区产业转移

1. 东部地区产业转移的趋势和必然性

产业转移是指由于资源要素供给或产品需求条件发生变化,某产业从某国家(地区)转移到另一国家(地区)的经济现象与过程。目前我国产业转移呈现出梯度转移的特点,正在由东部沿海地区向中西部转移。这是因为全球经济一体化和市场一体化步伐的加快,我国

东部沿海地区迫切需要加快产业结构优化升级，重点发展先进制造业、外包服务业、高技术产业以及信息产业等，以应对日益激烈的国际竞争。同时，东部地区经济保持多年的高速增长后，传统制造业和劳动密集型产业逐渐失去比较优势，劳动力成本不断提高，土地资源紧缺，环境容量接近饱和，环境污染问题层出不穷，制约了高新技术产业和高端制造业的发展，“腾笼换鸟”、向中西部地区进行产业转移势在必行。

刘志彪等提出了从 GVC 走向 NVC 是我国东部三大都市圈一体化与产业升级的重要途径，为未来三大人口—产业集聚区城镇化提供动力的重要选择，也为中西部地区承接产业转移提供了广阔前景。这是因为融入全球价值链对我国区域间产业部门的联系产生了弱化效应，对区域实体经济的一体化发展产生了不利的影响。国内价值链的构建，既是长三角、珠三角等制造企业摆脱单一地依赖全球价值链的出口导向，实现可持续发展的重要举措之一，也是促进长三角、珠三角等区域经济一体化的动力所在。在 GVC 中，产业升级仅限于产品和工艺升级，而最重要的功能升级被牢牢地限制，因而极有可能被限制于“代工—出口—微利化—品牌、销售终端渠道与自主创新能力缺失—价值链攀升能力缺失的非意愿的恶性循环的发展路径”。为了突破这种锁定效应，改变我国产业发展模式，我国城市和区域的产业发展要从供应链型的 GVC 走向基于区域的 NVC。

2. 产业由东向西转移的趋势加快

产业的由东向西转移，一方面是因为东部沿海地区资本相对饱和，土地、劳动力、能源等要素供给偏紧，资源环境约束矛盾日益突出，外延型发展方式难以为继；另一方面，中部地区基础设施日益完善，要素成本优势初步凸显，产业发展空间逐步扩大。

在加工贸易方面，富士康、伟创力等一批企业从东南沿海向中西部转移，中西部加工贸易进出口增速均超过 50%。据中国机电产品进出口商会统计，2010 年中国中西部地区加工贸易进出口快速增长，远高于东南沿海。其中，中部地区加工贸易进出口 237.7 亿美元，增长 56.6%；西部地区 207.8 亿美元，增长 54.8%；增幅分别高出全国加工贸易进出口总体增幅 29.2% 和 27.5%。加工贸易向中西部转移呈现出抱团转移的趋势，有的是龙头企业带动配套产业，有的是配套产业带动龙头企业。河南、重庆、武汉、成都等地的许多工业园区都承接了大量的转移项目。在转移的项目中，最有代表性的是 IT 产业。全球最大的代工企业富士康将其笔记本电脑、手机等生产线转移到武汉、成都等地，与其沿海项目形成互补。但是，中国加工贸易最发达的地区依然集中在珠三角和长三角地区，中西部目前还难以挑战其“龙头老大”地位。2010 年，广东、江苏和上海以加工贸易方式分别进出口 4 461 亿美元、2 527 亿美元和 1 386 亿美元，同比增长 25.3%、30.7% 和 24%，三省市进出口合计占同期中国加工贸易进出口总值的 72.3%。

2010 年 1 月，国务院批复《皖江城市带承接产业转移示范区规划》，中国中部地区由此拥有了一个承接产业转移的国家战略。2010 年 9 月，国务院又发布了《关于中西部地区承接产业转移的指导意见》，引导和支持中西部地区发挥自身资源、劳动力等优势，提高自我发展能力，加快承接产业转移。借国家政策东风，2012 年 12 月，安徽省与上海、江苏、浙江签署了《关于共同推进皖江城市带承接产业转移示范区建设合作框架协议》，就引导和推进产业有序转移、加快交通基础设施对接、加强资源开发利用等方面达成了共识。数据表明，2010 年皖江城市带承接产业转移示范区引进省内外资金 4 867.4 亿元，同比增长 47.2%。实现地区生产总值 8 224 亿元，占安徽省比重超过 67%，对全省经济增长贡献率达 66.8%。

河南、湖南等省纷纷出台有关积极承接产业转移的专门文件，山西相继批准了临汾、阳泉两个产业转移示范区。在积极承接产业转移过程中，中部地区发展步伐明显加快。2010 年，中部六省生产总值达到 8.6 万亿元，占全国的比重提高到 19.7%，在全国东北、东部、西部、中部“四大板块”中位居第二位。（表 9-15）

表 9-15 中部地区部分生产基地承接大企业的情况

企业	城市	时间（年.月）	产业转移情况	投资额/产能
富士康	晋城	2010.08	富士康晋城科技园 A 区项目签约	38 亿元人民币
	武汉	2010.08	武汉科技工业园扩大产能	年产 6 800 万台电脑
	郑州	2010.09	富士康郑州科技园项目破土动工	不低于 9 亿美元
格力	合肥	2008.12	格力电器合肥产业基地一期工程	15 亿元人民币
美的	贵溪	2010.06	美的江西光源新基地	5 亿元人民币
	合肥	2007.11	美的冰洗产业工业园竣工投产	11.7 亿元人民币
	武汉	2004.03	美的集团武汉工业园	10 亿元人民币
	西安	2010.04	TCL 集团工业研究院西安研发中心	设立 500 人研发平台
中国联通	郑州	2012.05	中国联通中原数据基地项目	72 亿元人民币
联想集团	合肥	2011.06	联想（合肥）笔记本生产基地项目	10 亿美元

资料来源：根据媒体公开报道整理。

3. 实现产业承接与内生性发展模式的良性互动

依据演进过程中产业在上述维度上的变动差异，可将产业转移分为淘汰型转移、产能型转移、扩张型转移、配套型转移和延伸型转移五类。其中，淘汰型转移是指生产技术发展到一定水平，企业就会进行技术更新与改造，资产专用性迫使淘汰的生产设备向异地迁移，以此实现设备价值回收的最大化。产能型转移是指产业受制于当地生产要素供给、产业规制或产业周期等瓶颈式制约而被动寻找满足其生产条件的空间替代。扩张型转移则是受到追求新市场和扩大市场力量的驱动，只要某种产品具有在目标市场的扩张前景，产业投资和由此带来的生产能力就会纷至沓来。配套型转移主要是与产业结构中主导产业和前、后向配套产业的分工组织关系相关联的，一旦主导产业出现空间区位变动，与之协作配套的产业或生产环节也会追随至相应的生产区位。延伸型转移主要指服务业领域内的产业转移，它兼具产品和服务供给的外延拓展和内涵适应性调整双重特点，通过与目的地基础设施、服务环境条件等因素的横向融合，形成更具规模和活力的生产性网络。

内生性发展是基于自身要素禀赋、内在动力机制以及自我演化驱动的产业发展模式。具体而言，它注重自主创新和产业结构升级，发挥区域间的产业互动，构建完整的区域产业价值链，推动域内资源、资本和技术等要素的密集利用和内生式经济发展，以此实现自身产业发展方式的转变。

因此，根据产业转移类型和中部地区实际情况，必须要实现产业承接与内生性发展模式的良性互动。积极引进那些有助于推动区域经济内生性发展的产业形态，对污染资源环境和高能耗的淘汰型和产能型产业要坚决杜绝；对于关联效应大、推动要素和产业升级的扩张型或配套型产业转移形式，要重点引进并扶持其壮大。中部地区的中心城市，应进一步推动对延伸型转移产业的承接力度和深度，形成金融、物流和信息咨询等服务业的区域性中心和增长极，拉动经济腹地的产业调整和升级，以实现整个地区经济的内生性发展。

五、以核心城市群和经济区带动区域发展，提升城镇化发展质量

1. 培育长江中游城市群成为中国经济增长第四极

(1) 长江中游城市群的范围。长江中游从湖北宜昌至江西湖口，流经湖南的洞庭湖和江西的鄱阳湖，是中国大江大湖汇聚之地，也是世界上淡水湖泊最多的地区之一。长江中游地区拥有江汉平原、洞庭湖平原和鄱阳湖平原，是中国三大平原之一的长江中下游平原的重要组成部分。区内交通区位条件优越，工农业生产较为发达，人口和城镇分布密集，资源和环境承载能力较强，是中国加快工业化和城镇化的国家级重点开发区域。目前，长江中游地区已初步形成了武汉城市圈、长株潭城市群和环鄱阳湖城市群，并有进一步连接形成长江中游城市群之势。

由于地理位置邻近、产业互补和联系紧密度等基础条件，长江中游城市群应打破行政分割，以武汉城市圈、长株潭城市群、环鄱阳湖城市群为主体，加快自身一体化和区域一体化进程，形成跨江、跨区域发展的新型城市群。根据顾朝林等人的划分，长江中游城市群共包括29个城市，其中副省级和省会城市3个，地级城市26个。武汉城市圈以“1+8”为基础，包括武汉、黄石、鄂州、黄冈、孝感、咸宁、仙桃、天门、潜江9市，并把长江中游沿岸或邻近的宜昌、荆州、荆门纳入；长株潭城市群以现有“3+5”城市群为基础，包括长沙、株洲、湘潭、岳阳、益阳、常德、娄底、衡阳，并把联系密切的江西萍乡纳入；环鄱阳湖城市群包括环鄱阳湖区周边的南昌、九江、景德镇、鹰潭、上饶、抚州6市，并把邻近的宜春、新余纳入。

(2) 长江中游城市群的发展概况。2010年，长江中游城市群29个地级及以上城市总人口为11 528.5万人，分别占中部和全国的32.3%和8.6%；实现地区生产总值32 907亿元，分别占中部和全国的38.2%和7.5%；其中实现工业增加值14 528亿元，分别占中部和全国的36.9%和7.5%；实现进出口总额558.4亿美元，占中部地区的46.6%。可见，长江中游城市群人口、城镇和产业相对密集，是中部地区经济发展的核心区域，在促进中部崛起和全国经济发展中起着重要作用。

但是，从经济发展水平、工业化进程、城镇化率和产业结构方面比较，长江中游城市群与长三角、珠三角和京津冀三大都市圈仍存在较大差距。2010年，长江中游城市群人均生产总值为4 217美元，其中武汉城市圈为4 299美元、长株潭城市群为4 607美元、环鄱阳湖城市群为3 540美元，均远低于长三角、珠三角和京津冀三大城市群的水平，略低于全国各地区平均水平。工业化率和城镇化率也都略低于全国平均水平，并远低于长三角、珠三角和京津冀三大城市群的水平。在产业结构方面，长江中游城市群第二产业比重明显偏大，第三产业发展滞后，产业结构亟待优化升级。

表 9-16　2010 年长江中游城市群发展水平和产业结构比较

地区	人均 GDP(美元)	工业化率(%)	城镇化率(%)	三次产业结构
长江中游城市群	4 217	44.1	49.17	11.4∶51.3∶37.3
武汉都市圈	4 299	41.1	51.93	11.8∶47.4∶40.8
长株潭城市群	4 607	45.5	48.51	11.4∶52.1∶36.5
环鄱阳湖	3 540	46.8	46.02	10.8∶56.5∶32.7
长三角城市群	12 245	46.3	58.77	3.3∶51.1∶46.0
珠三角城市群	9 909	45.7	82.72	2.2∶48.6∶49.2
京津冀都市圈	7 211	36.7	58.25	5.5∶42.0∶52.5
中部地区	3 581	45.7	44.33	13.0∶52.4∶34.6
全国	4 840	44.2	49.95	9.3∶50.4∶40.4

资料来源:《2011 年中国统计年鉴》和各省市统计年鉴。

(3) 加快长江中游城市群建设。虽然在发展水平上与长三角、珠三角和京津冀三大城市群相比差距大,但长江中游城市群面积大,其在发展后劲、开发潜力、水土配合、人力资源、生态环境、辐射国内市场等方面具有明显优势,通过整合资源和协同发展,有望成为继长三角、珠三角和京津冀之后引领中国经济增长的"第四极"。

在城市分工方面,要加强中心城市功能建设,促进大中小城市和小城镇合理分工。积极支持武汉建设国家中心城市,不断提升中心功能,充分发挥武汉的辐射、带动和引领作用;推动武汉、长沙、南昌等中心城市向高端化、服务化方向发展,逐步转移扩散部分功能、产业和生产环节,支持中小城市和小城镇向专业化、特色化方向迈进,促进大中小城市和小城镇合理分工、错位竞争。此外,要整合文化、旅游、物流、科教、金融等相关资源,加强区域合作和交流,积极推进文化旅游、物流和金融一体化,为长江中游城市群产业协同发展奠定基础。

在城市和产业带布局方面,要加快沿长江经济带发展,提升沿京广经济带水平,培育壮大沿京九经济带。加强中部沿江地区与长三角和长江上游地区的联系,发挥长江水运优势,加快沿江铁路和高速公路建设,构建综合运输体系,提高物流集散能力。提高京广通道综合运输能力,依托沿线的人力资源优势和产业基础,大力发展原材料工业、装备制造业、高技术产业和劳动密集型产业,形成我国重要的制造业基地。进一步巩固加强与京津冀和珠三角地区的经济联系。加强与京津冀、长三角、珠三角和海峡西岸地区的联系,加快东向交通通道建设,在重要的节点城市推进承接产业转移园区建设。

在区域一体化方面,要通过资源整合和产业链重组,搭建多层次、宽领域的区域合作平台和统一、开放、有序的市场体系,积极推进武汉城市圈、长株潭城市群和环鄱阳湖城市群三圈(群)融合,构建一体化的特大型长江中游城市群,将充分发挥"1 + 1 + 1 > 3"的系统集成效应,极大释放和激发整个区域的内在增长潜力和发展活力,提升区域的综合竞争力和可持续发展能力,使该区域整体进入跨越式发展的"快车道",成为支撑未来中国经济持续稳定快速发展的核心板块和第四极。

在交通、能源等基础设施的合作方面,要促进长江中游三大都市圈基础设施的对接和融合,特别是一体化的区域综合交通网络。要以武汉、长沙、南昌三大全国性综合交通枢纽为核心,进一步优化路网布局,加强各种运输方式之间的衔接配合,大力推进省际、城际快速通道建设，构建一体化的长江中游城市群综合交通体系；积极推进武汉长江中游航运中心建设，以武汉新港为主体，以岳阳港为支撑，整合港口资源，合力构建一体化的长江中游港口群体系。同时，加快公路、民航、航道等基础设施建设，构建区域一体化的基础设施体系。

2. 促进中原经济区发展

中原经济区的地域范围包括河南省全境，河北省邢台市、邯郸市，山西省长治市、晋城市、运城市，安徽省宿州市、淮北市、阜阳市、亳州市、蚌埠市和淮南市凤台县、潘集区，山东省聊城市、菏泽市和泰安市东平县，区域面积28.9万平方公里，2011年末总人口1.79亿，地区生产总值4.2万亿元，分别占全国的3%、13.3%和9%。中原经济区地理位置重要，粮食优势突出，市场潜力巨大，文化底蕴深厚，在全国改革发展大局中具有重要战略地位。2012年12月，国家发改委批准了《中原经济区发展规划（2012—2020）》，将中原经济区的发展上升为国家战略，有利于进一步推动中原经济区建设。

（1）中原经济区的发展优势。第一，交通区位重要。中原经济区地处我国腹地，承东启西、连南贯北，是全国"两横三纵"城镇化战略格局中陆桥通道和京广通道的交会区域。2011年末区内铁路营业里程、高速公路通车里程分别达到6 965公里、8 323公里，占全国的7%和9.8%，营运民用机场达到7个，在全国综合交通运输网络中具有重要的枢纽地位。第二，粮食优势突出。中原经济区农业生产条件优越，是我国重要的农产品主产区。粮食产量超过1亿吨，占全国的18%以上，其中小麦产量5 400万吨，接近全国的50%；棉花、油料、畜禽产量分别占全国的18.4%、20.5%和14.8%，特色农林产品在全国占有重要地位。第三，产业基础较好。中原经济区矿产资源丰富，煤、铝、钼、金、天然碱等储量较大，是全国重要的能源原材料基地。工业门类齐全，装备、有色、食品产业优势突出，电子信息、汽车、轻工等产业规模迅速壮大，形成了比较完备的产业体系。第四，市场潜力巨大。2011年末，中原经济区城镇化率达到40.6%，正处于工业化、城镇化加速推进阶段，投资和消费需求空间广阔，市场优势日益显现。人口总量大，劳动力素质不断提升，是全国劳动力资源最为丰富的区域之一。开放型经济快速发展，全方位开放格局逐步形成。第五，文化底蕴深厚。中原地区是中华民族和华夏文明的重要发源地，历史悠久，拥有大量宝贵的历史文化遗产，形成了兼容并蓄、刚柔相济、革故鼎新、生生不息的中原文化，文化软实力不断增强。

（2）明确主体功能定位，完善区域空间布局。中原经济区产业门类比较齐全，工业基础特别是能源原材料工业、食品工业、装备制造业基础比较雄厚。但与全国平均水平相比整体发展水平、人均经济水平、民生水平和工业化、城镇化水平明显偏低。2009年，中原经济区人均GDP只有全国平均水平的3/4；人均财政收入不足全国平均水平的1/4；第三产业占GDP的比重比全国平均水平约低10%；城镇居民可支配收入只有全国平均水平的4/5；农民人均纯收入比全国平均水平低近500元；城镇化率在30%左右，不到全国平均水平的2/3。

根据《中原经济区发展规划（2012—2020）》的要求和核心带动、轴带发展、节点提升、对接周边的原则，要加快形成"一核四轴两带"放射状、网络化发展格局。一是打造核心发展区域，提升郑州区域中心服务功能，支持郑汴新区加快发展，深入推进郑汴一体化，提升郑洛工业走廊产业和人口集聚水平，形成高效率、高品质的组合型城市地区和中原经济区发展的核心区域，引领辐射带动整个区域发展。二是构建"米"字形发展轴，提升陆桥通道和京广通道功能，加快东北西南向和东南西北向运输通道建设，构筑以郑州为中心的"米"字形重点开发地带，形成支撑中原经济区与周边经济区相连接的基本骨架。三是壮大南北两冀经济带,加强运输通道建设,提升晋冀鲁豫交界地区和淮河上中游地区城市发展水平,培育壮大沿邯长—邯济经济带和沿淮经济带,形成与“米”字形发展轴相衔接、促进中原经济区东西向开放合作的重要支撑。

(3) 加快城市群建设,提升城镇化质量。郑州是河南省省会,是中部地区交通最便利、基础设施最好的城市,在地理上起到承东启西、连南接北的作用,区位优势十分明显。此外,郑州还是全国三大商品交易所所在地,在现代服务业发展方面具有良好基础。中原经济区要加快完善多层次城际快速交通网络,实现以郑州为中心的核心区域 9 个城市融合发展,进一步增强中原城市群辐射带动作用。发挥郑东新区在区域发展中的带动作用。依托以客运专线为主的高效便捷交通走廊,强化“米”字形发展轴节点城市互动联动,促进中原城市群扩容发展,提升综合实力和竞争力。强化交通一体、产业链接、服务共享、生态共建,构建中原城市群、北部城市密集区、豫东皖北城市密集区一体化发展格局,形成具有较强竞争力的大中原城市群。

发挥重要节点城市的综合承载能力和服务功能,扩大辐射半径,培育形成支撑中原经济区发展的次中心城市。巩固提升洛阳的中原城市群副中心城市地位,加快洛阳新区建设,优化老城区功能,增强国家历史文化名城和全国重要制造业基地的影响力。邯郸依托冀南新区被建设为全国重要的先进制造业基地,成为在中原经济区内具有重要影响力的中心城市;建设聊城为全国重要的生态城市,塑造江北水城新形象;建设安阳为先进制造业为基础的新型工业城市,做好世界文化遗产保护工作,将邯郸、聊城、安阳打造成为中原经济区与环渤海等经济区域合作交流的北部门户。南阳加快提升城市综合承载能力,建设成为中原经济区对接西南地区的重要门户。蚌埠、阜阳、商丘发挥区位优势,巩固提升交通枢纽功能,提高综合服务水平,增强人口和产业集聚能力,进一步发挥在豫东皖北地区的辐射带动作用,成为中原经济区与华东地区合作交流的东部门户。

专栏

郑州新区

郑州新区包含郑东新区、国家郑州经济技术开发区、白沙园区、郑州航空港区、郑州国际物流园区和中牟县等,规划面积约 1 840 平方公里。2011 年全年实现生产总值 631 亿元,地方财政总收入完成 133.4 亿元。郑州新区以现代服务业为主,通过金融、物流、文化等服务,有效带动产业上下游和周边地区发展,打造区域服务中心,带动中原经济区整体发展。

郑东新区金融业已引进各类金融机构 115 家。郑州龙湖金融中心将建设成为立足郑州、服务中原、影响全国的区域性金融中心和全球金融服务网络的重要节点。

郑州国际物流园区已签约入驻物流项目 12 个,工业项目 12 个,已开工建设项目 9 个。签约的物流项目中世界 500 强投资项目 4 个。亚洲最大的物流地产服务商普洛斯物流、全球第二大物流及工业地产开发商澳大利亚嘉民集团等也签约入驻。

白沙园区已入驻华强文化科技产业基地、绿博园、环球美食城、西海岸文化乐园等旅游休闲类项目,中原文化艺术学院、郑州旅游职业学院、河南理工大学万方科技学院等人才培养类项目,河南省图书馆、河南博物院等公共文化设施类项目。计划到 2015 年进入国家级文化产业园区行列,到 2020 年建立起完善的文化创意产业体系,具备较强的国内外竞争力。

(4) 实现产业转型,发展新型特色产业。中原地区农业生产条件优越,是我国重要的农产品主产区。要推进以粮食优质高产为前提,以绿色生态安全、集约化标准化组织化产业化程度高为主要标志,基础设施、机械装备、服务体系、科学技术和农民素质支撑有力的新型农业现代化,构建具有中原特点的现代农业产业体系,夯实"三化"协调发展的基础。加快现代畜牧业发展,重点提高生猪产业竞争力,扩大奶牛、肉牛、肉羊等优势产品的规模,大力发展禽类产品,提高畜禽产品质量,建设全国优质安全畜禽产品生产基地。推进畜禽标准化规模养殖场(小区)建设,完善动物疫病防控和良种繁育体系,发展壮大优势畜牧养殖带(区)。

要大力发展先进制造业,积极研发先进适用、高附加值的主机产品和核心基础零部件,建成全国重要的现代装备制造业基地。推动工程机械、煤矿机械、纺织机械高端化,培育防爆电气、特种电缆、节能电梯、精密铸造、高效节能变压器等特色装备产业集群。加快洛阳动力谷重型装备、现代农机、精密基础件等优势产品发展,提升中原电气谷超特高压输变电装备自主化设计和成套化水平,推动冀南冶金石化装备集群化发展。

同时加快发展服务业,提升郑州全国现代物流中心地位,建设郑州国际物流园区、航空物流园区,大力发展航空物流、保税物流和多式联运,建设郑州内陆无水港,建成覆盖中西部、辐射全国、连通世界的现代物流中心。加快推进郑东新区金融集聚核心功能区建设,积极开展国际结算业务,推动国内外金融机构、后台服务中心、金融外包服务企业进驻。支持郑州商品交易所增加期货品种,推动综合保税区开展离岸金融业务。推进地方法人银行改制重组,积极研究在河南设立保险公司法人机构的可行性,在条件具备的情况下给予必要支持。支持符合条件的农村信用社改制组建农村商业银行。大力发展信息服务业,建设郑州软件服务外包基地,加快推进郑州国家电子商务示范城市建设。加快发展研发设计、技术交易、信息咨询等服务产业,推动科技、创意企业孵化园区建设,创建一批企业工业设计中心。支持郑州积极发展会展业,举办国际性展会,培育知名会展品牌,推进郑州服务业综合改革试点市的建设。

六、土地对城镇化的约束作用逐步体现出来

中部地区平均城镇化水平达到45.3%,在未来一段时间城镇化水平会快速推进,物质层面的表现之一是城市用地向外围迅速扩张。表9-17中反映了近几年中部省会城市建成区面积和各省耕地面积变化情况。可以看出,各城市建设用地大幅增加,城市发展的空间越来越少,空间的抑制作用表现强烈,同时,部分省份耕地面积日益减少,城市郊区的耕地保护受到严峻挑战。事实上,随着全国很多城市通过行政区划调整(如撤县设市、大城市兼并周边小城镇)以及大量城市兴办各类型工业园区等方式,城市实际用地量已远远超过表中统计数据。

但在中部的农村地区却是另一番景象,出现大量耕地的闲置抛荒现象。根据不完全统计,2007年湖南全省土地抛荒的面积占耕地面积的比例达到了10%以上。2008年春季,河南信阳市3个县的12个乡镇中,有9个乡镇出现严重的季节性撂荒,撂荒比例在30%至70%之间。江西省宜黄县统计局调查显示,全县26万多亩耕地中全年性抛荒的保守估计高达12%。

9-17 中部地区省会城市建成区面积和全省耕地变化(2005—2010 年) 单位:%

	省会城市建成区面积变化率	全省耕地面积变化率
湖北	+127.27	+3.16
湖南	+83.78	-17.49
江西	+90.82	-1.39
安徽	+44.89	-24.95
河南	+30.92	+0.53
山西	+24.37	+7.27

资料来源:根据《中国城市统计年鉴》(2006、2011 年),《中部六省统计年鉴》(2006、2011 年)有关数据计算而得。

第三节 新型工业化与西部地区城镇化水平的提升

一、产业结构层次低,城镇化动力不足

西部地区的产业结构层次低,由表9-18 可以看出,西部第一产业的比重为13.1%,第二产业50%,第三产业 36.9%。第一产业比全国平均高 3%,第二产业高于全国平均值3.2%,低于中部地区 2.4%。第三产业低于全国平均值6.2%,比东部地区低 7.4%。从业人员就业结构第一产业比全国高出 11%,比东部地区更是高出 22.1%。第二产业西部地区就业比例比全国低 9%,比东部地区低 17.4%。第三产业就业比例比全国低 2%,比东部地区低 3.7%。可见西部地区的产业结构层次低,工业化水平不高。

表 9-18 2010 年西部与东中部及全国三次产业结构的比较

地区	GDP 产业结构(%)			从业人员就业结构(%)		
	第一产业	第二产业	第三产业	第一产业	第二产业	第三产业
重庆	8.6	55	36.4	33.1	29.1	37.8
四川	14.4	50.5	35.1	42.9	23.1	34.1
贵州	13.6	39.1	47.3	49.6	11.9	38.5
云南	15.3	44.6	40.0	59.4	13.6	27.0
西藏	13.5	32.3	54.2	53.1	11.1	35.8
陕西	9.8	53.8	36.4	43.9	25.0	31.2
甘肃	14.5	48.2	37.3	51.1	15.1	33.8
青海	10.0	55.1	34.9	41.9	22.6	35.5
宁夏	9.4	49.0	41.6	39.4	26.4	34.2

续表

地区	GDP 产业结构(%)			从业人员就业结构(%)		
	第一产业	第二产业	第三产业	第一产业	第二产业	第三产业
新疆	19.8	47.7	32.5	51.2	14.1	34.8
内蒙古	9.4	54.6	36.1	48.2	17.4	34.4
广西	17.5	47.1	35.4	53.3	21.0	25.6
西部地区	13.1	50.0	36.9	47.7	19.7	32.6
中部地区	13.0	52.4	34.6	40.7	27.5	31.8
东部地区	6.3	49.4	44.3	25.6	37.1	37.3
全国	10.1	46.8	43.1	36.7	28.7	34.6

资料来源:《2011 年中国统计年鉴》。

注:因数据统计等原因,台湾省、香港特别行政区和澳门特别行政区不计入本表统计。

西部地区资源型产业比重大,产业加工链条短。尽管西部工业化相对滞后,但其重工业的比重却较高。而且,在重工业中,资源型产业占了绝对优势。按五大产业占工业总产值的比重排序,西部各产业的顺序是:原料工业、以农产品为原料的轻工业、加工工业、采掘工业和以非农产品为原料的轻工业,表 9-19 中是西部地区 12 个省市的采掘与原材料工业所占比重。这 12 个省市采掘工业和原料工业平均占了 50.4%,重工业平均占了 60% 强。从行业的角度来看,西部地区具有一定优势的行业绝大部分是资源型产业。西部地区市场竞争力较强的行业有烟草加工业、石油和天然气开采业和有色金属矿采选业,都是对资源依赖非常强的行业。

自“七五”计划(1986—1990 年)以来,西部各省区都提出了调整产业结构、促进地区经济发展的思路。但从政策导向和实施效果看,真正摆脱能源和矿产资源开发战略束缚的省区并不多。直到中央实施西部大开发战略的初期,许多资源大省还对自身的“资源优势”抱有盲目的认识,存在着“西部大开发 = 能源与矿产资源大开发”的思想倾向。传统产业在数量上的盲目扩张,是西部难以增强产业结构活力的主要症结所在。西部地区产业结构长期停留在资源开发的导向上,逐步拉大了同东部产业结构层次的差距,影响到区域经济发展和人民生活水平的提高。

1999 年,西部大开发战略实施以来,国家对西部地区的基础设施建设投入了大量的资金,初步改善了西部地区的基础设施条件。

“十一五”以来,西部地区综合实力显著增强,增速明显加快,质量大幅提升。西部地区生产总值占全国比重由 2005 年的 16.9% 提高到 2010 年的 18.6%,年均增速达到 13.6%,高于“十五”期间 2.3%,居于同期全国四大板块增速之首。人均地区生产总值年均增速达 12.6%,高于东部地区 1.7%,相当于全国平均水平由 59.7% 提高到67.8%。地方财政收入、全社会固定资产投资、社会消费品零售总额和进出口贸易总额年均分别增长26.1%、28.5%、18.7%、23.3%,主要经济指标增速均高于全国平均水平,与东部地区发展差距逐步扩大的趋势得到初步遏制。西部地区第一、第二、第三次产业比例由 2005 年的 17.6∶42.8∶39.6 调整为 2010 年的13.1∶50∶36.9，工业化加快发展趋势明显，发展壮大了一批特色优势产业和产业集群，培育了一批具有市场竞争力的知名品牌和大企业、大集团。

根据国家制定的《西部大开发规划》，把西部大开发分为三个阶段，一是奠定基础阶段：从2001年到2010年，重点是调整结构，搞好基础设施、生态环境、科技教育等基础建设，建立和完善市场体制，培育特色产业增长点。二是加速发展阶段：从2010年到2030年，巩固提高基础，培育特色产业，实施经济产业化、市场化、生态化和专业区域布局的全面升级，实现经济增长的跃进。三是全面推进现代化阶段：从2031年到2050年，着力加快边远山区、落后农牧区开发，普遍提高西部人民的生产、生活水平，全面缩小差距。

2011年，西部地区人均GDP已超过3 500美元，西部的发展正由第一阶段向第二阶段转变。西部地区经济的增长速度很快，但是“造血”能力仍然较弱，加上生态环境基础脆弱，大部分地区当前还处于产业结构的初级调整中，尚未走出能源原材料为主导的工业化初期。对于西部地区长远发展来讲，需要发挥比较优势，走新型工业化道路，大力发展特色优势产业，以工业化促进自身发展。

表9-19　2010年西部地区工业总产值中采掘和原料工业所占比重　单位：%

地区	采掘工业	原料工业	合计
全国	7.5	33.8	41.3
东部地区	3.2	26.6	29.8
中部地区	10.4	32.5	42.9
西部地区	14.6	35.8	50.4
重庆	5.5	20.9	26.4
四川	9.7	24.8	34.5
贵州	16.7	46.2	62.9
云南	8.7	52.0	60.7
西藏	22.1	16.1	38.2
陕西	24.9	31.2	56.1
甘肃	11.0	64.1	75.1
青海	26.6	57.4	84.0
宁夏	14.1	53.9	68.0
新疆	27.0	49.0	76.0
内蒙古	26.0	37.8	63.8
广西	3.6	35.5	39.1

资料来源：《2011年中国工业经济统计年鉴》。

二、城镇化水平较低

我国西部地区国土面积540万平方公里，占全国国土面积的56%，总人口3.61亿，占全国人口26.9%。2010年全国城镇化水平为49.68%，东部地区的城镇化水平为59.9%，而西部地区的城镇化水平为41.4%,低于全国平均水平8.28%,低于东部地区18.5%。表9-20中,西部地区城镇的建成区面积为8 539.3平方公里,是东部地区的44.6%,是中部地区的97.8%,仅占全国城市建成区面积的20.4%。

表9-20　西部各省、市、区2005年和2010年城镇化率及增长率　单位:%

地区	2005年	2010年	增长率
广西	33.62	40.6	1.39
重庆	45.2	53.02	1.56
四川	33.0	40.2	1.44
贵州	26.87	33.81	1.39
云南	29.5	35.2	1.14
西藏	19.65	25.06	1.08
陕西	37.23	46.5	1.85
甘肃	30.02	36.1	1.22
青海	39.25	44.45	1.04
宁夏	42.28	48.43	1.23
新疆	37.15	41.33	0.84
内蒙古	47.2	55.03	1.57

资料来源:《2011年中国统计年鉴》。

三、城镇分布密度小、城市综合实力较弱

2010年,全国城市总数为657个,其中拥有56.9%国土面积的西部地区的城市数为168个,占总数的25.6%。而土地面积仅占14%的东部地区则达到231个,占城市数的35.2%,西部城市密度为0.307个/万平方公里,东部为1.72个/万平方公里,全国城市分布的密度为0.684个/万平方公里,东部是西部地区的5.6倍。

截至2010年,东部地区、中部地区、西部地区和东北地区的地级及以上城市分别有87、81、85和34个。东部地区地级及以上城市的年末人口为1.6亿人,占全国地级及以上城市年末人口的41.6%;创造地区生产总值14.5万亿元,占全国地级及以上城市经济总量的59%。中部地区城市的年末人口为0.9亿人,占全国地级及以上城市年末人口的22.7%;创造地区生产总值3.7万亿元,占全国地级及以上城市经济总量的14.9%。西部地区城市的年末人口为1亿人,占全国地级及以上城市年末人口的25.1%;创造地区生产总值3.9万亿元,占全国地级及以上城市经济总量的15.8%。东北地区地级及以上城市的年末人口为0.4亿人,占全国地级及以上城市年末人口的10.6%,创造地区生产总值2.5万亿元,占全国地级及以上城市经济总量的10.3%。

按区域分布来看,东部地区城市发展居全国领先地位。东部地区有10个城市进入省会和计划单列市综合实力前20位,有28个城市进入地级市前50位(不含省会城市,下同);中部地区有3个城市进入省会和计划单列市综合实力前20位,有8个城市进入地级市前

50 位；西部地区有 3 个城市进入省会和计划单列市综合实力前 20 位，有 5 个城市进入地级市前 50 位；东北地区有 4 个城市进入省会和计划单列市综合实力前 20 位，有 9 个城市进入地级市前 50 位。

四、城市等级体系不完善

我国的城镇体系主要由超大城市、特大城市、大城市、中等城市和小城市等构成。根据住房和城乡建设部的定义，我国的超大城市是指市区户籍非农业人口达 200 万以上的城市；特大城市是指市区户籍非农业人口达 100 万以上、不足 200 万的城市；大城市是指市区户籍非农业人口达 50 万以上、不足 100 万的城市；中等城市是指市区户籍非农业人口达 20 万以上、不足 50 万的城市。小城市是指市区户籍非农业人口不足 20 万的城市。

2009 年，全国共有设市城市 654 个，其中超大城市、特大城市 60 个，比 2008 年增加 4 个；大城市 91 个，比 2008 年增加 5 个；中等城市 238 个，比上年减少 1 个；小城市 265 个，比上年减少 9 个。人口呈向超大、特大城市集中趋势。

按照城市地理位置分组，2009 年东部地区共有城市 283 个，中部地区 246 个，西部地区 125 个，城市地区分布不均。东部地区共有超大、特大、大城市 85 个，户籍总人口 17 437.58 万人，户籍非农人口 13 488.50 万人；中部地区共有超大、特大、大城市 49 个，户籍总人口 7 494.02万人，户籍非农人口 5 585.39 万人；西部地区仅有超大、特大、大城市 17 个，户籍总人口 4 694.6 万人，户籍非农人口 2 787.75 万人。城镇化发展水平不均衡。

2009 年，西部地区共有 3 个超大城市，6 个特大城市，数量与中部地区持平。但是在大城市和中等城市数量上都少于中部地区，也远远少于东部地区。（表 9-21）

表 9-21　2009 年中国东、中、西部地区不同规模城市分布与构成

城市规模	东部地区		中部地区		西部地区		全国城市数（个）
	数量（个）	百分比（%）	数量（个）	百分比（%）	数量（个）	百分比（%）	
超大城市	11	52.3	3	14.2	3	14.3	21
特大城市	22	56.4	6	15.4	6	15.4	39
大城市	37	40.7	26	28.6	14	15.4	91
中等城市	98	41.1	61	25.6	51	21.4	238
小城市	63	23.8	72	27.2	92	34.7	265

资料来源：《2010 年中国城市建设统计年鉴》。

从上述城市等级规模看，西部地区的成都、重庆、西安三个大城市的中心地位非常突出，城市人口规模发展迅速。但就整体而言，西部地区超大城市、特大城市、大中城市数量过少，城镇体系不健全。在城市规模结构方面，西部与东部和中部省区比较的一个显著的差距是，西部省区人口规模在 50 ~ 100 万人口之间的大城市数量极少，其比重仅占 15.4%，远低于东部和中部地区。由于缺乏 50 ~ 100 万人口的大城市作为较大区域的经济中心来影响和带动中小城市的发展，使城市规模等级体系很不完善和合理，一方面使成、渝等超大城市的人口规模得不到很好的控制；另一方面又影响了中小城市的发展。另一个问题是，20 万人口以下的小城市，虽然数量不少，但平均人口规模较小、经济发展活力不足、综合辐射功能较弱。从区域空间组织角度看，这是导致西部地区城镇化水平低的一个重要原因。

五、西部地区城市空间布局

1. 复杂地势地貌对城市空间布局的影响

西部各省市区主要分布在我国“三大地势阶梯上，并分别由分异显著的三大自然地貌环境所控制。

(1) 青海、西藏位于海拔4 000米以上的青藏高原，人口不足全国的1%，城市5个，约占全国的0.8%，适应人口居住的主要是湟水、拉萨河河谷平川地带。

(2) 云、贵、川及重庆市位于海拔1 000 ~ 2 000米之间起伏较大的云贵高原和四川盆地。平原及平川坝子面积仅占4.2%，人口占全国的15.6%。大面积的起伏巨大的地貌致使城市用地狭小，区域交通不便。其中有利于城市发展的地区主要集中在成都平原和滇中、黔中等一些较大的平川坝子地区。

(3) 陕、甘、宁、新4省区分布在支离破碎的黄土高原以及大面积的干旱、半干旱荒漠盆地和荒漠草原。以牧区和农牧交错地区为主，人口占全国的11%。大面积荒漠及严重的区域性缺水使城市发展赖以依托的腹地生产力水平低，致使人口、耕地及城市发展局限于水土资源较好、面积较小的河谷平原、高原断陷盆地及山前绿洲。

因此，西部地区城市主要分布在自然条件好的平原及河谷盆地的成都、渭河平原的西安、河湟谷地的兰州、河套平原的包头、银川平原的银川等。这些区域主要是以各大省会城市为中心的受其辐射和带动的地区，是西部核心经济区，城市首位度大，工业较发达。

2. 城市主要呈“点—轴”空间分布

西部城市分布不仅受到复杂地势地貌的影响，而且受交通的影响，各种因素相互作用，使城市空间分布呈明显的“点—轴”特点。国务院批准的《西部开发“十二五”总体规划》中明确提出，要坚持以线串点，以点带面，依托交通枢纽和区域中心城市，着力培育经济基础好、资源环境承载能力强、发展潜力大的重点经济区。积极推进工业化和城镇化协调发展，促进产业集聚布局、人口集中居住、土地集约利用，形成西部大开发战略新高地，辐射和带动周边地区发展。

根据中国科学院地理科学与资源研究所“西部开发重点区域规划前期研究”课题组的研究成果，提出重点建设四大重点轴线。即西陇海—兰新轴线，长江上游成渝轴线、贵昆—黔桂—南防线轴线(南贵昆经济区)、呼包—包兰—兰青线轴线四大轴线。另外，还确立了川黔轴线、广西西江轴线、昆明—瑞丽轴线、西藏“一江两河轴线”等四条二级发展轴线。西部地区由于自然条件的限制和长期经济发展所形成的空间格局，使得西部的城市布局呈现明显的“点—轴”特点，这是西部地区发展的重要基础。

西部城市的布局基本是沿着四条重点轴线布局的。

(1) 西陇海—兰新经济带。东起陕西的潼关，西到新疆的阿拉山口。轴线城市主要包括西安、兰州、乌鲁木齐、渭南、咸阳、宝鸡、天水、金昌、张掖、酒泉、哈密、吐鲁番、昌吉、奎屯、石河子等。

(2) 长江上游经济带。轴线上主要包括重庆市区、万州区和涪陵区，四川的成都、绵阳、德阳、资阳、内江、泸州和宜宾等。

(3) 南贵昆经济区。轴线上主要包括昆明、贵阳、柳州、南宁、曲靖、六盘水、安顺、钦州、北海、防城港等。

(4) 呼包—包兰—兰青线经济带。轴线上主要包括呼和浩特、包头、乌海、石嘴山、银川、吴忠、白银、兰州和西宁等。

这四条重点经济带可以使西部地区开发目标与全国的发展很好地结合起来,使西部各省区市及各部门有明确的、一致的空间开发方向。

专栏

西部地区重点经济区

成渝地区:全国统筹城乡发展示范区,全国重要的高新技术产业、先进制造业和现代服务业基地,科技教育、商贸物流、金融中心和综合交通枢纽,西南地区科技创新基地。

关中—天水地区:全国重要的先进制造业和现代农业高技术产业基地,科技教育、商贸中心和综合交通枢纽,西北地区重要的科技创新基地,全国重要的历史文化基地。

北部湾地区:我国面向东盟国家对外开放的重要门户,中国—东盟自由贸易区的前沿地带和桥头堡,区域性物流基地、商贸基地、加工制造基地和信息交流中心,重要的临海石化、钢铁基地。

呼包银榆地区:全国重要的能源化工基地、农畜产品加工基地、新材料和原材料产业基地,北方地区重要的冶金和装备制造业基地。

兰西格地区:全国重要的新能源、盐化工、石化、有色金属和农畜产品加工产业基地,区域性新材料和生物医药产业基地。

天山北坡地区:我国面向中亚、西亚地区对外开放的陆路交通枢纽和重要门户,全国重要的综合性能源资源生产及供应基地,现代化农牧业示范基地,西北地区重要国际商贸中心、物流中心和对外合作加工基地。

滇中地区:我国连接东南亚、南亚国家的陆路交通枢纽,面向东南亚、南亚对外开放的重要门户,全国重要的烟草、旅游、文化、能源、商贸、物流基地和区域性资源精深加工基地。

黔中地区:全国重要的能源原材料基地、以航天航空为重点的装备制造基地、烟草工业基地、绿色食品基地和旅游目的地,区域性商贸、物流中心。

宁夏沿黄地区:全国重要的能源化工、新材料基地,清真食品及穆斯林用品和特色农产品加工基地,区域性商贸、物流中心。

藏中南地区:全国重要的农林畜产品生产加工、藏药产业、旅游、文化和矿产资源基地,水电后备基地。

陕甘宁革命老区:全国重要的能源化工基地、现代旱作农业示范区、黄土高原生态文明示范区,国家重点红色旅游区。

六、走新型工业化和城镇化相结合的发展道路

"十二五"时期,西部地区处于重要战略机遇期。从国际看,世界经济格局正在发生深刻变化,全球区域经济一体化深入推进,生产要素在全球范围内加快流动和重组,有利于西部地区积极参与国际分工,全面提升内陆开放型经济发展和沿边开发开放水平。从国内看,一是我国经济发展方式加快转变,扩大内需战略深入实施,经济结构深刻调整,有利于西部地区充分发挥战略资源丰富、市场潜力巨大的优势,积极承接产业转移,构建现代产业体系,增强自我发展能力;二是西部地区投资环境和发展条件不断改善,有利于西部地区进一步解放生产力,加快推进工业化、城镇化进程;三是我国社会主义市场经济体制不断完善,集中力量办大事的制度优势更为突出,中央不断加大支持西部地区发展的政策力度,有

利于在根本上缩小区域发展差距，实现共同富裕。

“十二五”期间，西部大部分地区人均 GDP 将进入 3 000 ~ 5 000 美元区间，也就是进入工业化和城镇化进一步发展的关键阶段。西部地区面临的问题和挑战依然很多。关键是要发挥比较优势，深入实施以市场为导向的优势资源转化战略，坚持走新型工业化和城镇化相结合的发展道路，大力提升产业层次和核心竞争力，建设国家能源、资源深加工、装备制造业和战略性新兴产业基地，培育新的增长极。

1. 走新型工业化道路

传统西部工业化使其面临以下特殊问题与矛盾：自然资源丰富与知识资源贫乏的矛盾；经济发展潜力巨大与竞争能力相对薄弱的矛盾；信息市场开发不足与生态资源破坏严重的矛盾；投资需求旺盛与投资环境恶劣的矛盾；廉价人力资源与劳动力素质低下的矛盾。这些矛盾与困难严重制约了西部经济的快速发展。因此，只有摈弃传统的工业化发展方式，走出一条新型工业化道路，才能保证西部地区实现较快发展和可持续发展，达到全面建设小康社会的宏伟目标。西部地区应重点发展以下产业：现代能源产业，资源加工产业，以军事工业为主体、军民两用相结合的装备制造业，战略性新兴产业，现代服务业。

（1）要加快发展现代能源产业。推动能源生产和利用方式变革，调整优化能源开发布局，重点建设鄂尔多斯盆地、蒙东、西南、新疆等国家重点综合能源基地，构建安全、稳定、经济、清洁的现代能源产业体系，提升能源保障水平。大力发展可再生能源和新能源。积极发展生物质能、地热等其他新能源，加强青藏高原可燃冰勘探和开发利用研究。

（2）要优化调整资源加工产业。加大矿产资源勘查力度，实施国家战略矿产资源勘查储备计划，实现找矿突破，增加资源储量，形成一批重要矿产资源开发后备基地。积极推进矿产资源开发整合和重点资源富集区建设，促进资源开发与当地经济发展、人民群众增收相结合。推动钢铁企业兼并重组，提高产业集中度，改造提升酒钢、包钢、重钢、攀钢钢铁基地，积极推进防城港钢铁基地建设。

（3）要改造提升装备制造业。重点发展清洁高效发电装备，智能输配电、石化成套装备、钻井设备、工程机械、重型装备、数控机床、汽车摩托车等装备制造业，形成一批竞争力较强的重大装备制造业基地和国家级研发生产基地。大力发展高端装备制造产业，重点发展支线飞机和通用飞机及配套为主的航空装备、轨道交通、新一代卫星、运载火箭及其应用，以及国防军工专用制造装备。

（4）积极培育战略性新兴产业。新能源产业要重点推广太阳能利用技术和光伏发电应用，发展高效率、低成本太阳能电池等产品，建设大型风电装备、光伏产品研发生产基地。新材料产业要大力发展稀土功能材料、稀有金属材料、高性能膜材料等新型功能材料。新一代信息技术产业要重点发展集成电路、元器件、电子材料、多语言软件等核心基础产业，发展新一代移动通信、平板显示、数字电视、下一代互联网核心设备和智能终端，促进物联网、云计算的研发和产业化。新能源汽车产业要重点开发动力电池、驱动电机、电子控制系统等关键技术，发展混合动力和纯电动汽车等。

2. 以新型工业化促进城市群发展和产业集聚带的形成

西部地区长期以来过于依赖以资源加工业和原材料工业结构，导致了产业结构的扭曲，进而使得城镇体系发育不健全，城市首位度过高，城镇体系出现断档，城市功能不齐全，大中小城市不能实现协调发展。通过新型工业化实现西部地区产业结构的调整和升级，逐步改变以资源和原材料为主的畸形工业结构，不仅对西部工业化的健康发展，而且对于城镇体系的健康发展，以及推动工业化和城镇化的互动都具有重要的意义。

同时，要增强中心城市辐射带动作用。优化城市布局，拓展发展空间，完善城市功能，构筑城市和产业集聚带，对于西部新型工业化的推动也具有重要的作用。过去的城市主要是单个城市之间的竞争，而现在城市的竞争主要靠城市群和产业集聚带整体的竞争。所以，西部地区构筑城市群和产业集聚带对于推动西部地区新型工业化的发展具有重要的作用。

在西部地区以三个超大城市为依托，培育西安、成都和重庆三个具有全国意义的都市经济区，作为西部参与全国和全球经济的主要网络节点，建设成渝城市群和关中城市群。此外，还要发展南北钦防城市群、天山北坡城市群、兰白西城市群、滇中城市群、黔中城市群、呼包鄂城市群、银川平原城市群和酒嘉玉城市群等，使其成为西部主要集聚地和“增长极”。

成渝城市群地处长江上游，分别构成两个独立的城市经济区。成渝城市群应建设成为国家统筹城乡综合配套改革试验区，成为中国西部最大的双核城市群，形成西部大开发的最大战略支撑点和首要战略极以及西南地区的人口、产业、信息、科技、文化集聚中心，长江上游成渝经济带的中心。

关中城市群包括陕西的西安、咸阳、宝鸡、渭南、韩城、华阴、兴平 8 市，共 378 个建制镇，占全国建制镇总数的 1.96%。根据国务院《关中—天水经济区发展规划》，关中城市群未来发展目标要建成全国内陆型经济开放战略高地、统筹科技资源改革示范基地、全国先进制造业基地、全国现代农业高技术产业基地和彰显中华文明的历史文化基地。要以西安都市圈为核心，强化城镇发展轴线，增强城市功能，加快西咸新区建设，重点培育“一轴一环三走廊”。“一轴”即贯穿关中腹地的陇海铁路陕西段城镇带，是关中城市群发展的主轴线和脊梁；“一环”指关中环线城镇带；“三走廊”包括渭北彬长旬城镇带、咸阳—铜川城镇带和渭南—韩城城镇带。

南北钦防城市群是我国西部唯一沿海城市群，也是中国—东盟自由贸易区的核心城市群和海湾型城市群，区位优越，战略地位突出，发展潜力巨大。南北钦防城市群要努力建成为中国—东盟开放合作的物流基地、商贸基地、加工制造业基地和信息交流中心。

天山北坡城市群是我国通东达西、承南启北的西部国家大通道，是未来大中华经济圈与中亚经济圈的结合部，也是向西开放和面向伊斯兰国家的商品集散地。要以推进新型工业化为重点，发展集约化农业，推进优势资源的开发和深加工，提高工业的质量和效益，构筑具有新疆特色经济的产业集群。

此外，兰白西城市群、滇中城市群、黔中城市群、呼包鄂城市群、银川平原城市群和酒嘉玉城市群等，也要力争成为西部开发重要的战略支撑点和二级经济区。其中，昆明成为面向东南亚和南亚开放的战略基地，兰州成为西部主要的制造业基地和物流中心。另外，将呼包鄂“金三角”、黔中（贵阳）和银川—吴忠四个城市和产业集聚带建设为西部地区的三级经济中心，成为西部开发重要的支撑点。

3. 重点发展西部地区的特色优势产业

（1）发展能源及化学工业。充分利用西部地区水能资源、煤炭资源、石油天然气资源丰富的优势，积极有序开发水电，集约开发煤炭，加快勘探开发石油天然气，大力发展新能源。因地制宜发展石油化工、天然气化工和煤化工。加大新疆、川渝、陕甘宁、青海、内蒙古等地石油天然气资源勘探开发力度，建设石油天然气开发及相关产业基地。建设陕北、宁东、内蒙古西部、贵州毕节、新疆哈密等地煤炭生产、煤电一体化基地。大力发展新疆、内蒙古、甘肃、宁夏等地风能、太阳能和其他新能源。

(2) 促进重要矿产开发及加工业发展。集约利用西部地区的矿产资源，积极利用境外矿产资源，建设西部地区特色优势资源加工基地。加大铝土矿开发力度，提高综合利用水平，扩大广西、贵州等地氧化铝生产能力，优化电解铝结构，延长铝加工产业链，建设广西、贵州、重庆、兰州、西宁、包头等铝加工基地。建设云南铜、铅、锌，四川钒、钛，甘肃镍等有色金属综合开发利用基地。加快推进内蒙古、四川稀土开发、产品深加工基地建设。继续发展磷钾肥工业，建设青海柴达木、新疆罗布泊等大型钾肥基地和云南、贵州大型磷复肥基地。建设四川、新疆、青海等地氯碱化工基地。增强攀钢、包钢、酒钢等钢铁基地的竞争力，重点发展高速铁路用重轨、大口径优质无缝钢管、优质合金钢材和精密合金钢材等特殊钢材。

(3) 加快特色农牧业及加工业发展。充分发挥西部地区独特的农牧业资源优势，加快发展现代农业，培育和壮大特色农牧业，推进农牧业产品深加工，提高增值能力。提高西部地区重点商品粮基地的综合生产能力。进一步增强云南、贵州、四川等地烟草、酒类、茶叶生产加工基地的品牌竞争力。建设陕西、四川、重庆、新疆等地果蔬加工和广西、云南糖业生产基地。提高中药材和藏、蒙等民族药材栽培、养殖和加工水平，发展特色药品和新产品。

(4) 大力发展重大装备制造业。利用西部地区现有产业基础，依托重点工程，努力突破核心技术，提高西部地区重大装备制造的整体水平。重点发展核电装备制造、重型燃机、大型冶金化工成套设备、重型机械和大型工程施工成套设备、骑车、摩托车、内燃机、环保成套装备、输变电成套装备、大型数控机床、数字智能型仪器仪表、轨道交通设备、工程机械、水力及风力发电成套设备等，建成重庆、成都、西安、兰州、贵阳、包头、柳州、宝鸡、德阳等重大装备制造业基地和国家级研发生产基地。

(5) 着力推进高技术产业发展。加强自主创新能力建设，推进科技成果产业化，重点培育和形成若干聚集效应突出、在全国具有技术优势和特色高技术产业基地。加强重庆、四川成都和绵阳、陕西关中等地的集成电路、软件、网络通信、新型电子元器件、信息安全、数字家电等信息产业的核心竞争力，扩大产业规模。大力促进云南生物资源、四川成都与陕西西安医药产业、陕西杨陵现代农业、重庆生物医学工程等生物产业的发展。鼓励陕西、贵州、广西、新疆、云南等地结合资源优势，大力开发航空航天、能源、信息、交通等领域亟须的铝、钛、超导、复合、稀土等高性能材料。

(6) 加快旅游产业发展。发挥西部地区自然风光、民俗风情、历史文化等资源优势，把旅游业做大做强。重点开发长征之旅——红色旅游区、香格里拉民俗风情——高原风光旅游区、长江三峡高峡平湖旅游区、丝绸之路旅游区、黔东南——湘鄂西民族风情与生态旅游区、川渝黔"金三角"生态旅游区等。在继续发展观光旅游的基础上，加快开发休闲度假旅游、生态旅游、探险旅游、边境旅游、科普旅游、农业旅游和工业旅游等专题旅游，形成协调配套、特色鲜明的旅游产品体系。重视发展红色旅游。大力开发有西部特色的文化旅游，通过影视作品、媒体宣传、文艺演出等方式，充分挖掘和展示西部地区特有的文化内涵和多民族特色文化，开发系列特色文化旅游产品，促进旅游业加快发展。

七、城镇化要处理好人与自然的关系

西部地区在推进城镇化的过程中，必须立足于全国大局，把生态环境建设放在第一位，为全国人民建立起强大的生态屏障。要吸取一些地区盲目发展污染环境破坏生态平衡的惨痛教训，加强生态环境的保护和建设，做到人与自然和谐相处。

城镇化可以实现和生态环境的统一，这是因为加快推进城镇化可以使人口适度聚集，有利于退耕还林、草，再造秀美山川。把城镇化与退耕还林、草结合起来，将迁出的人就近安排在小城镇或选择适宜地方兴建新的小城镇，对恢复生态、减少破坏无疑具有重要作用。甘肃省阿克塞哈萨克自治县县城的搬迁和游牧族的定居点建设就是一个成功的范例。把乡镇企业向城镇集中，可以对环境污染进行集中有效治理。城镇作为城市人口集中居住地，最可能对环境造成污染的是城市污水和城市生活垃圾，在西部的自然条件下，只要采取适当的技术措施集中处理，完全可以做到没有污染，变废为宝。为此，西部地区在城镇化过程中应采取以下措施。

一要以科学发展观为指导，用生态优先的理念编制各类城市规划。严格落实全国主体功能区规划，对重点经济区、重点生态区和资源富集区因地制宜、分类指导。努力建设自然生态系统良性循环、资源合理充分利用、绿色经济特色明显、人与自然和谐相处的城镇体系，使城市的发展建立在环境容量、自然资源承载能力和生态适宜的基础上。

二要优化城镇产业结构，大力发展循环经济，推进资源再生利用产业化。积极推进甘肃和青海柴达木循环经济试点，组织开展重点资源富集区、城市、行业和园区循环经济试点并扩大试点范围。稳步开展城市矿产示范基地建设。积极应对全球气候变化。

三要建立生态补偿机制。按照谁开发谁保护、谁受益谁补偿的原则，加快建立生态补偿机制。通过提高生态建设和环境保护支出标准及转移支付系数等方式，加大中央财政对重要生态功能区均衡性转移支付力度，建立省级财政对省以下生态补偿转移支付体制。逐步建立区域间生态补偿机制，鼓励和引导下游与上游地区、开发与保护地区、生态受益与生态保护地区之间开展生态补偿。积极探索水权交易、碳汇交易等市场化生态补偿模式。

四要加强环境保护。继续推进重点流域和区域水污染防治，严格饮用水水源地保护，提高饮用水水质达标率，确保饮用水安全。加大地下水污染防治力度。建立健全工业污染防控体系，加强造纸、印染、化工、制革、食品等行业及重金属排放企业污染治理，推进固体废弃物综合利用及污染防治。加强化学品环境管理。积极推进排污权有偿使用和交易试点。

西部地区城镇生态环境的改善，重点在调整人与自然的关系，约束人的不合理的经济行为。要积极推广应用先进成熟的技术成果，合理空间配置，促进生物多样性的发展，减轻人的不合理行为对自然环境的压力。

主要参考文献

[1] 仲崇高.跨国公司在华地区总部区位分布的特征研究[J].河海大学学报:哲学社会科学版.2010(12).

[2] 倪方钰,段进军.基于区域视角下对江苏城镇化模式创新的思考[J].南通大学学报:社会科学版,2012(5).

[3] 林先扬.大珠江三角洲城市群经济空间拓展的战略抉择[J].现代城市研究,2005(10).

[4] 肖磊,等.京津冀都市圈城镇体系演化时空特征[J].地理科学进展,2011(2).

[5] 李敦瑞.上海服务业的发展轨迹与新态势——以城市功能变迁为视角[J].上海行政学院学报,2012(2).

[6] 史津.城市生态空间[J].天津城市建设学院学报,2002(1).

[7] 方创琳,姚士谋,刘盛和,等.2010 中国城市群发展报告[M].北京:科学出版社,2011.

[8] 许皓,射阳群,吴登生.中部产业集群发展的对策[N].光明日报,2007-4-1.

[9] 魏后凯,成艾华.携手共同打造中国经济发展第四极——长江中游城市群发展战略研究[J].江汉论坛,2012(4).

[10] 黄永涛.中部地区承接东部产业转移对策探讨[J].特区经济,2011(7).

[11] 刘志彪,张杰.从融入全球价值链到构建国家价值链:中国产业升级的战略思考[J].学术月刊,2009(9).

[12] 郭元晞,常晓鸣.产业转移类型与中西部地区产业承接方式转变[J].社会科学研究,2010(4).

[13] 姚士谋,陈振光,等.中国城市群[M].合肥:中国科学技术大学出版社,2006.

[14] 刘卫东,等.中国西部开发重点区域规划前期研究[M].北京:商务印书馆,2003.

[15] 魏后凯.中国西部大开发:新阶段与新思路[J].发展论坛,2005(11).

第十章

城乡一体化发展战略与创新模式

提 要

我国现阶段社会正处于工业化与城镇化发展的中期。因此,当前各项社会矛盾仍然集中在城乡二元经济结构的问题上,城乡统筹与城乡协调发展仍是我国社会经济发展的主流。要树立城乡一盘棋的总体思想,发挥城市辐射带动优势和城乡之间的关联优势,使城乡资源共享,公平合理,双赢共荣,合理发展。

国外城乡建设的实践经验对我国城乡一体化发展具有重要的启示,我国城乡统筹建设应当做到:强化中心城市的功能与作用,带动农村地区社会经济的全面发展;建设完善发达的交通运输体系,密切城乡人民横向纵向的各种联系;依托乡村的广阔的区域空间,合理利用资源与合理配置生产力;促进大中小城市与农村地区的协调发展,实现城乡一体化的远大目标;高度重视城乡地区的生态环境建设与社会安全,构建和谐、健康的现代化社会。

我国城乡一体化长期的实践可以总结出五种代表性模式:苏南模式,江宁模式,嘉兴模式,广东模式和成都模式。

从基础设施、产业建设、公共服务、社会管理和就业要求出发,协调推进城乡改革,加快完善城乡互动、协调发展的体制机制,积极引导社会资源与文化科技力量投向农业农村,鼓励各种社会力量参与农村发展和公共基础设施建设,逐步提高农村现代化水平,是我国城镇化发展到新阶段的必然要求。只有加快城镇化、工业化和农业现代化水平,才能逐步消除我国城乡二元结构,实现新农村的建设目标,提高农民生活水准,真正实现城乡一体化和城乡共同繁荣的远大目标。

第一节 城乡一体化的内涵

一、城乡一体化内涵

统筹城乡协调发展就是在处理城乡发展问题时,要总揽全局,科学规划,协调发展,促进城乡共同繁荣与进步。从这一角度看,城乡统筹的定义和内涵与城乡经济社会统筹、城乡一体化、城乡融合等概念有着内在的必然联系,它们都是强调如何把城市和乡村纳入统一的经济社会发展大系统中,改变城乡分割局面,建立新型城乡关系(包括城乡区位关系、城乡产业关系和城乡居民关系及城乡产业关系和城乡居民关系相互作用后产生的工业与农民、农业与市民的两个间接关系),改善城乡功能和结构,实现城乡生产要素合理配置,协调城乡利益,逐步消除城乡二元结构,缩小城乡差别。

1. 城乡统筹的内涵

“城乡统筹”从字面上解释是“城”与“乡”，在一定的时代背景中，互动发展，以实行“城”、“乡”发展双赢为目的发展格局。充分发挥工业对农业的支持和反哺作用、城市对农村的辐射和带动作用，建立以工促农、以城带乡的长效机制，促进城乡协调发展。中国几千年来，城乡发展表现为二元状态，城是城，乡是乡。城市更多的是提供服务，农村更多的是提供粮食，城市和农村的产业构成、人口构成和空间形态都是截然不同的。城乡统筹就是要改变和摈弃过去那种重城市、轻农村，“城乡分治”的观念和做法，通过体制改革和政策调整削弱并逐步清除城乡之间的樊篱，在制订国民经济发展计划、确定国民收入分配格局、研究重大经济政策时，把解决好农业、农村和农民问题放在优先位置，加大对农业的支持和保护，其发展将是社会经济发展的必然趋势。

城乡统筹的思想最早萌芽于英国城市社会学家霍华德的《明日的田园城市》一书，其中表达了人们对城乡关系理想境界的追求。西方城市理论研究重视城乡一体化发展，并对此进行了较多的理论探索。芒福德曾指出：“城与乡，不能截然分开；城与乡，同等重要；城与乡，应当有机结合在一起”；英国城市学家、社会学家霍华德提出“田园城市”理论；美国城市学家刘易斯提出城乡二元统筹。

随后我国的学者从城乡的各个方面对城乡统筹进行了研究。国内规划学、地理学、经济学、生态学等各学科学者围绕城乡统筹的概念、内容、目标、实质、动力机制、核心、标志、模式等进行了深入研究，并将城乡融合发展扩展至政治、经济、生态环境、文化、空间等方面，认为城市和乡村最终将成为一个互相依托、互相促进的统一体。从时间上看，早在1956年4月，毛泽东在《论十大关系》中论述“重工业和轻工业、农业的关系”时就指出，中国工业化过程中，必须协调农、轻、重的关系，并提出只有重视农业、轻工业，才能最终发展重工业的思想。自从1958年中国实行“户籍登记条例”后，城乡关系的矛盾就逐步积累。但计划经济的宏观体制背景使得城乡关系问题长期没有引起应有的重视，最终导致城市与乡村的分离与对立日益严重并不断强化，形成一个难以逾越的鸿沟，城乡经济社会发展脱臼。随之对城乡关系问题的关注与讨论也日益增多。从许多国家城乡关系发展轨迹来看，城市与乡村关系的总体趋势是：由一体到分离，再由分离到融合。城乡分离主要表现为城乡差距，它包括农村在政治、经济、文化等各方面落后于城市的情况，其核心是农村经济方面落后于城市的情况。随着我国经济的发展、科技的进步、人类生活水平的提高，城乡关系逐步得到了重视，因此不同的学术界和学者对城乡统筹的内涵也从不同角度予以定义和理解。对于统筹城乡发展的最为通常的定义是：人均GDP达到1 000美元以后，主要通过工业反哺农业、城市支持农村的方式，使先进的科学文化在农村地区得到普及提高，大大促进城乡协调发展，以逐步改变城乡二元结构、缩小城乡差别，实现城乡的共同发展和繁荣。

从文字表述和内容来看，学界对于城乡统筹并无严格一致的判断，而且视角各有不同。陶武先认为“城乡统筹”的基本内涵在于把工业与农业、城市与乡村、城镇居民与农民作为一个整体，统筹谋划、综合研究，通过体制改革和政策调整，协调工农关系、城乡关系，逐步清除城乡之间的藩篱，从根本上解决“三农”问题，促进城乡经济社会协调发展，推进城乡分割的二元结构向城乡一体的现代社会经济结构转变。一般来看，统筹城乡是推进共同富裕的重要举措，是社会主义发展目标的现实要求。

姚士谋等指出城乡统筹的六大含义，即统筹城乡产业结构战略性调整、统筹城乡劳动力结构和人口布局优化、统筹城乡要素市场、统筹城乡规划与建设、统筹城乡社会保障和公共服务体系和统筹城乡改革配套六个方面。

姜太碧认为,统筹城乡协调发展的内涵主要包括三个方面:城乡制度统筹、城乡经济发展要素统筹和城乡关系统筹。城乡制度统筹就是要把影响城乡经济社会发展各个方面的制度统一起来。这些应统筹的制度主要包括统筹城乡劳动力就业制度、统筹城乡户籍管理制度、统筹城乡财政分配和转移支付制度、统筹城乡社会保障制度和统筹城乡教育制度等。城乡经济要素统筹指城乡的各类生产要素可以完全按照市场机制,实现在城乡间的自由流动,既要允许农村的非农生产要素向城市流动,以城市为载体,实现优化组合,更要提倡城市先进的生产要素向农村流动,改造传统农业,提升农业发展水平。其中最为重要的有城乡土地要素统筹、城乡资金要素统筹和城乡劳动力要素统筹。城乡关系包括城乡区位关系、城乡产业关系和城乡居民关系等三个直接的关系,还包括城乡产业关系和城乡居民关系相互作用后产生的工业与农民、农业与市民的两个间接关系。城乡关系统筹其核心是统筹城乡产业关系,工农业关系是否协调,直接影响城乡区位关系和城乡居民关系。具体包括城乡产业关系统筹、城乡区位关系统筹和城乡居民关系统筹。

社会学和人类学界从城乡关系的角度出发,认为城乡统筹是指相对发达的城市和相对落后的农村间打破相互分割壁垒,城乡经济和社会生活紧密结合与协调发展,逐步缩小直到消灭城乡之间的基本差别,从而使城乡融为一体。规划学者从空间的角度出发,认为城乡统筹就是对城乡发展做出统一规划,即对具有一定内在关联的城乡的交融地域上各物质与精神要素进行系统安排。生态、环境学者则认为城乡统筹是对城乡生态环境的有机结合,保证自然生态过程畅通有序,促进城乡健康、协调发展。经济学界主要从经济发展规律和生产力合理布局角度出发,认为城乡统筹是指统一布局城乡经济,加强城乡之间的经济交流与协作,逐步实现生产要素的合理流动和优化组合,促进生产力在城乡之间合理分布,实现协调发展,以取得最佳的经济效益。

加拿大学者麦基(McGee,T. G.)在对亚洲一些国家进行长期研究后提出了"Desakota"概念,即建立在区域综合发展基础上的城镇化,其实质是城乡之间的统筹协调和一体化发展。对于城乡差距,美国学者劳伦斯(J. C. Laurence)、塞尔(C. P. Cell)等提出了"反城市主义学说(Anti-urbanism or de-urbanization)",认为根深蒂固的反城市意识形态是造成中国城市化发展缓慢的主要原因;对此,英国学者柯克比(R. J. Kirkby)提出了"工业战略说(Industry strategy-oriented urbanization)",认为中国城镇化的缓慢增长是由于过分注重既定的工业化目标,为了实现这一目标忽略了城市基础设施建设和农业农村的发展,将大量资金集中于重工业,削弱了城市发展的后劲;美国华裔学者陈金永(Kam Wing Chan)则认为,中国的"城镇化不足"可以用社会主义的工业偏好的发展逻辑来加以阐释。

从上述观点中,可以领悟到人们对于统筹主旨的把握是基本一致的,其基本的内涵是均衡。即农民应当享受市民待遇,享有和城里人一样的权利保障;农村应当具有和城市大体相当的基础设施和公共服务;农业应当得到强有力的扶持和直接补贴。从而使农民和居民、农村和城市、农业和工业处于一种相互促进、竞相发展、共享繁荣的状态。新型的城乡关系已不能用生产力的三要素概括,取而代之的是包括水体、生态景观、公共交通、城镇化与工业化四大功能走廊(Function Corridors)的新型城乡网络概念。联合国提出"城乡联系途径(Rural-Urban Linkage Approach)",将2004年"世界人居环境日"(World HabitatDay)主题定位为“城市—农村发展的动力(Cities-Engines of Rural Development)”。换一个角度看,城市与乡村的关系也体现在工业与农业的关系中。一般说来,工业化过程中,农业与工业的关系要经历三个阶段:在初始阶段,通过工农业之间产品的不等价交换,农业为工业提供资本的原始积累,这一阶段的性质是农业支援工业。在我国是通过制度安排,以牺牲农业为代价实现的。早期工业化国家则是以农民破产、失去土地为代价完成工业资本的原始积累。进入中级阶段,农业与工业是平等的市场交换关系,两大产业的联系是通过产品的等价交换来实现的。农业与工业的发展靠各自的积累来推动。到了高级阶段,是工业“反哺”农业,即通过国家制定政策向农业倾斜,使工业资金流入农业。

综上可知,现阶段中国统筹的基本内涵在于把工业与农业、城镇与农村、城镇居民与农民作为一个整体,统筹谋划、综合研究,通过体制改革和政策调整,协调工农关系、城乡关系,逐步清除城乡之间的藩篱,从根本上解决“三农”问题,促进城乡经济社会协调发展,走可持续发展之路,推进城乡分割的二元结构向城乡一体化的现代社会经济结构转变,建设社会主义新农村,向现代化社会演化。但是,城乡统筹发展不是彻底消除城乡发展水平及城乡居民收入、消费水平的差距,这是不可能的,也不利于城乡经济发展和城镇化的实现,而是要使城乡发展水平及城乡居民收入、消费差距保持在一个合理限度,以最有利于城乡共同发展和社会进步。集中表现为政治上和谐、经济上协调、文化上共享、生态上共存、城乡各种差距缩小的新态势,最终形成人口、政治、社会、经济、生态一体化。

城乡统筹的内涵主要包括以下四个方面:

(1) 统筹城乡规划建设。即改变目前城乡规划分割、建设分治的状况,把城乡经济社会发展统一纳入政府宏观规划,协调城乡发展,促进城乡联动,实现共同繁荣。根据经济社会发展趋势,统一编制城乡规划,促进城镇有序发展,农民梯度转移。主要包括:统筹城乡产业发展规划,科学确定产业发展布局;统筹城乡用地规划,合理布局建设、住宅、农业与生态用地;统筹城乡基础设施建设规划,构建完善的基础设施网络体系,开展城乡之间重要水源地保护及其全地区的环境保护规划。尤其要在农村地区缺乏基础设施建设资金的情况下,政府要调动和引导各方面的力量着力加强对农村道路、交通运输、电力、电信、商业网点设施等基础设施的投入,使乡村联系城市的硬件设施得到尽快改善。优先发展社会共享型基础设施,扩大基础设施的服务范围、服务领域和受益对象,让农民也能共享城市基础设施。

(2) 统筹城乡产业发展。以工业化支撑城镇化,以城镇化提升工业化,加快工业化和城镇化进程,促进农村劳动力向二三产业转移,农村人口向城镇集聚。建立以城带乡、以工促农的发展机制,加快现代农业和现代农村建设,促进农村工业向城镇工业园区集中,促进农村人口向城镇集中,促进土地向规模农户集中,促进城市基础设施向农村延伸,促进城市社会服务事业向农村覆盖,促进城市文明向农村辐射,提升农村经济社会发展的水平。

(3) 统筹城乡管理制度。突破城乡二元经济社会结构,纠正体制上和政策上的城市偏向,消除计划经济体制的残留影响,保护农民利益,建立城乡一体的劳动力就业制度、户籍管理制度、教育制度、土地征用制度和社会保障制度等。给农村居民平等的发展机会、完整的财产权利和自由的发展空间,遵循市场经济规律和社会发展规律,促进城乡要素自由流动和资源优化配置。

(4) 统筹城乡收入分配。根据经济社会发展阶段的变化,调整国民收入分配结构,改变国民收入分配中的城市偏向,加大对“三农”的财政支持力度,加快农村公益事业建设,建立城乡一体的财政支出体制,将农村交通、环保、生态等公益性基础设施建设都列入政府财政支出范围。

2. 城乡统筹的研究进展

针对上述对城乡统筹的理解,国内学者做了很多的研究。王铮等从城市与区域管理的角度对城乡统筹的理论与模式探索进行了详细的述评。从研究内容上看,王锡桐指出在经济发展的过程中应消除统筹城乡发展的障碍,消除城乡之间的制度差别。李彦军等从区际趋异论出发,探讨了城市群内城乡统筹的逻辑动因,指出市场力量的作用扩大城市群内城乡间的发展差距,指出城市群内实现城乡统筹不仅可以有效地建设农村,造就发达的农业,也可以促进城市聚集和功能调整,提升城市群及至整个区域的竞争力。党国英认为应建立城乡一体的公共服务体系。还有学者提出城乡统筹发展的定量测度,提出了城乡统筹度、城乡一体化综合指数、城乡融合度、城乡关联度、城乡空间组织度、城乡生态共生度的概念和测度方法。吴建楠等通过对长三角地区城乡统筹指数进行测度,认为长三角地区各城市城乡统筹水平差异显著,2000—2008 年相对差距有微弱扩大的趋势,各城市城乡统筹水平由城市群外围向中心逐渐递增。通过对江苏省的研究,马远军等认为,江苏省城乡统筹的演变具有阶段性,全省的城乡统筹在 20 世纪 90 年代呈现下降趋势,但进入 21 世纪后有所改善,全省城乡统筹空间布局从 L 型过渡到反 L 型,并逐步演化为当前的哑铃型空间格局。还有学者提出如何加快城镇化及建设新农村的举措。姚士谋等通过对南京江宁区的城乡统筹规划的研究,系统地总结了我国城乡发展的过程,从理论、实践方面总结了一套方法体系与理论模式,得到建设部的高度重视。

与此同时,关于城乡统筹发展的理论模式与动力机制研究也取得进展。张晴等通过总结中部地区包括山西、安徽、江西、河南、湖北、湖南 6 省县域经济城乡统筹发展的模式,指出中部地区城乡统筹发展的主要经验在于充分协调和发挥资源、区位和政策三个要素的作用,通过分析部分农业弱县、工业小县在城乡统筹发展中面临的诸多困难和问题,探讨中部地区县域统筹城乡发展、转变经济发展方式的思路和对策。李铁生、曲亮等引入种群生态学中的共生理论对城乡统筹的机理展开研究,将城市和农村作为两个具有复杂相关关系的生态有机种群,通过分析二者的共生单元、共生模式、共生环境和共生界面,从一个全新的角度提出了城乡互动发展的运作机理,指出城乡统筹发展的过程即为共生模式由非对称互惠向对称互惠的过渡过程,是各共生单元共生关系的协调过程。李习凡等认为,中国城乡一体化发展模式从空间上表现为“圈层结构”与“梯度发展”两种,圈层结构模式包括中心发散型、区域集中型和点轴联系型,梯度发展模式包括初级城乡一体化的发展模式、改进型城乡一体化发展模式和高级城乡一体化的发展模式。随着“三农”问题的凸显,城乡统筹视角下的新农村建设、农村土地流转、现代农业发展等问题研究越来越被关注。在对新形势下农村聚居模式创新研究的过程中,周国华等提出应从城乡统筹的角度研究农村聚居模式,并强调其最根本的目的是实现城乡居住质量的等值化,而不是聚居形态的等同化。城乡统筹视角下的都市农业发展研究,既强调了“都市农业发展是实现城乡统筹的重要途径”,也阐明了“城乡统筹思维能有效地促进都市农业持续健康发展”。上述研究为我国统筹城乡发展,消除城乡差距提供了强力的理论支持,也将指导我国城乡统筹的具体实践。

二、小结

从总体上说，我国现阶段社会正处于工业化与城镇化发展的中期。因此，当前各项社会矛盾仍然集中在城乡二元经济结构的问题上，城乡统筹与城乡协调发展仍是我国社会经济发展的主流。城乡之间的联系是从中国经济社会发展的实际出发，以全面、协调、可持续的科学发展观指导中国社会主义发展实践，要认真贯彻党的十六届三中全会提出的“五个统筹”，即“统筹城乡发展、统筹区域发展、统筹经济社会发展、统筹人与自然和谐发展、统筹国内发展和对外开放”。统筹城乡经济社会发展主要是要求各级政府在制订计划、解决问题、分配收入、社会保障、公共福利等方面，不要就农村说农村，就城市说城市，而是要改变“城乡两策，重城抑乡”的思路，优先考虑农村，从城乡各自的小循环、小系统走向城乡统一的大循环、大系统，树立城乡一盘棋的总体思想，发挥城市辐射带动优势和城乡之间的关联优势，使城乡资源共享，公平合理，双赢共荣，合理发展。

第二节　发达国家城乡关系的实践及启示

经济全球化与区域经济一体化的时代，世界市场经济的竞争以城市群为单元迅速展开。在这种国际大背景下，城乡统筹规划成为我国21世纪经济发展与城镇建设的核心问题之一，也是我国13亿人民生存与发展和国民经济“全面实现小康”的重大问题。我国是发展中的大国，也是传统的农业大国，农民占全国总人口的50%左右，不同区域经济、社会、自然禀赋状况决定了不同区域、不同经济主体的收入状况。城乡居民收入存在较大的差别，区域之间的居民收入也存在差别。对农民收入是通过补贴、直接收入支付的方式进行；抑或是以转移农村劳动力，促进农村二、三产业发展，推进工业化、城镇化发展为政府行为重点；还是以推进农业现代化，提高农业劳动生产率为政策取向，不同的选择会有不同的效果。因此，要以多样化的政策满足不同区域多样化的需求，从而推动城乡、区域之间的平衡发展，逐步缩小城乡差异。城乡统筹实质上是实现城乡一体化的科学规划，其主要内容是综合考虑资源开发利用，做好城镇规划布局，统筹安排重大基础设施，合理配置产业与劳动力，搞好城乡道路网、公共设施、粮食生产安全和生态环境保护系统以及农田水利建设规划，使各项规划有一个合理发展的度，并做到相互协调，真正遵循区域经济可持续发展的原则。当前，我国城乡一体化的新时代已经开始。

国内外对城乡发展的关系进行了较多的探索和实践，其中欧美城乡理论主要基于发达国家“乡村人口向城市集聚到大城市的郊区化或逆城市化”的发展进程，并不完全适合中国城乡二元分割造成的城乡人居问题。加拿大学者麦基在对亚洲一些国家进行长期研究后提出“亚洲城乡一体化”发展模式，他用“desakota”概括“以农业活动和非农业活动并存、融合为特征”的特殊区域产生过程的空间模式，即建立在区域综合发展基础上的城镇化，其实质是城乡之间的统筹协调和一体化发展。亚洲各国也针对各自城乡人居矛盾进行了卓有成效的建设和改革。如韩国开展了致力于改善农村环境，改变农民的生活和农业生产的落后局面的“新村运动”；日本的“造町运动”规划并实施了旨在改善农村生活环境，缩小城乡差别的村镇综合建设示范工程。上述这些统筹实践对我国城乡发展具有很好的实践和指示作用。

一、发达国家城乡统筹案例解析

1. 德国城乡一体化的经验

当前德国以及其他一些西欧工业化国家的城镇化水平都高达80%左右,城乡差别越来越小,形成一种城乡统筹、布局合理、较为均衡发展的独特模式。其在城乡一体化发展中的主要经验有:

(1) 注重建立均衡发展的协调机制。德国在联邦宪法中规定:追求全德国区域的平衡发展和共同富裕。因此,在城乡建设和区域规划的政策上始终贯彻两项重要原则:一是在全国境内形成平等的生活环境,减小各地区的差异;二是追求可持续发展,使后代有生存和发展的机会。德国的政治、经济和文化中心职能分散在全国各地城市,以形成全国城市均衡分布的局面。全国250多个大小城市仅有4个大城市人口超过100万以上(柏林、慕尼黑、汉堡、科隆),许许多多中小城市比较均衡地分布在37万平方公里的国土上,城乡发展比较协调。德国在20世纪50、60年代相继立法,把保护村庄原有形态、有限度的改造更新老建筑和保护村庄的生态环境作为村庄更新的主要任务,以实现农村的可持续发展。

(2) 开展城乡"等值化"建设。20世纪50年代,德国赛德尔基金会所倡导的"等值化"理念得到实践:通过土地整理、村庄革新等方式,实现"农村与城市生活不同但等值"的目标,使农村经济与城市经济得以平衡发展。这一计划自50年前在巴伐利亚州开始实施后,成为德国农村发展的普遍模式,并在1990年起成为欧盟农村政策的方向。目前在巴伐利亚州,农村地区占州总面积的80%以上,为近60%的人口提供居住、工作和生活空间,农村中的农户住宅环境优美,交通方便,空气新鲜,住宅宽敞。城乡等值化确立的核心思想是:让农民在工作条件、就业机会、收入水平、居住环境、社会待遇等生活质量方面与城市形态不同类但等值。农村建设因地制宜,量力而行,根据农村的自然环境和人文历史传统,尊重和保护农村经过长期的历史积淀而形成的淳朴、厚重的民风民俗,不盲目照搬大城市的生活模式。着重建设一种既有现代工业文明的因素,又保存着优秀传统文化印记的"田园式"的新农村。

(3) 统一而健全的社会保障体系降低了"城镇化"的门槛。德国在宪法上规定了人的基本权利,如选举、工作、迁徙、就学、社会保障等平等的权利,在社会上没有明显的农工、城乡差别,可以说农民享有一切城市居民的权利。农工差别只是从事工作性质的差别。只要农民进城工作,按章纳税,进入社会保障,就成为城市居民。20世纪50年代,德国出台了农民卖地退休补贴政策,对农民卖地退休者国家给予额外退休金,促进了生产方式的转变。

(4) 方便的交通系统为城市均衡发展提供了重要保障。德国大量的有轨电车为城市的跨区域发展提供了条件。高速公路,农村中的高质量公路把城乡紧密地联系在一起。同时,方便的公共交通将各个市镇联系起来,形成网络,加之私家车的普及,人们的活动半径扩大。人们可以居住在小镇而到别的城市工作,良好的居住环境往往成为人们居住的首要目标。

2. 美国的农业现代化过程与策略

美国是工业发展比较早而且社会生产力高度发达的国家,也是在解决二元经济及城乡统筹问题上比较成功的国家。美国始终重视强化农业作为第一产业的地位,并通过种种措施由政府直接进行扶持。如美国采取保护性收购政策和目标价格支持相结合的做法来稳定和提高农民收入。近年来,美国农民还通过生产灵活性合同和反周期补贴等形式,获得政府的直接收入支付和农产品补贴。概括起来，美国的经验有以下四点：

（1）工业反哺农业，稳定和提高农民收入。20世纪，经历过几次大的经济危机后，美国开始较大规模实施工业反哺农业的政策。主要实行农产品价格补贴和农业生产休耕补贴，提供农产品储存信贷和农业生产信贷，鼓励农产品出口，奖励小农场合并，补助退出农业的农场主，农业现代化，救济穷人，保护农业资源。美国一直采取保护性收购政策和目标价格支持相结合的做法来稳定和提高农民收入。1933年《农业调整法》提出的支持价格政策，1973年出台的目标价格以及1996年依据《联邦农业完善与改革法》对价格与收入支持政策进行调整，政策的重点始终是调控农产品市场价格，稳定和提高农民收入。近年来，美国农民还通过所谓生产灵活性合同和反周期补贴等形式，获得稳固的直接收入支付和农产品补贴，政府通过各种政策性倾斜，如对农民购买大型农业机械实行的优惠贷款与补助等，扶持农业产业部门。

（2）城市（镇）化。美国已形成城市数量多、集聚度高、大中小城市（镇）相互配合的城镇体系；城市主导产业突出，重视乡村经济，建立的现代化、专业化的大型农场商品生产率很高，把产业作为支撑城镇发展的基础，重视农村基础设施建设。目前，美国也是世界上高福利国家之一，城市常常补贴农村，进行现代化建设。良好的农村基础设施建设，加强了城镇间、城市间联系，加快商品的流通和扩大城乡居民的消费，有利于形成全国统一的市场。

（3）美国国会以及地方自治政府制定专门法律和成立相关组织机构。国家的区域政策和促进城乡统筹发展的措施必须有法律作为保障，对于落后地区、农村地区、偏远地区都有专门的援助法律与补助办法等，相应的规划都有专门组织管理机构执行，保证战略计划的有效实现。

（4）建立完善的农业合作组织。美国的农业合作经济组织类型主要包括农业合作社和农工商综合体，如农业合作社中的销售与加工合作社、服务性合作社、信贷合作社等，农工商综合体中的生产综合体、产前综合体、销售综合体和国际贸易综合体等，这些农业合作组织维护农民的经济利益，成为城乡统筹发展的有力组织载体。

3. 日本现代化农业的鼓励政策

日本在历史上一度城乡差距比较大，但日本采取了一系列统筹城乡发展措施后，1972年城乡居民的收入水平就基本持平，1998年日本农村就业人口的比重下降到占总人口的5.2%，大量农村劳动力转移到太平洋沿岸城市带，城市化水平接近80%。其基本经验和做法有：

（1）根据实际情况制定促进农村发展和提升人力资本的措施。日本在19世纪60年代末到80年代初的工业化阶段，直接照搬西方的农业生产技术和经营方式，但由于不能和本国国情有效统合，最后以失败告终。从19世纪80年代起，日本探索适合本国农业发展的道路，开始重视本国传统农业的经营方法和经验，创造出一系列适合国情的生产方法和技术，并采取农业生产经验的推广、建立试验场等措施促进农业和农村的发展。此外，政府加大对职业教育的投入力度，加大对农业、农村的投资力度。日本的“产学研合作”培训制度收到了很好的效果。

（2）通过国土开发计划等综合手段推动城乡协调发展。日本注重通过均衡发展计划以协调城乡发展，1962年制订了第一次全国综合开发计划。1977年实行第三次全国综合开发计划，提出进一步调整工业布局，大力发展中小城市，开发落后地区，解决工业及人口过密和过疏的矛盾。为了推动落后山区和人口稀疏地区的经济发展,日本出台了《落后地区工业开发优惠法》和《离岛振兴法》等法律和政策。为了鼓励和引导工商产业向农村地区转移,日本先后推出了《向农村地区引入工业促进法》和《新事业创新促进法》等措施。为了保护城乡环境,日本颁布了《防止农田污染法》《自然环境保护法》等法律。

(3) 增加对农村的财政投入以解决农业发展资金不足的问题。日本早在1930年就建立了补助金农政。在1967—1979年第二次新农村建设期间,日本政府加大了补助金农政的实施力度,国家规划3 100个市町村推进农村基本建设和经营现代化建设,每个市町村除政府补贴9 000万日元外,还有国家农业金融机构贷款2 000万元。近几年,日本政府每年对农村基础设施的投入都在11 000亿日元左右。

(4) 以提高农民收入为目标进行城乡统筹。日本造村运动中最具知名度的就是1979年开始的"一村一品"运动。它要求一个地方根据自身的条件和优势,发展一种或几种有特色的、在一定的销售半径内名列前茅的拳头产品。由于这些产品实行了错位竞争战略,从而大大提高了各村的竞争优势,促进了农村的持续发展。此外,政府鼓励农民发展农业以外经济,增加农业外兼业收入。1995年,东京市农民的收入中,来自非农收入已达92.3%。

4. 韩国农业工业化道路的经验

韩国是后发展国家实施工业化成功的典范。在推进国家工业化过程中,同样有过国民经济高速增长,但工农、城乡发展严重失调的问题。为此,韩国政府于1970年启动了"新村运动",走出了由政府主导的、扩散型的农业工业化道路,制定了许多政策措施促进农村工业化的发展。其经验主要有以下四条:

(1) 发挥政府主导作用,但又不干预农民的主动性。如1991年底,韩国政府制定一项为期10年的"农业与渔业结构调整计划";1993年2月推出"新农业计划";1994年的"农业与渔业开发计划"等一系列惠民政策。

(2) 通过各种手段支持农村工业化和农业现代化。实行农村工厂计划,由政府提供乡镇企业发展的基础条件,如完善农村基础建设、建立公用设施等;政府对传统农村生产性企业给予资金贷款和税收上的优惠政策,大力扶持农业现代化;实施农村工业区计划,目的在于推进农村工厂规模化,将农村工业区建在农村人口密集区,避免把工厂扩散到广大农村地区,使农村的非农产业集中发展,从而实现农村工厂的外部规模经济,推动城乡均衡发展。

(3) 确定不同时期阶段的工作重点。新村运动初期,政府把工作重点放在改善生活条件上;到中后期,政府加大了对农村卫生医疗、社会保障、农村教育、农业技术培训和信息提供等一系列农村公共服务的供给,大大改变了韩国农村的面貌。

(4) 通过大力发展职业教育和培训促进新技术的应用和推广。韩国"新村运动"通过建立村民会馆、培养新村领袖和成立各种村民组织等方式,充分提高全国村民的思想意识和参与能力。教育与培训内容包括地区开发、意识改革、领导培养、技术推广等,形成特色的4H教育、农渔民后继者教育和专业农民教育三个层次的农民教育体系,不断提高农民素质,成为农村发展的原动力。韩国政府在新村运动中的角色是安排者,其职能是规划引导、组织发动、管理协调,而不是唯一的公共服务供给者。

5. 巴西城乡统筹失败的教训

巴西的国内收入差距非常大,20世纪70、80年代,巴西的基尼系数分别为0.60和0.57。目前,全国10%的最穷者占国民收入的1%,而10%的最富者占国民收入的46.7%。

巴西未能实现统筹城乡发展,主要原因有:

(1)工业化和城市化没有协调发展,未能实现城乡统筹就业。1950—1980 年的 30 年间,巴西的城市化水平从 36.2% 上升到 67.6%,而同样的城市化水平增幅,发达国家大约用了 50 年才实现,巴西出现了过度城市化现象。期间,发达国家的人均国民生产总值增加了 2.5 倍,而巴西只增加了 60%。由于工业化速度低于城市化速度,造成大量农村剩余劳动力涌进城后找不到工作,从而形成了一种将农村剩余劳动力转变为城市剩余劳动力的空间转移形式。1998 年以来,巴西的失业率保持在两位数以上。特别是像圣保罗、里约热内卢等大城市,工人失业,农民进城无业可做,造成大城市郊区贫民窟大量滋生的现象,导致社会不安定发展的局面,城乡差别越来越大。

(2)土地过于集中,影响社会稳定。巴西在现代化进程中忽视了土地改革,土地过于集中,造成了社会不公和经济发展失衡的双重危机(刘婷,2006)。2003 年巴西土地占有面积低于 10 公顷的农户占全部农户的 31.6%,仅占全部土地的 1.8%,而面积超过 2 000 公顷的农户只占农户总数的 0.8%,占全部土地的比例高达 31.6%。近年来,无地农民组织的抗议活动频繁,有时甚至有过激行为,严重影响了巴西社会治安。

(3)低收入人群的权益被忽视。巴西城市化的特点是大城市化,农村人口集中进入大都市,现在巴西超过 50% 的人口居住在 10 万以上人口的城市中。巴西城乡统筹中的突出问题是在城市中形成了大量贫民窟,这些贫民游离于社区和正常社会管理之外,影响社会安定。80% 贫民的人均收入在最低工资标准以下,他们很难在城市获得建房用地和住房,又不能退回农村。城市规划、建房用地、基础设施、社区发展没有考虑低收入人群的要求,贫民窟里的居民生活惨淡。但近年来,巴西加入“金砖王国”之后,社会经济与城乡关系有了一定的发展,逐步走上快速发展之路。

二、对我国城乡关系的启示

上述国内外城乡发展的实践对我国城镇化和城乡一体化具有重要的借鉴意义。今后半个世纪内,中国城镇化进程应考虑如下四个因素:一是我国大部分地区特别是沿海城镇密集区域,工业化已进入中期阶段。沿海地区应由劳动密集型转向资本密集型和技术型产业,走集约经营、内涵挖潜、产业转换、提高经济效益与生态效益的道路,为数众多的富余人员将从企业分离,全社会对劳动力的需求将减缓,产业结构转向以现代第三产业为主,这将影响农村人口向城市转移的速度。二是增加城镇人口,扩大用地规模必须投入巨额资金,特别是城市规模扩大了,建成区范围内的各种市政设施、管线工程、交通道路以及房地产业都需要很多资金投入;因此,各大中小城市必须用科学发展观编制比较符合客观规律的城市规模,切忌盲目求大,无序“做大做强”。三是应看到我国大中城市特别是沿海那些超大、特大城市的非农业人口仍有较快的增长趋势,同时吸纳了相当一部分农业劳动力,增加就业岗位,集聚了国家的财富、劳力、文化技术与信息,发挥了中心城市的巨大作用。四是城镇人口增加对土地、水资源、能源和环境质量等方面产生巨大需求。因此,我们也要用城乡统筹规划的新理念,从地域空间角度综合考虑方方面面的关键问题。总之,根据上述各种因素与制约条件,我国城镇化进程应当有序、健康、科学合理地推进,城镇化的比重、速度应当适合中国的国情,使我国的城镇化和城乡一体化持续稳步地实现。在此基础上,统筹考虑城乡空间布局,形成分工明确、梯度有序、开放互通的城乡空间结构体系,使城市和农村在规划上实现“无缝对接”,尤其是做到以下六点。

1. 统筹城乡发展规划，转变发展观念

勇于打破城乡分割、城乡分立的发展局面，使城市与农村有机地融合在规划理念的设计中，彼此不再区分谁主谁次、谁轻谁重、谁先谁后。从各区域经济发展全局的角度，统筹考虑城乡空间布局，形成分工明确、梯度有序、开放互通的城乡空间结构体系，使城市和农村在规划上实现“无缝对接”。整体推进城市和农村的现代化，努力构建城市与农村和谐相融的新型城乡形态。致力于打破城乡界限，实行城乡一体的规划设计，从土地利用到产业布局，从社会事业发展到生态环境建设，都由城市延伸、拓展、细化到每个镇村，实现规划的全覆盖。

2. 统筹城乡产业布局，实现园区互动

制定城乡一体的工业布局规划，重点整合镇、村分散的工业开发区，按照区域和园区性质，重新调整、归并为工业集中发展区，发挥园区的集约效应。以工业化的理念发展现代农业。倡导和树立以工业化的理念发展农业，以商业化的手段经营农产品。按照工业化大生产、大流通的思路来经营和组织农业生产，培育农业龙头企业和市场经营主体，通过提高农业生产的组织化程度，将传统农业改造、提升为现代农业。

3. 统筹城乡环境建设，加强农村环境建设

坚持以水环境治理、污染治理、农田整理、村庄整治、农村绿化为重点，推进新一轮村庄整治建设。加强农村河涌整治，保护水体安全。加强农村新型社区建设，遵循“因地制宜、农民自愿、依法有偿、稳步推进”的原则，科学规划农村新型社区，引导农民尽量往中心镇、中心村集中；探索建立农村宅基地流转补偿和有偿退出机制，通过农村集中居住区建设，创新农村宅基地供应方式；因地制宜地分别采取拆迁新建、整理改建、环境整治、迁村移民等模式，整治旧宅基地。

4. 统筹城乡教育发展，推进教育公共服务均等化

按照城乡一体化的要求，把城镇教师支援农村教育作为一项长期的重要任务来抓，努力缓解农村学校师资紧缺问题。建立城乡一体的教育体系，实施农村中小学远程教育、城乡教师交流、城乡学校“结对子”工程。增加对农村基础教育的财政转移支付，合理确定生均公用经费定额标准，使城乡青少年得到质量比较均衡的基础教育。制定城市教师到农村支教、任教的工资、职称评定、待遇等优惠政策。关心农民工子女入学问题，进一步扩大低收入家庭子女免费就学的范围。

5. 统筹城乡卫生服务

统筹城乡卫生服务，进一步加大城市卫生支援农村镇村卫生的工作力度。动员和组织更多的城市医院与农村镇村卫生院结成对子开展定点帮扶，以城市医院和镇卫生院签订协议的形式明确任务，突出技术帮扶为主，以派技术骨干挂职、定期派医疗队指导、人才培养、专科建设、医疗行政管理等形式给予帮扶，不断增强镇村卫生院（站）的服务能力。加大投入，提高合作医疗的筹资水平和保健水平。加强镇村医院软硬件建设。

6. 统筹城乡劳动就业，全面完善农民就业服务体系

积极实施就业培训，把对农民就业管理与培训纳入劳动培训体系中，使农民获得必要的劳动技能培训。统一城乡就业登记制度和劳动力市场，取消对农村劳动力进城就业的各种限制性规定，为促进农民就业创造良好条件。降低创业基金门槛，鼓励城市近郊农民兴办集体经济或观光农业、餐饮服务、文化休闲事业，利用地方山水特色，打造特色旅游。在鼓励农民兴办农家乐餐饮服务、文化休闲等产业中，政府要提供低息的小额贷款，支持农民创业。

三、小结

总结国内外的经验教训,我国必须把城乡统筹作为推动工业化和城镇化的一项战略任务,全面系统地加以科学规划与实施。长远性的战略任务是:

(1) 大中小城市发展相互配套,多元化选择发展模式。目前,我国沿海许多大中城市成为产业、人口、财力、信息、物流的集散地,城市规模还在扩大,但到了一定合理规模后,应着重在政府的宏观调控方面限制城市盲目发展,应符合科学发展观。对于小城镇、建制镇也应当有选择地重点发展。

(2) 有步骤地合理地转移农村劳动力,城镇用地合理开发和农民权益保障问题相结合。温家宝多次强调要大力解决我国的"三农"问题,减轻农民负担,加快农业现代化和农村城镇化的步伐。这是我国城镇化稳定、健康发展的根本。

(3) 以城乡一体化为导向,逐步克服我国城乡经济二元结构的落后现象,发展农村经济,带动农村地区的现代化,高度发展生产力,做到"以城带乡、以乡促城"的新局面,走可持续发展的道路,实现工业化、城镇化、生态化协调发展的战略。

从国内外城乡建设的实践经验分析,我国城乡统筹建设的新思维,应当鼎力做到:① 强化中心城市的功能与作用,带动农村地区社会经济的全面发展;② 建设完善发达的交通运输体系,密切城乡人民横向纵向的各种联系;③ 依托乡村的广阔的区域空间,合理利用资源与合理配置生产力;④ 促进大中小城市与农村地区的协调发展,实现城乡一体化的远大目标;⑤ 高度重视城乡地区的生态环境建设与社会安全,构建和谐、健康的现代化社会。

第三节　城乡协调发展的思路与创新模式

新中国成立以来,我国城乡关系一直不协调。如果说20世纪50年代的城乡关系是农村背不动城市,那么现在的情况恰恰相反,是城市背不动农村。城市是区域的中心,区域是城市的依托,在城乡这个正反馈系统中,城市不可能也不应该独立发展,只有不断获取腹地乡村的负墒,城市才能得到有序发展。为此,从党的十六届三中全会至今,都一直把城乡统筹发展作为重点。也只有农村得到了快速发展,才能形成城镇化的巨大推力。当前,城乡统筹按照我国"十二五"规划纲要指出,要按照城乡统筹规划、合理布局、完善功能、以大带小的原则,遵循我国城市发展的客观规律,走可持续发展的道路。

城乡统筹发展是基于中国"城乡分割"现象而提出的,并伴随着城乡矛盾和"三农"问题的凸显而备受关注。我国当前所经历的城镇化进程,无论是规模还是速度,都是人类历史上前所未有的。城镇化率从20%提高到40%,英国经历了120年,法国100年,德国80年,美国40年(1860—1900年),而我国仅仅用了22年(1981—2003年)。改革开放以后,社会生产力突飞猛进,国家的经济实力与国际地位大幅提升。2005年时,我国GDP总量仅有16万亿人民币,到2008年增加到30万亿,2010年提升至38万亿人民币,2011年达到了46万亿人民币。经济总量上我们已经超过了德国、日本,仅次于美国,成为世界上第二大的经济实体。人均GDP也接近3 600美元,在世界上"金砖五国"中排在首位。有了强大的经济实力后,我国各类城市发展壮大起来,其中100万人以上的特大城市增长很快(表10-1)。2010年我国特大城市的数量达到64个,大约有28个特大城市

（市区）人口超过 250 万人，其中，北京、上海、天津、深圳等市人口超过 1 000 万人以上（包括暂住人口），成为世界上各类特大城市、超大城市最多的国家，城镇总人口的数量也是世界上最大的国家。但是，在我国大城市快速发展的过程中，割裂了与农村的关系，城乡差别越来越大，出现了许多问题。

表 10-1　2010 年中国城市按非农人口规模统计表

城市规模（万人）	城　市	个数
超大城市（ >200）	上海、北京、武汉、重庆、广州、天津、汕头、南京、沈阳、成都、佛山、济南、哈尔滨、西安、杭州、青岛、大连、长春、深圳、石家庄、苏州、太原、无锡、郑州	24
特大城市（100 ～ 200）	兰州、长沙、昆明、唐山、合肥、乌鲁木齐等	36
大城市（50 ～ 100）	淮南、海口、孝感、扬州、保定、大冶等	91
中等城市（20 ～ 50）	承德、湖州、赤峰、嘉兴、芜湖、台州等	23
小城市（ <20）	晋城、金华、舟山、滁州、巢湖、黑河等	26

资料来源：住房和城乡建设部规划司（2011 年 10 月）。

一、城市化过程中的问题

1. 我国大城市协调发展的区域特征与问题

改革开放以来，经济的快速发展，以及城市人口的恢复补偿性增长，使我国城镇化进入快速发展的轨道，在不同的发展阶段，城镇化率也不同，但是增长趋势非常明显（表 10-2）。从 1978 年到 2006 年，我国城镇化率由 17.9% 提高到 43.9%，每年提高 0.9%，是 1958 年至 1978 年的 7 倍多。特别是 1995 年到 2003 年，每年增长达 1.5%。与此同时，人口也不断增加，尤其是城镇人口。2010 年，全国城镇人口达 6.25 亿人，城镇化水平为 51.25%。而美国在 1860 年至 1920 年的高速城市化阶段，城镇化率平均每年只提高了 0.5%。进入新世纪，根据世界城市化进程的一般规律，我国高速城镇化的时期已经到来。

表 10-2　我国城镇化发展三个阶段的比较　　单位：%

时　期	1949—1957 年	1958—1978 年	1979—2010 年
城镇化率总增长额	4.8	2.5	25.8
年均增长	0.6	0.12	1. 1

1990 年以来，在全球化、城市化与区域发展优势过程的相互作用下，特大城市生长发展有了一个深层次广域的地理基础。城市不再是简单个体，而是一个复杂的地区协作的群体，全国已形成了六大城市群，成为全国经济发达、产业集中、城镇集聚的现代化区域（图 10-1）。也就成为特大城市生长发育过程的网络性、协调性的空间载体。

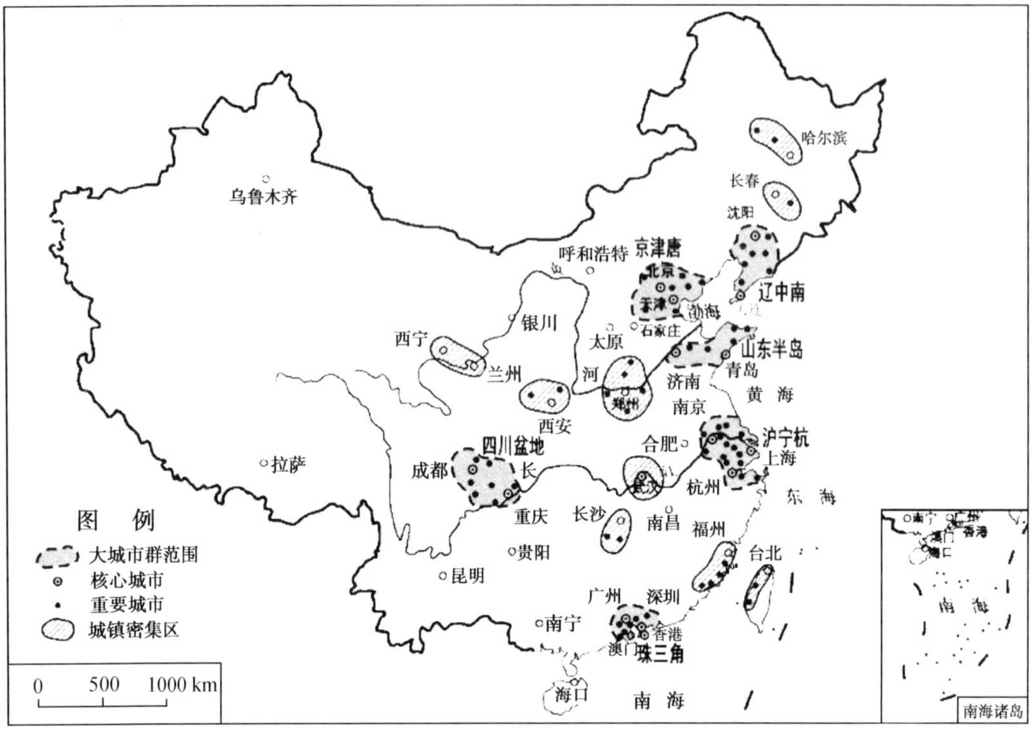

图 10-1 中国城市群与城镇密集区分布图(姚士谋等,2008)

根据“六普”的人口资料,2010 年我国总人口达到 13.4 亿人,其中城镇人口 6.6 亿,城镇化水平高达 49.6%,接近中等发达国家的水平。美国诺贝尔经济学奖获得者斯蒂格里茨说过:“中国的城镇化将是区域经济增长的火车头,并产生最重要的经济效益。”由此可见,我国的城镇化也将对我国的现代化进程产生极其深远的影响,也是我国将来列入世界先进发达国家的重要标志之一。

我国的特大城市都是各地重要的政治、经济与文化科技中心,具有人口集中、产业集聚、交通发达、信息现代化的主要特点。我国的特大城市(100 万以上)按非农业人口计算,2009 年有 60 个,总共有 1.57 亿人,其中 200 万以上的超大城市有 24 个,全国城市人口排名最前的城市有上海(1 210 万人)、北京(944.9 万人)、武汉(833.8 万人)、重庆(661.58 万人)、广州(654.68 万人)、天津(564.8 万人),香港特区未计入(城市人口 710 万)。我国的特大城市其功能特征、生长机制及发展动态,主要有三大特点:

(1) 城市功能集中表现在综合职能,大多数都是省会城市,是工业基地与交通枢纽,城市创新能力强,产业集群高度集聚,发展潜力巨大。据统计分析,全国 60 个百万人口以上的特大城市中,其中 26 个是省会城市,4 个为中央直辖市。全国最重要的工业基地(上海、天津、沈阳、武汉、重庆、广州、南京、长春、包头、哈尔滨、吉林、太原、唐山等)有 38 个,最重要的交通枢纽(北京、上海、武汉、广州、天津、沈阳、哈尔滨、南京、郑州、徐州、西安、兰州、石家庄、济南、昆明、成都等)有 16 个,其中兼有港口城市性质的有 10 个左右,以上这些城市也是我国科技文化教育产业的中心,特别是文化产业最集中、最活跃的城市。

(2) 特大城市不仅是我国的城镇化的核心基地,也是我国农民工流迁与暂住人口最集中的地方(表10-3),为我国的工业化、城镇化、现代化积累了大量的财富与科技人才,全国两院院士有72%集中在北京、上海、南京、西安、武汉和天津,是我国创新型模式最重要的发源地和智库。

表10-3 特大城市的暂住人口

城市	常住人口(万人)	市区非农人口(万人)	暂住人口(万人)
北京	1 720.16	944.94	775.2
上海	1 982.36	1 210.93	771.4
天津	854.98	564.83	290.15
深圳	1 180.50	245.96	956
广州	893.51	654.68	238.8
苏州	456.55	240.21	216.3
杭州	404.22	297.83	106.4
南京	495.50	295.19	125
佛山	595.29	367.63	227.6
郑州	370.13	213.43	156.7
武汉	908.25	833.80	174.5
重庆	805.14	661.58	143.5
珠海	173.43	118.34	71
昆明	283.37	182.5	100

资料来源:① 住房和城乡建设部规划司(2010年10月);
② 有关城市总体规划修编的资料(2008—2010年)。

(3)经济高度集中,人口规模不断扩大,建成区发展迅速,特别是沿海那些具有优越的区位优势的海港城市和工业基地,交通运输发达,境外投资比较集中,新的开发区与高新技术开发区发展势头甚好。因此,这些特大城市郊区城市化,城市蔓延扩展很快。

然而,我国幅员广大,各地具体的自然条件千差万别。因此,各地的特大城市的区域发展条件也有明显的不协调性,特别是东部沿海地区与中西部不发达的内陆地区,特大城市的经济结构与发展水平存在较大的差异性。当前,在我国城乡“二元”结构的特殊体制下,城乡差距不断拉大,城镇居民收入差距由1978年的2.56∶1,扩大到2009年的3.33∶1,到2011年沿海发达地区与内陆省区比较,收入差距扩大到4.21∶1。城市郊区、农村地区的“三农”问题日益凸显,党中央认为解决好“三农”城乡差别问题成了全党工作的“重中之重”。

城市发展伴随着社会经济高度发展而日趋现代化,人类为了生活得更美好,集聚在现代城市中,开展各种物质交流与社会活动,创新科学文化,促进社会进步。当代大都市光彩夺目,市场繁荣。新材料、新结构和新设备的应用,创造了20世纪特有的建筑形式,大部分也集中在特大城市里。吴良镛院士说“21世纪将是一个城市化的时代”。现代城市化规模浩大,城市化发展速度空前,有些学者认为我国城镇化出现了“冒进式”的态势,甚至是城镇化的大跃进,城乡二元结构与城乡差别在有些大城市周围缩小趋势不明显,甚至还在扩大。

在新世纪里,全球化与多样化的矛盾更加尖锐。一方面,产业转型、产品升级、金融集中、信息和交通网络化的趋势越来越明显,全球化意识成为共同的取向。另一方面,区域差异客观存在,城市不协调发展仍很突出。因此,吴良镛院士认为:“工业革命后,人类利用自然、改造自然，取得了骄人的成就，也付出了高昂的代价：人口爆炸、农田被吞噬，空气、水和土地资源日渐退化，环境祸患正威胁人类。”

我国特大城市功能复杂、个性发展不够、产业开发重复、交通严重阻塞、创新能力不足，为此，特别需要加强城市的协调发展，全面提升中心城市的创新功能。在城市成长过程中，明显表现出一些负面影响：① 城市系统相互作用的复杂性、系统性与地域性，往往在一个城市地区内经济职能过多，机构过分集中，功能集聚与个性发展过程中带来不协调性，影响到城市有机体的正常发育和舒展。② 城市区域内基础设施不完善，管理机制不严格也影响到城市各部门、各团体、各企业之间的协调发展，造成用地不集约、交通运输不畅以及“城市病”日益加重。③ 城市功能作用与地域之间缺乏完整性，这样又影响到城市空间网络之间的功能结构有较大的差异性，城乡不协调发展，地下空间开发利用过少，使城市发展缺乏协调机制，造成城市成长过程中问题不断滋生，影响到人与社会的和谐。

2. 我国城乡协调发展中存在的问题

（1）资源利用不集约，非农建设快速无序蔓延，城市环境质量不高。以珠三角地区城乡规划一体化为例，近20年珠三角建设用地年均增长11%，按目前各市城市规划建设规模汇总，至2020年珠三角建设用地面积将超越土地总面积的30%，工业用地也可能超越占总建设用地面积合理比例上限的警戒线；2008年，珠三角建设用地地均产出为3.5亿元/平方公里，远低于世界先进城镇群地均产出水平。城镇环境质量不高，建设模式的粗放带来城乡居民区与工业、农业区的无机混杂，区域绿地日益破碎、零散，城乡建设风貌亟待提升；人居环境备受压力，写意的休闲空间、洁净的空气和清洁的水源日益成为稀缺资源；环保设施建设相对滞后，2008年，珠三角城市生活污水处理率和生活垃圾无害化处理率分别为55.9%和63.9%，远低于世界先进城镇群的水平。

（2）区域协调机制薄弱，缺少权威的协调机构，各地方各自为政，相互制约。区域性设施建设与城镇功能、布局相脱节。城市之间、各类专项规划之间缺乏衔接机制和统一的标准体系。城乡统筹不足，发展资源过于集中在城镇地区，城乡基本公共服务差距进一步加大，“城中村”普遍存在，农村“脏乱差”现象比较突出。

（3）农村产权制度改革与农民财产性收入问题。从成都、重庆等地农村土地明确权、流转等试点探索工作中可以看出，土地的产权归属越清晰，土地作为生产要素的增值空间就越大，农民从土地增值中获得的收益就越多。要继续探索建立归属清晰、权责明确、保护严格、流转顺畅的现代农村产权制度，依法保障农民权益，通过明晰产权和健全市场机制切实提高农民的财产性收入。

（4）城乡建设用地增减挂钩与保证耕地质量问题。近年来，一些试点地区将农村土地整治和城乡建设用地增减挂钩有机结合，促进耕地向适度规模经营集中、居住向中心村镇集中、产业向园区集中，有效改善了农村生产和生活条件，推动了新农村建设和城乡统筹发展。但与此同时，相当一部分补充耕地质量低于占用耕地，耕地质量下降已经成为影响城乡增减挂钩试点范围扩大的突出问题。有关部门和试点地区要下大力气创新体制机制，确保耕地质量不下降、数量不减少，切实保证国家粮食安全。

二、城乡协调发展的思路

城镇化是社会现代化深层次性发展的重要标志，同时也是实现城乡协调发展的重要条件。城镇化不仅实现了社会生产力的高度发展，而且是对农村广大地区传播社会文明、文化科学的一个现代化过程，将促进农村和农民生产、生活方式和文明程度的不断提高，是实现城乡统筹，城乡一体化的现代化过程。早在新世纪开始，我国政府就提出了解决“三农”问题，实现农业现代化的宏伟思想，政府工作报告中多次提出了城乡统筹，重视农村社会主义建设，推进我国城镇化的根本问题。以城乡统筹的战略思想，已经在我国学术界的思想中发生了深刻的影响。

统筹城乡发展的基本思路和战略目标，就是要通过积极促进城乡产业结构调整、人力资源配置和金融资源配置的优化、经济社会协调发展等，既充分发挥城市对农村的带动作用，又充分发挥农村对城市的促进作用，逐步形成以市场机制为基础、城乡之间全方位自主自由交流与平等互利合作，有利于改变城乡二元经济结构的体制和机制，实现工业与农业、城市与农村发展良性互动，通过文化、人员、信息交流，经济、教育与科技合作，把城市现代文明输入农村，从而加快城乡一体化发展，加快“三农”问题的解决，推动我国全面建设小康社会的历史进程。在如何通过统筹城乡发展，解决好“三农”的问题上，目前从上到下已形成共识，达成了明确的战略思路，那就是必须跳出“三农”抓“三农”，把“三农”问题放在全面建设小康社会和实现工业化与城镇化的战略布局中统筹考虑，通过工业化、城镇化与“三农”的充分互动加以解决。“城里人”要关心“乡下人”，城市要帮扶农村，工业要反哺农业，应当是统筹城乡经济社会发展的题中应有之义。无论从我国的产业结构、城乡结构、就业结构来分析，我们都不难得出结论，现阶段农业的问题需要工业参与解决，农村的问题需要城市参与解决，农民问题很大程度上要靠劳动力转移来解决。城镇化过程中城乡协调发展，城乡统筹的根本策略，最关键的是要解决农村剩余劳动力的转化，安排劳动力就业，提高土地利用集约化，促进城镇公共事业发展和社会福利保障等。涉及国民收入分配、要素资源配置和社会公共产品供给等一系列重大问题，要统一考虑，协调运作，有利于更大的区域范围内，更深远的层次上运筹城乡一体化，从而找到实现城乡一体化的多种有效模式。

从我国的基本国情出发，推进全局的城镇化道路，促进城乡协调发展，需要解决四个关键性问题。

1. 加快农村剩余劳动力转化，提高城镇化水平

依据国内外城市化、工业化发展的规律性，工业化城市化水平越高，吸纳农村劳动力就越多。例如，美国近 100 年来，其整个城市化过程都是在工业化的推动下，各大中小城市主要依靠人口集聚、产业集聚的巨大力量成长发展起来的，也是不断依靠工业化吸纳农村人口，壮大城市二、三产业，促进城市发展起来的。1920 年时，美国的总人口仅有 1.057 亿人，其城镇化水平也只有 47.1%，当时的农村人口占比 52.9%，即有 6 100 万人之多；经过 50 年工业化的发展过程，大量吸纳农村劳动力，到 1970 年，美国当时全国总人口达到 2.03 亿人，城镇化水平达到 61.7%，也就是说，50 年中美国，中西部地区的农业剩余劳动力约有 6 000 多万，已转移到美国 1 000 多个大中小城市，成为美国城镇人口的重要支撑部分。

世界各地的农民从农业向非农产业，从农村向城市转移是各国经济发展中的一种共同趋势，我国也是一样。特别是改革开放 30 多年来，中国农村劳动力流动由少到多，成为中国经济发展中一个非常重要的现象。农民跨地域的转移促进了生产要素的重新组合和劳动生产率的提高，给城乡分格体制带来了巨大的冲击，同时也引发了一系列城乡人口结构差异的社会问题。农村劳动力转移是中国城镇化近 30 年来的显著进展的标志性成果之一，从长远来看，中国巨大的人口资源只有城乡工业化、城镇化进程才能合理解决他们的根本出

路，也是中国城镇化的重要力量。改革开放30多年来，我国农村人口向城镇转移使我国城乡人口结构发生巨大变化，一方面促进中国城镇化水平的提高；另一方面又为农业生产现代化发展积累了资金，培养了一大批有文化有技术的农村人才，为我国城乡协调发展开辟了新时代。其主要特征包括：

（1）农村剩余劳力转移是我国城镇化的基本条件。根据农业部农村发展政策研究中心多年的研究表明，我国农业劳动力在国内劳动力市场转移有三个重要时期：一是1984—1988年间，农村非农就业人员增加5 566万人，平均每年转移农业劳动力1 113万人；二是1990—1995年间，农村非农就业人员增加4 800万人，平均每年转移农业劳动力800多万人；三是1998—2004年间，当时是农村实行农业经济结构性调整时期，农村非农就业人员增加3 600多万人，平均每年增加600多万人（范小建，陈晓华，2005）。这三个时期，全国共增加非农就业人员高达13 966万人，是我国历史上城镇人口增加最多最快的时期。这1.39亿农民工流向沿海经济发达省份和各省市的大中小城市里，特别是流向长三角、珠三角、京津冀等经济发达地区。2009—2011年，全国农民工进城打工的总人数达到2.15亿人。其中吸纳农业劳动力最多的城市有深圳市（950万人）、东莞（550万人）、上海（680万人）、北京（760万人）、广州（510万人）、佛山（315万人）、苏州（260万人）等。农村剩余劳动力的大转移趋势十分明显，对于人口众多的中国提高工业化、城镇化水平起到重大作用。尤其对改变农村落后面貌，增加非农就业人员，增加地方财政收入，发展地方经济将产生历史性影响。1998年，我国当时的总人口为12.48亿人，到2007年，我国总人口为13.10亿人，总人口增加5 400多万人，年均增加600多万人。其中城镇人口的比重由1998年的33.35%上升到2007年的44.6%，平均每年增加1.3%。城乡就业分布稳定在1∶1.94～1∶1.98之间。近10多年来，我国广大农村平均每年有850～1100万人进入城镇就业，其中65%左右的农民工是进入大中小城市里，有35%左右的农民工在当地乡镇附近就业。

（2）农村劳力转移是我国实施城乡统筹的重大战略问题。我国农村人口基数极大，历史上又处于比较传统的落后地区，生产力水平低，农民生活水平不高，这是阻碍我国现代化的最主要的限制性因素。因此，要改变我国长期以来的贫困现象，全面实现小康，实现现代化农村劳动力转移是实施我国城乡统筹的重要战略问题。改革开放以来，国内各地出现了劳动力转移模式，如苏南模式、温州模式、晋江模式等，这些模式相互交织，相互影响，在农业剩余劳动力转移和推进城镇化过程中发挥了重要作用，其基本经验是，以乡镇企业为主要载体，充分发挥市场机制的主导性作用，逐步放宽农民自由择业的选择权利，探索与城镇化结合的就业途径等。

中国是世界上的人口大国，人口总量已高达13亿人，估计到2030年人口总量将达到16亿人。未来的20多年里，预计我国的城镇化水平将由2006年的44%上升到2030年的55%或60%，将会有8～8.5亿人居住在城市（镇）里，这就意味着我国城镇人口每年要增加1 000多万，同时城市生育率在下降，新增人口主要是从农村移入的居民，同时也是以异地转化为主，以流向大中小城市为主。

2. 乡村工业化与城镇化协调发展理念

按照我国的国情，人口众多，资源不足，同时又是以农民占大多数的发展中国家，如果要实现工业化、城镇化和现代化，就必须注重乡村工业的发展，依托我国现有的2.1万个建制镇发展二、三产业，吸纳更多的农村人口，实现农村人口城镇化，走一条具有中国特色的城镇化道路。

改革开放以来,我国农村经济得到了长足的发展,尤其是乡镇工业化、乡镇工业的异军突起,成为令世人瞩目的成就之一。乡镇企业对城市而言是农村的企业,从所有制看,包括在农村的外资企业和个体私营企业;从规模看,包括了中小企业,能吸纳大量农村劳动力,壮大城镇二产和三产的规模,发展小城镇;从产业观念看,包括农产品加工企业,扩大乡镇企业规模,形成产业集聚,有利于小城镇的成长。发展乡村工业,集聚城镇企业是加快农村城镇化的经济支撑。乡村工业化的集聚扩大能吸纳农村剩余劳力,带动农民集聚,加快发展第三产业,带动现代化服务业和各类市场的兴起,促进小城镇的建设,配置小城镇的产业基础,壮大小城镇的社会化经济。因此可以说,乡村工业化是我国城镇化的重要产业依托,也是带动乡村经济社会发展的一个大战略,它与我国工业化和城镇化的协调发展有着紧密的关系。发展乡村工业是全面建设小康社会,实行城乡统筹的必由之路,也是适合我国国情,促进乡村城镇化的重要步骤。

促进乡村工业化与城镇化协调发展的相互关系,更要从乡镇企业、村办工业和城镇化水平提高两方面去解决问题。一方面,应深入研究、处理乡村工业如何配合城镇化加快发展的问题。要有集聚的观点,集中发展的理念,切不可"村村点火,户户冒烟",不能过于分散地建设乡村工业,否则会造成投资成本过高,工业设备利用不充分,资源消耗过大,土地流失过多,环境污染更严重等等。另一方面,应考虑各类小城镇的规划建设如何为乡村工业进一步提供便利条件,使农民得益更多,为建设落后的农村地区贡献力量。依据各地的人力、物力和资源状况,按照科学发展观的思想,应做好以下四个方面的工作。

(1) 在乡镇政府的正确领导下,依靠科学技术和专业人才的力量,做好乡镇企业向小城镇集中的建设规划,合理规划工业园区,用地规模不宜过大,应集中紧凑,保护耕地,引导新建企业充分发挥经济效益,节约能源、水源。

(2) 对县镇工业园区的吸纳给予优惠政策,降低企业进入园区的门槛,减少不合理的收费,同时干预金融信贷服务,防止资金、人才流失。

(3) 在农村工业化地区,充分利用当地的资源、劳动力的优势,发展劳动密集型企业,在功能分区域特色企业方面,应与县城、重点城镇的工业有适当的分工合作,并能得到城市与重点镇在科技力量和先进管理经验方面的关心、支持。

(4) 在乡镇、建制镇与重点小城镇规划建设方面,应做到突出重点,合理安排,科学规划,严格管理,集中紧凑建设具有中国特色的社会主义新城镇。同时加快户籍制度改革,按照建设部、公安部的有关规定,可以适当放宽户口管理,使有条件的农民向小城镇集中,扩大城镇建设规模。

3. 乡村工业化与居民点用地合理开发问题

在我国城镇发展的过程中,实施城乡协调发展,城乡统筹兼顾的新战略,有许多难点和新问题,从工业化、城镇化与经济增长的一般规律出发,如何实现工业与农业、城市与农村协调发展,公平合理的发展,有很多难点和问题。按照党中央和国务院的许多文件精神,我国现阶段城镇化问题的特殊性,如何改变农村经济,社会发展的滞后现象,具有一个很长的历史过程,解决农村地区"三农"问题的艰巨复杂性,要在新时期建设过程中取得突破,也有很多难点与新的问题。在我国工业化、城镇化过程中,最为突出的问题是土地资源与城镇用地的合理开发问题。虽然我国的国土面积辽阔广大,在世界上仅次于俄罗斯和加拿大,国土面积达960万平方公里，占世界第三位，比之美国、澳大利亚、巴西的国土面积要大一些；但在这些大国中，我国属于发展中国家，人多地少，人均土地资源占有量少，且山多平地少，干旱半干旱地区、荒漠沙漠地区广大，后备耕地资源不足，无效资源多（表10-4）。

表10-4　中国三大区域用地与城镇发展比较表（2007年）

	城市数（个）	比重（%）	总面积（万 km^2）	城市化水平（%）	不宜用地比重（%）
东部地区	608	92	456.9	65.6	38
西北干旱区	48	7.3	286.1	42.2	81
青藏高寒区	5	0.7	216.0	32.9	92
全国	661	100	960	44.9	63

我国的乡村工业化与居民点用地问题，也必须立足国情、农情，充分考虑我国土地资源构成的这些突出特点与问题，随着我国人口的增加，耕地紧缺和人均占有量进一步下降的矛盾日益突出，这也是我国城镇建设、工业用地、居民点用地的最大难点。

我国城镇建设用地、乡村工业化用地和居民点用地除了在外延扩展上受到制约，在内部城镇用地问题上也存在着许多问题。从1990—2006年全国城镇化、工业化（开发区建设）问题分析，我国的城乡用地不集约，用地流失、用地失控主要表现在：一是城镇建设利用率低，许多城镇盲目外延扩展，地方领导追求“个人政绩”，土地利用粗放现象严重，特别是开发区、大学城浪费土地严重。根据建设部规划司测算，我国城镇单位土地面积的平均容积率还不到0.3，建制镇和大部分工业开发区还不到0.2，城镇用地的平均产出水平同发达国家甚至是发展中国家相比较都存在比较大的差距。二是城镇建设用地结构不合理，与社会经济发展水平不相适应。大城市“摊大饼”式的急剧外延扩张，吞并城郊许多宝贵的菜地、耕地和过度分散的小城镇，建制镇遍地开花，到处建设住宅小区、工业小区，造成区域城镇规模结构不合理，与区域的社会、经济和环境发展很不协调，不断产生新的矛盾与新的问题。在我国经济发达地区，沿海城镇密集区，大城市区域与交通走廊的城镇地带，工业地带造成土地失控，工业化、城镇化出现“冒进”的现象。三是农村广大地区建制镇与乡村居民点人均占地规模过大，乱占耕地，产生许多新的社会安全问题以及很难解决的民生问题。特别是我国的华北、西北、东北以及华东地区北部县、乡、镇，很多建制镇人口规模不大，但建设规模很大，人均占地也越来越多，与大中城市比较更能说明问题。

根据农业部农村建设研究中心的资料，1996年全国226个地级城市以及地级以上的城市，建成区人口为2.25亿人左右，人均占地58.6平方米；而全国第一次农业普查数据显示，16 126个非城关镇（县城）的建制镇镇区平均人口仅为4 518.6人，人均占地却高达486.9平方米，相当于国家关于建制镇镇人均占地标准100平方米的4.9倍，相当于同期地级及地级以上的城市人均占地的8.31倍；又依据建设部实地调查资料分析，我国的东部、中部、西部省区建制镇人均占地分别为479.7平方米、512.5平方米、557.2平方米，分别高达相当于国家规定的用地标准的4.8倍、5.1倍、5.6倍及同期地级与地级以上城市人均占地的8.19倍、8.75倍、9.5倍。由此可见，我国人多地少的国情条件下，小城镇建设用地和建制镇多年乱建乱占耕地的现象十分严重，是与我国国情、国策相违背的。

4. 广域乡村生态环境现代化

城乡协调发展与城乡统筹的根本问题，在于广域乡村生态环境现代化、园林化。广域乡村的概念除了城区之外的广大乡村地区，还包括城市郊区、远郊区、建制镇与乡镇、乡村工业区开发区以及广大农村地区。

到2008年为止，我国城镇化水平仅仅上升到44%左右，由于我国是人口大国，除了5.78亿城镇人口外，实际上还有7.25亿人口仍然居住在农村地区，大多数农民的生活水平、居住水平与居住环境都没有达到现代化的标准，比之发达国家的农村现代化环境，我们的农村可能还落后约半个世纪。

实现农村现代化与乡村生态环境现代化应从三个方面来考虑。一是农村现代化作为一项长期的目标贯穿于整个城镇化、工业化过程，不仅要提高农民的生活水准、居住水平，而且在文化生活、生态环境方面也要提高到一个新的高度，达到现代化水平；二是将农村现代化作为一项紧迫的阶段性任务，将与城市地区的基础设施现代化水平联系起来，接近国际化水准，达到人均环境美化、舒适化与环境卫生清洁化的标准；三是农村地区各项服务设施（包括教育、医疗、卫生、购物中心与休闲疗养等等）达到现代化标准，城乡差别（二元结构）逐步缩小，进而达到基本一致的水平。

广域乡村生态环境现代化的内涵极为丰富，大致包括有：乡镇功能现代化，并富有特色，农村经济比较发达，重点地区生态环境保护严格，乡镇地区的基础设施现代化（包括具有80%以上的乡村居民点有水泥路面、饮水水源清洁、垃圾处理90%以上达到无害化标准等），乡村生态环境现代化以及城镇文化生活丰富，城镇和农村地区规划建设管理现代化。广域农村生态环境现代化首先要考虑到人的因素，以人为本，深刻考虑到人与环境之间的关系等重大问题。其基本内容是从满足人的物质与精神需要出发，增加和完善各种文化设施，提高农村居民点整体文化素质，形成良好的民风和乡村形象，实现乡村居民由传统人向现代人的根本转变（陈光庭，黄鹂鸣，2003）。

城乡协调发展以及城乡生态环境现代化是与整个国家的现代化密切地联系在一起的，它包括全人类的社会环境中的各种人文现象、自然现象和水现象的总合。人类社会为了不断提高自己的物质文化生活水平而创造的环境，如地区交通、房屋建筑、购物商场、娱乐场所、医院与学校、文化生活服务设施和历史古迹等等，都是城镇与农村社区的人工环境，不仅仅在于这些设施像现代城市一样能使乡村居民同样感到生活方便、舒适安全；更重要的是能鼓励人民去参与和推动现代新的生活方式和新的思想观念的建立，激励人们的创造性和想象力以及对未来美好生活树立信心，坚持城乡可持续发展的新路。

三、城乡协调发展的创新模式

国外经济界对处理好城乡关系、实现城乡协调发展主要形成了三种模式："城市—工业"导向模式、小城镇发展模式及农业综合开发模式。第一模式为刘易斯首先提出而由拉妮斯—费景汉等完善，是经典的西方城市化模式。它基于城乡产业联系，以城市现代工业为国家经济发展主体，通过城乡联系，城市中现代工业部门不断地吸收农业剩余劳动力，进而提高农业部门劳动生产率实现农业部门发展。第二模式强调广大农村地区小城镇的发展，以这些小城镇为节点实现城乡联系。不同学者的主张不同，如弗里德曼主张农业城镇发展模式；朗迪勒里主张建立遍及全国各地的分散城市体系，均衡布局城市，实现城市规模等级合理化，这也是一种城市化模式。第三是农业综合开发模式，代表人物是托达罗。他认为发展中国家农业部门发展相对落后的主要原因是忽视了农业部门发展，片面强调对城市工业部门投资。因此，主张对农村综合开发，重视农业发展，发展农村中非农产业，加强基础设施建设，发展农村教育，改善农村人口生活环境和生存条件。统筹城乡发展的实践则更早于统筹城乡发展概念的提出。

我国是发展中的大国，也是传统的农业大国，农民占全国总人口的60%左右，不同区域经济、社会、自然禀赋状况决定了不同区域、不同经济主体的收入状况。城乡居民收入存在较大的差别，区域之间的居民收入也存在差别。农民收入无论是通过补贴、直接收入支付的方式进行，抑或是以转移农村劳动力，促进农村二、三产业发展，推进工业化、城镇化发展为政府行为重点，还是以推进农业现代化，提高农业劳动生产率为政策取向，不同的选择会有不同的效果。因此，要以多样化的不同政策满足不同区域多样化的需求，从而推动城乡、区域之间的平衡发展，逐步缩小城乡差异。东南沿海地区和大都市地区主要形成了珠江三角洲"自下而上"的发展模式，上海"郊区化"发展模式，北京"工农协作、城乡结合"的发展模式，苏南"以乡镇企业发展带动协调"的发展模式和佛山"产业集群为主的专业镇"发展模式，中西部地区也进行了以成都为代表的实践尝试。以下介绍几种比较典型的模式，为我国城乡统筹的发展提供经验借鉴。

1. 苏南模式

苏南是我国城乡一体化的发源地，该模式是典型的小城镇发展模式。"苏南模式"的特点是乡镇企业异军突起富裕了农民，后因境外资本蜂拥而入刷新了城市。即农民依靠自己的力量发展乡镇企业，由政府主导其发展，农村既是区域发展的基础，又完全能够以自身的能动发展成为区域发展的动力，并通过向城镇渗透、展延，为城市发展提供资源、市场、劳动力，以实现城乡互补、互助，直到城乡一体化，苏南具有的优越的区位优势得到了充分利用。同时，苏南模式以乡镇企业从集体为主的单一所有制结构向多元化混合所有制结构的转变为突破口，以放活重构微观基础为契机，突破城乡二元分割，由乡而城，放大扩展其积极效应，这一过程正好与当时无锡以改革开放为动力，提高工业化水平，推进现代城市功能建设，不断增强其对周边腹地辐射带动功能作用的过程逐步对接，加快了从城乡二元到城乡统筹的历史性变革。

苏南地区，尤其是苏锡常地区依靠乡村工业和集体经济，使农村的改革与发展先于、快于、好于城市，形成了又一轮所谓"农村包围城市"的态势，形成和谐发展的都市圈，突破传统围绕中心城发展的空间局限，形成了背靠太湖、依托区域、面向江海的大都市区区域发展态势，从不同层次上均反映了都市区区域整合发展的必然趋势，区域整合发展必然有利于区域中各城市的城镇化发展。苏南乡镇企业的长足发展，促进了苏南县域经济的繁荣与增强。20世纪90年代中后期，苏南地区有6个县级区域当时位于全国的百强县前10名，主要有江阴、常熟、吴江、锡山、武进和张家港等。再加上广东的东莞、中山、山东的威海与浙江的绍兴县，成为全国百强前十名最强的县域经济实体（后来由于行政区划调整，县级市与市辖区都有较大的变化，其中1996—2006年间全国的百强县前10名也有一些变化，山东的威海被荣成县所代替，福建的晋江也代替了浙江的绍兴）。从而促进了苏南地区大中城市乃至整个区域的发展（图10-2）。当城市和城镇逐步发展起来之后，又在更高的层次、更高的水平之上，向乡村发挥辐射功能，形成城乡协调、共同发展的新格局，这就是苏南城乡社区建设呈现出的一体化趋势和特色。虽然，苏南地区生态环境有些恶化，水质污染也成问

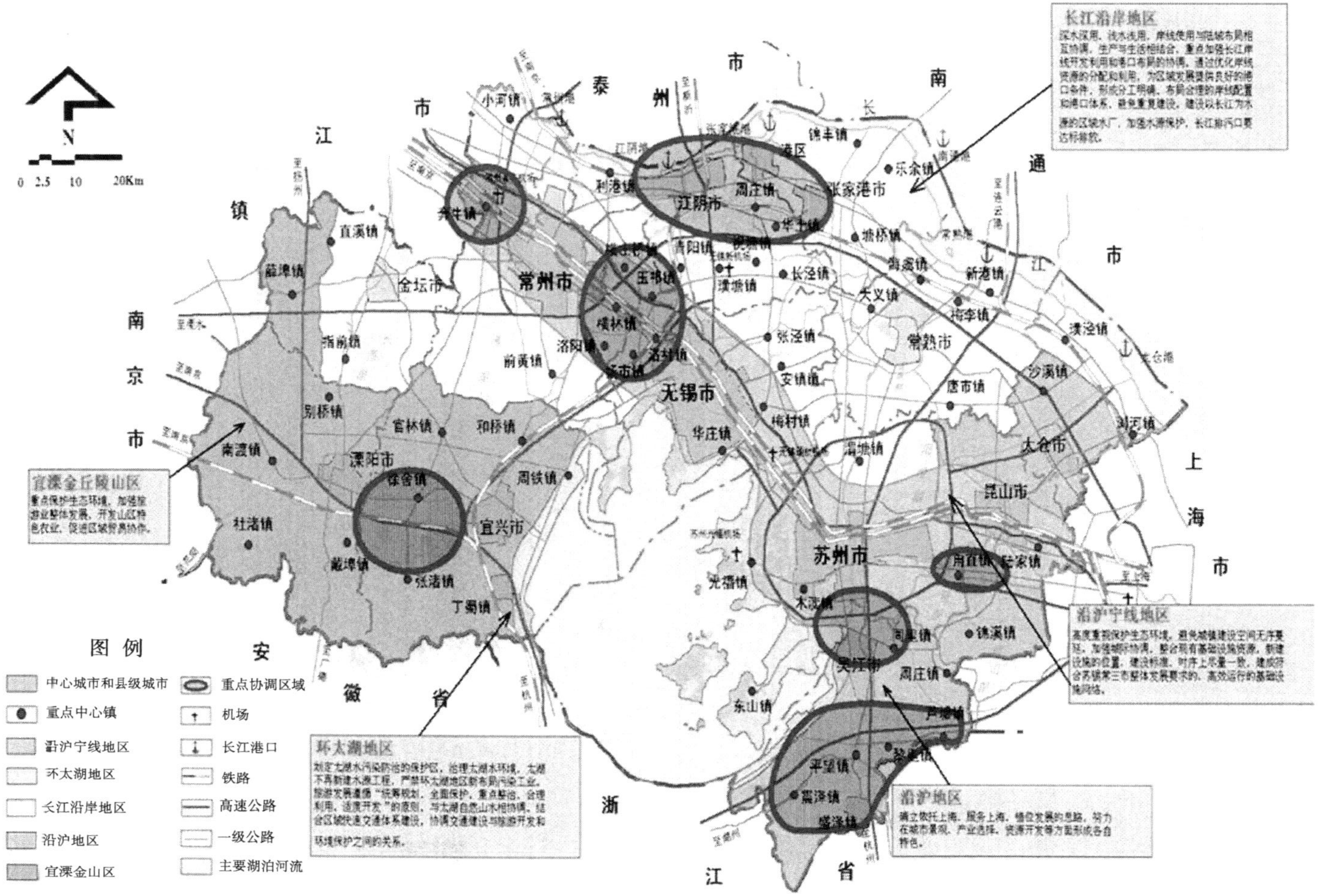
长江沿岸地区
沿沪宁线地区
沿沪地区
环太湖地区
宜溧金丘陵山区
泰
州
市
南
通
市
上
海
市
镇
江
市
南
京
市
安
徽
省
浙
江
省
常州市
无锡市
苏州市
江阴市
张家港市
常熟市
太仓市
昆山市
宜兴市
溧阳市
金坛市
吴江市
图例
中心城市和县级城市
重点中心镇
沿沪宁线地区
环太湖地区
长江沿岸地区
沿沪地区
宜溧金山区
重点协调区域
机场
长江港口
铁路
高速公路
一级公路
主要湖泊河流
N
0 2.5 10 20Km

图 10-2 苏锡常都市圈

题，但城镇经济、农村经济发展很快，农民受益良多。具体表现为：① 小城镇是农业产业化并且是二、三产业发展的载体；② 农村城镇化能从根本上解决城乡居民收入不平衡问题，从本质上改变二元经济结构，实现城乡经济的良性循环；③ 农村城镇化是扩大内需和市场、刺激经济增长最直接、最有效的手段，同时能节约土地资源，保护环境，实现可持续发展。

优化城市空间布局还要从城市形态的演化过程中加以整合与完善，从过去的粗放式发展转入集约化的有机模式，从过去单要素、单中心转入复合式的多元化、多层次发展的模式（例如南京的城市交通多元化——地面上公共交通、私家车、地下轨道交通与跨江隧道工程以及地面高架快速干线等，已进入了多维空间的创新发展）；从过去盲目扩散的“摊大饼”模式转入到集聚型的“蒸馒头”的聚合模式。这些新的创新模式实际上是一个城市的“精明增长”，通过整合与完善，逐步提高城市和乡村社会经济效益及生态效益的综合发展之路。

以南京为例，南京建成区 598 平方公里的广大空间，过去比较分散、杂乱，重工业区、化工区不断扩建，生态环境受到破坏。近些年来，南京以其都市圈发展为中心，经过近 10 多年的整合完善，城市生长有很大的起色（图 10-3）。一方面加强主城区（尤其是长江以南的市区与河西新区）的建设，另一方面加大对三个新市区（副城）的投资力度，特别是加强主城与副城的交通联系（新建两个长江大桥、两个江底隧道和高架公路）（图 10-4）。南京城区与江北新区、东山副城与仙林新城的联系越来越方便，新区、副城的市政设施、公共汽车路网与服务设施越来越完善，同时适度安排各大片区的人口与产业，打造城乡结合的优美环境与区域板块，展现在人们面前的是一幅朝气勃勃的新城景象。

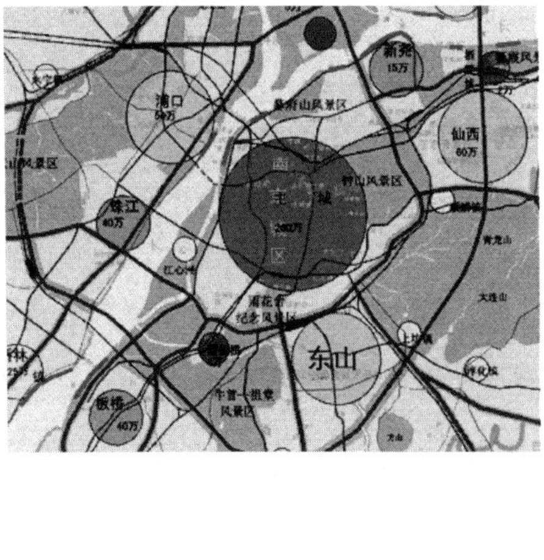

图 10-3　南京都市圈

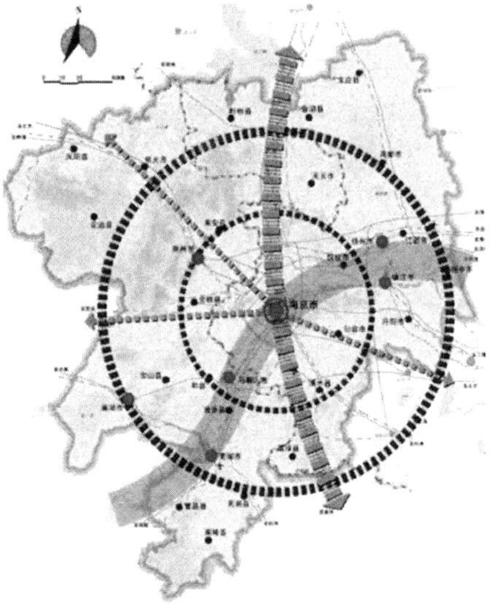

图 10-4　南京大都市“一城多镇”的发展模式

以苏州为例，苏州也提出了城乡一体化的发展思路。苏州在乡镇企业异军突起、开放型经济蓬勃发展基础上，充分发挥城乡统筹协调发展的优势，进一步推进城乡一体化发展，坚持“三农”与“三化”互动并进，鲜明确立“三区三城”发展导向，创新、完善和发展苏南模式，走出了苏州特色城乡一体化发展新路子。总结近几年来苏州推进城乡一体化改革发展的实践，主要是“五个坚持”：

（1）坚持率先科学和谐发展的目标定位。苏州市按照率先科学和谐发展的要求，明确提出了到2012年,全市基本形成城乡经济社会发展一体化体制机制。到2015年,城乡发展一体化体制机制更加完善,城乡居民收入差距进一步缩小,城乡公共服务均等化基本实现,城乡空间结构更趋科学合理,城乡生态环境优美。到2020年,全面形成城乡经济社会发展一体化新格局。

(2) 坚持"三农"与"三化"互动并进的思路理念。坚持以新型工业化推动农村产业新发展,以城镇化提升农村建设新形态,以经济国际化塑造农村发展新理念,以农村改革发展的新突破,促进"三化"向更高水平、更新层次、更宽领域发展,努力实现城乡之间公共资源优化配置、生产要素自由流动、空间形态合理布局。全市2.1万个自然村规划调整为2 517个农村居住点,超过35%的农户实现集中居住。

(3) 坚持富民优先的发展导向。按照资源资产化、资产资本化、资本股份化的要求,在稳定和完善农村基本经营制度基础上,优化配置城乡资源,加快发展农村社区股份合作、土地股份合作、农民专业合作经济,并通过明晰产权、股份量化,促进农民变股民,持续增加财产性收入。全市农村"三大合作"组织累计达3 043家,持股农户占92%,农村集体总资产达900亿元。

(4) 坚持把体制机制创新作为关键环节。近年来,相继制定了推进"三个集中"、实施"三个置换"、深化"三大合作"、完善"三大保障"、强化公共财政支农、推进农业保险和担保、统筹城乡就业、建立生态补偿机制、创新社会建设管理体制机制等一系列政策意见,农村土地使用制度、社会保障制度、投融资制度、合作制度等方面的创新力度不断加大,政策制度框架体系不断健全。全市累计有30多万农户、近100万农民通过"三置换"实现了居住地转移和身份转变。

(5) 坚持把统筹兼顾作为根本方法。加强城乡一体化改革发展的整体设计和系统安排,统筹制定改革政策,统筹协调改革进程,协调推进经济、政治、文化、社会和生态建设,着力建设新城市、集聚新人才、发展新产业,使苏州既保持鱼米之乡优美的田园风光,又呈现先进和谐的现代文明。

以无锡为例,无锡城镇化进程中的突出特点即乡村城镇化,无锡城镇化的成功之处也在于以小城镇建设为重点的乡村城镇化发展。无锡的乡村城镇化主要就是发展小城镇,尤其是建制镇的发展。加快发展小城镇,才能更好地促进和引导乡镇企业向小城镇集中,引导农村剩余劳动力到小城镇定居、就业,使农业人口的职业转移与居住空间转移相结合,发挥小城镇特有的经济、人口等集聚效应,从而对整体城镇化进程起到有力的促进作用。无锡的乡村城镇化尤其注重规划,其小城镇建设,每个乡镇都有规划,一些重点小城镇规划还纳入了整个无锡市建设的总体规划,确保了城镇化的科学和规范发展。无锡通过政策调整、行政区划调整、空间结构调整、发展模式调整等四个方面促进城乡一体化进程的不断加快。政策制度在中国是城市—乡村转型的关键,对城镇化起着关键的和决定性的作用。人口、经济、行政区划以及土地政策的调整改进对于城镇化起着重要的影响。无锡行政区划调整包括:① 通过撤销都市区邻近地域的县(市)设立市辖区,解决了市县同城的矛盾,扩展了中心城市的发展空间,消除了中心城与下辖县(市)的无谓竞争;② 通过乡镇合并,部分解决了"分散式集聚"伴生的相关问题,推进了集中型城镇化建设;③ 通过自然村缩并,建设新型农村集中住区,统筹城乡建设。以上措施有些已经实施,并发挥了巨大作用,有些正在实施,其潜力也多有正面的预期。空间结构重组则主要是城市内部空间重组以发挥更大的城市空间效益。由于能源、环境的制约必须进行发展模式的调整,从传统“苏南模式”向“新苏南模式”调整,实践证明,发展模式的调整在无锡城镇化进程中发挥了巨大的作用。

随着经济社会发展,“苏南模式”也要求在新形势下不断转型创新。主要是因为进入20世纪90年代以后,国家宏观经济形势发生了变化,传统“苏南模式”发展面临着诸多新的挑战,尤其是国家经济体制市场化改革对“苏南模式”发展产生了一系列冲击。从本质上讲,传统“苏南模式”在计划经济的框架下孕育,在计划经济向市场经济转轨的过程中形成,具有明显的过渡性质,其本身有着难以克服的弊端。传统“苏南模式”中,大部分企业产权模糊,政企不分,企业布局分散,结构不合理,浪费资源,客观上造成企业抵御外来竞争的能力参差不齐,同时由于企业经营管理者的主观因素影响,加上客观上竞争的加剧,技术投入不足,工艺设备落后,社会负担较重。另外,苏南模式单方面追求经济增长造成环境污染,能源、土地资源严重短缺。新时期下,“苏南模式”亟须转型。为此,“苏南模式”也在新形势的发展之下进行了如下的转型。

(1) 乡镇企业产权结构转变。突破“集体为主”所有制框架的束缚,放手实施乡镇企业产权制度的大面积改革改制,大中型企业大多转制为股份合作制或有限责任公司,中小企业除转制为股份合作制、有限责任公司外,多数通过拍卖或转让,改制为私营企业。乡镇企业的“老板”就由原来的乡镇政府担当转换为由产权所有者的代表或私营企业主自主负责。通过企业产权结构的转变,不仅减小了企业的社会负担,也更有利于乡镇企业运作。

(2) 结构转变。苏南地区大力调整了产业结构、产品结构、组织结构、技术结构和区域结构,改变传统工业结构的“小、低、散、弱”格局,改善地区内产业同构和重复竞争情况,以市场需求为导向,不断优化调整经济结构和企业组织结构,长期以来以轻加工业为主体的产业格局发生了历史性转变,经济集约化、规模化、国际化、市场化程度日益提高,企业竞争和发展已进入到一个以制度创新、技术创新为导向的新时期。

(3) 社会结构转变。在社会结构转变上,主要是打破原先的城乡二元结构,实现城乡统筹发展。从区域统筹发展的角度,强化以城带乡、以工补农的调节机制,加大了政府对“三农”投资的力度,大力推进农业发展、农民增收等八件实事建设。此外,在教育、医疗、卫生、社会保障等方面,也实行城乡统筹,基本达到无缝对接。

2. 江宁模式

江宁区是南京市大都市圈的城乡结合部,大城市区内的城市边缘地区,又是南京市区的重要延伸部分(图10-5)。江宁区的交通区位特别重要,上海至北京的京沪高速铁路穿越江宁区的北部,上海至成都的高速铁路也穿越本区;南京未来最重要的交通枢纽——南京南站布局于此,将会给江宁区一个强大的推动力与辐射力。近年来,在党的“城乡统筹”战略思想指引下,江宁区已迈出了新的步伐,付出了艰巨的努力,在城乡一体化及其社会经济各个方面进入了新的跨越,城乡各地出现了新的面貌。

南京江宁区的发展模式是典型的城市郊区发展模式。早在1990年前,江宁县还是农耕文明的独尊地位,农村建设还十分落后,城乡统筹尚未开始。社会经济与城镇建设面临着巨大的挑战。之后,江宁开发区筹备建立,后来进入了快速城镇化、工业化阶段,随着城镇人口规模急剧攀升以及城市功能多元化的拓展,加上南京南站与新的区域交通通道的构建,初期的发展面临着巨大挑战。党的十七大提出,要建立“以工促农、以城带乡”的策略思想和长效机制，逐步形成城乡经济社会发展一体化的新格局。江宁区按照党中央和国务院的文件精神，把解决“三农”问题和发展农村公共事业、公共设施和社保问题置于突出位置，明确提出了编制城乡统筹规划的重要目标和重要任务，江宁区从此走上了城乡一体化的发展之路。

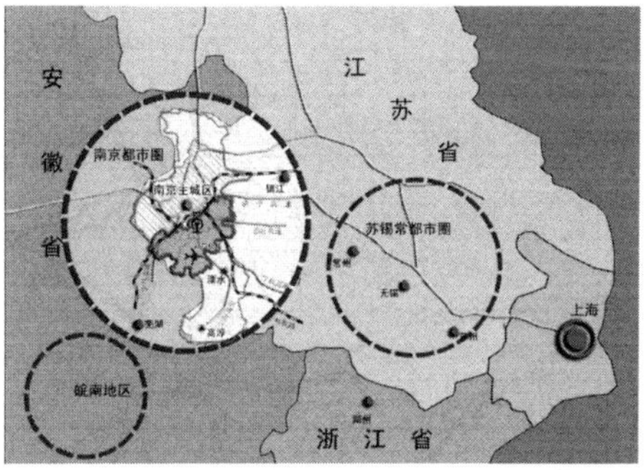

图 10-5 江宁区区位图

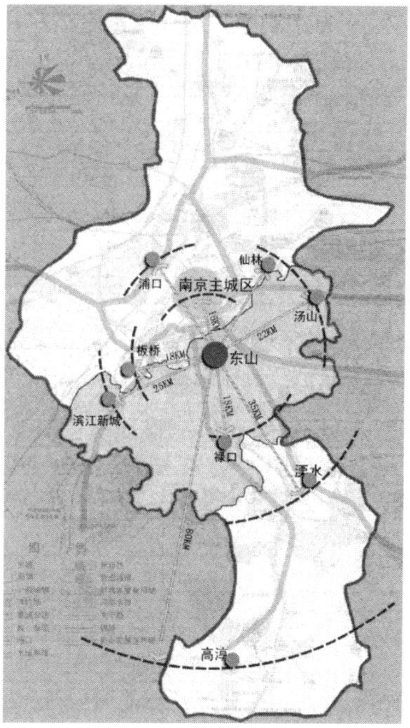

改革开放30多年来，江宁人的城乡统筹建设，经过了几次超常规的历史跨越，在党中央胡锦涛总书记的科学发展观指导下，江宁人落实党中央有关“坚持以人为本，树立和落实全面、协调、可持续的发展观，做到统筹城乡的发展、统筹区域发展、统筹人与自然和谐发展、统筹国内发展和对外开放”的指示，在历史发展的过程取得新的成就，又激励着江宁人民在可持续发展的大道上奋勇向前。江宁人在改革开放的中期，坚持以经济建设为中心，统筹城乡发展、统筹经济社会发展、统筹人与自然和谐发展，走可持续发展之路。在南京大都市的扩展过程中，江宁区承接了南京向南发展的主流，但南京的推进仅仅是向东山镇的推进，还未向广大的乡村扩展，城乡一体化仅仅是规划的决策、规划的研究。现实的变化与城市新貌是历史长河中的一面镜子，加快向外围城镇发展，主要在主城向南发展为新城区（即东山与市区实行无缝对接），江宁区的发展变化也是南京大都市圈向南推进的重大举措。

1984—1990年，江宁一些乡镇企业发展起来，有资金支持城镇建设，使江宁城镇发展有了一定的基础。1992年开始，江宁区依托工业园区推动了城市发展，行政区划进行了10次调整，伴随着其从传统县域空间发展阶段到园区发展模式起步阶段，由园区发展模式向城镇化区域阶段的转变。村镇的建制逐步完成从乡镇再到街道的转变。到2007年底，江宁区完成城镇设立街道的过程，全区形成9个街道办（重点小城镇），基本对应“一核三元多点“的布局结构，所规划的三个新城，城市功能组团发展迅速，使一些农村地区变为城乡一体化地区。南京大都市圈与江宁城乡统筹发展的相互关系，大体经历了三个时段。

（1）1990年前后，南京市的发展主要集中在明城墙围绕的中心城区，当时建成区面积仅有78平方公里，处于绝对的集聚发展与城区完善的初期发展阶段。南京城区刚刚向跨江两岸发展，特别是浦口、大厂镇、泰山新村都在力争与市区接轨，尽快拉动发展。上述这些重镇均有南京的大中型工业项目，镇区人口规模也在15～20万人左右，开始不断扩展，初具中小城市规模(图 10-6,图 10-7)。当时的江宁县处于比较封闭的自然积累经济增长缓慢阶段,江宁县城东山镇的户籍人口也只有 4.6 万人,流动人口甚少,城区不到 5 平方公里,整个江宁县的工业生产水平很低,乡镇工业不发达。仅有靠近南京市区的江宁县北部地区主要承担南京郊区郊县蔬菜与农副产品的供应基地。

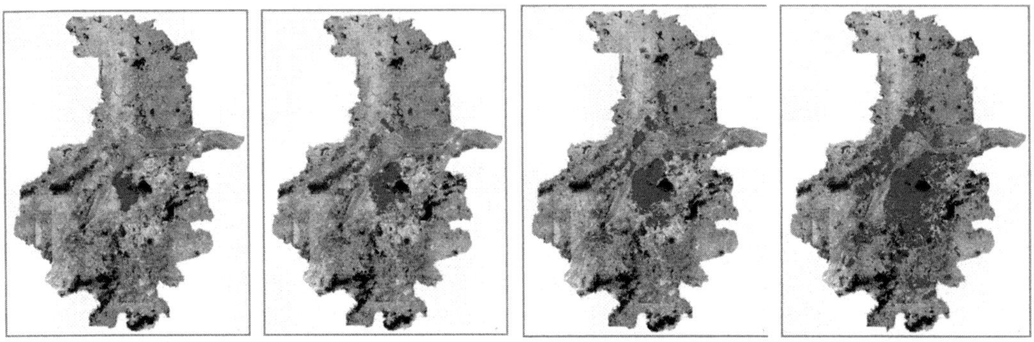

1978 年　　1990 年　　2000 年　　2005 年

图 10-6　南京市区建成区空间扩展图

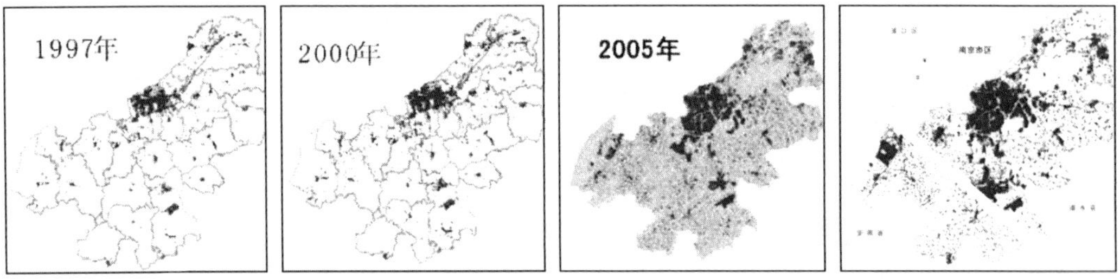

图 10-7　江宁建成区扩展图

(2) 1992—2000 年,南京开始出现了中心城区向外扩散的趋势,一方面主城开始“退二进三”,外迁的工业项目推动了一批外围城镇的发展;另一方面大力鼓励外向型经济发展,掀起了开发区建设与房地产业发展的热潮。这一时期成立了江宁经济技术开发区(1994 年),抓住国家进一步加大对外开放力度和南京一些大中型企业向外扩散迁址的机遇(南汽、763 等),有了江宁的开发园区为载体支撑,南京开放型经济迅猛发展。1994 年江宁的东山县城仅有 7.6 万人,不到 8 平方公里的建成区,但到了 2000 年初,江宁东山(镇)已经具有与南京对接的中等城市的人口规模,当时城区人口达 28 万多,暂住人口也有 6.8 万,建成区面积扩大到 30 平方公里。

(3) 近 10 年来,南京开始扩展中心城区的发展空间,提出构建“以长江为主轴,以主城为核心,结构多元,间隔分布,多中心、开敞式的都市发展区空间格局”,确定了东山、仙林和江北三个副城,其中东山镇发展最快、最为完善。江宁被撤县设区和建设东山为南京的副城战略表明,江宁是南京城市功能的最重要组成区域,东山副城将成为南京大都市圈的第二、第三产业的重要集中区,对于南京市区向南推进,江宁区起到重大作用。2009 年江宁区的总人口有 138 万人,全区寄暂住人口高达 48 万人。江宁区的东山副城已有 42 万人(含在东山打工的暂住人口约 16 万人),60 平方公里的建成区。东山副城实际上包括东山、上坊、岔路口、开发区、百家湖 5 个派出所的人口,尚未包括大学城的暂住人口。近 6 年来,江宁区城镇人口增加较快，特别是东山城区和开发区以及百家湖周围，从2004年人口不到10万人的建成区，已经增加到35万人，建成区的框架也扩大到60平方公里。南京的南片江宁区部分已经是一个有相当规模的迈向现代化的中等都市了（图10-8）。

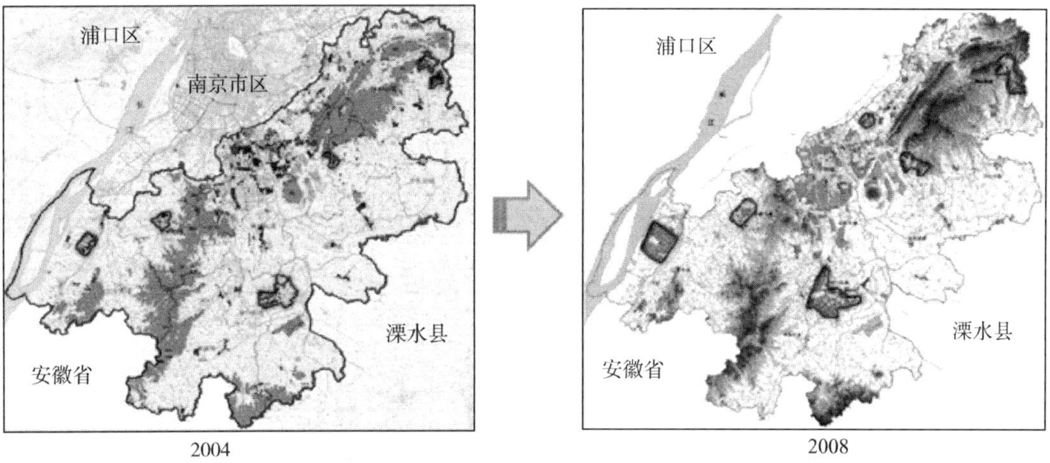

图10-8　2004—2008年江宁区建设状况对比图

江宁的快速城镇化及其工业区、文教区不断扩展，并没有以牺牲农民利益为代价，相反，江宁把城镇化看作是支持与帮助农民改善其居住条件和增加农民收入的大好契机，促进改变几千年来农民那种不文明的传统落后的生活方式，促使农民逐步向现代化社会生活迈进。在21世纪发展初期，江宁区委、区政府就为农民提出了四项保障措施，即“安居房、创业钱、就业路、保险带”，确保在城镇化、工业化地区失地的农民无后顾之忧，收入倍增。不少农民逐步由居住在农村转入到新城镇里来，农民的非农化过程又大大提升了江宁区的城市化过程。全区农民的平均收入由2000年的3 500元增加到2009年的1.1万元左右，跃至南京市各区县的第一位。

江宁开发模式的转型，包含了一次次体制创新的自我松绑的过程，实现了快速推进城镇化，逐步转向城乡一体化。现有的江宁开发区属于稳效型、创新型、就业型、税收型和生态型的城乡统筹发展优化综合开发区，在大都市郊区县区一级的开发区中已经属于全国先进型发展的开发区之一。当前，按照党的十七届四中全会提出的“生产发展、生活宽裕、乡风文明、村容整洁、管理民主”的社会主义新农村建设的要求，江宁开发区努力搞好城乡统筹规划的全面工作，深入实施江宁区城乡统筹规划，以区域统筹为主线、完善与扩大江宁东山副城为中心任务，实现城镇化，以城带乡，大力发展农村生产力，搞好现代化农业，推动全区的城市化、现代化，突出加强全区基础设施和社保的规划建设，促进传统农业向现代农业转变，传统村落向农村新社区转变，传统农民向专业农民和现代市民转变，着力构建和谐农村。保民生、保稳定，力争全区城乡统筹上新的台阶，建设社会主义新农村，走在全省的前列。按南京市委市政府提出的“转型发展、创新发展、跨越发展的时代要求，进行城乡统筹规划（图10-9）。该规划是在宏观经济转型中，在科学发展观指导下，通过江宁区的城乡统筹空间规划，进一步突出保障民生，和谐发展和新农村建设的新形势下，对特大城市郊区城乡统筹发展进行的一次深入的探索性规划，该规划已于2008年完成，2009年通过专家鉴定。通过规划的空间统筹，以及土地整理的目标和要求，江宁城镇理性拓展的用地指标问题有望得到解决。

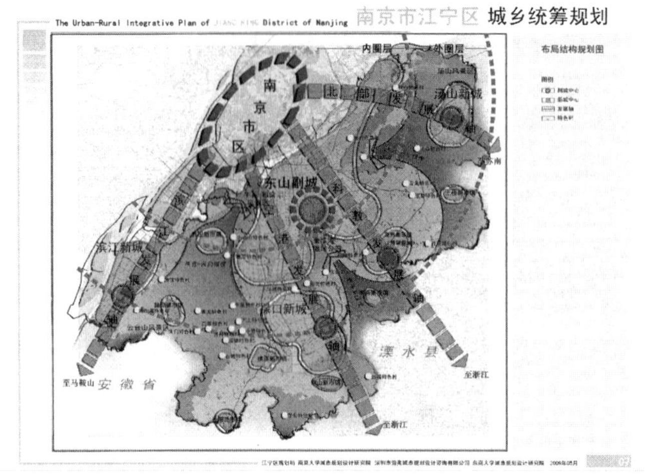

图 10-9　江宁城乡统筹规划图

在今后的发展中，江宁区更要把握城乡统筹发展的新态势、新走向，全面贯彻落实科学发展观，把握“两个趋势”转换规律。江宁的城乡统筹模式基本上指出了我国大城市郊区城镇化发展的问题、发展模式和发展方向，是我国城乡一体化的典型区域。

3. 嘉兴模式

嘉兴属于综合发展模式。浙江嘉兴市在加快工业化和城镇化的同时，把统筹城乡发展、推进城乡一体化摆上突出位置，全力抓好城乡空间、基础设施、产业发展、劳动就业与社会保障、社会发展、生态环境建设和保护等六个一体化，取得了阶段性成效。在全国十届人大三次会议期间，胡锦涛总书记认真听取了嘉兴城乡一体化工作汇报，并作了重要指示。嘉兴模式的经验主要有以下六点。

（1）以规划为龙头，加大整合资源力度。嘉兴着眼全市 3 915 平方公里，组织编制《嘉兴市域总体规划》，把广大农村纳入到规划范围，把城市基础设施延伸到农村，把社会服务设施配套到农村，统一规划城乡布局。

（2）以交通建设为重点，完善基础设施。基础设施一体化是统筹城乡发展的前提。近年来，嘉兴把交通设施建设作为统筹城乡发展的切入点，着力构筑内外衔接、城乡对接、方便快捷的现代化交通网络。从各乡镇出发 15 分钟内能上高速公路，从市中心出发 30 分钟内能到县（市）城关镇、60 分钟内到沪杭苏等周边大城市，浙北交通枢纽的地位初步确立。

（3）以教育培训为抓手，有效转移农民。提高农民、转移农民，既是“三农”工作的核心，也是促进农业增效、农民增收的重要举措。嘉兴统筹城乡就业服务，形成了市、县、乡、村四级人力资源市场网络，有效推进了农民转岗转业。

（4）以制度创新为重点，提高保障水平。着眼“病有所医”，探索建立新型城乡居民合作医疗保险制度。着眼“老有所养”，在做好城镇职工基本养老保险和农村养老保险工作的同时，完善被征地农民的养老保障办法，全面实施被征地农民基本生活保障制度。

（5）以阵地建设为载体，构建公共服务平台。确保每个村都有文化活动中心，构筑城乡一体的群众文化体系。建设高中园区，基本形成了小学向乡镇所在地和中心村集中、初中向中心镇集中、高中向县城集中的中小学布局，学前教育、义务教育领先浙江全省，成为浙江省第一个教育强县“满堂红”地市。大力发展城乡社区卫生服务，嘉兴全市社区卫生服务中心和社区卫生服务站覆盖率分别达到98.61%和73.52%。

(6) 以“两分两换”为手段，大力推进新社区和新市镇建设。全面实施“百村示范、千村整治”工程，已建成省级全面小康示范村31个，市级整治村282个。全面启动农村生活垃圾集中收集处理。加强农村宅基地管理，积极引导农民弃宅进城入镇、向中心村集中及有序转让宅基地，有效优化了农民住宅布局，集约利用土地资源。

4. 广东省城乡统筹实践

伴随着世界性的产业转移在城市和村镇的无差别落地，广东吸引了来自全省乃至全国的农业剩余劳动力大量涌向城镇，城市和乡村之间开始无比频繁的交流和互动，城乡关系开始打破城乡二元状态进入了城乡统筹时期，并经历了“城乡混杂—城乡分野—城乡融合”三个阶段，各阶段的产业、用地、交通和形态均呈现出不同的特征(表10-5)。

表10-5 不同城乡统筹发展阶段的特征

	产业特征	用地特征	交通特征	环境特征	设施特征	形态特征
城乡混杂阶段	乡村工业化，“镇村型”经济兴起，乡村地区充满活力	用地功能混杂，建设用地无序蔓延	较强的“道路指向性”，建设主要沿着道路“一层皮”展开，马路经济现象严重	生态环境遭到污染，农村资源污染日益严重	公共物品供给严重滞后于社会经济发展，城市和农村的公共设施严重不足	城不像城，村不像村，城乡面貌混为一体
城乡分野阶段	开始出现产业集群，园区经济兴起，城市经济实力逐步增强	工业进园、住宅进区、商业进场，城市和乡村蔓延得到一定遏制	高速路、快速路开始涌现，城乡之间联系频繁	城市和乡村特色双重强化，人居环境和城镇风貌有较大改善	城乡设施出现不均衡特征，工业居住出现分离，单一居住组团出现	城市和乡村互相补充，相得益彰
城乡融合阶段	产业纵向提升和横向扩展同步展开，产业转型升级加快，最终城乡经济同样发达	建设用地逐步向交通枢纽地区集中，城市、乡村边界消失	逐渐进入“公共交通”时代，大运量快速公交成为主要出行方式	大面积的生态地区和农业地区包围着居住社区，生态环境优良	社会服务设施、市政基础设施和绿色基础设施呈网络化特征，城乡服务均等化	城市和乡村融为一体，城乡差别消失

资料来源：宋劲松.《城乡统筹三阶段》。

(1) 城乡混杂阶段：“城不像城、村不像村”。1980—2000年，广东处于工业化初期，城市和工业不断向农村扩张，城市国有用地和乡村集体用地混杂交织，城中有村，村中有城。在此期间，农村人口减少了500多万，农村建设用地不减反增了近1万公顷，同期城市建设用地增加了约3.26万公顷(图10-10，图10-11)。

加拿大著名学者麦吉将这种现象概括为“城乡一体化发展模式”(desakota)，即“城乡之间的传统差别和地域界线日渐模糊，城乡在地域组织结构上形成一种农业活动和非农业活动并存、趋向城乡融合的地域组织”，空间形态表现为“城不像城、村不像村”。此时，城镇建设布局分散，出现无序蔓延。“村村点火、处处冒烟”的现象十分普遍（图10-12）。

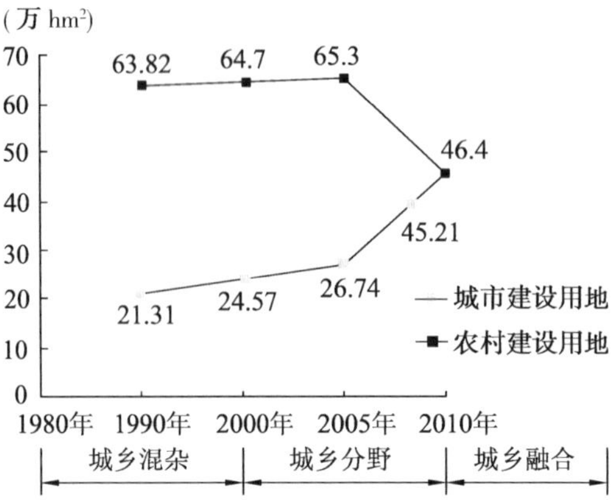

图10-10　各阶段广东省城乡建设用地演变

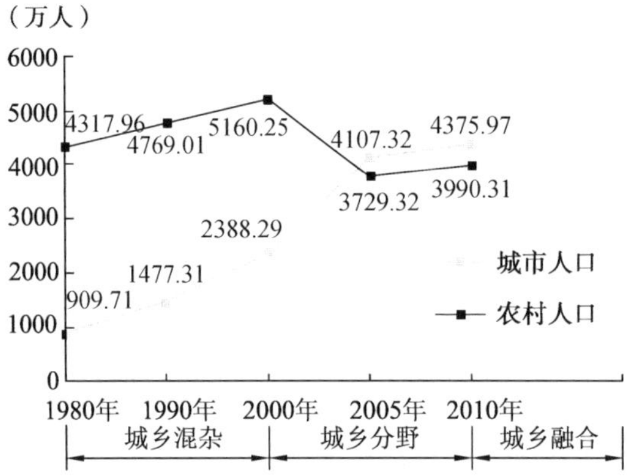

图10-11　各阶段广东省城乡人口演变

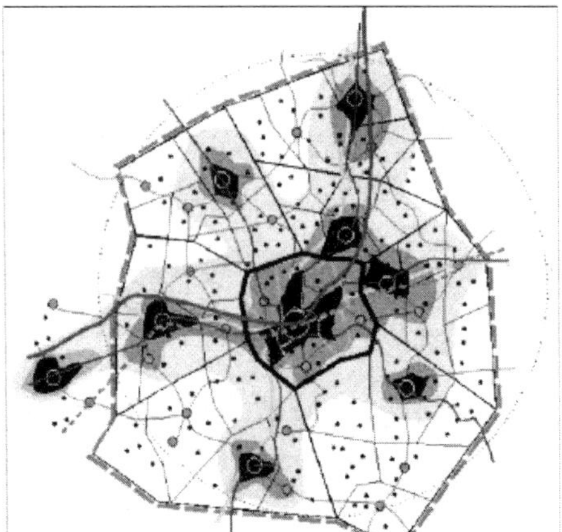

图10-12　珠三角小城镇发展散乱示意图

（2）城乡分野阶段：“城乡互补、相得益彰”。2000—2010年，广东进入工业化中后期，由于建设用地的持续扩张带来城乡混杂、风貌模糊等问题,人们开始注重城市和农村特色的彰显,希望“城市像城市,农村像农村”,在城乡差异化发展的同时,能够相互补充、相得益彰。在此期间,广东城市和农村的发展集聚程度均有所提高,正如城市学家刘易斯·芒福德所概括的:“城与乡,不能截然分开;城与乡,同等重要;城与乡,应当有机结合在一起。如果问城市与乡村哪个更重要的话,应当说自然环境比人工环境更重要。”

(3) 城乡融合阶段:“城乡一体、服务均等”。2010 年以后,广东城镇化率已经达到70%左右,开始向后工业化时期迈进,广大城乡居民提出了生产、生活兼顾发展的强烈需求,逐步进入了“城乡融合”的发展阶段。马克思主义理论认为,城乡融合是以“消灭城市和乡村的对立和差异”为目标,“结合城市和乡村生活方式的优点而避免两者的偏颇和缺点”,通过“农业人口和非农业人口的生活条件的接近创造消灭城乡对立的条件”,实现城乡产业经济和社会生活的广泛联系和一体化发展。通过对一些经济发达、规模较大、具有较大发展潜力的小城镇赋予城市型管理权限,建设“新市镇”,并扩大建设用地指标和人员配备编制标准,完善各类公共配套设施建设和强化城镇管理;通过打造区域城镇联盟,促进城镇之间资源的优化配置,推动区域性重大设施的共建共享,组合多个伙伴城镇,推行市(镇)之间项目的共同开发,通过产业转移、税收分成等形式,平衡各地利益(图 10-13)。

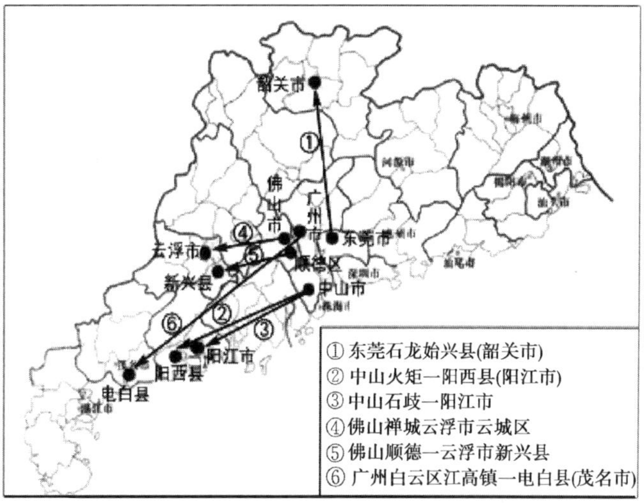

图 10-13 广东省产业转移园示意图

广东省在发展实践中,大力完善投资环境和政策体制,推动产业结构调整升级,倡导工业进园、住宅进区、商业进场,严格限制“马路经济”的蔓延,同时合理引导村镇布局,推动农村地区建设水平提升。广东省提出的城乡发展的思路和模式(图 10-14),为广东以至全国城乡统筹提供了借鉴。

宋劲松等人的研究详细地评述了广东城乡一体化发展的过程和模式。经过近些年的发展,广东城乡统筹已经进入新的阶段,城市融合,共同发展。这也离不开广东自身的发展优势。首先,广东省接近香港特区和澳门特区等国际市场,对外经济发展优势明显;其次,广东省位于珠江三角洲,劳动力素质较高,加工工业发达,原有的城市发展基础较好,能为农村发展带来较大动力和支持,这些都给其城乡一体化发展奠定了良好的基础。

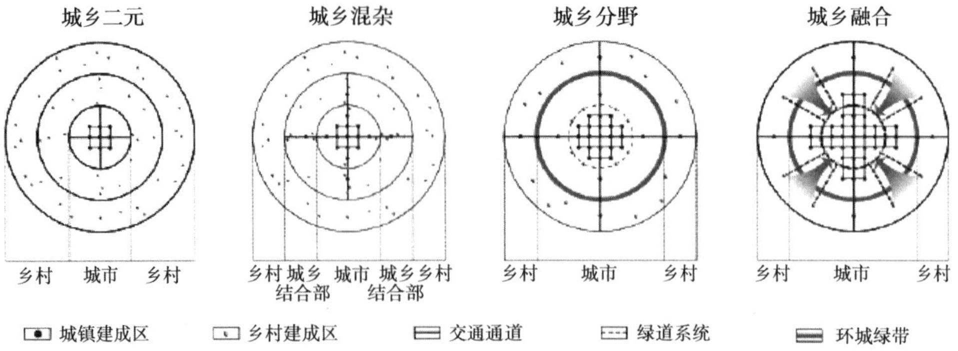

图 10-14　城乡统筹发展演变模式图

5. 成都城乡统筹模式

成都模式属于"自下而上"的发展模式。成都城乡统筹模式的基本内容可以概括为:政府主导、集中发展、城乡统筹、系统推进、公众受益。

(1) 政府职能转变是成都市推进城乡一体化的核心动力。政府主导是成都模式的起点,也是成都城乡一体化成功推进的核心动力。政府主导在成都城乡一体化的发展中主要表现为对城乡一体化发展进行全面规划,建立城乡融通的管理体制和为农村地区提供全面的公共服务。在城乡一体化发展的具体过程中,则充分尊重市场规律,运用市场机制,给民间企业大量的发展空间。

(2) 充分利用市场力量,推进"三个集中",谋求规模化发展是成都模式的实践路线。科学的实践路线是指引成都城乡一体化发展的重要条件。产业向集中发展区集中,土地向规模经营集中,农民向城镇集中,构成了推进城乡一体化的实践路线。可见,"三个集中"是成都落实科学发展观、谋求集约节约发展的科学探索。"三个集中"避免了走沿海地区走过的弯路,体现了西部地区的后发优势。

(3) 城乡统筹、全方位推进,构建城乡一体化发展的支持系统是成都模式的具体手段。成都城乡一体化发展最具有进步性的表现是没有停留在口号上,而是通过一系列统筹城乡发展的规划和政策体系,具体落实到城乡发展的各个过程之中。成都构建城乡一体化发展的支持系统是全方位的,包括五大子系统:以城镇体系规划为基础的空间支持系统;以新型公共财政制度为支撑大幅度增加城市对农村反哺投入的财政转移支付系统;以打破城乡分割、建立全市统一劳动力市场为依托的失地农民培训、就业、居住与保障支持系统;以公共服务均等化为基本原则的乡村医疗卫生、义务教育、文化事业和社会保障支持系统;以改善农村生产条件和人居环境为目标的农村三大重点工程建设(农村基础设施建设工程、农村发展环境建设工程和农村扶贫开发工程)支持系统。

(4) 广大公众受益其中,提高全市人民福祉是成都模式的最终目标。乡村居民受益主要体现在三个方面:第一,产业集中发展和土地规模经营大幅度增加了非农产业就业机会,提高了土地市场率,最终大幅度提高了农村居民的收入水平;第二,在农村建立了近乎全面的、相对公平的公共服务体系,绝大部分落实到位;第三,1991—2003 年累计多达 48 万失地农民在城乡一体化发展过程中逐步解决就业、居住和社会保障问题,真正纳入城市运行轨道,转变为城市居民。成都城市居民同样在城乡一体化的发展中得到实惠。最主要体现在两个方面:第一,郊区十大森林公园得到快速健康发展,为热爱生活、热爱休闲的成都市民假期休闲提供了广泛的空间,大大提高了成都城市居民闲暇时间的生活质量。第二,初步构建了城乡同发展、共繁荣的局面,大幅度减少了来自农村的社会矛盾和冲突,为成都构建和谐社会提供了必要的条件。

总之,政府的合理引导成为成都城乡一体化成功推进的核心动力。在政府引导的基础上,充分利用市场力量推动城乡一体化的全面发展。成都城乡一体化的发展对其他地区城乡统筹发展具有重要的借鉴意义。

6. 其他模式

(1) 皖江示范区承接转移产业主导型发展模式,通过中部主要是承接转移产业主导型发展模式,通过积极承接东部沿海和中心城市转移产业、发展现代工业,依托承接转移产业、接受中心城市辐射带动等,加快工业化进程进而推进城乡统筹发展。很多县域经济发展较好的地方都有数十年兴办乡镇企业的基础。皖江示范区内马鞍山、芜湖、铜陵、池州、安庆以及环鄱阳湖南昌、九江、鹰潭等市所辖县,区位优势明显、基础条件较好,人均 GDP 超过 45 000 元,是中部地区最具活力的区域板块之一。这些县县域产业结构多以集聚发展工业为主,并且依靠承接和集聚发展长三角地区梯度转移产业来加快自身发展,充分发挥靠近大城市的优势,主动接受大城市的经济、技术、信息和人才等方面的辐射,围绕大城市需要,重点发展为中心城市工业、服务业配套的加工产业,形成了各具特色的支柱产业和拳头产品。

(2) 河南农业产业化带动型发展模式。农业产业化是在一定的区域或范围内由农业生产经营者的多元主体参加并自由联合的利益共同体,这个共同体通过利益纽带,将产、加、销各环节紧密联系起来,在市场上实现其整体的最大经济效益,并使生产者得到产品加工后增值的平均利润,使产业化的各个组成部分均有利可图、互惠互利、互相促进、利益均占、风险共担,进而为更高层次上分工协作打下新的基础,以推动产业化形式向高级化发展。农业产业化经营是农业大县县域经济实现城乡统筹发展的主要模式。代表地区有河南省禹州市、沁阳市、临颍县。这种模式的特征是,以农业产业化为催化剂,汇集人流、物流、信息流、资金流,大力发展农产品加工业,推动农村工业化,促进县域经济发展。这种模式的发展思路是以市场经济为出发点,引导农民进入大市场,进一步提高农产品的商品化程度;以农、林、牧资源的深层次开发为前提,以乡镇企业为依托,使农业走上产业化、市场化、科学化和集约化的道路;以农业产业为途径,在农业发展的组织体系上推广"公司+农户"和订单农业,实行种养一条龙、贸工一体化,充分利用农业资源优势,建成一系列高产、高效的农业。

(3) 市场导向带动型发展模式。以市场为根本出发点,了解市场的需求和变化,同样能够促进县域经济的发展。在这种模式下,县域主要城镇分布于水路与陆路、铁路与公路、山区与平原等交会之间的地区,是大量的人流、物流与车船流的必经交通要道,交通的发达带来集市贸易的活跃和经济繁荣,灵活多样,有很强的适应能力,能带动县域社会经济的全面发展。代表地区有安徽广德县、湖北仙桃市、山西省长治县和河南省巩义市等。通过市场导向型来培育县域经济增长点,以县域内的自然、社会、人文资源以及历史特点为基础,发展贸工农、产供销、种养加一体化经营,从而推动县域经济整体发展。这种模式的最大特点是市场成为县域经济发展的桥梁和纽带,对系统的运行发挥着有效的调节和导向作用,在市场竞争中具有很强的应变力和自我发展能力。

(4) 京津冀城市群跨区域城乡统筹模式。城市群是在特定的区域范围内云集相当数量的不同性质、类型和等级规模的城市,以一个或两个特大城市为中心,依托一定的自然环境和交通条件,城市之间的内在联系不断加强,共同构成一个相对完整的城市"集合体"。作为城市化过程中出现的一种城镇空间组织形式,城市群的发展应该既包括城市之间的一体化,也包括城乡之间的一体化,而城乡之间的一体化是基础。城市群的发展,应体现出以城乡互动、区域一体为特征的高级演替形态。在水平尺度上是不同规模、不同类型、不同结构之间相互联系的城市平面集群,在垂直尺度上是不同等级、不同分工、不同功能之间相互补充的城市立体网络,二者之间的交互作用使得规模效应、集聚效应、辐射效应和联动效应达到最大化,从而分享尽可能高的"发展红利",完整实现区域发展动力、区域发展质量和区域发展公平三者在内涵上的统一。京津冀城市群以北京、天津为核心,包括河北省的石家庄、廊坊、保定、沧州、承德、张家口、唐山、秦皇岛、邢台、衡水、邯郸共 13 个城市,陆地面积 21.67 万平方公里。是我国的首都地区和北方经济中心,也是我国 21 世纪的第三增长极,京津冀城市群的发展,不仅对于我国北方地区,也对我国整个国民经济的发展有举足轻重的地位。长期以来,京津冀城市群发展不平衡,城市群内部人口与产业向京津聚集效应明显,加剧了城市群内严重的城乡失衡。这种失衡一方面使河北地区发展困难,也使得京津的发展面临负外部性。为了解决京津冀区域性矛盾和区域性的城乡失调问题,必须建立城市群内跨行政区城乡统筹发展长效机制。城市群内城乡统筹的核心任务就是打破行政区划界限,改变传统体制下各自为政的管理制度,将农村特别是河北省农村发展纳入提升区域整体竞争力的框架之中。以建立京津冀跨省市的互动协商机制为前提,京津冀跨区域统筹城乡发展可以实施四步走战略:① 推进新型工业化提升京津冀都市圈非农产业就业机会;② 构建以人为本的人口流动管理机制,加强城市农民工暂住户口的合理安排;③ 以"三个集中"谋求聚集经济效应,完善城市工业开发区与新城区的规划建设;④ 为广大乡村提供均等化的公共服务与社会保障。

同时,建立跨区域的城乡统筹机制,发挥京津在河北农村公共产品供给中的积极作用,其本质就是要建立起京津对河北欠发达地区资金扶持的长效机制。成立京津冀欠发达区域援助基金来统一管理援助河北欠发达地区的资金,将京津冀跨区域统筹城乡发展落到实处。这样不仅可以帮助河北实现经济起飞与发展,也有利于京津发展环境的改善与都市圈整体竞争力的提升。由于行政上分省(市)而治,跨区统筹较区域内城乡统筹面临更多的困难与制度障碍,但只要三方政府积极实施制度创新,主动担负起相应的职责,加大对农业和农村的扶持力度,京津冀都市圈城乡一体,各城市协调发展的良好局面就会形成。

四、小结

城乡一体化是推进我国城镇化的必然趋势。城乡一体化是城镇化发展的一个新阶段,是随着科学技术的进步和社会生产力的发展而促进城乡居民生产方式、生活方式和居住方式变化的一个阶段,是城乡人口、技术、资本、资源等要素紧密联系、相互融合、互为市场、互相服务、共同前进,逐步达到城乡之间在经济、社会、文化、生态上协调发展的过程。通俗地说,城乡一体化就是把工业与农业、城市与乡村、城镇居民与农村居民作为一个整体,实行综合研究、统筹谋划,通过体制改革和政策调整,实现城乡在规划建设、产业发展、交通信息、市场结构、政策措施、生态建设、环境保护、社会事业发展的一体化,改变长期形成的城乡二元经济结构,实现城乡在政治上的平等、经济上的互惠、分配上的一致,让农民享受到与城镇居民同样的文明与实惠，使整个城乡经济社会全面、协调、可持续发展。城乡一体化不同于一般的城乡统筹、城乡协调，也区别农村改革、新农村建设，它是推进城镇化发展的一个新阶段，是实现城镇化的新途径、新模式。尤其是小城镇发展，在起步阶段就应注意发展生态型农业与生态工业，走集约化、专业化的道路，以免重蹈农村工业“家家点火、村村冒烟”的覆辙，逐步发展成为我国农村人口城市化的一个重要生产点和农村经济的中心。

总之，从我国发展中的城乡问题剖析，从区域空间的人口、资源、环境的视角探讨，我国的城乡统筹规划的战略思路，应认真研究我国各地的具体条件与特征（国情、省情）的基础上，持续、稳定地走一条以集中型城镇化为主（规划建设城市群或城镇密集地带）、以分散型城市化为辅的“城乡一体化”高质量的中国城镇化道路。吴良镛院士指出：积极探索如何推动区域统筹管理、兼顾多方利益，谋求种种棘手问题的妥善解决，是国内外城市地区发展的经验和趋势。城乡协调发展以及城乡生态环境现代化是与整个国家的现代化密切地联系在一起的，它包括全人类的社会环境中的各种人文现象，自然现象和经济社会现象的总合。人类社会为了不断提高自己的物质文化生活水平而创造的环境，如地区交通、房屋建筑、购物商场、娱乐场所、医院与学校、文化生活服务设施和历史古迹，等等，都是城镇与农村社区的人工环境，不仅仅在于这些设施像现代城市一样能使乡村居民同样感到生活方便、舒适安全；更重要的是能鼓励人民去参与和推动现代新的生活方式和新的思想观念的建立，激励人们的创造性和想象力以及对未来美好生活树立信心，坚持走城乡可持续发展的新路。

第四节　我国城镇化过程与城乡协调发展的对策

统筹城乡发展是科学发展观的核心和重点，因为没有统筹城乡发展，也就谈不上“统筹区域发展”，“统筹人与自然和谐发展”、“统筹国内发展和对外开放”也就失去了应有的基础。目前在树立科学发展观上，思想已基本统一，关键是抓好落实。科学发展观能否有效落实，在很大程度上取决于科学政绩观能否确立。树立正确政绩观的关键是建立科学合理的政绩考核机制。其考核内容应当遵循科学发展观的要求，作新的调整和补充。其重要内容要把各级政府统筹城乡发展的做法和解决“三农”问题的业绩作为重要指标，加大这方面的权重，考核中要多倾听农民和民工的建议和心声。同时要转变观念，抓好落实。只有各级政府和城市市民彻底转变长期以来形成的不正确的观念，真情关爱农民，真诚对待农民，真心帮助农民，建立城市反哺农村、工业反哺农业的投入机制，才能真正实现统筹城乡经济社会的发展。尤其是作为城乡统筹的主体的各级党委和政府要率先带头转变观念，树立以民生为本的新的发展观和政绩观，把改善民生作为发展的第一要义，把增加城乡居民收入、提高生活质量和健康水平、改善生态环境作为最重要的政绩，把增进最广大人民群众的物质利益、政治利益和文化利益作为经济发展的根本出发点和落脚点。

一、从国情出发，强化资源节约型的城乡一体化实践

由于我国人口众多、资源短缺，我国国民经济发展应建立资源节约型的国民经济体系，实行开放性的资源开发战略，城市发展应走可持续、稳健的发展方针，实行资源节约型的城乡统筹规划的范式，城镇化比重不能盲目追求西方国家高指标的路子。

中国的基本国情决定了中国必须建立资源节约型的国民经济体系。我国是地球上人

均资源比较贫乏的一个大国，人均土地面积为世界的1/3（人均耕地仅有世界平均水平的1/5），人均森林资源为1/6，水资源为1/4。我国各项资源的人均值基本上都位居世界后列，如人均矿产资源居世界第80位，而且贫矿多，富矿少。同时我国人口增长过快，农村人口基数大，城镇化比重较低。2004年全国城镇化比重达到42%，但仍然有8亿农民生活、居住在农村。人口基数大、资源丰度低、城镇建设与改造任务艰巨、国际市场竞争压力大等限制因素决定了我国今后建立的国民经济体系必须是资源节约型国民经济体系。

目前，世界上很多发达国家从总体上看大多是建立在对资源高消耗型利用的基础上，即为资源高耗型国民经济体系。如2010年，美国3.1亿人拥有2.15亿辆汽车，年耗汽油约占世界汽油消耗总量的1/3。2005年，美国人均年耗原油约2.9吨、煤3.8吨、木材2.1立方米、钢材0.34吨。如果拥有13亿人口的中国也达到美国的人均年消耗水平，那么中国已探明的原油储量将在4～6年内耗尽，森林将在5～8年内基本伐完、铁矿石约能维持32年、煤能维持85～100年。同时我们应当清楚：我国的资源消耗主要是在城市与小城镇，约占全国资源消耗的65%，如果城镇化比重过高，资源消耗就会更快、更多、更加浪费。从2002年起，国家开始对各省市的开发区进行清理整顿，已经从6 100多个开发区整顿到2 400多个，节约了大约1 400多万亩土地，部分开发区的土地开始复垦，有利于农业的现代化和农民生活的稳定。为了我国人民的长远利益和我国经济持续发展，我们必须建立一个资源节约型的国民经济体系，城市发展应走可持续、稳健发展的城乡一体化道路，城镇化比重应有一个适合我国国情的比例。

根据建设部、农业部在山东、四川、湖南的试点经验，城乡统筹推进城镇化需要解决三个问题。一是加快农村劳力转移的问题，应有序地流入大中小多个城镇以及重点中心镇，不能盲目地过多地流入沿海的大中城市。二是促进乡镇企业与城镇化协调发展的问题，着重培养经济增长点与产业的流动要素，发展现代第三产业。三是城镇用地的合理开发和农民权益的保障问题。严格控制各个小镇的开发区乱占耕地的现象，压缩县城以下的大量小城镇人均占地指标过高的现象。总之，资源节约型的国民经济体系包括节能、节水、节地、节时为中心的城市工业生产体系以及节水、节地、节能为基础的城镇化发展的支撑体系，努力实现城乡可持续发展方针。

二、控制人口数量的过快增长，提高城乡人民的科学文化水平

为了缓解我国人口过多与资源相对紧缺的矛盾，我们应当继续执行计划生育政策，严格控制人口过快增长，争取在2030年以后基本上实现人口零增长，使人口绝对数量由21世纪中叶的16亿下降到21世纪末的14亿左右。人口数量过快增长，严重制约着城镇化水平的提高，特别是城镇化的质量的升华。

在相当长的一个时期内，我国应当大力发展劳动密集型产业，包括第二产业中的劳动密集型程度较高的制造业和第三产业中的商业、服务业和旅游业，增加城镇中的就业岗位，稳定社会，不断提高人民生活水平。当前还得提高全民族的文化科技水平，提高城乡人口素质。目前各地旧城改造、新区开发建设已进入现代化时期，但各地大中小城市建设水准仍低，生态环境质量与发达国家比较仍有较大差距。因此，城市的人口、用地规模不能盲目扩大，基础设施落后、基本建设资金不足，会造成“老账未还，新账又欠”的局面；只求数量、不求质量的城镇化水平滞后，会造成城市第三产业中的泡沫经济现象。

我国农村目前存在着数量极大的剩余劳动力，只有减少农民，才能富裕农民，“减少农民”是解决三农问题的根本出路。世界各国经济发展的一个最基本特征是,随着经济的发展,农业在GDP中的比重越来越低。只有农村人口也同步降低,整个国民经济的发展才能进入良性的循环状态。否则,农业人口不减少,大多数的人口只能创造和占有越来越少的财富,是难以富起来的。因此,农村剩余劳动力的适时转移与充分就业,是实现农业现代化、促进经济长期繁荣的必要前提。如果采用较为先进的农业生产技术和农业现代化管理方法,我国农业生产技术水平达到日本、德国、韩国和加拿大的平均水平,那么粮食丰足,将有较大的土地空间适度建设新城区。1990年我国有1.6亿农业剩余劳动力,1996年我国有2.3亿农业剩余劳动力,2002年有2.8亿农业剩余劳动力。这部分农业剩余劳动力约占农村总劳动力的2/3,大批的农村人口转化为城镇暂住人口,一方面他们为我国的城镇建设作出了巨大贡献;另一方面也增加了城市就业压力,必须从城乡统筹的新理念中认真解决。

城乡差别大、农民增收难的根子,集中体现在教育、医疗、养老上。农村教育在全面建设小康社会中具有基础性、先导性、全局性作用,农村教育质量的高低,关系到农村各类人才培养和整个教育事业的发展,关系到农村经济社会的进步。因此,抓好农村教育工作是解决“三农”问题的基础工程和希望工程。当前农村教育中存在的问题的主要表现在:农村教育发展相对薄弱,难以实现均衡发展和高水平、高质量;农村初中生辍学现象仍然存在,受校舍、师资及学生就学愿望的制约,高中段教育实现全面普及面临困难,城乡之间、校际之间不平衡现象有继续拉大的趋势;税费改革之后,义务教育经费投入保障机制尚未建立,与发展现代化教育的需求不相适应,学校正常运转受到影响,农村教师工资发放标准不统一,来源不稳定;农村教育办学思想和方法落后等。因此,要统筹城乡教育发展,就必须从实践“三个代表”和全面建设小康社会的战略高度出发,将农村教育工作作为整个农村工作的重中之重,努力打破与城乡经济二元结构相伴随的城乡教育差距,优先发展农村教育,提高城乡人民的科学文化水平。

三、从区域空间角度去认识城乡发展、城市建设的问题

历史地、全面地认识一个城市,特别是从区域空间发展的角度充分认识、系统分析一个城市的地位、作用与功能定位问题,也是21世纪中国城乡发展的关键,有关领导和有关专家学者应当高瞻远瞩,审时度势。如何充分认识一个城市的发展方向与功能定位问题,如何从战略高度分析城乡统筹规划问题,可以从四个方面进行分析。

1. 城市的地位问题

应充分认识一个城市在一个地区的中心地位和经济辐射的重大作用。特别是那些地理区位优越的超级城市、特大城市(人口规模200～400万以上的省会城市、历史文化名城与重要的港口城市),从历史基础、发展特点、产业趋势与城市的发展方向进行系统的综合分析。一方面要有战略眼光,符合经济规律;另一方面也要实事求是,对于城市发展的区位作用,优势条件不能过分夸大,应从历史角度全面分析,从城市之间的地理分工互补分析。没有条件的或条件不足的一些沿海重要港口城市切勿盲目追求“国际化大都市”或建成“香港式”的国际港口城市。有些城市规模小,经济实力有限,也不要把开发区做得过大,征用土地3～4年后仍在丢荒,甚至一些城市领导搞“政绩工程”,浪费国家有限的投资和土地资源。

2. 城市的定性问题

重要的是从城市的个性、城市的功能或潜在的发展前景进行分析，应以每个城市在所在的区域经济现代化过程中所发挥的关键作用进行综合分析，注意城市之间的职能分工，避免城市产业结构趋同化现象，防止城市工业布局、工业新建扩建项目过多的重复。应围绕统筹城乡产业发展与社会事业的协调发展，增加就业岗位，管理好城镇规划与建设。在城市改造与新区建设过程中应当大力保护我国几千年来保留的文化古迹，沿海城市注意保护有生态价值的岸线与旅游景区，以免产生不必要的基本建设投资的极大浪费。

3. 城市的定量分析问题

对城市今后的发展规模应有一个合理的限度，不是任何一个城市都是规模越大越好，这里有一个人口、用地、环境的合理容量。每一个城市的合理发展都应当与自身条件特别是自身的经济基础、综合实力与发展潜力基本一致，不能操之过急，盲目求大。城市发展模式“不求最大，但求最美”，我国的大连、深圳、青岛、厦门、珠海、桂林、宁波和杭州等，都有许多宝贵的经验可供借鉴。这些城市的郊区、边缘地区都纳入城市总体规划，从城乡统筹方面一起考虑。

4. 城市的空间发展问题

当代城市的合理发展、适度发展都有一个合理的地域空间，这里主要涉及城市的内部结构、空间范围是否科学合理，必须对每一个城市的人口结构、用地结构、产业结构、环境结构进行分析，重视城乡之间重大基础设施的建设，做到资源共享，设施共用。注意城市本身的支撑体系（包括城市用水、交通体系、能源供给、防灾体系和市场潜力等因子）能否达到稳定、安全、可持续发展的基本要求，才能促进城市现代化的建设。城市空间的合理开发利用主要表现在房地产业的开发与地上、地下空间的合理开发问题，目前应积极、稳妥地发展房地产业，不能盲目、过于超前；同时积极开发地下空间，节约用地、保护耕地是一个有发展前景的领域。

四、建立推进我国城镇化与城乡统筹的新思维

关于我国城市建设方针的一个基本认识，应当有一个全面的、历史的前景分析，不应当割断历史，片面强调“发展大城市或发展小城市作为重点”，而要遵循每个城市的历史阶段和客观发展条件去做出评价，“国家的城市建设方针是经过长期的城市建设实践得来的，是符合我国国情的方针政策，控制大城市规模，合理发展中等城市，积极发展小城镇”。世界各国城市发展过程的经验表明，城镇化的过程大体经过三个不同时期：

（1）缓慢的发展时期。人均 GDP 仅有 1 000 美元左右，城市化水平在 30% 以下，第二次世界大战前许多发达国家刚刚完成工业化初期阶段，一般城镇化进程比较缓慢。

（2）加速发展时期。当工业化、城镇化达到一定水平，一般是在 30% 以上就进入城市化的第二阶段，人均 GDP 达到 3 000 美元，大多数发达国家已经完成工业化阶段，城镇工业化、城镇化水平在 20 世纪 50 至 70 年代都达到了 60% ～70% 的水平。

（3）现代发展阶段。城市工业化、城市现代化的发展时期，人均 GDP 达到 10 000 美元以上。许多发达国家城市化转入稳定发展阶段，发达国家城镇化水平达到 75% ～80%；发展中国家城市化水平也达到 45% ～50%。第三世界历史上比较贫困的国家城镇化水平大多刚刚超过 30% 左右，还有一些国家在 30% 以下。（表 10-6）

表 10-6 世界几个大国的关键数字比较(2010 年)

国家	国土面积(万 km^2)	总人口(亿人)	经济发达度 (人均 GDP)(美元)	城市化水平(%)
俄罗斯	1 708	1.56	3 600	68
中国	960.1	13.42	5 000	51.2
美国	937.2	3.15	35 060	78.1
德国	35.6	0.89	36 000	81.5
日本	37.8	1.45	35 100	78
英国	24.4	0.81	31 000	84
法国	55.1	0.65	28 600	82
巴西	854.7	1.98	3 500	80.1
印度	297.4	11.50	1 600	59.1

资料来源：联合国 2010 年公布的数字。

我国自改革开放以后，工业化、城镇化水平发展很快，特别是 20 世纪 90 年代后，城镇化发展水平转入快速增长时期，人口和 GDP 都得到前所未有的发展(表 10-7)。但目前，城镇化水平刚刚超过 42%，我国仍处在世界城市化发展第一和第二时期的转型时期，即加速发展阶段。我国城市人口超过 300 万的特大城市已有 10 个，超过 200 万人口的也有 10 个，100 万以上人口的特大城市接近 30 个，这是世界上任何一个大国都没有的现象。

表 10-7 我国若干特大城市人口规模和 GDP 增长分析表

地区	全市常住人口(万人)		暂住人口(万人)		GDP 总量(亿元/人民币)
年份	1984 年	1998 年	2009 年	2009 年	2009 年
上海	673	894	1 921	510	14 901
北京	499	674	1 755	540	11 866
广州	249	331	1 033	380	9 113
武汉	290	428	910	150	4 561
南京	187	239	771	86	4 230
济南	111	171	668	60	3 351
成都	152	215	1 287	88	4 503
大连	133	200	617	60	4 418
青岛	94.1	170	763	65	4 890
杭州	97.3	135	810	90	5 099

从我国实际出发，今后一个时期城市发展应加强分类指导，全面推进，从城市规模效益和生态效益出发，对大城市应区别对待，市区非农业人口超过 200 万以上的，应严格控制人

口规模的膨胀(并不是所有300万人口以上的特大城市,都不让其合理发展,如上海的浦东开发、大连、南京、重庆等城市还可以有控制地完善地发展),特别是像北京、天津、广州、兰州、沈阳、西安、成都这些历史文化名城,环境弱化,生态脆弱,淡水资源、地下水资源短缺、市内交通十分拥塞,应当严格控制其人口、用地的不断膨胀(表10-8)。有不少城市,如市区人口200万以下的省会城市,用水、用地潜力较大的重要港口城市、交通枢纽等,应允许其在完善基础设施和提高环境质量的基础上适当增加一些城市人口,让其充分发挥中心城市的作用。市区非农业人口50万左右的中等城市,人口规模扩张速度要快一些,以便进一步发挥区域经济中心的辐射作用,小城市和小城镇在有条件有实力的基础上,城市发展步伐可以加快一些,充分发挥其城市的规模经济、规模效应的作用,发挥中小城市成为城乡经济文化联系纽带的作用。同时中小城市和建制镇设置新标准等,以政策为导向,引导我国城市合理、协调地向前发展,推动我国城镇化、现代化、城乡一体化的更高层次的新发展。

表10-8 我国若干特大城市用地(建成区)扩展情况(1952—2009年) 单位:km^2

地区	1952年	1978年	1997年	2003年	2005年	2009年	扩大倍数(60年间)
上海	78.5	125.6	412.0	610.0	819.0	1 160.0	14.8
北京	65.4	190.4	488.0	580.0	950.0	1 349.0	20.6
广州	16.9	68.5	266.7	410.0	735.0	927.1	54.9
天津	37.7	90.8	380.0	420.0	530.0	622.5	16.5
南京	32.6	78.4	198.0	260.0	512.0	598.1	18.3
杭州	8.5	28.3	105.0	196.0	310.0	392.7	46.2
重庆	12.5	58.3	190.0	280.0	582.0	783.8	62.7
西安	16.4	83.9	162.0	245.0	280.0	410.5	25.1

资料来源:根据各城市总体规划基础资料的数据(建设部,2000—2009年)。

我国曾用三十多年的时间初步走完了一条国家工业化的道路,并带动了中国城镇化轰轰烈烈的发展之路。但由于政府经营了工业化与城镇化中的资源配置,特别是土地的发展权、征地权,以粮食的剪刀差牺牲了农业和农村的繁荣。城乡二元结构留下了难以弥合的社会发展难题,造成了国家资源太多的浪费和城乡之间巨大的发展落差。地方城市政府追求奢侈豪华的办公大楼,浪费水土资源的大广场、大宾馆、大马路以及难以按规划完成的开发区、大学城、大的景观花园,等等,许多地方竞相攀比国际化大都市。国家工业化、城镇化的典型形态就是冒进,就是大跃进。发展的终极目标是让全体居民受益,而中国目前多数人在农村,只有通过城乡统筹,让基础设施和服务设施向农村延伸,提升农村的生活水平和环境质量,才能让改革开放的成果惠及城乡居民;只有通过城乡统筹,促进城乡要素资源的合理配置和高效流动,在提升经济发展效益的同时,建立起对农村资源有偿使用和合理分配的体制机制,才能真正体现社会公平;只有通过城乡统筹,使城市的优势更突出,使乡村的特色更明显,使城乡成为有机互补的统一整体,形成城乡之间生活、生产、生态分工合作格局,抹平城乡之间物质和文化差异,才能最终实现城市和农村、市民和农民的全面现代化。

以城镇化带动和推动新农村建设，不仅是我国当前应对经济全球化和一体化的一个着力点，而且是我国保持经济平稳较快发展的持久动力和特有优势。同时，统筹城乡发展是贯彻落实科学发展观的重要内容，是新时期、新阶段解决“三农”问题的根本途径。统筹城乡发展既是对长期实行重城轻乡政策的历史反思，又是对先前各种发展观的科学扬弃，但不是超越发展阶段盲目追求尽善尽美。生产力水平提高、经济增长和物质财富积累是统筹城乡的重要前提条件。从发展经济学理论上讲，经济发展所处的阶段不同，城乡差异对经济增长的影响不同；经济增长的水平和潜力又反作用于城乡差异水平的变化。因此，探寻不同经济发展阶段区域的统筹城乡与经济增长的协调推进，是今后我国稳步推进统筹城乡发展战略必须密切关注的重要问题。

五、结论

中国是一个农村人口占大多数的人口大国，具有以农立国的几千年传统。如果不加速推进新型工业化、工业现代化，国家经济实力不增强，要解决“三农”问题根本是不可能的，更没有实力支持农村的基础设施建设，社会保障水平和传统农业改造也很难实现。党的十七届三中全会指出：“我国总体上已进入以工促农、以城带乡的发展阶段，进入加快改造传统农业、走中国特色农业现代化道路的关键时刻，进入着力破除城乡二元结构、形成城乡经济社会发展一体化新格局的重要时期。”这就表明应当把农村发展放到城乡一体化的新视野中来认识，农村发展也应成为城镇化的增长动力。因此，中央关于“城乡统筹”、“城乡一体化”等重大决策，对于我国各地社会经济发展，实现工业化、城镇化、现代化具有重要的指导作用，特别是对我国农业现代化将起到关键性的作用。为此，应按照城乡统筹的发展计划，从基础设施、产业建设、公共服务、社会管理和就业要求出发，协调推进城乡改革，加快完善城乡互动、协调发展的体制机制，积极引导社会资源与文化科技力量投向农业农村，鼓励各种社会力量参与农村发展和公共基础设施建设，逐步提高农村现代化水平。只有加快城镇化、工业化和农业现代化水平，才能逐步消除我国城乡二元结构，实现新农村的建设目标，提高农民生活水准，真正实现城乡一体化和城乡共同繁荣的远大目标。

主要参考文献

[1] 李岳云,陈勇,孙林. 城乡统筹及其评价方法[J]. 农业技术经济, 2004(1).

[2] 芒福德. 城市发展史:起源、演变与前景[M]. 北京: 中国建筑工业出版社,1989.

[3] 刘静怡. 基于城乡统筹的生态住区理论研究[J]. 安徽农业科学,2012,40(2).

[4] 姚士谋,杨永清, 任永明,等. 城乡统筹,和谐江宁[M]. 合肥:中国科学技术大学出版社,2011.

[5] 姜太碧. 统筹城乡协调发展的内涵和动力[J]. 农村经济,2005 (6).

[6] 李岳云,陈勇,孙林. 城乡统筹及其评价方法[J]. 农业技术经济,2004(1).

[7] 姜太碧. 城镇化与农业可持续发展[M]. 成都:四川科学技术出版社,2004.

[8] 鞠正江,张益刚,房清波. 论"统筹城乡经济社会发展"的丰富内涵和对策措施[J]. 中共济南市委党校济南市行政学院济南市社会主义学院学报,2003(3).

[9] 姜绍华. 统筹城乡发展重点是推进城市化[J]. 经济研究参考,2004(47).

[10] 胡进祥. 统筹城乡发展的三个层面和政策取向[J]. 农业现代化研究,2004(1).

[11] 周琳琅. 统筹城乡发展理论与实践[M]. 北京:中国经济出版社,2005.

[12] Hidding M C,Teunissen A T J. Beyond Fragmentation: New Conceptsfor Urban-Rural Development[J]. Landscape and Urban Planning,2002,58.

[13] OKPALA D C I. Promoting the Positive Rural-Urban Linkages Approach to Sustainable Development and Employment Creation: The Role of UN-HABITAT[Z]. United Nations Human Settlements Programme,2003.

[14] World Habitat Day 2004[EB/OL]. http://www. unhabitat. org/categories. asp? catid = 392.

[15] 王铮, 李国平, 苗长虹,等. 中国城市与区域管理研究进展与展望[J]. 地理科学进展,2011,30(12).

[16] 王锡桐. 城乡统筹与我国农业保险发展[J]. 经济体制改革,2004(10).

[17] 李彦军, 叶裕民, 倪稞. 城市群内城乡统筹的理论基础与现实依据[J]. 中国人口资源与环境,2008,18(5).

[18] 党国英. 统筹城乡发展要有更积极的城市化政策[J]. 中国城市经济,2007(12).

[19] 曾磊, 雷军, 鲁奇. 我国城乡关联度评价指标体系构建及区域比较分析[J]. 地理研究, 2002, 21(6).

[20] 修春亮, 许大明, 祝翔凌. 东北地区城乡一体化进程评估[J]. 地理科学, 2004, 24(3).

[21] 高珊, 徐元明, 徐志明. 城乡统筹的评估体系探讨: 以江苏省为例[J]. 农业现代化研究, 2006, 27(4).

[22] 吴建楠, 姚士谋, 曹有挥, 等. 长江三角洲城市群城乡统筹发展的空间差别化研究[J]. 长江流域资源与环境,2010, 19(Z1).

[23] 马远军, 张小林, 张春花. 江苏省县域城乡空间演进与分异[J]. 安徽农业科学, 2002, 34(22).

[24] 杨宜勇、张英、顾严. 构建城乡统筹的最低生活保障体系[J]. 中国人口科学,2006(6).

[25] 张晴,刘李峰,高明杰. 中国中部地区县域城乡统筹发展模式探讨[J]. 中国农学通报,2011(11).

[26] 李铁生. 基于共生理论的城乡统筹机理研究：访浙江工商大学教授、经济学博士郝云宏[J]. 经济师, 2005(6).

[27] 曲亮, 郝云宏. 基于共生理论的城乡统筹机理研究[J]. 农业现代化研究, 2004, 25(5).

[28] 李习凡, 胡小武. 城乡一体化的“圈层结构”与“梯度发展”模式研究：以江苏省为例[J]. 南京社会科学, 2010(9).

[29] 周国华, 贺艳华, 唐承丽, 等. 论新时期农村聚居模式研究[J]. 地球科学进展, 2010, 29(2).

[30] 淮建峰. 国外城乡统筹发展理论研究综述[J]. 科技咨询导报,2007.

[31] 姚士谋,李青,等. 我国城市群总体发展趋势与方向初探[J]. 地理研究,2010, 29(8).

[32] GINSBURG N,KOPPEL B,MCGEE T. The Extended Metropolis: Settle - ment Transition in Asia[M]. Honolulu: University of Hawaii Press,1991.

[33] VICKERS A. The Country and the Cities[J]. Journal of Contemporary Asia,2004, 34(3).

[34] 姚士谋,杨永清, 任永明,等. 城乡统筹,和谐江宁[M]. 合肥:中国科学技术大学出版社,2011.

[35] 周牧之. 中国需要大城市群发展战略[J]. 经济时刊,2001 特刊.

[36] 姚士谋,王兴中,陈振光,等. 中国大都市的空间扩展[M]. 合肥:中国科技大学出版社,1998.

[37] 姚士谋,冯长春. 中国城镇化及其资源环境基础[M]. 北京:科学出版社,2010.

[38] 范小建. 加快推进农村小康建设的若干问题[N]. 中国农民报,2002 - 10 - 15.

[39] 杜青林. 中国农业和农村经济结构的战略性调整(第一版)[M]. 北京:中国农业出版社,2003.

[40] 陆大道,姚士谋,刘慧, 等. 2006 中国区域发展报告——城镇化进程及空间扩张[M]. 北京:商务印书馆,2007.

[41] 胡锦涛. 在中央经济工作会议上的报告[R]. 人民日报,2011.

[42] 陆大道,姚士谋,刘慧,等. 中国区域发展报告(2006):城镇化进程及空间扩张[M]. 北京:商务印书馆,2007.

[43] 高云才. 城市化不能大跃进[N]. 人民日报,2011 - 2 - 14(14 - 16).

[44] 吴良镛. 建筑学的未来[M]. 北京:清华大学出版社,1999.

[45] 石忆邵. 城乡一体化理论与实践:回眸与评析[J]. 城市规划汇刊,2003 (1).

[46] 龚浔泽. 江苏脉动——网络时代的区域新观察[M]. 南京:江苏人民出版社,2008.

[47] 苏州创新完善苏南模式,加快推进城乡一体化[N]. 苏州日报,2010 - 11.

[48] 徐菁,褚丽君. 苏南模式转型背景下的无锡城乡一体化发展[J]. 合作经济与科技,2011(11).

[49] 王景新,李长江,曹荣庆. 明日中国:走向城乡一体化[M]. 北京:中国经济出版

社,2005.

[50] 陈承红.从“苏南模式”到“新苏南模式”的创新发展——科学发展观在无锡的生动实践[J].学术论坛,2008.

[51] 宋劲松.城乡统筹三阶段[J].城市规划,2012,36(1).

[52] 姚士谋,陈振光,等.中国城市群(第四版)[M].合肥:中国科学技术大学出版社,2008.

[53] 姚士谋,等.中国城市化的总体目标与实施对策[J].上海城市管理职业技术学院学报,2008(3).

[54] 姚士谋,陈振光,陈雯,等.中国城市发展报告(2000—2001年)[R].中国科学院南京地理所城市中心,2010.

[55] 姚士谋,陈振光,陈彩虹.我国大城市区域空间规划与建设的思考[J].经济地理,2005(2).

[56] 年福华,姚士谋.城市规划创意的思维层面[J].城市规划汇刊,2001,134(4).

[57] 姚士谋,朱英明,陈振光.中国城市群(第二版)[M].合肥:中国科学技术大学出版社,2002.

[58] 姚士谋,陆大道,王聪,等.中国城镇化需要综合性的科学思维——探索适应中国国情的城镇化方式[J].地理研究,2011,30(11).

[59] 高云.我国城市化大跃进[N].人民日报,2011-1-14(17).

第十一章

城镇化进程中的乡村转型发展

提 要

目前,我国乡村和城市的发展都处在一个转型时期。随着经济与社会转型,区域发展要素重组与产业重构,特别是乡村要素非农化带来一系列新问题,致使“三农”问题日益凸现。建设新农村和推进城镇化“双轮”驱动作为解决我国“三农”问题的重要手段,对快速城镇化进程中如何顺利实现乡村的转型发展提出了现实的科技需求。本章在阐述乡村转型发展的概念内涵基础上,系统研究了我国快速城镇化进程中乡村转型发展的特征和问题、动力机制与优化对策,以及乡村转型发展进程中的土地利用转型。主要观点如下:

乡村转型发展,是指快速工业化和城镇化进程中城乡人口流动和经济社会发展要素重组与交互作用,并由当地参与者对这些作用与变化作出响应与调整而导致的农村地区社会经济形态和地域空间格局的重构,主要涉及村镇空间组织结构、农村产业发展模式、就业方式、消费结构、工农关系、城乡关系和城乡差别等方面的转变。

特定区域的乡村转型发展需要适应于其自身的乡村发展基础,以使转型过程顺畅。乡村发展水平低的地区,经历过低或过高的乡村转型度将不可避免地导致城乡之间的不协调发展。2000—2008 年中国城乡协调发展经历了一个普遍衰退的时期,城乡协调度降低的地区主要集中在经济快速发展的东部沿海地区、能源矿产开发基地和部分中部地区,其经济的发展并未实现城乡系统的互动和协调发展。

通过选取能源开发、粮食安全和经济能否持续高速发展等问题较为突出的中西部能矿资源富集区、中部传统农区和东部经济高速发展区,基于这三大典型乡村发展类型区乡村转型发展的动力机制,研究提出其未来乡村发展战略重点分别为:增强乡村内生发展能力,推进产业分工协作与城乡土地资源统筹配置和培育乡村新型产业体系。

土地利用转型,即在社会经济变化和革新的驱动下,某一区域在一段时期内由一种土地利用形态(含显性形态和隐性形态)转变为另一种土地利用形态的过程,它通常与经济和社会发展阶段的转型相对应。乡村转型发展促使土地利用转型,土地利用转型的结果反过来作用于乡村的转型发展。耕地和农村宅基地是乡村发展与土地利用转型的重要源头。

第一节 乡村转型发展的概念内涵

刘彦随(2007)认为乡村转型发展是实现农村传统产业、就业方式与消费结构的转变,以及由过去城乡隔离的社会结构转向构建和谐社会过程的统一,其实质是推进工农关系与城乡关系的根本转变。这一定义强调乡村发展模式和结构以及工农和城乡关系的转变,而对发生这些转变的作用主体与作用方式没有阐述。乡村转型发展概念在实质上与国际上流行的乡村重构(rural restructuring)这一术语具有相似的内涵。乡村重构,即在快速工业化和城镇化进程中,由于农业经济地位的下降和农村经济的调整、农村服务部门的兴起和地方服务的合理化、城乡人口流动和社会发展要素重组等不同因素的交互影响,农村地区社会经济结构的重新塑造,它是地方内外影响因素相互作用与变化以及当地参与者对这些作用与变化作出响应与调整的结果(Woods,2005)。Woods 的这一概念强调了转型发生过程中的作用因素与主体,并突出农村地区的社会经济结构的重塑,但对乡村空间重构并没有强调。而陈晓华和张小林(2008)则强调空间重构,认为乡村转型发展集中表现在经济形态、空间格局与社会形态等方面的转变,以及在此基础上实现的乡村空间重构。此外,蔡运龙(2001)认为乡村转型发展主要体现为农民生活水平与消费水平、农业土地的经营方式、工农关系、城乡关系与城乡差别、乡村经营发展模式等方面的转变。

综上所述,乡村转型发展,即快速工业化和城镇化进程中城乡人口流动和经济社会发展要素重组与交互作用,并由当地参与者对这些作用与变化作出响应与调整而导致的农村地区社会经济形态和地域空间格局的重构,主要涉及村镇空间组织结构、农村产业发展模式、就业方式、消费结构、工农关系、城乡关系和城乡差别等方面的转变(龙花楼,2012)。

当前,建设新农村和推进城镇化"双轮"驱动作为解决我国"三农"问题的重要手段,对快速城镇化进程中如何顺利实现乡村的转型发展提出了现实的科技需求(龙花楼,邹健,2011)。我国乡村发展的区域差异非常明显,不同类型区域的乡村发展矛盾和问题不尽相同,揭示乡村发展的区域差异性及其主控因素,基于区域差异刻画分析乡村转型发展的态势与规律,并探讨城乡统筹发展的模式与对策是当前重大的科技需求。因此,系统研究我国快速城镇化进程中乡村转型发展的特征和问题、动力机制与优化对策,乡村转型发展与土地利用转型的联动机制,既是区域农业与乡村地理学科领域亟待深入研究的重要前沿课题,也是面向国家战略需求亟须推进科学决策与创新的重大战略主题。

第二节　新世纪以来的中国乡村转型发展评价

一、乡村转型发展评价的三个维度

一般而言,综合的乡村发展理论认为乡村系统内在因素和外援驱动力的共同作用,是推动乡村系统发展的关键(Terluin,2003),乡村系统与外援系统的相互影响和交流,特别是城乡两大系统之间在物质和文化方面的广泛交流,已成为现在乡村发展研究的重要组成(Murdoch,2000;龙花楼,张杏娜,2012)。乡村农业发展通过保障粮食和工业原材料供给,在区域工业化和城镇化进程中扮演着至关重要的作用。随着城乡交流和联系的不断发展,社会产业整体在城镇与乡村系统间的功能分工愈加广泛和深刻,在促使城乡联系更加紧密的同时,也推动城镇系统和乡村系统在持续的工业化和城镇化进程中不可避免的变动和转型(McGee,2008)。

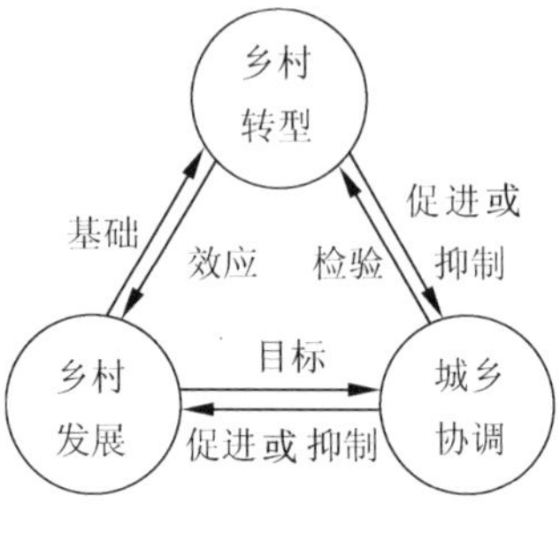

图 11-1　乡村转型发展各维度间相互关系

区域经济社会发展包括经济总量增长与社会经济结构优化两个方面,而城乡协调发展是各地乡村转型发展的主要目标。因此,衡量一个地区的乡村转型发展,应从乡村发展、社会经济结构转变和城乡关系改善三个方面入手,即乡

村发展、乡村转型和城乡协调等三个维度(图 11-1),与之相应的三个衡量指标分别为:

(1) 乡村发展度(Rural Development Level,RDL)。综合度量了乡村系统转型发展之前所拥有的社会经济条件基础和转型前后发展水平的变化,以及乡村转型对乡村系统社会、经济和文化观念变化方面的综合作用结果。

(2) 乡村转型度(Rural Transformation Level,RTL)。即乡村社会经济结构和消费结构的变化程度,综合反映乡村内部社会经济结构的转变速率和方向,揭示了乡村系统由粗放无序发展向高效有序发展的转变程度。

(3) 城乡协调度(Urban-Rural Coordination Level,URCL)。从本质上揭示区域资源在城乡之间合理有效配置程度,以及乡村转型发展是否有效促进了区域经济社会发展的整体效益最大化。城乡协调发展程度能有效检验乡村转型发展的合理性,良性的乡村转型能推进区域城乡协调发展,而恶性的乡村转型只会加剧乡村的被剥夺。推进乡村发展的目标是缩小城乡差距,实现城乡协调发展,而协调的城乡关系能有效整合与配置区域资源,进一步促进乡村的持续发展。

乡村转型发展是乡村经济社会发展到一定阶段的产物,特定区域的乡村转型发展需要适应于其自身的乡村发展度基础。一般而言,较低的乡村发展度意味着区域乡村系统在发展资金、农业技术、人力资本、基础生产和服务设施等方面缺乏足够的积累,难以有效支持乡村在每个功能子系统的全面升级和转型。若在此状况下盲目推进乡村转型发展,将打乱原有的乡村积累和发展模式,致使乡村功能子系统的结构升级难以达到成功改善乡村内生发展能力的目标,并最终导致乡村系统发展受限和城乡不协调发展。但如果推进乡村转型的程度适中,且乡村经济的转型集中于改善原有的农业基础设施和生产技术条件,最终将促进区域乡村发展度的显著改善,并有效推动城乡关系的协调发展。

当区域乡村系统经历了快速发展并成长到一定阶段,在原有发展模式下乡村系统必然难以保持应有的发展速度以满足区域整体发展的需求。及时推进乡村转型发展,通过政策激励、就业支持和技术改进等措施,推动乡村产业发展,促进乡村系统结构的优化,加快乡村发展速率,成为推动城乡协调、保障区域整体持续快速发展的客观需要。

随着社会经济的持续发展,区域乡村发展度得到不断增长,而乡村社会经济结构转型是否平稳将极大影响区域城乡协调发展的进程。简而言之,特定的初始乡村发展度配以不同的乡村转型度,最终将导致城乡关系和区域整体不同的发展模式(图 11-2)。

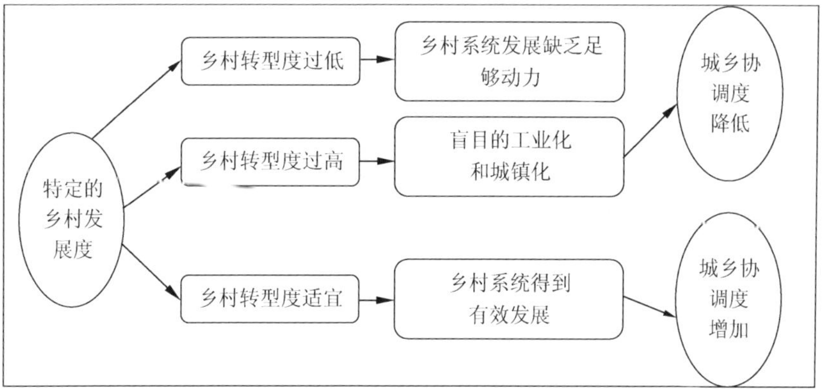

图 11-2 乡村转型发展三个维度间的作用关系图

二、乡村转型发展评价指标体系

乡村发展度、乡村转型度、城乡协调度三者密切相关，是衡量地区乡村转型发展不可或缺的重要复合标准。本研究将针对此三个衡量标准，以乡村转型发展相关理论为基础，基于科学性、目标性、系统性、层次性、可操作性与动态性等原则（毛汉英，1996；刘慧，1997），分别构建评价指标体系，以实现对乡村转型发展的综合评定。

1. 乡村发展度

乡村地域系统的综合发展，包括其社会、经济、文化、资源环境等诸多方面的综合变化，可以从生产、生活与生态环境等三个方面进行概括。结合乡村经济发展的综合表征，确定乡村发展度评价的四个准则层，参考前人（毛汉英，1996；刘慧，1997）有关区域与农业可持续发展方面的评价指标体系，构建乡村发展度评价指标体系（表 11-1）。

2. 乡村转型度

乡村转型的本质在于其系统内部产业、就业方式与消费结构的变化，以及由此带来的人口与土地利用方式的转变。因此，对乡村转型度的评价需从这几种因素的结构变化着手，整体分析乡村系统内部结构变动的综合效应，基此得到乡村转型度评价指标体系（表 11-2）。其中，针对“粮食作物种植比重变化”这一指标，我们认为在谋求地区社会经济发展的前提下，收益率更高的经济作物对粮食种植面积的挤占程度越高，地区经济收益相应越高，更有利于推动乡村经济增长以促进区域协调发展的目标，据此本研究将其设定为逆向指标。

表 11-1　乡村发展度评价指标体系

		准则层	指标层	指标说明
乡村发展度	乡村经济发展	人均农业总产值	农林牧渔业总产值/农业人口（元/人）	正指标
		人均乡村社会总产值	乡村社会总产值/乡村总人口（元/人）	正指标
		乡村从业人员比例	乡村就业人口/乡村总人口（%）	正指标
		农业劳动生产率	一产产值/一产就业人口（元/人）	正指标
	农业生产投入	农业资金投入强度	农林牧渔业增加值/农业投资额（%）	正指标
		农业机械投入	农业机械总动力/耕地面积（千瓦/ha）	正指标
		农业化肥投入	农业化肥施用总量/耕地面积（t/ha）	正指标
		乡村灌溉设施	有效灌溉耕地面积/耕地面积（%）	正指标
		耕地复种指数	农作物总播种面积/耕地面积（%）	正指标
	乡村社会发展	乡村交通设施	乡村公路里程/乡村总人口（km/人）	正指标
		乡村电力设施	乡村用电量/乡村总人口（千瓦时/人）	正指标
		乡村通讯设施	乡村电话机总数/乡村总人口（部/人）	正指标
		乡村教育水平	中学以上文化程度人口/乡村总人口（%）	正指标
		乡村医疗卫生条件	乡村医院床位总数/乡村总人口（张/人）	正指标
		人口平均预期寿命	（岁）	正指标
		农民收入水平	农村居民人均纯收入（元）	正指标
		乡村消费水平	农村居民人均生活费支出（元）	正指标
		农民组织化程度	加入合作社农民总数/农业人口（%）	正指标

续表

		准则层	指标层	指标说明
乡村发展度	乡村生态环境	人均耕地资源	乡村耕地资源总面积/乡村总人口(ha/人)	正指标
		森林覆盖率	乡村森林面积/乡村土地总面积(%)	正指标
		水土保持系数	乡村水土保持面积/乡村土地总面积(%)	正指标
		自然灾害成灾率	自然灾毁耕地面积/乡村耕地总面积(%)	逆指标
		环境污染程度	污染物排放总量/乡村土地总面积(t/km^2)	逆指标

表 11-2　乡村转型度评价指标体系

	指　标	计算方法	指标说明
乡村转型度	非农人口比重变化	非农人口占总人口比重	正指标
	产业结构变化	一产产值占 GDP 比重	逆指标
	劳动力就业结构变化	农林牧渔业从业人口占总就业人口比重	逆指标
	乡村消费结构变化	农村居民消费恩格尔系数	逆指标
	粮食作物种植比重变化	粮食作物种植面积占总播种面积比重	逆指标
	复种指数变化	农作物总播种面积/耕地面积	正指标

3. 城乡协调度

城乡协调的评价涉及城镇与乡村两个不同地域发展水平的比较,因而需要选择更为概括、直观、可比较的指标进行对比度量,以综合反映城乡之间社会、经济、文化、资源环境等方面的协调发展程度。参考有关城乡统筹发展评价指标体系(田美荣和高吉喜,2009),构建城乡协调度评价指标体系(表 11-3)。鉴于我国乡村发展普遍落后于城镇,表 11-3 中所列指标均以乡村相对城镇的发展水平作为评判标准,乡村相对发展水平越高,城乡差距越小,城乡发展越协调。局部地区部分指标值超过“1”所显示的乡村发展水平超过城镇的现象,是城乡发展高度协调、乡村社会经济高速发展的表现,本文也将此种情况纳入正常考量的范围。

表 11-3　城乡协调度评价指标体系

	指　标	计算方法	指标说明
城乡协调度	非农人口比重对比	非农人口占总人口比重	正指标
	城乡人均 GDP 对比	乡村人均 GDP/城镇人均 GDP	正指标
	城乡人均收入对比	农村居民人均纯收入/城镇居民人均可支配收入	正指标
	城乡消费结构对比	城镇居民消费恩格尔系数/农村居民消费恩格尔系数	正指标
	产业劳动生产率对比	(一产 GDP/一产就业人口)/ (二三产 GDP/二三产就业人口)	正指标
	城乡教育水平对比	乡村中学以上人口比重/城镇中学以上人口比重	正指标
	城乡医疗卫生条件对比	乡村医院人均拥有床位数/城镇医院人均拥有床位数	正指标
	城乡污染处理率对比	乡村污染物处理率/城镇污染物处理率	正指标

三、中国乡村转型发展特征

1．评价指标体系和数据处理

（1）指标选取与权重。进入21世纪后，中国社会经济保持快速稳定发展，在国家社会主义新农村建设与统筹城乡发展战略与政策的推动下，乡村地区经济与社会得到有效发展。以产业为载体，各地区大力推进发展要素重组与产业重构，有效促进了乡村地区社会经济发展的快速转型。本文基于上述乡村转型发展评价指标，依托各地区可获取且可比较的统计数据，挑选其中部分概括性与综合性比较强的指标，并结合层次分析法（AHP）与德尔菲法（Delphi）分别对各类评价指标赋予权重（表11-4，表11-5，表11-6），以初步分析评价2000—2008年我国乡村转型发展的态势与空间格局。

表11-4　乡村发展度评价指标及权重

准则层		权重	指标层	权重
乡村发展度	乡村经济发展	0.383	人均农林牧渔业产值	0.542
			农业劳动生产率	0.458
	农业生产投入	0.263	农业机械投入	0.344
			农业化肥投入	0.310
			农业灌溉设施	0.346
	乡村社会发展水平	0.354	乡村电力设施	0.283
			农民收入水平	0.363
			农民消费水平	0.354

表11-5　乡村转型度评价指标及权重

	指　标	权重乡村
乡村转型度	非农人口比重变化	0.209
	产业结构变化	0.204
	劳动力就业结构变化	0.200
	乡村消费结构变化	0.174
	粮食作物种植比重变化	0.123
	复种指数变化	0.090

表11-6　城乡协调度评价指标及权重

	指　标	权重城乡
城乡协调度	城乡人均收入对比	0.433
	城乡消费结构对比	0.304
	产业劳动生产率对比	0.263

（2）数据处理。研究以市（地区、自治州）为基本单元，针对四个直辖市（省级行政单

位),北京、天津、上海因空间面积较小而不再进行区县划分,对面积较大的重庆市则采用市中区、市辖区与市辖县分别进行数据统计与处理。

为消除乡村发展度各指标的不同量纲对综合评价的影响,采用极值标准化方法对各指标数据进行处理,鉴于所选指标对目标层的作用方向都为正,故而仅采用正向极差处理,如公式:

$$X'_{ij}=\frac{X_{ij}-X_{i.\min}}{X_{i.\max}-X_{i.\min}}$$

式中,下标 ij 表示第 j 准则层的第 i 个指标,X'_{ij} 为标准化后 i 指标的值,X_{ij}为处理前 i 指标的值,$X_{i.\max}$与 $X_{i.\min}$分别为所有年份 i 指标中的最大值和最小值。

乡村转型度与城乡协调度的评价指标均为相对指标,为调整各指标值间的可比性,如下式采用一般标准化将各指标值校正到[-1, 1]范围,计算综合评价得分时对所有逆指标都乘以负 1 后再进行加权求和。

$$X'_{i}=\frac{X_{i}}{X_{i.\max}}$$

式中,X'_i 为标准化后 i 指标的值,X_i为处理前 i 指标的值,$X_{i.\max}$为所有年份中 i 指标绝对值的最大值。

在标准化过程中,鉴于乡村发展度与城乡协调度均涉及不同年份的评价与比较,故而各指标极值统一采用该指标在所有年份中的最大值与最小值,以保证评价结果在时间尺度上的可比性,并采用 2000 年与 2008 年乡村发展度与城乡协调度得分分别作差,得到乡村发展度与城乡协调度的变化度。

2. 评价结果

(1) 乡村发展度。受物质条件和社会经济发展格局的限制,除西北地区乡村发展度相对较高外,2000 年中国乡村发展度呈现由东向西逐级递减的态势(图 11-3)。优越的空间区位条件、较高的社会经济发展水平、国家经济发展政策的偏向,有效地促进了东部沿海地区农业生产条件的不断优化和进步,推动经济型农业的快速发展,农业收益水平高,而良好的乡镇企业基础又极大提高了农民收入与消费水平,导致了东部沿海地区普遍较高的乡村发展程度(龙花楼,2012)。

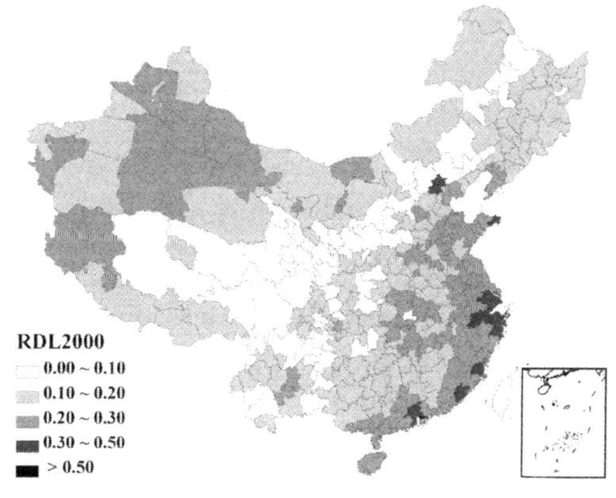

图 11-3　2000 年中国乡村发展度(RDL)空间格局

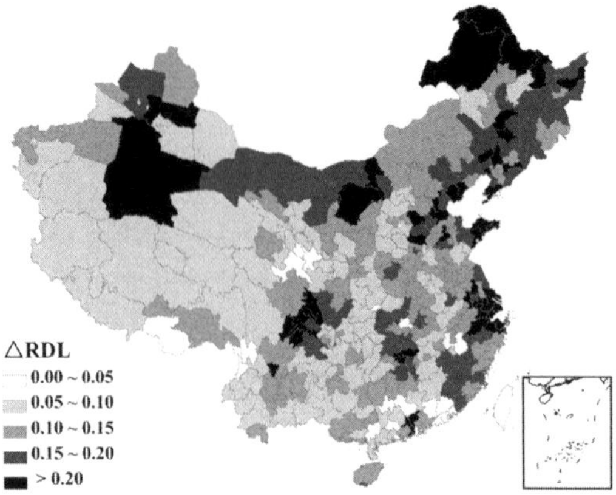

图 11-4　2000—2008 年中国乡村发展度变动(△RDL)的空间格局

中部地区是我国重要的粮食生产基地,在机械设备、灌溉设施、资金积累等方面具备极好的农业生产条件,促使其拥有较高的农业生产水平和相对较高的乡村发展水平。但受相对滞后的地区社会经济和乡村非农产业发展的影响,区域农业生产难以得到长期有效的资金支持,导致其乡村发展程度普遍低于东部地区。东北地区拥有广袤的大平原,富含以黑土为代表的肥沃土壤与普遍的灌溉设施条件,推动其较高的农业产出。但东北地区同时也是我国传统的重工业基地,1990 年代以来面临持续的经济衰退和产业结构重组,地区社会经济发展难以有效支持农业基础设施的改善,导致了该区域近 20 年的农业发展停滞和普遍低于东部沿海地区的乡村发展水平。

西部地区农业生产条件普遍较为恶劣,西南地区崎岖的山地地形条件和西北地区极端干旱的气候条件导致农业生产难以高效普遍开展,而落后的社会经济条件造成极端薄弱的农业基础设施和极低的乡村产业发展基础,导致西部地区普遍较低的乡村发展度,其仅有的少数乡村发展度高的地区,主要集中在部分大城市周边的社会经济中心或农业灌溉条件能得到改善、农业生产能得到财政有效支持的地区,主要为成渝地区、滇中经济作物集中区(烟草)和天山融雪灌溉区。

随着中国社会经济的快速发展,全国范围内的乡村发展水平普遍呈现显著的增长,并在不同的区域发展模式和政策条件下呈现不同的增长速率(图 11-4)。东部沿海地区经济社会飞速发展,为农业和农村的快速发展提供了足够的资金和技术支持,推动其较高的乡村发展速率。东北地区在国家振兴东北老工业基地战略支持下,经历深刻的产业重组,并带来了乡村发展条件的显著改善和较高的乡村发展度增长速率。

相比于东北地区的快速增长,中部崛起和西部大开发等国家战略却未能给这些地区的社会经济发展提供足够的动力,导致普遍较低的乡村发展度增长速率。乡村发展度高增速地区主要集中在成都、重庆、武汉、长沙、鄂尔多斯和乌鲁木齐等区域的经济中心城市地区,经济发展对中部和西部地区乡村发展水平改善的作用极为突出。

(2) 乡村转型度。2000 年以来中国经历了社会经济结构的深刻转型和经济的快速发展,由此对中国的乡村转型度造成了巨大影响。总体上看,由于各地区完全不同的发展模式,2000—2008 年中国各地的乡村转型度也呈现出极其复杂的空间格局(图 11-5)。

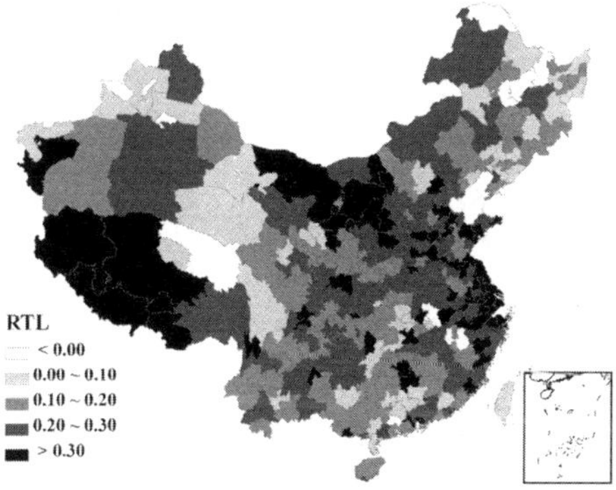

图 11-5　2000—2008 年中国乡村转型度(RTL)空间格局

长江三角洲地区通过乡镇企业的巨大改革以适应经济全球化和国家出口导向发展战略的需求,有效地促进了区域乡村经济的发展和在乡村系统结构优化方面的巨大进步,创造了区域极高的乡村转型度。北京、天津、山东、河北和河南省政府积极推动地区工业化和城镇化进程,促使了这些地区相对较高的乡村转型度。拥有丰富能源和矿产资源的地区,如山西、陕西、宁夏、内蒙古和贵州等省区,在矿产开发等重工业方面普遍取得了较大进步,促进了地区社会经济的飞速发展,创造了很高的乡村转型度。

(3) 城乡协调度。受不同经济发展模式和乡村转型强度的影响,2000—2008 年各地区城乡协调度并未呈现出具有显著地带性规律的空间格局(图 11-6)。总体上看,2000—2008 年中国城乡协调发展经历了一个普遍衰退的时期,57.9% 的地市呈现城乡协调度的负增长,全国层面的城乡协调度降低了 1.3%。从区域上看,城乡协调度降低的地区主要集中在东部沿海地区、中部地区和能源矿产开发基地等经济快速发展地区,其经济的发展并未实现城乡系统的互动和协调发展。

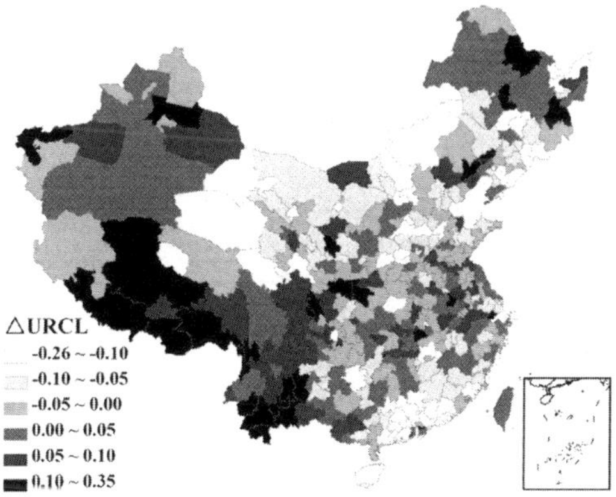

图 11-6　2000—2008 年中国城乡协调度变动(△URCL)的空间格局

四、中国乡村转型发展的规律

鉴于各地区乡村转型发展特征相对复杂,为简洁地揭示区域乡村转型发展的内在机制,本文基于指标的数理统计特征,将所有单元的初始乡村发展度划分为 4 个等级,将乡村转型度划分为 5 个等级(表 11-7)。

表 11-7 中国乡村转型发展统计描述的定级标准

等级	统计标准	初始乡村发展度范围	乡村转型度范围
低	(-∞, 均值 - 0.5 标准差*]	(-∞, 0.135]	(-∞, 0.154]
较低	(均值 - 0.5 标准差, 均值]	(0.135, 0.175]	(0.154, 0.216]
较高	(均值, 均值 + 0.5 标准差]	(0.175, 0.216]	(0.216, 0.277]
高	(均值 + 0.5 标准差, +∞*)	(0.216, +∞)	(0.277, 0.339]
极高	(均值 + 标准差, +∞)	—	(0.339, +∞)

注:* 乡村转型度分级中,高乡村转型度等级为(均值 + 0.5 标准差,均值 + 标准差)。

鉴于拥有高初始乡村发展度和高乡村转型度的单元(地市)数量相对较多,其数据的统计特征相对复杂,故本文增加了一个特殊的“极高”等级来描述部分高乡村转型度的单元,并最终得到了相关等级的统计特征表(表 11-8)。

表 11-8 中国乡村转型发展的统计特征

初始乡村发展度等级	乡村转型度等级	乡村发展度的平均变动	城乡协调度的平均变动	城乡协调度增长的单元在所处等级中的比重	单元数
低	低	0.118	0.009	44.1%	34
	较低	0.119	0.005	56.1%	41
	较高	0.116	0.001	46.2%	26
	高	0.120	0.028	59.1%	22
较低	低	0.154	-0.052	28.6%	14
	较低	0.133	-0.030	37.0%	27
	较高	0.138	0.027	72.7%	11
	高	0.154	0.061	70.0%	10
较高	低	0.117	-0.019	44.4%	18
	较低	0.118	-0.018	31.3%	16
	较高	0.129	-0.011	55.6%	9
	高	0.131	0.027	68.8%	16
高	低	0.125	-0.086	11.8%	17
	较低	0.132	-0.086	14.3%	14
	较高	0.144	-0.063	20.8%	24
	高	0.167	-0.018	27.8%	18
	极高	0.207	-0.010	36.7%	30

表 11-8 中呈现出一个显著的趋势,即除低的初始乡村发展度等级外,各等级的城乡协调度变化总是随着乡村转型度的增加而增加。此现象表明,一旦初始乡村发展度达到"较低"这一等级,乡村转型的增强或乡村转型度的增加将导致乡村发展度的逐步改善和城乡协调度的增加,即有效地推进了城乡协调发展。但这一规律并不适用于低的初始乡村发展度等级,正如上节在乡村转型发展地域类型区的特征分析中所揭示的,由于低初始乡村发展度的不同,不同地区通常会选择不同的发展道路以适应其各自的自然和社会经济条件,并将导致不同的转型发展结果。

高初始乡村发展度等级中由于普遍较低的乡村转型度,各地区都呈现出不同程度的城乡不协调发展。2000—2008 年中,尽管在高乃至极高的初始乡村发展度和乡村转型度等级中,因对农业和农村发展进行了充分的积累,各地呈现出显著的乡村发展度增加,但却因区域乡村转型发展的步伐难以赶上快速工业化和城镇化的进程,城乡协调度呈现普遍的负增长。

第三节 中国乡村转型发展动力机制与优化对策分析

工业化和城镇化的持续推进是乡村发展转型的初始动力,而工业化和城镇化所导致的城乡人口流动及社会经济发展要素重组则是乡村发展转型的最直接因素。农村地区社会经济形态和地域空间格局的重构是乡村转型发展的必然结果。城乡关系既是乡村转型发展的结果,又是乡村转型发展优劣的衡量标准之一,其从本质上揭示了区域资源在城乡之间合理有效的配置程度以及乡村转型发展是否有效促进了区域经济社会发展的整体效益最大化。协调的城乡关系能改变城乡分割的局面,通过逐步建立新型城乡关系,改善城乡结构和功能,实现城乡生产要素合理配置,以统筹协调城乡利益(吴楚材等,1997)。

结合我国国情,分别选取能源开发、粮食安全和经济能否持续高速发展等问题较为突出的中西部能矿资源富集区、中部传统农区和东部经济高速发展区,研究这三大典型乡村发展类型区乡村转型发展的动力机制(龙花楼等,2011),以理清乡村社会经济发展的轨迹,评判各典型类型区乡村转型发展的优劣,明确现阶段各地应发扬或改进的发展思路,促进乡村地域经济的快速良性发展,并为新农村建设的科学规划及相关战略决策的制定提供参考。

一、乡村转型发展影响因素分析

综合的乡村发展理论认为乡村系统内在因素和外援驱动力的共同作用,是推动乡村系统发展的关键,乡村系统与外援系统的相互影响和交流,特别是城乡两大系统之间在物质和文化方面的广泛交流,已成为现在乡村发展研究的重要组成。乡村转型发展也同时受到内在因素和外援驱动力的共同作用:内在因素即乡村本身所处的自然条件、资源禀赋、区位条件及其产业基础等;外援驱动力即在我国工业化、城镇化快速推进的大背景下国际市场、国内市场、政策环境的变化,包括外来投资的地区倾向、大城市的辐射带动、区域政府的发展政策等。内在因素决定乡村在经济快速增长前农业生产和相关产业的本底状况;外援驱动力使社会产业整体在城镇与乡村系统间的功能分工愈加广泛和深刻,在促使城乡联系更加紧密的同时,也推动城镇系统和乡村系统在持续的工业化和城镇化进程中不可避免的变动和转型。三个典型类型区随内在因素和外援驱动力的差异而形成不同的本底状况和转型程度，不同本底状况与不同转型程度的组合将产生各异的社会经济形态和地域空间格局，进而产生不同的城乡关系。城乡关系作为乡村转型发展优劣的重要衡量标准，可用来判断各区域本底状况与转型程度配套的合理性，当二者配套合理时城乡关系呈协调稳定状态；反之，将加剧城乡二元结构，制约区域经济社会持续高效稳定发展。目前我国城乡关系呈现三种发展阶段：一是城乡经济发展水平都很高，即较高水平的城乡均衡发展阶段；二是城乡经济发展水平差距大，即城乡非均衡极化发展阶段；三是城乡经济发展水平都很低，即城乡低水平均衡发展阶段（李泉，2005）。上述三个典型类型区的经济社会发展正好分别对应这三个城乡关系发展阶段。

二、典型区乡村转型发展动力机制分析

能源开发、粮食安全和经济能否持续高速发展分别是我国中西部能矿资源富集区、中部传统农区和东部经济高速发展区乡村转型发展进程中所面临的主要问题，针对这些问题，研究这三大类型区乡村转型发展动力机制对了解我国乡村转型发展态势具有很好的典型性。

1．中西部能矿资源富集区乡村转型发展动力机制

（1）乡村发展现状与问题。我国中西部地区具有能矿资源禀赋优势，是我国重要的能源矿产基地。在经济大发展带动能矿大规模开发之前，区域内产业布局相对较少。由于地处内陆，经济区位处于相对劣势，产业与经济发展水平较低；农业生产自然环境条件较差，耕地资源稀缺，人地矛盾突出，农业生产较为落后，农业产出水平较低。低下的农业发展水平和产业劣势难以有效支撑乡村系统的发展，而薄弱的乡村发展基础难以为农业生产和产业发展提供足够的资金和技术支撑，进一步阻碍了乡村发展，并形成恶性循环，导致乡村内生发展能力较弱。

（2）乡村转型发展动力机制。随着国家经济持续快速发展与工业化、城镇化进程加快，中西部的能矿资源支撑经济发展的战略地位日益凸显。同时，国际能源与矿产价格的不断攀升，极大地助推了中西部地区以能矿资源开采为核心的工业化转型过程，第二产业产值得到快速增长，产业结构发生巨大变化。但由于其所开采的能矿资源多运往外省乃至国外，难以在本地形成复合型与高附加值的产业链条，对地方与乡村经济发展和就业的拉动作用极弱，致使单一的工业化转型过程集中表现为产值（GDP）结构的大幅调整、乡村非农就业和城镇化水平的相对较低。

然而，薄弱的乡村发展基础难以支撑此持续高速的产值结构转型，单一的重工业化转型也难以对乡村系统发展形成有效支持。农业生产与乡村经济发展的相对停滞致使农民生活水平难以得到有效改善，而城镇地区在缺乏产业综合发展的情况下，却通过税收和财政等资金链条畸形地拔高了城镇居民收入，并通过能矿产业发展的 GDP 贡献有效改善城镇生活环境，城乡差距进一步拉大，城乡系统间呈现出持续的不协调发展局面，城乡关系进入非均衡极化发展阶段。其乡村转型发展动力机制如图 11-7 所示。

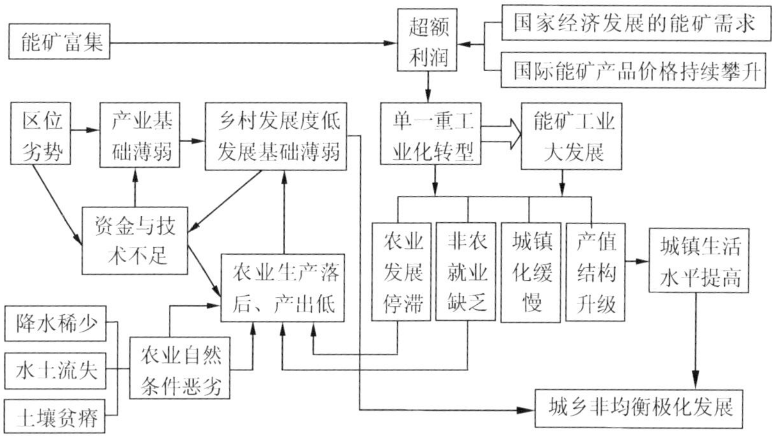

图 11-7　中西部能矿资源富集区乡村转型发展动力机制图

2. 中部传统农区乡村转型发展动力机制

（1）乡村发展现状与问题。中部传统农区是我国重要的商品粮生产基地，凭借优越的农业生产条件和自然条件，其农业生产技术先进、产量高，构成了地区乡村经济的重要基础。但过度偏重农业的产业发展定位，以及远离京津沪经济中心与港口的区位劣势，导致其工业基础薄弱、经济发展相对落后，乡村发展水平较低。中部传统农区乡村转型发展较东、西部地区具有特殊性：一方面，低水平的工业化使该区建设起点低于工业化水平较高的东部沿海地区；另一方面，由于肩负着保障全国粮食安全的重任，中部地区乡村转型任务的艰巨和复杂程度超过了西部（陈文科，2006）。然而，受区位条件与工业基础的限制，其工业产品的市场扩张难度较大，工业化发展相对缓慢，第二产业产值的增长速率远低于农业。此外，中部传统农区农村建设用地闲置与低效利用的现象较为突出。因此，如何推进中部传统农区产业分工协作与城乡土地资源统筹配置是该区经济社会发展亟待解决的关键问题。

（2）乡村转型发展动力机制。进入 21 世纪以来，国家粮食生产安全问题逐渐成为热点，中部传统农区作为国家粮食生产重要基地的战略地位进一步凸显，在国家相关政策的推动下，后备耕地资源得到大规模开垦，在促进粮食产量大幅增长的同时，也带动了地区农业生产的较快发展，成为推动乡村经济整体发展的重要力量。同时，在国家铁路干道（京九线）的重要推动下，凭借其自身及周边资源条件，中部传统农区逐步推进工业化发展，推动地区经济整体有序发展。由于中部传统农区区域社会经济与乡村发展基础相对落后，工业化进程呈现出缓慢、相对均衡的特点，能得到地方经济基础的有效支持，使得经济发展持续平稳，避免了盲目与单一的工业化对地方经济带来的巨大冲击，建设用地平稳扩张且对耕地资源冲击较小，工农业发展相对均衡，城乡关系得到相对有序发展，城乡关系进入低水平均衡发展阶段。其乡村转型发展动力机制如图 11-8 所示。

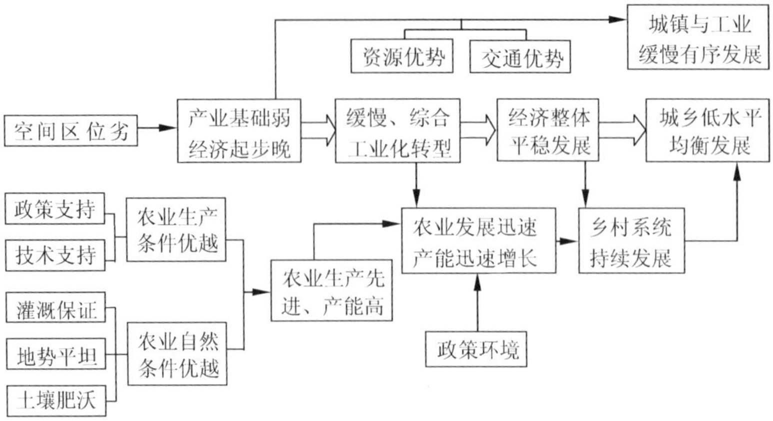

图 11-8　中部传统农区乡村转型发展动力机制图

3．东部经济高速发展区乡村转型发展动力机制

（1）乡村发展现状与问题。东部地区作为我国经济飞速发展区域，其乡村自然与经济条件优越，农业生产与乡镇企业发展并行不悖，且具有靠海的区位优势，使其产业发展能快速引进与输出，是我国经济发展最为迅速的地区。同时，东部地区具备完善的产业发展体系与成熟的适时改革机制，呈现出极高的乡村系统发展水平与土地集约利用水平。东部经济高速发展区作为中国改革开放的先行区、经济持续增长的重点区以及率先基本实现现代化的引领区，其乡村经济发展与产业转型的基础较好。在外向型经济发展战略的推动下，该地区乡村系统的高速转型与快速发展将常态化，由此带来的持续工业化与城镇化进程必将对乡村地区造成极大冲击。在此经济大发展背景下，亟须快速提高农业生产和乡村发展在国民经济中的战略地位，培育适应城镇化发展的乡村新型产业体系，以促进城乡经济联动，保障乡村经济持续稳定发展，最终实现城乡统筹协调发展。

（2）乡村转型发展动力机制。经济的龙头发展地位在赋予东部地区更多发展资源的情况下，也对其提出了更高的经济发展要求，快速推进产业扩张与适时转型，高效承接国际高新技术扩散与产业转移，不断提升经济发展效率，是该地区经济快速发展的客观需求，并导致地区经济与产业结构的持续高速转型。

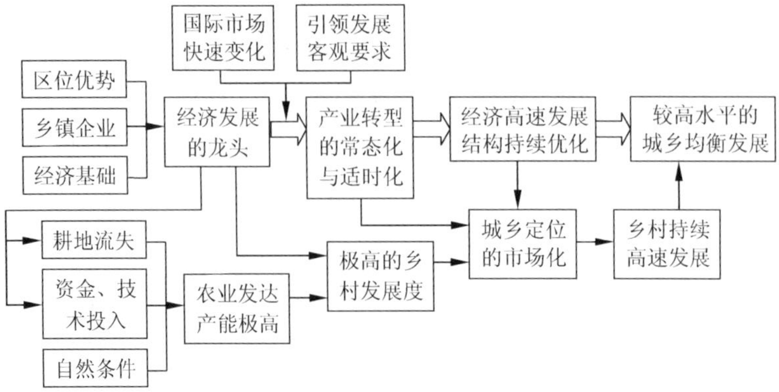

图 11-9　东部经济高速发展区乡村转型发展动力机制图

伴随着高速转型体制的建立与完善，乡村地区的发展也经历了从被忽视到重视的过程，民生产业发展和城乡协同发展逐步得到政策与经济的支持；随着改革与转型的常态化与平稳化，城乡系统职能分工也将随市场利益驱动而趋于合理，并随市场变化而迅速调整，城乡系统实现在较高发展水平上的均衡发展。其乡村转型发展动力机制如图 11-9 所示。

三、典型区乡村转型发展优化对策

1. 增强中西部能矿资源富集区的乡村内生发展能力

中西部能矿资源富集区都将面临因能矿资源的大规模综合性开发而造成的乡村系统发展动力不足，能矿资源综合开发产业体系将对农业及乡村非农产业产生持续的挤出和剥夺效应，乡村系统薄弱的内生发展能力是制约其快速发展和有效转型的关键。

薄弱的经济基础与财政支持，客观上要求强化政策支持在引导该地区乡村发展中的核心作用，以能源基地建设为重要契机，大力推进生态型特色产业发展路径。紧密依托能源产业发展带来的充足财政转移支付，以市场需求为发展导向，依托地区特色资源优势，大力培育具有高产、优质、高效特征的特色产品，发展壮大生态友好型特色主导产业，延长产业链，由小到大、由弱到强，逐步形成区域市场竞争优势，依赖特色产业着力推进农村工业化与区域城镇化进程，增强农村地区的自我积累与自我发展能力，促进地区乡村系统的持续发展。

同时，针对地区特有的自然环境特点与生态退耕政策，以财政投入为主要依托，一方面大力加强区域生态环境保护与退化土地的综合治理，因地制宜地推进退耕还林、还草工程，大力推广运用节水型生产与生活方式，促进区域生态环境建设与农村特色经济培育的协同发展；另一方面应加大农村社会保障投入力度，加快农业与农村基础设施建设，着力改善农民生产与生活环境，并完善生态补偿机制，促进农业生产、农民生活与农村生态环境的协调发展。

2. 推进中部传统农区产业分工协作与城乡土地资源统筹配置

农业发展是中部传统农区乡村产业与经济发展的重要目标，在大力推进地区工业化与城镇化的同时，应有效协调工农业发展及城乡土地资源配置，促进农业发展与粮食增收，以此作为中部传统农区城乡持续协调发展的重要基础。

从具体措施上看，中部传统农区应立足国家农业战略布局，充分发挥其农业自然资源丰富及农村劳动力资源富足的优势，在国家强有力的财政支持与持续稳定的惠农政策激励下，加快农业各种生产要素的投入力度，稳定并不断提高粮食产量，确保国家粮食安全；以农村土地承包经营权合理流转为重要契机，着力推进农业生产规模化、品种优质化、经营产业化，大力拓展特色农业产业链条（乔家君，2009）；提高农产品附加值，并力争建设成为全国高产、稳产、优质的粮油棉种植基地和多种特色优质经济作物生产基地，农副产品精深加工的核心基地，逐步发展成为我国现代农业生产体系的龙头。

快速的工业化过程是该地区经济发展的另一重要主题。因此，应以东部劳动密集型产业向中部地区转移为契机，充分发挥其承东启西的区位优势、劳动力成本的廉价优势和重化工业体系的产业优势，着力吸引东部沿海产业转移；紧密依托自身资源与产业优势，以区域整体效益最大化、避免产业重复与恶性竞争为核心目标，大力推进引进产业的分工协作和优势互补；着力发展工业集群，促进产业集聚优势的发挥和生产效率的提升，稳步打造地区工业品牌，提高产品市场竞争力；并通过产前产后联系、就业提供、税收返还等路径，带动区域农业与农村快速发展。

大力推进农业和工业的发展，必然引发工农业发展对资源的激烈竞争，在国家重点支援和财政帮扶下，农业与工业协调快速发展的客观需求，则集中表现为对有限土地资源的合理分配和高效利用。因此，优化城乡土地资源配置、强化耕地资源保护、提升用地集约产出效益，是保障中部传统农区工农业协同快速发展的重要基础。优化城乡土地配置，需在强化耕地保护机制与推进城乡土地统筹规划的基础上，针对中部传统农区普遍出现的“空心村”现象，大力实施以“迁村并点”、“村庄合并”为主要方式的农村土地综合整治（刘彦随等，2011），促进农村建设用地集约利用，大幅提高工农业用地后备拓展空间，支援农业与工业生产的持续稳定发展。

3．培育东部经济高速发展区乡村新型产业体系

东部经济高速发展区外向型经济的大发展客观上要求其以城镇为核心的经济体系具备快速调整与转型的能力，因此其乡村经济发展更需以城镇为带动中心，按照城乡统筹发展的基本要求，以城乡之间的要素流动为纽带、产业互动为链条、利益分配为手段，强化“以工促农、以城带乡”长效机制，大力发展国际化现代高效农业与农村股份制企业，提高城乡经济体系的联动性和灵活性，着力提升农村生产力及其创新发展能力。同时，应大力推进城乡土地统筹配置与土地空间整合，确立土地节约与集约利用的理念，以土地整治与统筹城乡用地为重点，建设资源节约型、环境友好型的现代农村社区，保障城乡经济发展的用地空间。

与此同时，有条件的地方可选择内生增长型的乡村发展模式，依托农村特有的资源优势与既有的经济基础，重点发展优质高效农业，培育并壮大乡镇企业发展能力，促进农业经济系统中的“三次”产业（优质种植业、特色加工业和观光休闲业）联动，通过优化乡村内部产业结构与布局，实现乡村功能的最大化。同时，积极制定地区产业发展规划，将促进乡村产业发展作为城乡产业体系建设与承接产业转移的首要目标，积极引导产业集聚，为乡村新型现代产业发展提供长效支持。

四、结论

（1）乡村转型发展受内在因素和外援驱动力的共同作用，在内在因素的制约与外援驱动力的驱使下，乡村系统遵循不同的转型路径，并形成各异的社会经济形态和地域空间格局，进而呈现不同的城乡关系。同时，城乡关系作为乡村转型发展优劣的重要衡量标准，反过来依此可审视内在因素与外援驱动力是否合理配套。

（2）中西部能矿资源富集区较为恶劣的自然环境条件和相对较差的产业劣势构筑了较为低级的乡村发展系统，而能矿资源的超额利润促使该区大力发展能矿产业，形成单一的工业化转型，低级的本底状况配套快速发展的单一工业化形成低水平下的城乡非均衡发展。中部传统农区社会经济整体与乡村发展基础相对薄弱，缓慢但相对平衡的工业化进程避免了盲目与单一的工业化对地方经济带来的巨大冲击，城乡关系得到相对有序发展，呈现城乡低水平均衡发展。东部经济高速发展区作为我国经济发展的龙头地区，其农业和乡镇工业发展基础较好，经济发展迅速，城乡系统呈现较高发展水平的均衡发展。

（3）中西部能矿资源富集区乡村系统薄弱的内生发展能力是制约其快速发展和有效转型的关键，客观上要求强化政策支持在引导该地区乡村发展中的核心作用，且以财政转移支付为依托，改善农村生产与生活环境，增强区域乡村内生发展能力。中部传统农区作

为我国的粮食生产基地，一方面需充分发挥其农业生产条件优势打造现代农业；另一方面应以东部劳动密集型产业向中部地区转移为契机，大力发展地区经济，使工业和农业同步平稳快速增长，实现产业分工协作；与此同时，推进城乡土地资源统筹配置，拓展工农业发展用地空间。东部经济高速发展区应快速提高农业生产和乡村发展在区域经济社会发展中的战略地位，培育适应城镇化发展的乡村新型产业体系，促进城乡经济联动，保障乡村经济持续稳定发展，最终实现城乡统筹协调发展。

第四节　中国乡村转型发展进程中的土地利用转型

土地利用转型，即在社会经济变化和革新的驱动下，某一区域在一段时期内由一种土地利用形态（含显性形态和隐性形态）转变为另一种土地利用形态的过程，它通常与经济和社会发展阶段的转型相对应。土地利用转型任何时候都发生在自然系统、经济系统及体制系统这三重相互关联、共同作用的框架之内（李秀彬，2002）。自然系统的变化往往表现为自然资源的衰竭（如耕地数量减少与质量退化）和环境的退化（如土地污染或盐碱化），当这些问题足够严重以至于引起公众的关注时，体制系统就可能通过法律、法规及政策等资源和环境管理手段调整土地利用系统。如城镇化进程中的耕地占用和劳动力转移问题、工业化导致的农村环境问题等，当这些问题足够严重并影响城乡转型发展进程时，政府便通过耕地保护、新农村建设、农村土地整治等一些政策法规手段来调整土地利用系统。

毫无疑问，乡村转型发展也无法逃脱这三重框架的约束。土地利用转型的驱动因素，如资金和劳动力投入状况、产业发展状况、乡村人口就业与迁移，等等，这些均与乡村转型发展的影响因素息息相关。而乡村转型发展进程中暴露出来的种种社会经济问题均可在土地利用上得以反映。通常，社会经济演变的时空不可分离性被转移到作为主要社会经济活动载体的土地上，造就了十分复杂的土地利用格局，而该格局的变化又会影响到区域自然、生态和社会发展的进程。乡村转型发展促使土地利用转型，土地利用转型的结果反过来作用于乡村的转型发展，土地利用转型与乡村转型发展二者之间相互影响且在某种意义上存在一种耦合关系。

随着我国经济社会的快速发展，工业化与城镇化进程使乡村地域不断被蚕食，建设用地需求不断增加，保障食品安全和保红线、保发展的压力不断加大，乡村转型发展进程中由于土地利用转型引发的矛盾与问题日益凸现。这些问题主要涉及耕地利用与保护、村庄空心化、土地污染等方面。区域土地利用形态的变化基本上都能从与人类生产活动最为密切的耕地和城乡建设用地的变化上得到反映（龙花楼，2006）。耕地和农村宅基地这两种地类在乡村转型发展与土地利用转型进程中具有“牵一发而动全身”的重要地位，是乡村发展与土地利用转型之重要源头。乡村转型发展进程中的土地利用转型也主要体现在这两种地类上。

一、乡村转型发展进程中的耕地利用转型

城乡用地的快速扩张，导致耕地被大量占用，人地矛盾日益尖锐。据国土资源部统计数据，1996 年到 2008 年，我国耕地面积从 1.3 亿公顷减少到 1.2 亿公顷。目前人均耕地面积不足 0.09 公顷，不到世界平均水平的 40%。耕地持续减少，坚守耕地“红线”的压力不断加大。到 2020 年，我国人口总量预期将达到 14.5 亿，为保障国家粮食安全，必须保有足够数量的耕地；同时，保障国家生态安全，也需要加强对具有生态功能的农用地特别是耕地的

保护。但是,随着耕地保护和生态建设力度的加大,我国可用作新增建设用地的土地资源十分有限,各项建设用地的供给将面临前所未有的压力。工业化、城镇化的快速推进仍将不可避免地占用一部分耕地,而我国的耕地后备资源少,生态环境约束大,严重制约着土地开发增地和耕地数量补充的能力。这将对我国城乡快速转型发展进程中的耕地保护与利用转型带来深刻的影响。

1. 耕地利用转型与粮食安全

快速的经济发展与城镇化的持续推进,驱使大量农村剩余劳动力向城镇和其他产业转移,加之种粮较低的效益,由此带来的耕地劳动力投入的降低和大面积耕地闲置的现象,对粮食安全造成很大的负面影响。日益趋紧的土地供应政策有效地抑制了耕地非农化进程,2005—2008 年东部沿海地区年均减少耕地 11.4 万公顷,明显低于 2000—2005 年耕地减少速度(年均减少 17.1 万公顷),耕地非农化有所收敛。但是,由于东部沿海地区人均耕地面积仅半亩左右,再加上市场需求驱动与农业劳动力快速非农化,沿海地区效益比较低下的粮食生产正被优质、高效的经济作物所取代,园区农业、都市农业、观光休闲等新型农业类型得到较快发展,耕地非粮化加剧,沿海地区 2008 年粮食作物播种面积占农作物总播种面积的比重仅为 64.3%,低于全国平均水平(68.3%)。遵循市场经济规律,农村生产要素由粮食种植向非粮农作物种植、由农业产业向非农产业流动的趋势不断加快,分工深化基础上的农村要素配置效率显著增加,东部沿海地区已经出现"一半农民离开土地、一半耕地不种粮食"的生产局面。可以预期,伴随着工业化与城镇化的进一步推进,沿海地区耕地非粮化仍是长期趋势,这将对我国的粮食安全带来不可低估的影响。随着工业化和城镇化的快速推进,农田水利设施配套、区位条件好的优质耕地被不断占用,为了维持一定的耕地保有数量,处于边缘化的土地将成为未来农业用地开发的焦点,这将对生物多样性、土壤质量、供水的数量和质量产生严重的影响和后果。为了提高农产品产量,滥用化肥、杀虫剂甚至激素物质,对资源环境、农产品品质乃至人们的身心健康将造成不同程度的负面影响(王卉,2008)。如何保障粮食的品质安全受到广泛关注。

2. 耕地利用转型与土地污染退化

我国正处于工业化中期和城镇化快速发展时期,城乡发展进入转型升级关键阶段,建设用地仍呈现增长趋势,耕地流失、浪费和质量下降,以及人多地少等矛盾问题会更加激化,土地利用正经受着养活众多人口、保障城乡发展和支撑生态建设的历史性考验。而不合理的土地利用方式人为地改变着区域土地覆被格局,促使人地关系地域系统发生巨大变化,造成多数地区资源与环境质量急剧恶化。在乡村转型发展进程中,初级的工业化——尤其是不少乡镇企业——对污染物排放控制不严,直接导致土壤、地表水和地下水被严重污染,而要治理好被污染的土地、水源将十分困难。2007 年世界地球日期间,国土资源部的一则报道表明:"中国十分之一以上耕地遭到污染——据不完全调查,目前全国受污染的耕地约有 1.5 亿亩,污水灌溉污染耕地 3 250 万亩,固体废弃物堆存占地和毁田 200 万亩。"目前,我国的农田污染具有明显的区域特点。如东北地区的大豆基地由于长期使用农药使害虫具有很强的抗药性,化肥的不合理施用致使土壤养分失衡进而影响农产品品质;东部沿海地区现代农业的发展,具有高投入、高产出的特点,新特农药和肥料的使用带来新的污染源;中部地区突出的是大规模畜禽养殖,由于相关设施、设备和技术的不配套带来严重的农田面源污染;西部地区果业的大量发展带来综合的农业污染,农药化肥的不当使用致使土壤残留污染严重(刘彦随,龙花楼,2009)。新时期基于“区域比较优势”和“市场有效需求”两大准则的中国农业结构调整,已成为促进中国农业走向区域化、专业化与市场化的根本驱动力。今后一段时期内,东部地区将成为高科技农业、高价值农产品和出口创汇农业的优势区;东北及中部粮食主产区,推行优质化工程,做深、做优粮食产业,注重加工转化和产业化经营,形成中国粮食安全的“心脏”;西部地区将因地制宜地发展环境友好的特色农业、生态农业和节水农业(刘彦随,龙花楼,2009)。然而,如果不加以防范,农地的集约利用及农业区域化、基地化和规模化经营将会带来新的污染。

二、乡村转型发展进程中的农村宅基地利用转型

改革开放以来,随着我国工业化、城镇化的快速发展,城乡人口非农化转移不断加快,农村常住人口逐渐减少,农村人地关系发生了巨大变化,其中最突出的问题是造成了“人走房空”的“空心房”现象,并逐步由个体出现、扩张,发展为村域成片废弃和整村闲置,产生了农村聚落大规模的“空心化”景观,并由人口空心化逐渐转变为农村人口、土地、产业和基础设施空心化的农村地域空心化问题,不断发展的结果就产生了大量的“空心村”(刘彦随等,2011)。1996—2007年随着农村人口的减少,农村居民点用地却增加了18.28%,户均超过1亩,人均达229平方米,农村土地整治潜力巨大。

我国村庄数量多、占地规模大,据住建部统计数据,2007年末我国有264.7万个自然村,57.2万个行政村。1978—2008年,我国农村户数由1.74亿户增加到了2.57亿户,而期间的乡村常住人口则减少到2008年的7.21亿(图11-10)。

迄今为止,随着农村人口非农化转移减少,农村宅基地“不减反增”的格局没有转变。农村空心化与新房扩建占地相伴而生,建新不拆旧、新房没人住,造成了大量农村土地的浪费和耕地资源的严重破坏,成为新时期顺利实现乡村转型发展面临的首要难题。由于我国城乡二元结构的体制架构仍未根本突破,城乡之间的利益冲突与农民工就业的压力尚未根本缓减,农村土地制度改革和规划管理滞后的局面也未全面改观,中国农村空心化将会呈现愈演愈烈趋势(刘彦随等,2011)。因而农村土地整治成为了顺利实现乡村转型发展的重要基础。

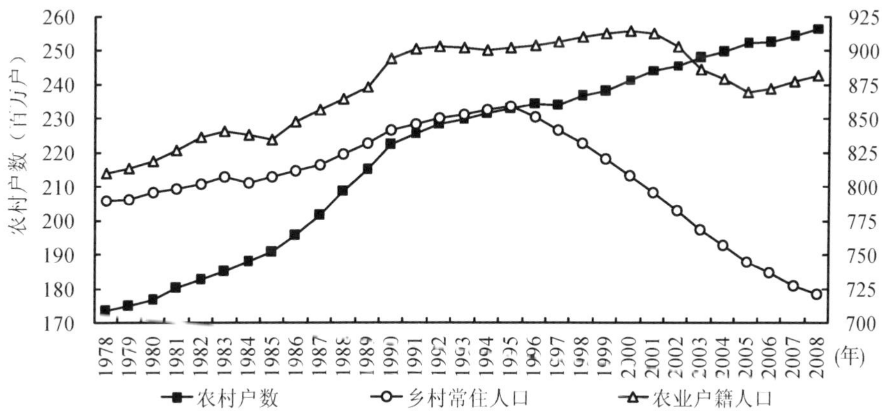

图11-10　中国农村户数和人口的变化(1978—2008年)

数据来源:农村户数数据来自《新中国农业60年统计资料》(2009年);农业户籍人口数据来自《中国人口统计年鉴》(1993—2006年)和《中国人口和就业统计年鉴》(2007—2009年);乡村常住人口数据来自《中国人口统计年鉴》(2001年)和《中国统计年鉴》(2001—2009年)。

目前，以增加耕地面积，落实占、补平衡任务，提高农业综合生产能力为导向的村庄整治与新农村建设工作已在各地开展。但在实施过程中，由于农业、农村与农民长期以来的相对弱势地位，宅基地所具有的社会福利和保障功能受到有意无意的忽视，农村土地价值增值分配明显偏向于城市地域，且村庄整治目标停留在增加耕地面积、改善村庄交通条件等表面层次，缺乏对村镇体系优化、公共资源配置、农村产业培育、农户住房改善、农民就业保障等方面的系统集成考虑（Long et al.，2012）。目前，在我国乡村转型发展进程中亟须构建依托村庄综合整治来优化乡村生产、生活与生态空间的保民生战略体系，以实现农村宅基地利用的顺利转型。

主要参考文献

[1] Long Hualou, Li Yurui, Liu Yansui, Woods M, Zou Jian. Accelerated restructuring in rural China fueled by increasing vs. decreasing balance' land-use policy for dealing with hollowed villages[J]. Land Use Policy, 2012, 29(1).

[2] Long Hualou, Zou Jian, Pykett J., Li Yurui. Analysis of rural transformation development in China since the turn of the new millennium[J]. Applied Geography, 2011, 31(3).

[3] McGee T. G. Managing the rural-urban transformation in East Asia in the 21st century [J]. Sustainability Science, 2008, 3(1).

[4] Murdoch J. Networks a new paradigm of rural development[J]. Journal of Rural Studies, 2000, 16(4).

[5] Terluin I. J. Differences in economic development in rural regions of advanced countries: an overview and critical analysis of theories[J]. Journal of Rural Studies, 2003, 19(3).

[6] Woods M. Rural Geography: Processes, Responses and Experiences in Rural Restructuring[M]. London: Sage, 2005.

[7] 蔡运龙. 中国农村转型与耕地保护机制[J]. 地理科学, 2001, 21(1).

[8] 陈文科. 中部传统农区新农村建设的几个问题[J]. 中国农村经济, 2006, (7).

[9] 陈晓华, 张小林. "苏南模式"变迁下的乡村转型[J]. 农业经济问题, 2008, (8).

[10] 李泉. 中外城乡关系问题研究综述[J]. 甘肃社会科学, 2005, (4).

[11] 李秀彬. 土地利用变化的解释[J]. 地理科学进展, 2002, 21(3).

[12] 刘慧. 区域农业可持续发展指标体系及评估方法[J]. 地理科学进展, 1997, 16(2).

[13] 刘彦随, 刘玉, 翟荣新. 中国农村空心化的地理学研究与整治实践[J]. 地理学报, 2009, 64(10).

[14] 刘彦随, 龙花楼, 陈玉福, 等. 中国乡村发展研究报告——农村空心化及其整治策略[M]. 北京: 科学出版社, 2011.

[15] 刘彦随, 龙花楼. 中国农业和乡村发展的基本态势[M]. 北京: 科学出版社, 2009.

[16] 刘彦随. 中国东部沿海地区乡村转型发展与新农村建设[J]. 地理学报, 2007, 62(6).

[17] 龙花楼, 李婷婷, 邹健. 我国乡村转型发展动力机制与优化对策的典型分析[J]. 经济地理, 2011, 31(12).

[18] 龙花楼, 李裕瑞, 刘彦随. 中国空心化村庄演化特征及其动力机制[J]. 地理学报, 2009, 64(10).

[19] 龙花楼, 张杏娜. 新世纪以来乡村地理学国际研究进展及启示[J]. 经济地理, 2012, 32(8).

[20] 龙花楼, 邹健. 我国快速城镇化进程中的乡村转型发展[J]. 苏州大学学报: 哲学社会科学版, 2011, 32(4).

[21] 龙花楼. 土地利用转型——土地利用/覆被变化综合研究的新途径[J]. 地理与地理信息科学, 2003, 19(1).

[22] 龙花楼. 中国农村宅基地转型的理论与证实[J]. 地理学报,2006,61(10).

[23] 龙花楼. 中国乡村转型发展与土地利用[M]. 北京:科学出版社,2012.

[24] 龙花楼. 论土地利用转型与乡村转型发展[J]. 地理科学进展,2012,31(2).

[25] 毛汉英. 山东省可持续发展指标体系初步研究[J]. 地理研究,1996,15(4).

[26] 濮小英. 浙江省农村生态环境的主要问题及其保护对策[J]. 环境污染与防治,2002,24(2).

[27] 乔家君. 欠发达平原区村域特色种植销售市场的时空变化[J]. 经济地理,2009,29(12).

[28] 王卉. 龙花楼专访:我们能否保障粮食的品质安全[N]. 科学时报,2008-10-24(A02).

[29] 吴楚材,陈雯,顾人和,等. 中国城乡二元结构及其协调对策[J]. 城市规划,1997,56(4).

[30] 周祝平. 中国农村人口空心化及其挑战[J]. 人口研究,2008,32(2).

第十二章

健康城镇化：新的发展理念及其政策含义

提　要

我国城镇化已进入一个新阶段，高速推进的城镇化面临许多突出问题。在研究和政策方面也陷入困境，对未来城镇化发展取向和道路认识不一。本文提出健康城镇化的发展理念。主要有三个理论来源：健康观的演变与系统健康科学的兴起，发展观的演变与人类发展指数评价，人地关系演变与可持续发展理论。在归纳其对健康城镇化的启示的基础上，界定了健康城镇化的概念，明确提出三个内涵：人的发展、城乡互动、资源环境，并与传统城镇化进行比较。相应的政策含义是：资源环境是城市化的基础，城乡协调和互动是城镇化的关键环节，"人的发展"是城镇化的出发点与最终目标。

第一节　健康城镇化提出的背景

一、现实背景

中国正经历着人类历史上最大规模的由农民向市民、由农业向非农就业的大转移，且这种转移的速度是惊人的。改革开放以来，城镇数量不断增加；城市规模不断扩大；城镇化水平也从1978年的17.92%快速上升到2005年42.99%。根据2005年联合国的城镇化报告，可以发现，2000—2005年间，中国的城镇化水平年均递增1.35个百分点，是世界平均水平（不包含中国）的7.9倍，是发展中国家（不包含中国）的6.1倍，甚至是拉美国家的3.4倍；中国的城镇人口净增10 306万人，占世界的1/3，亚洲的1/2（表12-1）。中国城镇化率的增长速度和城镇人口的增长规模均是空前的，远高于同期其他国家。

表12-1　2000—2005年中国城镇化水平的国际比较

	2000年城市人口（万人）	城市化率（%）	2005年城市人口（万人）	城市化率（%）	2000—2005年年均增长率（%）	净增城市人口（万人）
世界	238 094	49.37	258 788	50.22	0.17	20 694
亚洲	90 394	37.53	99 088	38.15	0.12	8 694
发展中国家	151 094	41.71	168 788	42.81	0.22	17 694
中国	45 906	36.22	56 212	42.99	1.35	10 306
拉美	39 400	75.40	43 400	77.40	0.40	4 000

资料来源：World Urbanization Prospects：The 2005 Revision。

注：世界、亚洲和发展中国家数据均不包含中国。

高速城镇化推动了我国经济和社会的发展,在一定程度上改善了居民的生活条件。但是有些地区城镇化的“过度”发展(只求数量,不求质量)已经带来许多负面影响,引起了不少严重问题。陆大道等人认为,“近十年来我国城镇化脱离了循序渐进的原则,超出了正常的城镇化发展轨道。在进程上属于急速城镇化,表现为人口城镇化虚高;在空间上建设布局出现无序乃至失控;耕地、水资源等重要资源过度消耗;环境受到严重污染;城市基础设施建设出现了巨大的浪费。”仇保兴总结我国城镇化进程正面临八个挑战:“宜居土地和水资源相对稀缺,人地矛盾尖锐;候鸟式农民工流动规模巨大,流向分布失调;建筑能耗过快增长,能量供求关系失衡;机动化与城镇化同步发生,城市蔓延趋势初显;城镇化推动力失调,污染排放失控;自然和历史文化遗产受到破坏,城市风貌雷同;城乡居民收入差距日益扩大,社会冲突增加;城市区域化加速来临,城市间恶性竞争加剧。”吕斌等人认为快速城镇化时期区域空间存在开发矛盾,这些空间矛盾的产生是快速城镇化时期自由市场经济下的必然结果,主要表现为:城市蔓延式扩张造成的城市空间压力,城市边缘区及城中村的社会问题,区域内重复建设和外部经济不协调问题,地区协调发展问题,农村庞大剩余劳动力城镇化过程中的转移问题,资源、能源短缺以及生态环境恶化等问题。为了应对当前高速城镇化所带来的突出的“疾病性”问题,健康城镇化成为学者关注的重要议题,有关研究成果不断增多,研究内容也正在深入,健康城镇化的研究已成为该领域研究的新方向。但是目前尚存在几点不足:① 从视角看,研究侧重单一学科视角,不同的学科往往强调其学科领域的问题与内容,缺乏跨学科融合研究;② 从内容看,健康城镇化研究内容多是从突出问题出发,健康城镇化仅是一个目标或理念;③ 从理论看,健康城镇化尚处于起步阶段,目前尚没有关于健康城镇化的专门性研究,对于健康城镇化的概念并没有进行界定,健康城镇化的内涵也不明确;④ 从社会看,城市数量和城市人口的增长仍是人们关注的重点。本文尝试界定健康城镇化的概念与内涵,并进一步分析健康城镇化的政策含义。

二、政策背景

我国城镇化具有独特的政府主导特征,政策以及政府行为在我国城镇化进程中起着关键性作用,政策以法律法规、公共政策、区划标准、统计口径等为具体形式对城镇化加以引导、推动或调控。

1990 年,加快沿海地区城镇化进程和城市建设步伐成为共识;到 1997 年亚洲金融危机爆发,中国外贸出口一度受阻,“变农民为市民”成为拉动内需、发展经济的重要手段,城镇化到这时再一次成为舆论的中心;1998 年中央提出城镇化是解决“三农”问题的重要途径;2000 年“十五”计划中首次把城镇化战略作为国家重点发展战略之一,并认为我国推进城镇化的条件已渐成熟,要不失时机地实施城镇化战略。但是从 2000 年以后,对于我国城镇化进程的反思之声不断。一些学者根据我国城镇化的不断演变,渐渐认为我国城镇化进程已经不滞后,甚至是冒进了些。国家“十一五”规划继续高度关注城镇化问题,指出“积极稳妥推进城镇化,推进城镇化健康发展”。显然,健康城镇化成为政策的目标。但是什么样的城镇化进程才是健康城市化呢?具体到指导层面,究竟是侧重“积极”还是“稳妥”呢?当前的城镇化进程从短期看,新的问题不断出现并亟待解决,如大量流动农民工及其家属的安置和福利,征地过程中的失地又失业的农民,城市里涌现的规模渐大的贫困阶层等现实问题;从长期看,城镇化高速推进的价值取向究竟是什么?难道就是为了城镇数量的增长、规模的扩大和城市人口的增加?答案显然不是,那究竟是为了什么?

第二节　健康城镇化的理论来源

一、健康观的演变与系统健康科学的兴起

自古至今，健康都是人们谈论的永久话题，并被视为人生的第一需要。然而什么是健康？早期的健康一般指没有疾病。随着对健康认识的不断深入，它的概念也逐渐深化。世界卫生组织指出健康不仅是没有疾病或不虚弱，且是身体的、精神的健康和社会适应良好的总称。并指出：健康是基本人权，达到尽可能的健康水平，是世界范围内一项重要的社会性目标。这种新的健康观念是从单一的生物医学模式演变为生物—心理—社会医学模式的不断升华。这个现代健康概念中的心理健康和社会性健康是对生物医学模式下的健康的有力补充和发展，它既考虑到人的自然属性，又考虑到人的社会属性，从而摆脱了人们对健康的片面认识。健康的内涵包括三个方面：①身体健康，是指身体结构和功能正常，具有生活的自理能力；②心理健康，是指个体能够正确认识自己，及时调整自己的心态，使心理处于良好状态以适应外界的变化；③社会适应性健康，较强的社会适应能力。

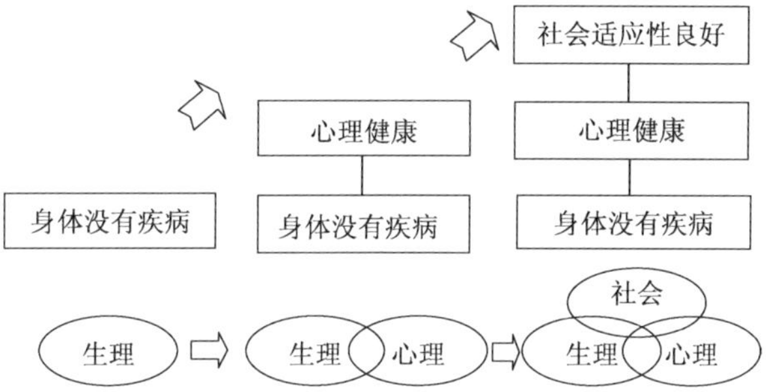

图 12-1　健康观的演变

随着对健康理解的不断加深，20 世纪 80 年代国际学术界出现了新兴研究领域即系统健康科学，主要研究人类活动、社会组织、自然系统的健康问题。Aldo Leopold 提出"在医学中，患病的人是很显然的，而医生进行诊断是一门很古老的艺术"以及当"……土地诊断艺术正需要进行操作……土地健康是一门为了未来的科学"，提出了土地健康的概念，并构建一系列有关"土地疾病"的一些关键性指标，它既强调提供丰富的生态服务，也与人类福利直接相关。目前，国内在河流、湖泊、农业、森林等生态系统的健康评价和监测方面已进行了大量的研究工作。社会领域的健康研究，主要是世界卫生组织倡导并推动的健康城市研究。1986 年首次设立健康城市项目(Healthy Cities Project)。健康城市侧重提出一个理念，落实到很多的细节问题，通过项目实施来保障健康。显然，社会领域的健康研究和自然领域的健康研究相比，在理论上十分薄弱，亟待加强。

二、发展观的演变与人类发展指数评价

进入 1990 年代以后，"发展"这一概念的内涵不断获得新的理解。早期的发展侧重产业结构的演变角度，突出地强调经济增长。后来更多的学者发现增长与发展是完全不同的两个概念，且普遍认为，发展应包含更多的内容。

诺贝尔经济学奖获得者阿玛蒂亚森，享有“经济学的良心”的美誉，他在著作《以自由看待发展》中指出：“改变狭隘发展观的旧范式，阐述人的实质自由是发展的最终目的和重要手段，指出政府和社会在人的生存、保健、教育等领域承担责任，更需要人作为发展的主体。”陆大道也明确提出，“区域发展涉及的对象和目标，从根本上讲不仅是经济的发展，更为重要的是人的发展，这里包括物质、文化生活水平的提高，人的价值取向的实现。”

随着对发展内涵的不断理解与深化，人们对区域发展水平评价的侧重点也发生了变化。早期的国际发展水平比较长期采用单一的人均 GDP 指标。1990 年联合国开发计划署（UNDP）进一步提出了一套度量人类发展水平的指标体系，即人类发展指数 HDI。HDI，是人类发展成就的总括衡量。它衡量一个国家在人类发展的三个基本方面的平均成就：① 健康长寿的生活，用出生时的预期寿命来表示；② 知识或教育，用成人识字率（占三分之二的权重）以及小学、中学和大学的综合毛入学率（占三分之一的权重）来表示；③ 体面的生活水平，用人均 GDP（PPP 美元）来表示。显然，发展由侧重经济增长向人的全面发展转变。

三、人地关系演变与可持续发展理论

人地关系是指人类社会与地理环境之间的关系。人地关系的理解随着人类社会的发展而发生变化。在人类社会发展的初期阶段，天命论思想占统治地位；在工业化阶段，随着科技的进步和生产力提高，又存在着过分强调人类能动作用的思想，“人定胜天”的思潮以及“人类中心论”等占主导地位；在工业化后期，人类社会开始反思，认识到人与自然应协调发展，才能达到可持续发展的目标。

1987 年世界环境与发展委员会出版的《我们共同的未来》中使用的可持续发展定义为：“持续发展是既满足当代人的需要，又不对后代人满足其需要的能力构成危害的发展。”可持续发展战略的核心内容是 PRED 协调：人口（Population）、资源（Resource）、环境（Environment）和发展（Development）。可持续发展是经过长期以来人地关系的思考、讨论、提炼所形成的理性选择。由于这种选择关系到全人类的切身利益和长远利益，因而受到全人类的普遍关注，被越来越多的国家和人们所接受并逐渐转变成为长期发展战略。

四、对健康城镇化的启示

通过对健康观的演变与系统健康科学的兴起、发展观的演变与人类发展指数评价、人地关系演变与可持续发展理论三种理论与观点的追溯，我们得到许多有益的启示（表 12-2），最基本的有以下四点：① 健康城镇化是人类的普遍理想，应作为城镇化的基本目标与长期战略；② 健康城镇化强调人的生活、教育、医疗等水平的提高；③ 健康城镇化强调城乡协调和互动；④ 健康城镇化强调从国情出发，协调人地关系，构建资源节约型、环境友好型的城镇化发展模式。

表 12-2 三种理论来源对健康城镇化的启示

理论来源	健康观的演变与系统健康科学的兴起		发展观的演变与人类发展指数评价		人地关系演变与可持续发展理论	
	健康观的演变	系统健康科学的兴起	发展观的演变	人类发展指数评价	人地关系的演变	可持续发展理论
对健康城镇化的启示意义	①健康应是人类普遍的理想与期望②健康是人的基本权益③健康需要人人参与，共同努力④健康包含多层面，健康城镇化也应包含多层面⑤健康具有动态性与层次性，健康城镇化也是具有动态性与层次性	①健康城镇化的概念与内涵需要界定，目标需要明确②健康城镇化需要从一个目标向理论化、系统化转变③健康城镇化需要跨学科综合集成研究④健康城镇化的评价与监测需要长期跟踪研究	①发展绝不是经济增长，健康城镇化的重点不是城镇数量的增长和规模的扩大②经济结构的转变是发展的外在表现，而更需要人作为发展的主体，健康城镇化的核心应是人的生存、保健、教育等领域不断提高③这里的人包括全体国民，不仅是市民，也包括农民	①传统的单一GDP存在缺陷，类似的传统的单一人口城镇化率指标也存在不足②城镇化质量的测度需要从传统的人口城镇化率、产业产出率、产业就业率等指标体系向人的发展程度进行度量，如人的预期寿命、医疗、教育、生活等水平	①在地理环境面前，既不要陷入环境决定论，也要防止人类中心论②健康城镇化需要积极引导，要防止长官意志的人为拉动	①可持续发展是人类长期发展战略②健康城镇化也应成为城市化发展的基本目标与长期方针③健康城镇化的基本前提是从国情出发，坚持人地协调观，建立资源节约型、环境友好型社会

第三节 健康城镇化的概念及其内涵

一、概念的提出

根据健康城镇化的三个理论来源及其启示，我们认为健康城镇化是指在一定的区域范围内，城镇化进程中经济增长、土地非农化和人口迁移相协调，实现了人的全面发展；具有可持续能力，即自然资源的数量和质量适应城镇化的需要，生态环境能通过自我调整修复而趋于完善的水平。这里的人的全面发展包含两层意思：其一，人实现全方面的提高，例如人的生活、医疗、教育等水平与条件的改善；其二，这里的人既包括城市的市民，也包括农村的农民，实现区域范畴内城市及其腹地农村地区的共同发展。与以往侧重于强调人口类型和聚落类型的结构转变的理念和理论相区别的是，健康城镇化主要分三个层次：自然（资源环境）—社会—人。从这个角度看，健康城镇化是以自然环境为基础，注重城乡社会协调，并以人的发展为核心和目标的新的城镇化发展理念和形式。

二、内涵的归纳

健康城镇化的内涵应至少包含三个方面的内容:人的发展、城乡互动、资源环境,即健康的人的发展、健康的城乡互动、健康的资源环境结合的有机整体。人的发展是指人在各方面的全面发展,身体素质、心理素质、社会适应性的全面发展,主要包括人的福利和自由程度的发展,具体表现在经济生活水平的提高,健康、医疗等条件的改善,文化教育水平的提升等。城乡互动是指城镇化具有区域特性,它不是城市单方面的建设,而是城市与乡村、市民与农民能够平等分享城镇化的成果,城乡之间协调发展、共同发展。健康的资源环境是指自然资源的利用与消耗具有可持续性,其数量和质量能够满足城市化进程的需要,生态环境也能通过自我调整修复而趋于完善的水平。(图 12-2)

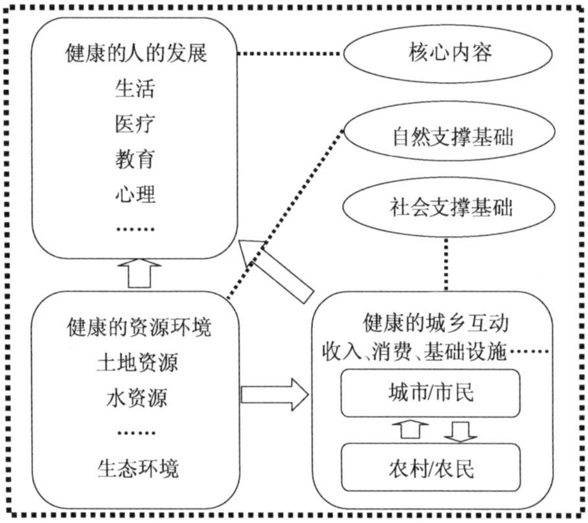

图 12-2　健康城市化的内涵

健康城镇化的核心内容是人的发展。城镇化不仅是城市数量增长和规模的扩大,城镇化进程的最终目标是人的发展,人的发展才是城镇化进程的核心内容。过分强调数量的增长混淆了城镇化进程的"质与量"、"本与形"的辩证关系。这与科学发展观的精神是一致的。科学发展观突出强调以人为本,把实现好、维护好、发展好最广大人民的根本利益,作为党和政府一切方针政策和各项工作的根本出发点和落脚点,把发展的目的真正落实到满足人民需要、实现人民利益、提高人民生活水平上,不断满足人们的多方面需求和促进人的全面发展。党的十七大报告也着重指出,"必须加快推进以改善民生为重点的社会建设"。确立人的发展是城镇化进程的核心内容,具有主导性和长期性。南京大学崔功豪教授曾讲:城市不仅是建筑物聚合的"放大了的建筑",更主要是不断变动中的经济社会活动的舞台;城市不只是以建筑物、构筑物组成的物质环境,更主要的是以人为主体的社会有机体;城市不应仅看作是一个人类创造的人工环境,而应看作是人类追求的人和自然和谐的现代社区。如果在城镇化进程中,人的福利和自由程度得到相应的提高,那就是基本健康的城镇化;与之相反的城镇化进程,不管其增长速度有多快,城镇化率有多高,城市建设有多豪华,则都是令人担忧的。

城乡互动是健康城市化的社会支撑基础。城市化具有区域特性,即城市与其腹地是一个空间上紧密邻接、经济上相互关联的密不可分的整体，不是就城市而论城镇化，而是以区域视角认识城镇化，从这个意义上看，城镇化应是城市建设与新农村建设的有机结合体。当前的城镇化偏向城市，侧重城市建设，对农村也停留在索取农村土地和农村劳动力的城镇化。从收入看，城乡收入绝对差距1978年仅209.8元，2005年达7 238.1元，城乡收入比2005年达3.22%；从消费看，城乡消费绝对差距1979年仅266元，2005年达6 862元，城乡消费比2005年达3.7%。统计数据表明中国的城乡居民收入、消费差距持续拉大，二元经济结构愈加突出，甚至已经成为全世界范围内最大的城乡收入差距。这与推进城镇化的主要目标之一缩小城乡差距、解决“三农”问题、优化城乡二元经济结构的初衷发生了很大程度的背离。城乡能够平等分享城镇化成果，城乡之间协调发展，既不是脱离农村的城镇化，更不是剥削农村的城镇化，城乡公平是健康城镇化坚实的重要的社会支撑基础。

资源环境可持续利用是健康城镇化的自然支撑基础。作为世界上最大的发展中国家，中国未来社会经济的持续高速发展，不仅需要一个不断扩大的资本和技术来源，而且同样需要一个不断完善的自然资源与环境基础作支撑。我国具有独特的基本国情，就资源环境基础来看，具有四个特征：总量相当客观；结构配置不尽如人意；人均拥有量更是明显不足；基础损耗高。近年来，我国众多的城镇化地区资源、生态和环境状况严重恶化；人地关系的紧张状态已经开始从局部走向了整体，社会经济发展与自然资源基础二者间矛盾已经达到了相当严峻的程度。资源环境基础不能支撑这种“急速城镇化”和“空间蔓延式”的大扩张，同时环境又有恶化的趋势，人居环境的质量亟待提高。资源环境基础的可持续能力直接对其城镇化健康发展的速度和规模产生反馈和制约作用，目前已成为城镇化健康发展的瓶颈。

三、健康城镇化与传统城镇化的区别

作为一个历史范畴，城镇化具有动态特征及阶段性特征。这意味着，城镇化是一个不断发展和演进的过程。不但现实中的城镇化历程在发生着变化，而且城镇化研究的理论和观念也应该随之而改变。即在不同的时代和环境背景下，城镇化发展的阶段存在着与之对应的发展理念和模式。因此，适当的转变城镇化研究中的既定思维和范式就成为一种必然。而健康城镇化正是基于当前城镇化的研究和政策困境而提出，它试图对传统城镇化研究中固有的思路和模式做出适应性和前瞻性的反思和调整。（表12-3）

表12-3　传统城镇化与健康城镇化的比较

	传统城镇化	健康城镇化
产生时间	二战以后	21世纪以来
现实来源	西方国家经验	西方国家经验和中国国情相结合
理论来源	工业化理论和钱纳里模型	健康观、发展观、人地观等观念与理论

续表

	传统城镇化	健康城镇化
产生时间	二战以后	21世纪以来
概念	城市化是人类生产和生活方式由乡村型向城市型转化的历史过程，表现为乡村人口向城市人口转化以及城镇不断发展和完善的过程，又称城镇化、都市化	城市化的产业结构、土地非农化和人口迁移相协调，实现了人的全面发展，并具有可持续能力
侧重内容	城市数量的增加，城市规模的扩大，城市人口的增长	以自然环境为基础，注重城乡社会协调，并以人的发展为核心和目标
测度标准	城市人口占总人口的比重	人的发展水平、城乡互动、资源环境可持续性
目标取向	农村剩余劳动力向城市的转移	人的全面发展
优点	简单实用易操作	综合协调较全面
缺点	忽略城镇化发展的内涵和质量要求	综合评价指标体系的构建、动态监测比较复杂
范式归纳	结构主义	结构主义和人本主义相结合
方法论	实证分析，较少的价值判断	将实证分析与价值判断结合起来

现代城镇化研究开始聚焦于实现这一范式转换，即从结构转变的范式向“人的发展”范式的转变。以前的关于城镇化的相关讨论大多关注了城镇化在人口类型和聚落类型上的转变，将发达国家的发展图式和模型直接应用于分析中国和其他发展中国家的城镇化问题，这种范式既忽略了大多数发展中国家的城乡关系历史基础，也忽视了城镇化发展面临的目标和限制条件上的制约，如城乡发展不协调，人类发展指数低下，自然环境破坏严重等。

此外，大多数研究关注了城镇化的结构问题和技术问题，忽视了城镇化发展的目标和价值问题，这是当前研究出现困境的主要原因。因为，既然城镇化归根结底反映着人类的生活方式以及文明或文化的进步和转变，它就离不开人类对这一宏大变革对人本身影响的意义的思考，因而就摆脱不了“价值判断”。“健康城镇化”的提出是试图指出城镇化发展理论和实践所忽视的一些重要方面，并认为这些重要方面是当前乃至今后发展的目的性指向原则。从根本上讲，是一种城镇化发展的新的理念。

第四节　健康城镇化的政策含义

中国城镇化异于西方的一个重要特征，就是政府主导因素大于市场自然演变因素，政府干预对城镇化进程起着关键性的调控作用。以市场经济为目标的渐进式改革在不断深化，政府在城镇化进程中的主导作用应逐渐淡化，尤其是在缺乏充足的就业岗位的情况下应停止搞“政府推动”或“形象工程”，“拔苗助长”式的达到某种城镇化指标。但是，鉴于我国独特国情，我们认为中国的城镇化并不具备完全回归市场化运行的条件，政府可以通过制定和执行有关的公共政策，主动积极地引导调控城镇化进程健康发展，主要在人的发展、城乡互动、资源环境基础等方面发挥重要作用。

一、充分认识资源环境是健康城镇化的基础

我国自然资源短缺、环境压力巨大，注重资源节约与环境保护是健康城镇化的必然要求与自然基础，应以“资源节约型，环境友好型”为指导原则，从国情出发，走健康城镇化道路。具体来看，主要有以下四条措施：一是节约和集约利用土地，坚决遏制冒进式的城市建设用地的空间失控，把城市用地规模弹性系数作为考核与评价的重要指标；二是保护和节约水资源，建立符合市场规律的水价形成和动态调整机制，促进用水节约；三是积极倡导节约型的消费理念，用节约型的消费理念引导节约型的消费模式，在全社会号召公众主动参与树立节俭、适度的优良传统和社会风气；四是不断加强环境保护的力度，发挥公共财政和税收政策的调节作用，基于主体功能区划的理论与实践基础，建立资源环境的价值测度与利益补偿机制，提高政府、社会、公司、个人对资源和环境保护的基础认识和积极态度，并付诸行动。

二、城乡互动与协调发展是健康城镇化的关键环节

（1）做好接纳大量农村人口进入城镇的必要准备。首先，通过合理的制度重构打破传统的二元分割体制；其次，依托工业化基础，大力发展现代服务业，千方百计增加城镇就业岗位，破除农民工“候鸟式迁徙”的怪现象，真正实现由农民向市民的转换；再次，城市市民应对转移的“新市民”给予充分的理解和尊重，不能简单地将城市环境的恶化、社会秩序的混乱归咎于农民进城，甚至将农民自由进城视为“洪水猛兽”，城市里“严厉打击流动人口犯罪”可以说是经政府批准的口号。

（2）加快新农村建设。首先，增加对农业的支持和研发的支出，促进现代化农业体系建设；其次，加快农村地区基础设施建设，既包括交通、水电等基本物质基础设施，也包括教育、医疗等水平的提高。中国的农民是勤劳的、聪明的，他们的任劳任怨、憨厚朴实是中国社会、政治稳定的重要原因，他们应该得到更多。城镇化发展的成果有条件、有必要惠及到全体人民，进一步推动城乡之间互动协调发展。

三、将“人的发展”作为城镇化的出发点与最终目标

坚持用科学发展观指导实践，推动城镇化转入健康发展的轨道。坚持以人为本，从人民群众最关心、最直接、最现实的利益问题入手，建立和完善城市公共服务体系。把最贴近居民生产生活的就业指导、医疗保健、教育文化、环境绿化、社会保障等公共服务纳入到每个具体的社区，让城市建设贴近人民生活，让人民群众从高速推进的城镇化进程中切实得到实惠。建立统一规范的社会保障体系，扩大社会保障制度的覆盖面，确立多层次社会保障体系框架，尤其是社会弱者群体的保障体系建设。

在社会经济全面转型和城镇化发展进入新的阶段的时代背景下，中国城镇化快速发展面临的严峻的现实问题和政策困境对未来城镇化发展模式和道路提出了挑战。城镇化研究及其政策导向需要进行适应性和前瞻性的调整和长期的战略规划。我国城镇化水平与发达国家相比还有较大差距，实现更高的城镇化水平是我们的长期目标与方向，21 世纪上半叶将是中国的城镇化稳步推进，走向成熟的重要时期。当前城镇化进程正处于发展的关键时期，面临阶段性调整和质量型提升的重大问题与严峻挑战。因此，新的城镇化发展理念的提出就变得极为必要和重要。在反思传统城镇化发展模式的基础上，我们提出了健康城镇化的发展理念。它并不是对传统城镇化发展理念的反对和否定,而是对传统城镇化发展理论的深化和拓展。在借鉴其他国家的经验和教训的同时,健康城镇化强调从我国国情出发,即注重城乡社会协调发展,强调城镇化发展的资源环境基础及其制约,并突出强调"人的发展"为核心和目标。这也将是城镇化发展战略和政策的着力点。

主要参考文献

[1] 姚士谋,陈振光.我国城市化健康发展策略的综合分析[J].城市规划,2006,30(S1).

[2] 陆大道,姚士谋,刘慧,等.2006 中国区域发展报告——城镇化进程及空间扩张[M].北京:商务印书馆,2007.

[3] 仇保兴.第三次城市化浪潮中的中国范例——中国快速城市化的特点、问题与对策[J].城市规划,2007,31(6).

[4] 吕斌,陈睿.实现健康城市化的空间规划途径[J].城市规划,2006,30(S1).

[5] 周干峙.深入研究搞好规划促进城市化健康发展[J].中国城市经济,2001(2).

[6] 李京文.城市化健康发展的十个问题[J].城市发展研究,2003(2).

[7] 石楠.健康城镇化[J].城市规划,2005,29(11).

[8] 许坚.健康城市化与城市土地利用[J].中国土地科学,2005,19(4).

[9] 韦亚平.人口转变与健康城市化——中国城市空间发展模式的重大选择[J].城市规划,2006,30(1).

[10] 夏永祥,鞠春燕.以城乡协调发展推动城市化健康发展[J].城市发展研究,2007,14(4).

[11] 徐海贤,邹军.在高速增长中寻求健康发展——江苏城市化的理性选择[J].城市规划,2007,31(3).

[12] 牛凤瑞.积极稳妥地推进健康的城市化是建设社会主义新农村的基础[J].城市规划,2006(6).

[13] 周一星.关于中国城镇化速度的思考[J].城市规划,2006,30(S1).

[14] 陈明星,叶超,付承伟.我国城市化水平研究的回顾与思考[J].城市规划学刊,2007(6).

[15] 杜晓婷,侯文郁.现代健康观念改变与预防保健对策的探讨[J].中国慢性病预防与控制,2007,15(2).

[16] Leopold JC. Getting a handle on ecosystem health[J]. Science,1997,276.

[17] 许炯心.河流健康的定义与内涵[J].水科学进展,2007,18(1).

[18] 阿马蒂亚·森.以自由看待发展[M].任赜,于真,译.北京:中国人民大学出版社,2002.

[19] 陆大道.区域发展及其空间结构[M].北京:科学出版社,1995.

[20] UNDP. Human Development Report 1990[M]. New York and Oxford:Oxford University Press,1990.

[21] 郑度.21 世纪人地关系研究前瞻[J].地理研究,2002,21(1).

[22] 王成新,姚士谋,王学山.我国城市化进程中质与量关系的辩证分析[J].地理与地理信息科学,2003,19(5).

[23] 陆铭,陈钊.城市化城市倾向的经济政策与城乡收入差距[J].经济研究,2004,(6).

[24] 张雷.中国区域发展的资源环境基础[M].北京：科学出版社,2006.

[25] 谷荣,顾朝林.城市化公共政策分析[J].城市规划.2006,30(9).

[26] 陈爱民.福建省城市化:比较分析和政策建议——中国留美经济学会福建考察报告[J].东南学术,2002,(2).

后　记

苏州大学中国特色城镇化研究中心是教育部人文社科重点研究基地，长期以来我们紧紧围绕着“中国特色城镇化道路”这一研究主题，出版了系列专著，发表了大量有关城镇化研究论文。近期我们紧紧围绕着“中国城镇化战略转型”这一国家和区域发展的重大战略需求，积极组织了相关研究人员进行集中攻关。本报告就是“中国城镇化战略转型”成果的重要组成部分。

2006年笔者有幸参加了由导师陆大道院士主持的学部咨询项目“中国城镇化发展模式”，同年参加了他牵头主持的《2006中国区域发展报告——城镇化进程及空间扩张》部分章节的撰写，在参与课题研究和报告撰写的过程中，对我国城镇化的“大跃进”所带来严重危害深有体会。在陆大道院士主笔的递交国务院的咨询报告中，通过大量的图片和数字真实地反映了这些年特别是“九五”和“十五”期间我国城镇化的冒进态势，报告得到了温家宝总理的高度评价并做出了重要的批示。本报告也是参与导师陆大道院士课题研究的后续思考与研究总结。

2008年爆发的世界金融危机与我国国内社会经济环境的变化叠加，使得我国传统出口导向型发展模式面临着严峻挑战，当然也对我国大规模蔓延式的城镇化模式提出了严峻挑战。我国城镇化发展模式迫切需要转型，走出一条新型城镇化道路。城镇化转型为我国城镇化寻找一种新的模式和动力，同时也是我国城镇化健康发展的必然要求。所以，城镇化转型与新型城镇化存在着必然的联系。传统城镇化是一种空间扩张的城镇化，当然客观上这种空间扩张构成城镇化发展的动力，但与此同时空间扩张也改变了我国传统社会结构和自然结构，产生了大量的失地农民，这是“社会—空间”辩证法在我国的具体体现。

如果说以前我们的研究更侧重于对我国城镇化进程和模式的反思与批判，那么现在迫切需要进入到“城镇化新模式”重建之中，我们应意识到这种转型的艰难性和长期性，但转型是我们躲不开的槛。作为学者，我们有责任结合中国国情去认真研究我国新型城镇化道路。正是带着这样一种责任感，中国特色城镇化研究中心的研究人员，与校外研究机构和其他大学的研究人员通力合作，共同撰写了这部中国城镇化转型报告。

在报告撰写过程中，我们多次通过研讨会的形式进行磋商，制定撰写大纲和逻辑框架，并进行修改和完善。大家带着一种责任和热情去完成自己的章节撰写任务，并本着一种探索精神，为我国新型城镇化理论基础和实践进行超前思考和探索。我们认为，新型城镇化应该是健康城镇化、转型城镇化和可持续发展城镇化的三位一体。这种思考在本报告中得以体现，这是作者们集体劳动和思考的结果，笔者真诚地感谢各位！

在报告的撰写过程中，苏州大学田晓明副校长，从提出报告撰写到报告完成出版的整个过程，都给予了我们莫大的精神鼓励和物质上的支持，在此对田校长表示真挚的谢意！

感谢中国特色城镇化研究中心主任胡玉鸿教授和中心副主任徐维英老师，他们的支持和鼓励也是我们能够及时完成和出版报告的重要原因。感谢原苏州大学中国特色城镇化研究中心主任陈忠教授在多次研讨和调研中提供的条件和帮助！感谢苏州大学出版社李寿春主任和张希编辑的大力协助和支持。感谢笔者的夫人付双双女士帮助校对书稿并提出一些宝贵的意见。总之，还有很多需要感谢的人，在此不一一列举，他们无私的帮助和支持我会永远牢记于心！

由于时间仓促，本书中定有不足之处，诚恳希望广大读者不吝赐教，提出宝贵意见。

段进军

2013.1.21 于苏州大学凌云楼